交通银行史

第四卷

《交通银行史》编委会

商务印书馆
The Commercial Press

目 录

第一章
接管清理和整编复业

随着解放战争的顺利推进,解放区不断扩大,接管和清理区内旧银行成为解放区各级政府机关面临的重要问题,位于北京和天津城内的交通银行首先迎来了接管和清理。1949 年 5 月上海解放,交通银行总管理处、上海分行及外地撤退来沪的分支机构一并由上海市军事管制委员会派出代表接管。通过系统清理,交行各种历史遗留问题得到较好解决,股东和债权人的权利也得到了妥善的保障,为全国性复业奠定了基础。1949 年 11 月,交行上海地区的各级机构顺利复业;同年 12 月,总处由上海迁往北京,交行历史翻开全新的一页。根据中央政府的要求并结合自身情况,交行内部还开展了一系列的整编活动,力图更好地为国民经济建设服务。

第一节 新中国金融体系的初步形成

中国革命走的是先在农村建立革命根据地,以农村包围城市,最后夺取城市,取得全国胜利的道路。与此相应,中国共产党政权也是先在革命根据地建立中国人民银行,然后"带着人民银行进城"[1],建立起新中国的金融机构体系。

1946 年 6 月,国共内战全面爆发。1947 年 7 月,中国人民解放军转入战略进攻

---

[1] 黄鉴晖:《中国银行业史》,山西经济出版社,1994 年,第 243 页。

1949 年,解放军坦克部队从南京新街口交通银行大楼前经过。

并不断取得军事胜利,各解放区在迅速扩大中逐渐连成一片,为政治、经济、文化等工作的统一奠定了基础。

随着解放区的建立和扩大,由人民政权主管的各类地区性银行纷纷设立,并逐步走向统一。在东北和热河地区,1947 年至 1949 年春,该地区原有的各家银行及新设银行皆并入 1945 年 11 月开设于沈阳的东北银行。在北部边陲,1947 年 5 月,内蒙古自治区成立后,东蒙银行改组为内蒙古银行;1948 年 6 月,内蒙古银行停办,内蒙古人民银行成立。在中原地区,1948 年 5 月,中原解放区设立中州银行。原与北海银行合署办公的华中银行迁回苏北独立经营。在南方地区,1948 年底和 1949 年春,广东的潮汕解放区和东江解放区先后设立裕民银行和新陆银行;1949 年 7 月,这两家银行合并为南方人民银行。在华北地区,1948 年 5 月,晋察冀边区和晋冀鲁豫边区合并为华北解放区后,晋察冀边区银行和冀南银行随之合并组成华北银行。在西北地区,1948 年 1 月,陕甘宁边区和晋绥边区合并为西北解放区后,陕甘宁边区银行和晋西北农民银行合并组成西北农民银行。[1]

---

[1]　黄鉴晖:《中国银行业史》,第 244 页。

与此同时,中共中央酝酿着组建一个具有发行货币、管理全国金融并全面办理各项业务职能的中央银行。1947年12月18日,中共中央决定将银行名称定为"中国人民银行"。据此,华北财经办事处(简称华北财办)成立"中国人民银行筹备处",华北财办副主任南汉宸兼筹备处主任,开始紧张地进行货币设计和机构筹建工作。1948年12月1日,华北人民政府根据中共中央的指示,颁布关于建立中国人民银行和发行人民币的布告,决定将解放区的华北银行、西北农民银行和北海银行三行合并,组建中国人民银行,并将其他一些地区性银行作为中国人民银行的分支机构。如原北海银行成为中国人民银行山东省分行,华中银行成为华东区行,南方人民银行成为华南区行。至1949年中华人民共和国成立前夕,除东北银行和内蒙古人民银行,全国各解放区的银行均成为中国人民银行的分支机构,实现了革命银行的大统一。①

1949年2月,中国人民银行由石家庄迁入北平。1949年10月1日,中华人民共和国成立后,中国人民银行被纳入中央人民政府政务院序列,直属中央人民政府,具有发行货币、管理全国金融并全面办理各项业务的职能,中央人民政府任命南汉宸为中国人民银行行长,胡景沄为副行长。

中国人民银行迁入北平后,本着集中统一、城乡兼顾、减少层次、提高效率、力求精简的方针,按照当时的行政区划,实行总行、区行、分行、支行四级建制,逐渐构建组织机构。中国人民银行在华北、中南、西南、西北四大行政区建立区行(东北方面仍由东北银行管辖),在省、自治区、直辖市设分行,在县(市)设支行。在城市中,按城市规模和业务需要设立分行或支行,下设办事处、分理处、储蓄所;在农村的集镇设营业所。支行和下属的处、所办理银行的各项具体业务。至1949年12月,中国人民银行共计建立4个区行、40个省市分行、1200多个县(市)支行和办事处。1951年4月1日,东北银行和内蒙古人民银行分别改组为中国人民银行东北区行和中国人民银行内蒙古自治区分行。同年11月,新疆省银行改组为中国人民银行新疆维吾尔自治区分行。至此,除了西藏自治区和台湾省,一个上下贯通、遍布全国各省、自治区、直辖市,并有效覆盖城市和乡村的中国人民银行组织机构体系初步形成。②

中国人民银行迁入北平后的另外一项重要任务是依法接管官僚资本银行。官僚

---

① 李飞等主编,杨希天等编著:《中国金融史》第六卷,中国金融出版社,2002年,第15—16页。
② 中国人民银行编著:《中国人民银行六十年》,中国金融出版社,2008年,第44页。

资本银行属于官僚资本,而没收官僚资本的要求早在 1949 年 3 月中共召开的七届二中全会上已明确提出。毛泽东在会上指出,在全国胜利的局面下,党的工作重心必须从乡村转移到城市,在经济上,要没收帝国主义及中国官僚资产阶级的资本归无产阶级领导的人民共和国所有,由人民共和国掌握国家经济命脉。1949 年 4 月 25 日,毛泽东、朱德联名签署发表《中国人民解放军布告》,又着重阐述了"没收官僚资本"的基本原则和具体政策。[①] 同年 9 月 29 日,具有临时宪法性质的《中国人民政治协商会议共同纲领》正式确定"没收官僚资本归人民的国家所有"的大政方针,在法律上确立对官僚资本的没收政策。

所谓官僚资本金融机构,是指自 20 世纪二三十年代以来,国民党政权凭借军事政治特权逐渐建立的以中央银行、中国银行、交通银行、中国农业银行、中央信托局、邮政储金汇业局、中央合作金库(简称"四行二局一库")为主体,包括省、市、县银行及官商合办银行在内的官僚资本金融体系。[②] 接管这些官僚资本机构,不是简单地将其当作财产问题处理,更主要的是尽可能利用其中可能有用的成分,使之符合建设新民主主义金融机构的需要。这成为各地开展接管工作遵循的指导思想。

在接管过程中,各地对官僚资本银行的财产、机构、人员根据其性质、资本构成、历史表现等特征予以区别对待,尽可能促进其人员、机构为新中国的金融服务所用。第一,在财产方面依法没收官僚资本,并注意保护官股利益。对于国民党政权开办的国家银行、省市地方银行以及官僚成员开办的银行,依法接管,并没收其资本及一切财产;对官商合办银行没收其官股部分,派军事特派员监督审查其商股股权及资产负债情况。依法应予没收的各项财产,根据内容的不同分别处理。房地产在办理估价后,转作人民政府拨付给人民银行的固定资产,凡属金银外币等一律收缴入库,证券、投资则按投资对象分别处理。第二,在机构方面,主要分三种情况处理,即停业清理,或改组为专业银行,或改组为公私合营银行。停业清理的银行并没有立即解散,而是根据地方发展需要,尽可能利用其原有营业场所和工作人员继续办理金融业务,逐步将人员固定在一定的岗位上,使之日后成为中国人民银行的业务部门。此类银行有中央银行、中国农业银行、邮政储金汇业局等。改组为专业银行的有交通银行、中国

---

① 吴承明、黄志凯:《中华人民共和国经济史》第一卷,中央财政经济出版社,2001 年,第 772—773 页。
② 李飞等主编,杨希天等编著:《中国金融史》第六卷,第 17 页。

银行,根据国家建设需要及以往业务经营状况,各自独当一面。改组为公私合营银行的是四家官商合办银行,分别为新华信托储蓄银行、中国实业银行、四明商业储蓄银行、中国通商银行。这些银行日后在中国人民银行的政策指导下,经营一般银行业务,在国民经济恢复时期成为公私金融业间的桥梁。第三,在人员方面,予以妥善分流。经过接管清理后,根据工作需要与个人能力及表现,分别予以留用、调用或安排参加学习。高级职员中学有专长、精通业务的,予以量才使用,派任适当职务,在一定程度上满足了国家当时对专业金融人才的需求。[①]

在上述接管方针的指导下,中国人民银行逐步推进接管工作。除此之外,中国人民银行还着力于取消在华外国银行的特权,整顿改造民族资本金融业,在广大农村建立、发展信用合作事业,整顿原有保险业,建立新中国保险业体系,最终形成了以中国人民银行为中心的新中国金融机构体系。

第二节　对交通银行各级机构的接管

一、最早被接管的天津、北平分行

交通银行是旧中国官僚资本金融体系的重要组成部分,对其进行接管成为建构以中国人民银行为中心的新中国金融机构体系过程中的重要工作。交行分支机构遍布全国各地,由于各地解放时间不一,接管工作的开展顺序也就有先有后。天津和北平两地较早获得解放,对两地交行的接管工作率先进行。

1948年11月平津战役爆发后,中国人民银行即着手准备天津金融机构的接管工作,为此专门成立了金融处,由何松亭[②]、尚明负责,下设接管组、建行组、兑换组和秘书组。金融处先后调集900多人到河北霸县胜芳进行集中培训,学习接管政策和

---

① 李飞等主编,杨希天等编著:《中国金融史》第六卷,第17—20页。
② 何松亭(1902—1986),辽宁昌图人,中国人民银行创始人之一。早年赴英国剑桥大学勤工俭学,1926年加入中国共产党后,长期从事地下党工作。天津解放后,先后出任中国人民银行天津分行党委书记、行长、中国人民银行总行金融管理处处长、局长和高级干部训练委员会主任。1954年后从事教育工作,先后任东北财经学院院长、辽宁大学校长、东北工学院总务长及轻工业部教育司司长等职。

金融知识。

1949 年 1 月 15 日,天津解放,立即成立军事管制委员会(简称军管会),全面负责天津市的各项接管工作。天津市金融机构的接管工作由军管会接管部下属的金融接管处专门负责,其成员大多来自中国人民银行、瑞华银行、冀中银行等金融机构。时任军管会接管部副部长的胡景沄兼任处长,①何松亭、尚明任副处长。

胡景沄

同日,中共中央发布《关于接收官僚资本企业的指示》,明确要求接收官僚资本企业,"必须严格地注意到不要打乱企业组织的原来的机构",对企业原有的人员、各种组织及制度"亦应照旧保持,不应任意改革及宣布废除"。② 这是接收哈尔滨、沈阳等先期解放城市所积累的成功经验,即"各按系统,自上而下,原封不动,先接后

---

① 胡景沄(1909—1995),山西文水人。1937 年 7 月参加革命。解放战争时期,曾任晋察冀边区冀南银行行长。1948 年 7 月 22 日,冀南银行和晋察冀银行合并,成立华北银行,任华北银行副行长。新中国成立后,任中国人民银行副行长,兼任交通银行董事长。

② 中国社会科学院、中央档案馆编:《1949—1952 中华人民共和国经济档案资料选编·金融卷》,中国物资出版社,1995 年,第 15—16 页。

分"，①从而保证接收工作的快捷、完整。这一政策的颁布表明，新民主主义革命虽然明确把"官僚资本主义"和"帝国主义"、"封建主义"并列为"三座大山"，作为革命的对象，但在具体执行过程中，共产党还是严格地区别对待国民党的政权机构和经济组织，以国家建设为出发点，最大限度地保障国家财产为人民所用。

根据中国人民银行总行和天津市军管会的指示，金融接管处着手稳定金融市场，配合肃清国民政府发行的货币，禁止金银外币的计价行使，确立人民币为一切公私会计、交易计价单位，建立单一的本币阵地；同时派遣军事代表张平之领导独立的接管小组，专门负责交通银行及其附属机构接收的具体工作。津行的接收工作进展顺利，经过两个月的清理和整编，4月，津行恢复营业，办理商业银行业务，对华北地区几个大、中城市的工矿企业发放贷款。

1949年1月30日，经中共努力争取，北平国民党守军将领傅作义率部接受改编，北平和平解放，区内银行的接管工作逐渐展开。

与天津相较，北平的接管准备工作更为充分。1948年12月21日，中共北平市委发布《关于如何进行接管北平工作的通告》，指示人民解放军进入北平后，立即实行军事管制，对原有行政、经济机构及其系统，先自上而下原封不动、系统地进行接收、管制，待接收完毕，再有分别、有步骤、有计划地统一处理。

北平是和平解放，接管工作自然有所不同。中共成立北平市军事管制委员会，同时又与傅作义方面成立联合办事处，以确保接管工作的顺利展开。接管人员必须持有军管会的命令和联合办事处的介绍信，方可以开展工作。

北平军管会下设四个部门：警备司令部兼防空司令部、市政府、物资接管委员会和文化接管委员会。其中，物资接管委员会负责接收、处理敌方产业及公共物资财产、没收官僚资本，直接代管属于国家的企业。物资接管委员会辖下的金融接管处专责接管国民政府金融机构。对交通银行北平分行的接管工作由金融管理处派遣军事代表领导开展。北平分行的接管工作进展得更快，3月便恢复营业。

---

① 陈云：《接收沈阳的经验》，见《陈云文选》(1926—1949)，人民出版社，1984年，第269页。

二、总管理处与上海行处的接管

（一）《伪金融机构的接管方案》的公布

1949 年 4 月 25 日，毛泽东、朱德联名签署发表《中国人民解放军布告》，颁布没收官僚资本的基本原则和具体政策。根据文件精神，参照以往经验，中国人民银行华东区行制定《伪金融机构的接管方案》，对上海地区接管工作的原则和方法进行详细说明，以指导各金融机构的接管工作。①

《方案》规定对上海地区的中、中、交、农等四大官僚资本银行一律接管，"没收其资本和一切财权"；对国民党政权国家银行分行以下的机构，作为官僚资本的企业性质，不打乱原来的机构组织，派军事代表接管，将其改造为中国人民银行的分支机构。在人员安排上，总行处的主要负责人不再录用，由中国人民银行派人接替，其余人员则量才录用。分行及以下机构管理人员，经审查后，保留原职。

《方案》设置执行接管工作的机构和具体分工。由军管会接管部统筹安排，下设多个机构具体负责接管工作中的各个环节。金融部（处）内设秘书处，由主管文书对外接洽；人事处主管旧职员的登记、了解、教育等工作；稽核处主管各军事代表接管银行的有关资本以及资产负债与债权债务报告；兑换科主管组织兑换，掌握兑换牌价；金融监理处主管商办及外国资本金融机构的存款、仓库保险箱的冻结、清查解冻及商办金融机构的股权审查等工作；另设若干工作小组，担任调查研究以及一些辅助性的工作。《方案》规定由军管会派军事代表，或指定金融部（处），遵循"原封不动、按原系统移交"的原则，按照"先接收后清理"的步骤，负责执行接管的具体工作。

1949 年 5 月 6 日，中共中央华东局书记兼华东军区政委饶漱石在江苏丹阳作"关于接管上海问题的报告"，重申接管官僚资本银行的原则和办法。在工作方法上，饶漱石要求对不同性质的对象采取不同的接管办法，先一般后具体，重视接与管的相连性。工作人员要走群众路线，一方面发动工人群众，依靠工人和地下党，保护企业财产，掌握企业真实情况，以减少和避免隐瞒、霸占及舞弊现象；另一方面要说服工人在旧有人员的管理下，在原先制度的框架内，保证各项业务的正常开展。饶漱石强调，这些原则和办法不是绝对的、长期的，而是在初期还不熟悉情况的状态下，为了

---

① 交通银行总行、中国第二历史档案馆合编：《交通银行史料》第二卷，中国金融出版社，2000 年，第 3 页。

避免混乱而采取的暂时措施。

《伪金融机构的接管方案》和饶漱石的讲话集中反映了中共接管上海金融机构的指导思想和具体方法，为总管理处及在沪分支机构的顺利接管打下了扎实基础。

（二）总管理处及在沪分支机构的接管概况

交通银行在上海地区的全部机构包括总管理处和上海分行。总处下设四处（事务处、稽核处、会计处、设计处）、二部（储蓄部、信托部）、二室（人事室、行史编纂室）。除信托部外，各处、部、室皆为管理机构。此外还有直接隶属于总处的蜀余企业公司及其投资的华昌丝厂、大同鞋带厂等机构。上海分行下辖五个支行（南京路支行、民国路支行、静安寺支行、林森路支行、虹口支行）①、两个办事处（提篮桥办事处、曹家渡办事处）和一个仓库。

在中国人民解放军进入上海前夕，董事长钱新之、总经理赵棣华、会计处处长杨兆熊、人事室主任徐象枢、总稽核兼信托部经理庄鹤年、副总经理兼沪行经理李道南等先后分赴港、粤两地。出走以前，钱、赵安排留守人员，组建了一个由 18 人组成的行务委员会，由稽核处处长朱通九为主任委员，主持行务。此时，连同撤退来沪的外地行员，在上海的交行职工共有 1700 余人。

1949 年 5 月 27 日，上海解放。次日，上海市军管会任命储伟修、杨修范为正、副军事代表进驻交通银行，②执行军事监督，办理一切接管事宜。③ 储、杨二人都是地下党员，又曾是交行员工，解放前即在交行内部积极参与、组织交行职工运动，对交行情况比较熟悉，具有群众基础。军管会要求企业所有人员，照旧供职，安心工作，切实服从领导，遵守革命法纪，保护资财、机器、图书、仪器、账册、档案、车辆、用具等，奖励保护有功者，对怠工破坏、阴谋捣乱者，则依法严惩不贷。

军代表入驻后，根据交行的具体情况，依照华东局"依照系统，原封不动，从上

---

① 民国路于 1951 年改名为"人民路"；林森路于 1950 年改名为"淮海路"。

② 储伟修（1917—1996），江苏宜兴人，中共党员，大学文化，1942 年 5 月参加革命工作，1957 年至 1982 年间，到浙江省工作，历任浙江省计划委员会、物价委、计经委党组成员、党组副书记、书记、副主任等职。杨修范（1910—1990），江苏太仓人。中共党员，1935 年参加革命，长期从事党内青年工作。1946 年 6 月至上海解放，任上海中国经济事业协进会理事和党组成员，负责联系工商界上层人士。1951 年后先后任上海市财政经济委员会计划处长、财政金融处长、上海市财粮贸办公室财政金融处长、上海市财政局副局长、南市区副区长等职。1987 年 8 月受聘为交通银行咨询委员会委员。

③ 1949 年 8 月 23 日，储伟修调驻中国人民银行杭州分行，张平之接任军事代表。

而下,整套接收"的方针,制定了接管交行的原则与步骤。第一,宣布接管方针,成立上海交通银行职工协助接管委员会(简称"协接会"),广泛动员群众参加接管工作。第二,划分阶段,确立重点,在初步审查清点工作结束后进行重点与账外审查。第三,依据原有总处、分支行、办事处的系统机构,自上而下分别接管,除了指定缴拨的一部分房屋、物资外,一切房屋、生财、车辆、库存现金、卷宗、账册、物资等大体上采用原交原接的办法。第四,投资在50%以上的附属机构移交指定机关接管。第五,审查账目以1948年8月19日为起始阶段,必要时继续向前追查。第六,在接管过程中逐步开展建行的准

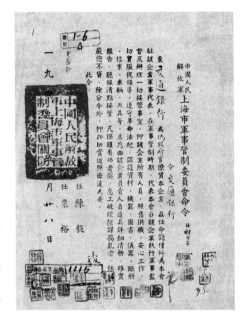

中国人民解放军上海市军事管制委员会命令,任命储伟修为驻交通银行的军事代表。

储伟修

备工作。①

按照华东局"原封不动"的指示,交通银行基本上保留旧职旧人,但这一方案影响了一部分群众的情绪,对接管工作产生了消极作用。为此,军代表一面通过旧系统布置工作,一面推动积极分子团结群众协助接管。根据饶漱石的讲话精神,军代表切实走群众路线,分批召集行员解释,宣传接管的重要意义,启发群众参加接管的信心与热情。6月7日,交行职工代表会成立。6月12日,交行员工推选代表组成"上海交通银行职工协助接管委员会",协助接管工作。13日,协接会正式办公,下设总务组、清点组、审查组,由各委员分别兼任组的正副组长。总管理处的各部、处和沪行的各股、各支行,设立清点分组和审查分组。在协接会和各分组的努力下,全行共发动420余名职工直接参加清点审查工作,保证了接管工作的顺利完成。

(三)资产接管和人事接管

接管内容主要集中在资产和人事两个方面。

在资产接管方面,接管小组重视账册与资财的接收和审查。根据接管原则,各商业行庄、民营资本及普通往来客户的资产,移入新账;国民党军政机关及四大家族的存款则予以没收。资产接管工作持续三个月之久,经移交清册、清点审查核对,共核出:1. 实存各项资财:金圆券8693余亿元,黄金435655两,美金60269元,各类房产42处,田地40万亩,大小汽车74辆,另有24000余件家具,33把大小枪支。2. 存放国内同业的债权和其他债权:金圆券4084亿元,美金2737万元,英镑220万元,港币1107万元,还有一些法郎、日币等。②

接管中发现移转、隐匿交行资产的现象非常严重。如1949年5月4日以来,总管理处、沪行与国外同业往来的所有印签及密码均被"港总处"注销,这部分财产全被移转,包括美金802万元、英镑14万元。原中央银行中的一些外币存款等也被国民党政府带至台湾。其次,隐匿、盗卖资财的现象屡见不鲜。如1948年10月,南京分行在上海向华西公司订购宝兴路宝山新村房屋两幢,截至上海解放时仍未函报总处,原始移交清册中也没有填报,后被人揭发,相关人士才交出有关产权证件。此外,将交行资产隐蔽于个人名下股票中的现象也比较普遍。1933年交行经国民政府二

---

① 《交通银行史料》第二卷,第26页。

② 同上,第19—23页。

次改组后,历届当选商股部分的董监事,表面上是由股东大会选举,实际情形是其中的不少人为国民政府财政部指定,甚至由国民党最高当局圈定。经圈定的董监事如果没有足够被选的股票,所缺的股票就由交行设法挪借。上海解放前数月,经董事长钱新之同意,移用沪行提付的现金向市场购买予以补充的股票,仅1949年1月就有1600股,每股价格自数百元至万余元不等,该项股票分别过入钱新之、赵棣华、钟锷、吴达铨、杜镛、周佩箴、徐堪、陈果夫、陈辉德、李铭、王承组、梁定蓟、徐柏园、吕咸、贾士毅、温襄忱的账户,实际上这些都是交通银行的资财。①

此外,由于战局变化,天津、南京等分行曾将部分较贵重的器具运到上海,放在经理公馆保存、使用。上海解放时,由于经理的外逃,没有人确切知道这些器具的具体情况,也无从查考其下落。这些情况,增加了接管工作的困难。

为了解决这些问题,军代表室特别组织混合清查小组,将清点手续从头做起。首先对总、沪两处原始清册及账面内所载各期购买情形详加审查,连同复员时由渝、港两地带来的账外物件按名称进行详细的分类统计,再与第二次清查后得出的实存数逐项核算。经过严密的整理,最终得到相对比较精确的统计结果。至于外地行的入沪物资,则根据实物一件一件地清点造册。

在人事接管方面,根据原封不动"包下来"政策开展工作,进展顺利。交行有大量金融人才。解放时,交行留沪的职员共有1228人,其中男性1139人,女性89人,工友537人,共计1765人。这些职员和工友的详细情况如下:

表4-1-1　交行留沪职员详细情况表

年龄	年龄	20以下	21—25	26—30	31—35	36—40	41—50	51—60	60以上
	人数	7	143	271	256	218	227	101	5

籍贯	地名	江苏	浙江	安徽	河北	广东	福建	湖南	湖北	其他
	人数	738	322	51	25	18	15	14	11	34

---

① 《交通银行史料》第二卷,第30页。

文化水平	学历	小学	初中	高中	大学	留学	其他
	人数	30	222	482	291	18	185

技术种类	类别	稽核	文书	营业	出纳	调研	会计	电台	工矿建筑	其他
	人数	84	175	458	139	20	204	31	4	113

职位	职位	高级	中级	低级
	人数	44	170	1014

婚姻状况		已婚	未婚
	人数	971	257

政治状况	国民党	三青团员	其他党派(民盟、民社、民先等)
	人数	74	7	9

资料来源:《交通银行史料》第二卷,第27页。

表4-1-2 交行留沪工友详细情况表

年龄	年龄	18—25	26—35	36—45	46—55	56以上
	人数	100	149	144	121	23

文化程度	程度	不识字	小学	初中	高中
	人数	78	418	34	7

职务种类	类别	司机	警卫	信差	茶房	厨司	车夫	栈司	清洁	其他
	人数	84	46	23	221	16	32	43	27	45

资料来源:《交通银行史料》第二卷,第28页。

上述统计数据表明,作为国民政府最大的银行之一,交通银行聚拢了大量金融人才。其中,高中以上的职员占总数的64.4%,年富力强、最富有创造性的31至50岁之间的职员占总数的57.08%。而涵盖银行工作各个方面的技术人才,正是新中国城市建设急需的,经过思想改造,可以成为新中国建设的有用人才。

交行人才不仅满足接管后自身工作的需要,还有力支援了其他部门和区域的工作。1949 年 8 月,交行响应中国人民银行的下乡号召,经批准派往苏南、苏北、皖南、皖北和赣东北等地工作的职员有 80 人,还有一些工友回乡生产。这些人员的动态充分表明了在接管期间,原有职工对当前任务的认识日渐清晰,摒弃旧观念,树立了个人利益服从人民利益的新思想。

原本在上海一地的总、分支行,再加上撤退来沪的行处及其附属机构共计 22 个单位、1700 多名职工。如此庞大的金融机构,接管工作十分繁杂,难度不小,但总体上进展顺利,其间未发生混乱与重大问题。这得益于军管会及派驻交行各分、支行军事代表的正确领导及细致工作。

第一,重视接管方针的制定和执行。中共和中国人民银行充分认识到交行的特殊性,尊重其历史和现状,为其量身定制接管政策和具体实施办法。军代表及其他工作人员充分理解、掌握了相关政策及具体工作方法,从而在接管中能够做到有条不紊,保证接管工作的顺利进行。接管办法依据自上而下、系统整体接收的方式,指导思想明确,操作人员容易明白掌握,抓住核心环节,顺藤摸瓜,自然就抓住了整个系统,这对保证交行的整体性和延续性,使其尽快复业,为新中国建设服务,具有事半功倍的效果。同时,工作人员也注意到,如果过于重视"自上而下、系统整体",则容易忽视各机构的特殊性,工作难以细致深入。"原封不动",即不破坏原有机构、人员、制度,接管部门能够依靠原有人员完成交接工作,减少了接管工作的阻碍。但是,旧有机构和制度也必须顺势而变。军代表室提醒工作人员不要被其束缚了手脚,对原有的职工必须严格管理并注重思想改造,不能任由旧人旧思想旧作风发展,从而破坏了新事业。

第二,坚持群众路线,发动广大群众参与接管工作。上海地区交行 22 个单位的接管工作,单纯依靠军代表及少数干部是不可能完成的。军代表室按照饶漱石的讲话精神,在总方针的指导下,充分调动广大职工群众的力量和智慧,有系统、有步骤地进行。例如,成立协接会,使广大群众参与协助接管,将留沪的全部资财如房地产、生财、器具、图书、档案、账册、金银美钞、金圆券、有价证券等都完整无缺地交接到人民手中,并从接管审查中发现了许多重要的贪污舞弊案件。在这个过程中,党的方针政策得到宣传,既调动了群众的力量,又教育了群众和旧职工,使他们更清楚地认识到中共的方针政策,增强了旧职工对新社会的理解和情感联系,可谓一举两得。

第三，注意档案、资料的整理与分工的明确。工作初期，由于没有足够重视档案、资料的整理工作，在某些场合未能及时掌握全部情况。如人事材料整理工作事先缺乏计划，工作过程中又未派专人负责，造成材料零落、片断，没有详尽的系统记录与精确的统计。此外，军代表室原本人员就不足，又缺乏科学的内部分工，一些事务往往集中在几个人身上，致使有些时候工作陷于被动应付中。随着工作进一步推进，这些问题逐渐受到重视，为接管工作的顺利进行提供了助力。

第三节　历史遗留问题的清理

集中而系统的清理，是交通银行改造过程中的一项重要工作。长期以来，国内局势动荡不安，总管理处及其各分支机构几经迁移、撤销、裁并；加上新中国成立前夕，各地解放时间不一，每一阶段因形势的不同，接管政策也随之进行了调整。交行各单位的债权债务以及资财的全面清理工作，其复杂程度和艰巨性可想而知。由于事先的准备做得很充分，接管过程中，又尽力在各个环节上有序地步步推进，从而使清理工作进行得比较顺利。

一、清理前的准备

（一）制定清理办法及实施细则

1949 年中国人民银行华东区行发布的《伪金融机构的接管方案》明确要求："官僚资本银行本身之对外债权，务令其自行组织清理，原则上先清理债权，视债权收回情况再酌定债务处理办法。"[①]

当年 6 月，上海市军管会财政经济接管委员会金融处发布通告，开始进行清理工作，要求被接管各国民党政府及官僚资本兴办的银行、信托局、合作金库及银公司在金融处清查完毕后，即开始清理其债权债务。清理工作在军代表监督下由各所属行局库的原主管人员负责，先清理债权，后清理债务，以收回的债权抵偿其债务，如其债

---

① 《交通银行史料》第二卷，第 5 页。

权收回后不足抵偿其债务时,再酌情处理。债权债务的清理一律以人民币为本位,原先的金圆券依照10万元折合人民币1元比价折算。其次,公告要求相关贷款户及其他应偿还款项客户,不论其款项到期与否,均应携带现款在规定期限内赴各行局库清理处清理,偿付本息。再者,保护不属国民党军政机关及官僚资本的存款户、仓库存货货主的利益,规定其只需携带有关凭证即可收回本息或所寄存物资。①

为了完整接收国民党政府及其官僚成员的银行财产,便利其债权债务的清理,促进清理工作更有秩序的进行,军管会特别颁布《关于各被接管伪银行债权债务清理办法》。②《办法》详细阐释了被接管银行的债务债权处理办法,规定了适用于外商企业与各被接管银行间的债权债务,以及不属于金融处接管的中信、邮汇二局银行部分债权债务的解决措施。

军管会指定中国人民银行为所有被接管银行的法定债权人,被接管银行的一切财产及债权一律收归国有。人民政府在法律上不予偿还被接管银行的债务,但为了照顾私人利益,在债权、国家债务清理完毕后,再另行制订债务清偿办法。凡国民党军政机关及官僚成员为债权人的债务,一律没收;私人及私营企业为债权人的债务,在整个单位清理工作结束,明晰其中的实际财产状况后,再行处理,如果实际财产不足以偿付债务,则按不同性质与不同对象按比例退还。

对于各项放款及投资、存放同业及拆放同业、贴现及各种预收款项、农贷款项、有价证券等各类债权,《办法》视情况逐一规定了解决方式。这些事业中如果有符合人民政府经济政策的,经认可后可由中国人民银行或专业银行继续组织办理,如果无益于国计民生或为投机性事业,则一律收回结清。

外商企业及各被接管银行间债权债务的处理,依照该《办法》办理;不属于金融处接管的中信、邮汇二局中的银行部分债权债务的清理,也适用本《办法》的规定并于接收完毕后移交金融处汇办。

为了更明确地指导各银行债权债务的清理工作,军管会又颁行《各被接管银行债权债务清理办法实施细则》③,对《办法》的具体实施进一步作了深入细致的阐释,就放款、转质押、重贴现、转押汇、有价证券、预付费用、联行往来、总分部往来等内部往

---

① 《交通银行史料》第二卷,第37—38页。
② 同上,第41页。
③ 同上,第45页。

来、外埠同业往来、催收款项、存款、应付、暂收、库存现金、海外华侨存款、账务等问题的处理,分门别类作出详细说明,对可能出现的问题与现状提出各种指导性意见,以进一步推动清理工作的顺利进行。

有关账务清理结束事项的处理,则以《各被接管行局库账务清理结束办法》为依据。文件对清理结束的标准及表格填制、往来项目记录、资料报备等具体要求做了说明。这样,《清理办法》《清理办法实施细则》及《清理结束办法》作为清理债务债权工作的重要指导性文件,构建了一个较为完善的有关债务债权清理的操作体系。

(二)成立清理组织,委派清理人员

1949 年 8 月 13 日,上海市军管会派驻交行军代表发布通告,宣布成立前上海交通银行债权债务清理委员会(简称"清理委员会")及清理处,并拟定《前上海交通银行债权债务清理委员会及清理处组织规程》,①同时公布各部门人选。

《组织规程》明确规定了清理组织的架构及其主要职责。清理委员会接受军管会派驻交行的军代表领导,根据军管会的命令,依据债权债务处理原则,负责清理前交行债权债务工作。委员会由 7 人组成,主任委员和副主任委员各 1 人,人选均由军代表提请军管会委派。

清理委员会下设执行组织——清理处,由清理委员会正副主任委员兼任正副主任,主持全部工作。清理处下设总务、会计、出纳、债权清理、债务清理五个小组,各组设组长 1 人、副组长 2 人,根据工作繁简设组员若干人,所有人选统一由军代表在原总处人员中指派。

清理处各小组职责明确,分工合作。总务组主管文书档案资财及房地产的保

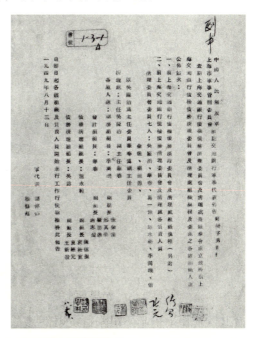

中国人民解放军上海市军事管制委员会派驻交通银行军事代表布告,宣布成立交通银行债权债务清理委员会,下设总务组、会计组、债务清理组。

---

①　《交通银行史料》第二卷,第 39 页。

管、清理处的庶务及不属于其他各组的事务;会计组主管审核统计及一切会计事务;出纳组主管清理处现金的出纳保管及票据交换事务;债权清理组主管投资放款等一切债权的清理事务;债务清理组主管一切对外负债的清理事务。

经军代表提请、军管会委派,清理委员会委员 7 人,分别为吴隆治、华春、葛一飞、施永范、季嵩曦、张金鉴、瞿德愚。其中,吴隆治为主任委员,华春为副主任委员,并兼任清理处正副主任。清理处下属总务组组长为季嵩曦,副组长为张金鉴、邢其荣;会计组组长为华春,副组长为瞿德愚、谢志堃;债权清理组组长为施永范,副组长为陈信规、袁裕宽;债务清理组组长为吴涛,副组长为夏经元、王新毅。

(三)清理处工作计划的制定

清理委员会和清理处成立后,随即拟定工作计划,明确了工作任务、清理步骤、具体实施办法及清理处的地位等。

清理处的任务主要是清理交行在沪各单位的账目资财,包括蜀余公司、沪行以及撤退来沪的沈、津、京、常、青、鲁、秦、浙等行及太处的在沪资财。

清理处的工作实行"两步走"。首先,在对外公告清理前,主要研究有关清理事项的各种规章制度,整理内部各项账目,统计在沪各种实际资财,核对、转交已在清理中的各被接管银行的账目和债权、债务及其他应先办理的事务。其次,在对外宣告清理时,则按照金融处规定及经金融处核定的实施细则进行一切清理事务。此外,各项账目资财按不同时期分两个阶段清理。抗战胜利后至解放前的账目资财,原则上实行定期清理结束;抗战胜利前的账目资财,以尽量清理为原则,短期内未能清理结束的,先予以保留,等时机成熟再做处理。

对于具体的实施办法,清理处计划在交行复业前,所有沪行五支行、仓库及总处各单位的账目,依据清理处规定的办法,按照原有系统进行清理。在复业后,对外营业各单位的清理工作,如果原经办人员难以兼办的,与清理处协商后再补充人员。各撤退行及蜀余企业公司账目资财的清理,由清理处直接兼办。各单位清理账目资财进度的报告,定期报送清理处汇报军代表。此外,还建立逐日报账制,抄表报送清理处核账。与金融处往来款项的人民币部分,统一集中总处会计处,外币部分则由稽核处集中转账。

在清理工作中,清理处是具有承上启下作用的中间部门,也是清理工作的主力军,既对军代表负责,又与其他相关单位保持密切关系。因此,特别强调工作文件的签发,必须遵循机构运行程序。①

（四）清理工作系统的划分

全国需要清理的前交行机构包括国内 239 个,海外 8 个,共计 247 个。解放后,国内复业机构 22 个,海外机构与总处恢复联系者 3 个,两者仅占原有机构的十分之一,而各行处大部分资财已被当地军管会外拨分配,有一些行处已自行开始清理,交接工作凌乱不堪。

1950 年 4 月 26 日,中央财政经济委员会发布指示,要求"中、交两行财产不得没收解库,或作其他处理"。② 对各地行的清理工作起到一定指导作用。该指示发布前后,中行和交行根据政策精神,结合债权债务与资财的实际情况,拟订《中交两行财产清理细则》,并通过总行呈报中央财政经济委员会确认,指示各大行政区、各地人民银行和中交两行执行。总处根据清理原则,划分清理工作系统,确定工作对象,分四个部分展开。

第一,有复业行地区的清理工作,由复业行处直接清理;没有复业行地区的清理工作,主要委托当地人民银行代理,总处统筹全局领导工作。

第二,直接清理的系统,包括国内复业行共 22 个单位,含总处、沪、苏、京、青、杭、津、汉、粤、琼、秦、陇、渝、黔、滇、赣、湘等行。其中,总处旧账与沪行合并清理,鲁行旧账由青行代为清理,燕行旧账由总处代为清理。此外,并账清理的单位共有 117 个。

第三,属于委托当地人民银行代为清理的共有澄、丹、溧、镇、扬等 70 个会计单位,连合并账清理的有 30 个单位,共计 100 个单位。

第四,另有海外 5 个单位尚未取得联系。

上述 247 个清理单位中,由复业行直接清理的共 147 个单位(包括国外行 8 个),占全行清理单位的 59.51%;委托人行代为清理的共 100 个单位,占全行清理单位的 40.49%。③ 前者几乎涵盖全国所有重要地区,账务复杂、资料繁多,清理难度较高。

---

① 《交通银行史料》第二卷,第 52—54 页。
② 同上,第 66 页。
③ 同上,第 67—68 页。

二、清理工作的三个阶段

（一）1949 年的清理工作

在上海解放后的接管过程中，交通银行总处连同当地所能掌握的行处，包括在沪撤退行的办账处，已开始债权债务的清查核对、转账，及解缴资财的审核与转账等工作。

依照计划，清理处的工作步骤分为对外公告清理前与对外公告清理两个阶段。在对外公告清理前，已基本完成了相关规章与应用单证、表报及内部各项账目的整理研究工作；初步统计了各单位的各种实际资财，并按金融处规定逐步分类办理缴解手续；将已在清理中的各被接管金融机构及非金融机构的债权债务提前转到金融处，并核对了其他尚未清理的被接管机构的债权债务的账目；其他应先办理的事务，如个人或私营厂商的存款、仓库寄托物等，来请提取或开启的都已核定办法提前接受办理，开始收回一般放款，尚有接收撤退在沪各行处的资财、账目等还来不及办理。①

制定计划时，为了适应环境，便利存户，清理处明确指出，沪行五支行、仓库及总处各单位账目一律按原系统，根据相关规定与办法各自进行清理，但在沪的 22 个单位有独立会计单位的达 39 个，各项办法的传达与咨询花费了过多不必要的时间，尚不能完全统一思想，明确任务与要求，再加上清理工作于 9 月 13 日开始不久，就开始整编运动，耽搁了十余日，导致初步工作推进缓慢。为此，清理处于 10 月 11 日召集各单位会计人员，详细解释各项应办手续与程序，明白轻重缓急，但成效甚微。于是又举行为期两天的各单位会计人员工作汇报会，清理工作才开始积极推进。

（二）1950 年上半年的清理

1949 年 11 月 1 日，总处正式复业，由于与各地行的组织关系尚未恢复，清理科的实际工作依然局限于上海地区。1950 年 1 月 1 日，总处由上海迁往北京，开始恢复全面办公，与各复业行的统辖关系还在恢复中，未能充分掌握情况，仍然无法全面开展工作。因此，1950 年从 1 月到 2 月间，主要只是做了一些准备工作，与各地复业行及未复业地接管本行资财的人民银行取得联系。3 到 5 月间，主要酝酿与拟定中交两行统一清理工作实施细则。全行的清理工作，实际上从 6 月才开始。

---

① 《交通银行史料》第二卷，第 54—55 页。

从 1 月到 7 月这半年多时间里,交行的清理工作取得一定进展。截至 7 月份,在前交行需要清理的 247 个单位中,已查明情况或进行清理的有 237 个。从进度上看,清理工作全部完成的,仅有 6 个单位;债权债务已清理完成,但资财还在估价清理中的有 3 个;债权债务在清理,资财已估价清理完成的有 22 个;债权债务及各项资财均还在清理中的有 70 个;债权债务及各项资财部分在清理的有 15 个;债权债务在清理,但遗存当地资财尚未查明的有 32 个;仅有联系尚无清理报告的有 86 个;有 5 个海外行和 5 个国内行仍未取得联系。①

（三）1950 年 11 月以前的清理工作

根据 1950 年 5 月中国人民银行总行颁布的《中交两行统一清理工作实施细则》规定,清理工作分为"债权债务"和"资财"两大类。截至 11 月 1 日,这两大类的清理工作均取得一定成效,也遇到不少问题与困难。

1. 债权债务的清理。国民党政府统治时期,货币不断贬值,金融混乱,一般的债权债务关系大部分在解放前已清理结束,存在账面的数字折合人民币后,数额很小。除了部分属于官僚资本的存款需要没收外,私人存款并不多,这就减轻了债权债务清理工作的负担。

据统计,由复业行直接清理的 147 个单位中,已完成债权债务清理工作的单位共 33 个,占 22.45%;已在清理的共 107 个,占 72.78%。委托人民银行代为清理的 100 个单位中,已完成清理的共 13 个,占 13%;已在清理的共 41 个,占 41%;另外查明账册散失及当地查明没有开业的共 4 个单位,占 4%。②

2. 资财的清理。这方面的工作遇到不少困难。一方面,原来的机构和人员被战争打散,一些遗留当地的资财无法得到较好的保管,而接管机关对交行财产的交接比较随意,手续不一致或不完备,处理态度和看法也存在差异,对清理工作造成一些阻碍。另一方面,由于各地交行复业行不多,总处难以直接领导,争取主动,缺乏有效沟通,各地接管机关在时间、要求、程序等方面的配合未能尽如人意;且各地资财有的已做处理,有的已转让其他机关,有的早已估价且估得很低,情形较为复杂。

在需要清理的 247 个单位中,由交行直接领导清理资财的单位,海外 8 个单位除

---

① 《交通银行史料》第二卷,第 61 页。
② 同上,第 68—69 页。

外,只限于22个复业行处,连同这些行处可以就近照顾到的50个单位,两者合计72个单位,只占总数的29.15%,其余各地都委托当地人民银行或东北银行代为调查清理。

据统计,交行自行完成清理估价结账的有44个单位,占61.11%;已在清理及估价的有27个单位,占37.5%。委托清理的167个单位中,已完成的只有10个,占6%;已清理估价的有56个单位,占33.53%;已查明当地留存资财或已散失的有37个单位,占22.15%;尚有64个单位未能查明。①

由此可见,复业行清理系统下的前交行清理工作,相比人民银行代为清理的部分,进展得要快些,这得益于交行工作人员的主观努力和创造精神的发挥。交行的职工干部在清理工作中,不畏困难,不怕碰壁,根据中财委指示的精神与各地接收机关及军管当局耐心沟通,争取他们的理解和支持,从而促进了清理工作的顺利开展。在总处颁行统一清理工作细则前,有的复业行即已发挥创造性,根据自身实际情况拟订办法,开展清理工作,由此争取了不少时间。而委托人民银行清理的部分,因人行的主要任务是执行国家的金融政策,自身业务已非常忙碌,执行委托任务难免有轻重缓急之分,所以进展得较为缓慢。

(四)清理工作的结束

交行的清理工作原计划在1950年11月底全部结束,但由于情形复杂,任务繁重,人手不足等原因,阻碍较多,沟通不畅,未能如期完成。在中国人民银行的协助下,交行又经半年多的努力,至1951年6月底,才基本完成清理任务。

截至6月底,国内239个行处单位中有184个单位全部清理完成,占国内各行总数的76.99%;接近完成的有22个单位,占9.21%;仍在清理中的有23个单位,占9.62%;未报告清理情况的有10个单位,占4.18%。海外行中已取得一些联系,账目查对清楚的有3个单位,仍有5个海外行未取得联系。②

从各行的资产负债账目来说,放款方面,各项放款已清理结束,只有公营和合营企业的外币欠款,因数额巨大一时难以归还,还需进一步协商解决;存款方面,应没收的各项存款都通过总处汇缴国库,私人存户中数目较大的都已付清,数目较小的已于

---

① 《交通银行史料》第二卷,第69页。
② 同上,第101页。

公告期满转销。战前存款尚需待政府公布清理办法后再做处理；房地产器具设备方面，预付项的下实物部分，除损失部分打销账面外，其余照"留存"、"外拨"等具体情况分别转账；无价值的证券、投资一律转为损失，有价值的公司股票经估价后转到复业行新账。

经过清理，交行的资产得以重新清算。1951 年 8 月 15 日，第一届第一次董监事联席会议行务报告显示，交行清理后结余的资产共计人民币 2690 亿，移转台湾的外汇资金，已查清的，折合共计人民币 2207 亿元。[①]

三、上海清理处的工作

清理工作无疑是一项极为繁复的工作，交行上海清理处投入大量人力物力，有计划、有步骤、分批分类地向前推进。起初，全行共动员 1000 多人参与接管清点，最后由四五人收尾，历时近两年，对账目、资财、投资和证券等都做了较为细致的清理，取得较大成绩。同时由于交行复杂的历史问题和客观条件的制约，仍留下少部分无法完全清理结束。

（一）对账目的清理

上海清理处的账目清理范围，包括总处会计处的业务会计，稽核处的外汇会计，储蓄部的普储、节储会计，信托部、信沪部的国有会计、信托会计、运输会计，分行及五支行、两办事处的业务、普储、信托、外汇各会计，信总仓、沪仓的银钱货物会计、撤退各行的业务会计、附属单位如蜀余公司、证交卅一号经纪人的业务会计等。

1. 对存款（包括储蓄、信托等存款）的清理

存款清理分为一般存款清理和战前战时存款清理两种。

（1）一般存款清理概况。上海解放后，交通银行根据存户的性质，将在沪各行处（包括各撤退行）的存款分为三类：第一类为国民党政权党、政、军、特务机关（包括以各种化名出现者）等及官民合资的存款；第二类为国民党政权党、政、军、特务机关中重要人物所有，不能判明及其他可疑的存款；第三类是指不属于前两类的存款。上海清理处对不满原金圆券 10 万元的存款一律打销，并转入"杂项收入"科目。已被接

---

① 《交通银行史料》第二卷，第 101 页。本卷所涉及的货币单位，除另有标明外，1955 年 3 月 1 日以前为旧人民币，之后为新人民币，1 元新人民币折合旧人民币 1 万元。

收的各机关存款,经过对账后转金融处轧账。除机关存款及少数存户外,一般存户的存款折成人民币后余额总计只有数千元。上海清理处先陆续付清交行行员的存款,又于1950年2月1日在报纸上刊登清理公告,提示存户及时到各行处办理提付手续,不过一般客户因折成人民币后数额较小,前来提付的人很少,于是分批转入"杂项收入"科目,限期结束账户。

(2)战前战时存款清理概况。该项存款分营业、储蓄、信托三种,涉及机构包括前上海总行、沪分行、沪属本外埠各行处(外埠行处共27个单位)。单位众多,情形复杂。经过多方努力,深入调查,查实共计沪属32000余户,总计原法币930余万元;沈属30余户,计原满币2万余元。最后以一户1元分别按各存款行转入新账"应付款项"科目,以"前某行战前战时存款"列户,并详细整理印鉴账册,予以妥善保管。其中仍有一些存款无法查补。①

2.对放款的清理

1949年5月,交行已基本收回总处以下在沪各单位抗战胜利后所做营业、储蓄、信托各项放款。建国初期,交行将余额不满原金圆券10万元的部分旧账及小型工贷户等账目转销,列入杂项支出;收回轮船贷款及少数个别户头的放款,需要清理的大部分是抗战前及战时旧欠。前总处账内的放款,多数是战前历年国民党政府的欠款,甚至还有少数辛亥旧账。因建国前大部分旧欠已转入催收款项科目,其他账户余额虽少,但性质各异,情形也较为复杂,只能详细调查契约、押品文件、账表记录、案卷等资料才能了解。但一些账目因年代久远、人事更迭、记录散佚,确实无法清楚查实,影响了工作进度。但工作人员仍尽力陆续查明,并按照清理细则,逐一处理,分别打销或转列受质押品或转总处或转联行或转新账。

3.对汇款的清理

解放军渡江前,局势已日趋明朗,各行各业多数暂时停止采购。因此,需要清理的汇款业务账面较为清晰,余留也少,折合人民币后数额更微,除去外汇部分,解讫者共有4348.15元,退汇599.37元,转销75.36元。

4.对联行往来的清理

为迅速结束旧账,按照总处指示,原金圆券各户除因清理资产负债账目涉及联行

---

① 《交通银行史料》第二卷,第84—85页。

者仍补给收付外,其余各户一律不予查对,于 1950 年 12 月 25 日将各户余额借差人民币 2490436.12 元,转列新项支出账作为该项清理的结束。

5. 对外汇账目的清理

外汇账目主要属于总处稽核处、储信两部及沪行等四个单位,其清理工作分为初期、移交沪中行、划回交行三个阶段。

清理初期,上海清理处除将进口押汇部分应客户要求作个别清理外,其余未作变动。1950 年 4 月 1 日,金融处通知各接管行局,将外汇账目及原经办外汇业务人员,一并移交上海中国银行清理。① 因此,交行先将外汇会计中的损益科目全部并入营业会计,随后又将所有各种外币账目,及与外币账目有关的原金圆券账目全部划交上海中国银行清理。同年 11 月,由于交行建行制度和营业范围确定,国外各分支行仍由交行领导继续经营,于是将之前已移交沪中行清理的联行往来及一部分报资证券账目划回交行,由其自行清理。

6. 对蜀余业务会计的清理

蜀余企业公司于 1944 年在重庆成立,由交行信托部单独投资,1946 年迁往上海,专营盐业及土产出口,设有运通、达江、利信等盐号,资本为原法币 1 亿元。建国前,该公司董事长、总经理、会计主任等重要职员均离沪去港。被接管后,上海清理处负责其上海总公司的清理工作,并通过上海金融处转请其他各地军管会协助清查其他分公司。对蜀余业务会计的清理工作,主要是追查赣区各地存盐和遗存连云港物资,清理资财、账面,并追求了利信盐号移转私人经营的责任,基本上顺利完成。

7. 其他特殊会计

上海清理处接管清理的账目共有 40 个独立会计,除了营、储、信、仓四部分外,另有特殊会计共 13 个单位。1950 年 12 月 21 日,基本完成对"运输"、"蜀余"、"京行"、"津行"4 个会计账目的清理,其他剩余科目比照"储蓄""信托""仓库"三会计账目的结束办法,一律并入营业会计汇总处理。1951 年 5 月,由交行自行清理的部分外汇会计也并入营业会计。

（二）对资财的清理

上海清理处的资产清理,主要包括对库存金、银、铜、镍币、外币、伪钞券、房地产、

---

① 《交通银行史料》第二卷,第 88 页。

器具设备及其他各类物资的清理。

1. 对库存金、银、铜、镍币、外币、旧钞券的清理

遵照上海军管会通令,解放后在沪各单位库存金银及各种货币,除了旧钞送缴人民银行发行分局,其余均缴送人行公库部,并办理缴解手续。之后又根据中财委规定,中交两行资财不得没收缴库或作其他处置,除去已没有价值的部分,均由人行公库部按原兑付日(即送公库部之日)牌价折合人民币拨还;但因时间相隔已久,牌价已升高不少,给交行带来不少损失。

2. 对房地产的清理

在上海各单位的账内营业用房地产暨受质押品项目下,有较多的本外埠房地产,除去东北郊区已垦、未垦田野部分,共计有 71 处。

本埠自有房地产计 19 处,租地造屋者计 3 处,与前中央、中国两行合有者计 7 处,总共 29 处。其中包括向经纬公司租地搭建储藏汽油的棚屋,已破败不堪,经总处批准后转付损失,其余均依照金融处通令交由人行信托部经管、经租,并代办房地产估价。外埠房地产及田亩等共有 42 处。① 已估价转入新账者 13 处,按账面余额转付总处账者 10 处,已经土改转付损失者 4 处,无法调查转付损失者 2 处,暂缓办理者 9 处,委托人民银行接管但估价未妥 3 处,在台北的房地产 1 处。

3. 对器具设备的清理

在沪单位有 26 处,器具一般散置各处,平时很少或从未加以检查,接管清点时,也无法彻底清查。又由于总处及沪行多次迁让房屋,一些器具在搬移中遭受损坏,而新的器具有时也会出现新旧混杂、原号码失落的情况,这就给清理工作带来一定难度。最终,上海清理处将器具设备分为五大类,即留用部分、外拨部分、按账面余额转由总处清理账部分、未估妥部分、损耗部分,分别查计清楚。

4. 对各项物资的清理

各项物资包括各单位预付费用项目中的预购物品、前蜀余公司账内外物资及联行寄存物资。清理时,除去转由总处处理损耗以及未估妥部分,共计估值 2.49 亿元。②

---

① 《交通银行史料》第二卷第 93 页为 41 处,系统计错误。
② 同上,第 92—95 页。

（三）投资及证券清理情况

旧账营业、储蓄、信托、蜀余各会计内有价证券、生产事业投资及承受质押品项目中各种股票、债券等，不论账内、账外，都进行合并清理。其中，有价值及情况不明尚待调查者，移转新账；无价值者则予以转销；不属于沪区整理者，移转总处及联行；投资的企业返还股本者，转回账面。各项股票增值转账者，一律将增值数额转入营业会计资财增值科目。各项投资证券转清后，需填制"投资证券变动及估价报告表"逐户详列。

（四）其他事项的清理

除以上账目、资财、投资及证券清理外，上海清理处还对仓库、保管品、旧账表和旧档案等进行了清理。

1. 仓库的清理。交行在上海原有两处仓库，一是前总处信托部所设的信托部总仓库（简称"信总仓"），一是前沪行所设的沪行仓库（简称"沪仓"）。1949 年 11 月 1 日，总管理处和上海分行同时复业，信总仓即日移交中国人民银行上海分行信托部接办，沪仓仍暂时由交行保留。1950 年 4 月 1 日，沪仓结束短期业务，移交人民银行信托部接办。移交后，所收移交以前交行应得的仓租，仍送交行收账。

2. 保管品的清理。上海清理处接管的保管物品，包括前信总部、前沪信部、前沪行等三部分，共计 2089 户，约 10 余万件，内容复杂，清理步骤在原则上与债权、债务、资财的清理配合进行，分别予以移交，或移转暂存，或直接销毁。

3. 旧账表的清理。在沪需清理的各单位旧账表共 2900 余箱，联行寄存者又有 300 余箱，分存在仓库及各办公处，大部分没有清单，有的已堆存数十年未曾启箱。根据总处规定，结合实际情况，上海清理处对旧账表分保留、销毁、暂时保留三类进行整理。清理先从永嘉新村的 300 余箱开始，积累一些经验，将所有账箱集中信总仓和沪仓，由 40 余名工作人员历经约一个月时间，初步完成抄单。经过几次整理，保留部分 1107 箱，暂留部分 385 箱，销毁部分 1689 箱，共计 3190 箱。

4. 旧档卷的清理。上海清理处将全部旧档卷分为前总处文卷、前沪行文卷、前外埠行处寄存文卷及前总处各科杂件等四大类。遵照总处和区行的指示，清理时坚持"减少目前存量、便利日后检查"的原则，1950 年初到 3 月底，安排三名员工分工合作，做好清查、抄单及分类等各项工作，均按期、按计划完成。拟定应保留或销毁的各卷，除总处文卷部分外，其余核定统计整理箱件共计 916 箱，保存与销毁的比例大致为 3∶7。

上海清理处的工作历时近两年,最终仍无法按时完成全部清理任务,留下的一些问题也始终无法解决。客观上,接管清理的资财,种类多、数量大,各单位的材料与实物常常不统一,加上交行历史悠久,人事变更,记录散佚,而原接管单位又历经多次变动,留下许多无头案。主观上,工作人员对部分资财不熟悉,没有经验,全面开展工作时,又要求过高,没有区分轻重缓急有计划地进行,以致于手忙脚乱,走了不少弯路;工作中还存在依赖、等待的思想,没有争取主动,不敢放手去做,对内对外联系不够,造成许多工作的拖延,把营新整旧放在一起,又出现无法着手、难于兼顾的情况。

交行基本完成自身清理工作后,1950 年 5 月,中国人民银行发布《中国人民银行总行关于中交两行清理工作及处理银行接管之伪金融机构投资企业的指示》,规定凡在国内范围属于国民党政权国家金融机构(包括原行、局、库、地方省市营和战犯等的金融机构在内)的投资,被银行部门接管的,除纯进出口贸易性质者归中国银行管理处,其余不论投资形式及其比例大小,是否已被主管部门接管,均须将股权交给当地或附近的交通银行,由其清理、整理,以便奠定今后办理和监督国家投资企业的基础。投资企业的具体清理情况详见第三章。

第四节　整编工作的全面展开

上海解放之初,为粉碎美蒋封锁,巩固胜利成果,支援新解放区,华东财政经济委员会号召开展整编节约运动,交通银行总管理处积极响应,迅速投入其中。交行的整编工作从 1949 年 9 月开始。10 月 1 日,中国人民银行行长南汉宸到上海视察,对交行员工宣讲了当时的政治经济形势和金融业的调整问题。根据南汉宸的讲话精神,军代表加快了对总管理处的整编工作。至 10 月中旬结束,历时 40 多天。

一、整编前的准备

(一)整编方案的提出

1949 年 7 月 27 日,上海市政府通过《解放日报》发表社论《粉碎敌人封锁,为建设新上海而斗争》,提出了六大任务,其中第六条号召大家"实行节衣缩食,克服目前困难",要求一切党政军民组织,"必须履行精简机关,紧缩编制,清理资财,建立制度,节省开支,反对浪费,提倡艰苦朴素作风,克服奢侈浮华的习气"。① 为贯彻精兵简政、节省国家开支、减轻人民负担的方针,8月17日,《解放日报》发表社论《贯彻整编节约方案到行动中去》,明确要求所有机关、部队在组织上立即进行整编;根据工作是否必要,审查与确定机关的编制,裁并不必要的单位。机关力求精干,抽调大批干部开展农村工作,裁减非必需的旧人员,组织他们下乡参加各项建设或劝导他们转业;经过整编后的各机关、部队,必须改善工作制度,提高工作效率,同时"在财政上厉行节约,反对浪费"。② 两篇社论成为华东局和上海市指导整编节约运动的基本方案。经过报纸等媒介的广泛宣传,广大群众清楚地了解了人民政府的目的和要求,为基层单位顺利开展工作奠定了良好的群众基础。

根据政府的上述指导精神,交通银行确定在复业前的准备时期,在华东区整个工作阶段中心任务统领下,将整编精简机构作为中心任务,并结合自身实际情况,制定整编方案。

第一,根据政府关于对旧企业机构"既不全部打乱,也不原封不动,而进行恰当改造"的指示精神,要求新的组织编制以精干、适用为原则。为把交行建设成为能担负起新的工作任务的金融机构,应在整编中裁并一些重叠或不必要的机关,将不属于本行专业范围所需的人员介绍到其他部门工作。当时上海银行业存在人浮于事的问题,但从全国范围的建设需要看,专业人员还很不够。因此,交行对一部分暂时多余的人员,做了妥善处理。少数罪大恶极的或有反动行为的应予以开除,其余人员则组织起来集中学习,改造他们的思想为新中国建设服务。这样,一方面贯彻了对旧人员处理的负责精神,机构得以简化;另一方面也使大多数职工能各得其所并由此获得进步,为今后开展新任务奠定基础。

第二,通过群众路线、民主评议完成整编任务。此次整编采取自报公议的方式,由群众进行民主评议,方式上力求平和,树立"与人为善,自己为善,教育别人,也向别人学习"的思想,发扬"知无不言,言无不尽,言者无罪,闻者足戒"的新作风。采取这

---

① 《粉碎敌人封锁,为建设新上海而斗争》,《山东政报》1949年第2期,第5页。
② 《贯彻整编节约方案到行动中去》,《山东政报》1949年第2期,第22页。

样的方式,一方面是共产党领导的新特点,另一方面是考虑到银行的旧人员在过去并没有彼此批评和互相帮助的习惯,小资产阶级又容易受到国民党政府宣传的影响,无法准确理解"反省"、"坦白"和"斗争"的内涵。通过自报公议的方式,可以让这些人员更好地理解和接受并最终参与到整编运动中来,使整编成为群众自身的行动,结合新形势、新任务,检讨自身的思想、行动及工作作风,促进整编运动的展开。

第三,工作人员在整编过程中必须秉承大公无私的精神,树立正气,分清是非,打破彼此间的隔阂,提高思想认识和政治觉悟,发挥工作上的积极性和创造性,改变旧式的服务观点,树立新的为人民服务的思想,营造团结的工作氛围,提高工作效率,为今后迎接新的工作任务奠定基础。[①]

（二）思想、组织、行动上的准备工作

除了制定相应的整编方案,交通银行还从思想、组织、行动三个方面对整编工作做了较为充足的准备。

第一,思想动员。整编运动正式开始前,总处采取依靠积极分子,团结中间分子,教育落后分子的步骤,进行广泛的思想动员。首先召开积极分子座谈会,就整编的精神、意义、原则等问题展开讨论研究,使他们在思想上对整编工作有正确的、统一的看法,同时虚心倾听他们的意见和群众反映的问题;接着召开学习组长、整节委员会整节干事及各单位的整节动员会议,针对现实问题反复进行思想动员,说明留用与学习的条件。通过广泛的讨论与宣传,让大家充分认识到学习是为了培育一部分有用的力量,检讨是为了帮助进步,认识过去,防止重蹈覆辙,强调每个人都应以大公无私的精神、与人为善的态度进行评议。整编方案明确提出裁减不必要的人员,给旧人员造成不少压力,有些别有用心的人趁机恶意中伤共产党和新政府。为此,军代表室对某些公开破坏分子予以警告,促其悔过;对分不清是非而盲目跟从的,则给以解释和教育,并提倡自己的事情由自己解决,真正做到以民主方式处理人事问题。最后号召全行切实学习整编文件,提高认识,明确要求,为整编运动顺利开展奠定思想基础。

第二,组织构建。组织上,以行政干部和积极分子为核心,争取并发动中间人士,通过召开会议、个别谈话等方式教育一般群众,在此基础上建立整编节约运动组织。在先前接管交行的过程中,其内部职工已积极投入清点审查工作,组织了"职工协助

---

① 《交通银行史料》第二卷,第122页。

接管委员会",保证了接管的顺利完成。同样,在拥有1800多名职工的庞大金融机构中,单靠少数军代表难以完成整编任务。在军代表室的主持下,1949年9月10日,又成立了21人的"交通银行整编节约委员会",除军代表室3人外,由军代表聘请在群众中有威望的公正人士参加,包括高级职员(处长级)2人,中级职员(课长级)7人,低级职员6人,工友3人;其中男职员19人,女职员2人。这个具有广泛代表性的组织,为整编运动顺利开展奠定了组织基础和群众基础。整编节约委员会成立后,再根据各行政单位划分整编小组,全行共分29组,每组选干事3至5人。这些小组在"整编节约委员会"统一计划和领导下具体推进整编工作。

第三,人员培养及规则制定。各单位努力扩大积极分子阵容和整编运动的群众基础,并制订相应标准及各类表格。经过两三个月的接管工作,各单位都发现了一些政治可靠、业务精干的积极分子,只是总量不多,且在各单位的分布不均衡,思想上也尚需进一步提高。为此,各单位通过原有的积极分子,把本单位中思想认识水平较高、对整编精神认识清楚、为人正派的中间分子团结起来。团结中间分子的关键是以大公无私的精神放手发动群众,并充分尊重他们,有事多与他们商量,听取他们的意见。同时,各单位结合学习整编文件,提出了人员留用学习、遣散、开除的标准,并综合群众自身意见,拟定人员整编统一参考标准及自报公议的记录表,主要包括工作才能、思想行动、操作品德三大类及个人与整编单位评议意见两栏。记录表一式两份,一份送整编节约委员会备查,另一份则作为相互评议时的根据。

二、整编工作的开展

(一)整编概况

1949年9月8日,交行开始结合文件的学习与宣传,进行思想动员,成立整编节约委员会,并制定相应的人事处理参考标准和整编记录表;24日,进行自报公议和民主讨论;到10月10日,各单位大体上先后结束。[①] 这是一场有方案、有准备、有组织、有原则并在工作中不断总结、不断进步的运动,最终取得了较为突出的成绩。

总体来说,交行的整编工作是逐步推进的。最初,行员互相之间只是讲些好话,或提出一些无关痛痒的缺点,经过进一步宣传、教育与引导,真正发展为真诚的自我

---

① 《交通银行史料》第二卷,第115页。

检讨和互相评议。但由于各单位具体情况不同,出现进展不平衡的情况。总的来说,沪行要比总处慢些,但比各分支行办事处快些,撤退行则与沪行相近;总处内部则以稽核处进度最快,设计处最慢。① 群众条件的差异是各单位进展不平衡的一大原因。稽核处的积极分子与中间分子充分融合,在本单位占有优势,群众自始至终在心平气和的气氛中进行互相评议,因此进展最快。全处92人,历时4天半即告结束。人事室、会计处、信托部、存款股、放款股、会计股、内汇股、外汇股等单位,也把积极分子组织起来,虽然尚未形成领导核心,但具备充分发动群众的有利条件,居于第二梯队。而少数单位既无群众基础,整编中又有较大的保守力量,如设计处、文书股、出纳股、虹口支行等,则进度相对较慢。虹口支行40余人从低潮到高潮,历时达40天之久,进度最慢。②

工友的整编情况相对较为单纯。一般工友的家庭出身比较贫困,原来处于被压迫地位,对新政府大都表示欢迎,因此对他们采取不同方案供其自由选择。首先发动工友回乡生产,在这个过程中,自动回乡的有180余人,基本上属于家庭生活没有问题的。留下的人员在9月30日后开始填表,主要讲清每个人的家庭生活情况,再根据家庭生活情形与工作需要,继续动员回乡生产。这次动员有76人回乡,其中包括一部分年老不能工作者或体弱多病者。最后留用240人,提升点钞生者26人,水平较高参加职员学习者11人,开除吸食毒品或舞弊的3人,未决定者12人,其中包括撤退行的5人。③

(二)整编进程中出现的问题

整编涉及人事的调整,前提是对每个人的思想、能力与作风等做出恰当的评价,这是整编运动最关键也是最困难的一个环节。根据新政府指示,交行采取自报公议、民主讨论的方式。在新旧交替的历史阶段,这场评议运动必然产生极其尖锐的思想斗争,由此产生的对抗,也成为整编中遇到的最突出的困难、最主要的问题。这些对抗力量从性质上来说,既有政治、经济、思想、历史方面的原因,也有因对政策不理解而产生的误解。

第一类,政治上的对抗。这一层面的矛盾最为突出,可分为三种。第一种是政治

---

① 《交通银行史料》第二卷,第123页。
② 同上,第115页。
③ 同上,第131页。

立场上倾向于国民党旧政权的人物，公开反对整编。有些人宣称："咱们一千八百人今天也团结起来，他们就没法整编。"第二种是在政治上对新政府抱有成见的人，他们表面上站在中间的立场上，暗地里却不配合评议工作。第三种是过去曾加入国民党的行员，他们在初期对新政府的宽大政策还不甚了解，担心自己的政治身份暴露后，会影响原先的职业，因此对整编采取消极对抗的态度。

第二类，经济上的贪污分子竭力隐瞒自己的贪污行为，不愿参与评议。他们的贪污方式多种多样，有的确认难度较大，主要可归为四种：一是利用职权侵吞公款，直接贪污。二是接受外来礼物或现钞，或以支票代替，或对与自己有关的事业投资放款，间接获利。三是营私舞弊买卖黄金、美钞、白银，投机牟利，变相贪污。四是总经理按照旧例在年终给襄理以上高级职员赠送支票，可视为一种"合法贪污"。采取不同贪污方式的人员对整编的看法和态度也有所不同。直接或间接贪污的一些人对群众进行威胁，极力隐瞒自己的秽行；一些变相贪污的行为，是在特定的历史时期和政治、经济环境下发生的，比较普遍，因而这些人员的顾虑相对较少；而合法贪污的更愿意坦白实情，竭力消除别人的猜疑。

第三类，不明是非、盲目追随、顺风倒向者。有些人文过饰非，不仅刻意隐瞒自己在国民党政权中做过的事，还弯曲事实，宣称自己在解放前如何进步，一些评议者不明是非，给予好评，给评议活动造成不小阻碍。[①]

第四类，部分人员初期对整编精神有所误解，对民主评议的内涵不了解，对处理人事的方法深感疑虑，认为名单早已由军代表内定，自我检讨是自取其辱，互相批评是互相攻击，民主评议是人人过关，因此，不愿积极参与，还散布一些消极的言论。有些人误以为学习就是遣散，因此，惧怕学习，唯求留用。还有一些人将整编的参考标准误解为留用标准，将其公式化，于是，往往在字面上做文章，评议时避重就轻，多提优点，少提缺点，希望人人都能留用。

（三）整编中部分问题的解决

交行领导层认为，以上几类消极、对抗力量，其性质、群众基础及对抗的强度都不同，解决方案也应有所不同。最重要的是依靠群众中的进步力量，进行思想动员，对错误的思想予以揭示和纠正，促进整编运动的顺利开展。在这个过程中，工作人员不

---

① 《交通银行整编总结》（1951年），交通银行博物馆藏资料Y69。

停摸索,最终形成一套全面而有效的方法。

1. 采取"重点示范,创造典型,突破一点,推动全盘"的整体步骤。具体来说,首先要针对现实情况,进行广泛的思想动员,并介绍其他单位的评议经验,以提高群众的政治认识。其次,在军代表统一领导下,随时研究新出现的问题,及时改进工作方法。同时有计划地加强对稽核处的领导,以创造典型。在学习过程中,稽核处最早提出人员处理标准,使中间分子能够较为准确地衡量自己,安抚了大部分中间分子的情绪。评议时组织各单位的代表参加稽核处的示范讨论,互相学习交流经验,可以更好地推动全行的整编工作。对于一些对立情绪较强的单位,则暂时搁置,等待时机再设法争取时间,集中力量进行整编。

2. 发挥积极分子的骨干带头作用,争取主动,团结群众。首先,组织积极分子讨论本单位中每个人的意见,并搜集具体材料,做好充分准备,把握发言机会。同时,团结其他可能团结的中间分子,与他们交换意见,引导他们积极向组织靠拢。其次,评议过程中,积极分子抓紧休息时间集体讨论,对一些新发现的问题及时作进一步研究,找出处理办法,把大会评议与小会研讨结合起来,促进人事的公平公正处理。这方面做得较好的也是稽核处,他们的讨论结束后,群众对人事的处理没有异议。

其次,积极分子带头评议、检讨,通过个别交换意见,或利用私人关系揭示问题,并从职业观念上宣传新中国建设的光明前景,以及对专业人员的迫切需要,消除群众的思想顾虑,鼓励他们大胆评议。经过积极分子的各种努力,不少直接、间接、变相贪污的事实被揭露出来,一些单位原先在评议中死气沉沉的状况大有改观,曾有不良行为的人员纷纷表示,在人民政府的领导下,今后绝不再做假公济私和投机牟利的勾当,并决心洗心革面重新开始,做好自己的工作。①

3. 防止问题出现堆积,整编的同时,及时处理一些个别问题。在整编过程中,对一部分自觉不宜留用或已另谋他职而请求解职的人员,分别审查后报金融处批准处理。整编期间自动提出辞职并经批准的人员有 27 人。这些人的自动辞职说明他们对新社会有了比较明确的认识,打破了在银行抱金饭碗的旧观点,勇敢地迈向其他工作岗位,迎接全新的开始。

4. 通过解决一些比较集中、统一的矛盾,启发群众敢于批评。如储信股有人说,

①《交通银行整编总结》(1951 年),交通银行博物馆藏资料 Y69。

"叫留就留,叫走就走,何必用讨论故意找麻烦",表现出对抗的情绪。针对这种消极的思想予以批评,就打开了难关,也激发了群众批评和自我批评的意识。此外,还注意引导群众的思想和立场,使之成为拥护政府的进步力量。如虹行一些人曾散布对整编不利的言论,后来在公正人士和群众的批评帮助下,端正了态度,整编的局面由此打开,并对其他支行产生了正面的影响。①

5. 根据各单位的具体情况,采用多种检讨、评议方式,包括当面评议、回避评议、密报检举、由整编干事及民选的正派人士组织人事审查委员会等四种方式。其中,当面评议的方式效果最好;回避与密报检举的方式有利有弊,好处是检举者、批评者可以减少顾虑,弊端是被检举、批评者容易产生误解,认为对方刻意攻讦,从而产生抵触情绪;由组织人事审查委员会先行审查,然后交由群众民主评议也是比较可取的方法。

6. 支持群众的正当要求,发挥群众的积极性。要充分尊重群众的意见,客观分析群众的要求,并充分考虑群众的顾虑与困难,对群众的意见与要求,不一竿子打死,而要支持其正当要求,无法满足的要解释清楚,以减少矛盾,争取支持与理解。

经过第一次评议,群众的思想认识普遍提高,收获较多,但结果并不完全让人满意。一方面因为群众基础不同,对是非观点的认识程度不同,单位之间的评议结果差别较大;另一方面因为各单位普遍存在片面强调工作才能,忽略思想问题的倾向,所以思想教育方面还不够深刻。

一些单位通过与其他单位的对比,认识到自身不足,主动提出再作进一步的深入评议。于是,除稽核处外,全行各单位自发进行第二次甚至多次反复的评议,以思想行动与工作才能相结合,将行动与才能提高到思想高度去认识,从而使员工的思想普遍有了较大进步。在评议方式上,大多数单位摒弃回避、密报方式,将密报当场拆封念给群众听,交给本人看,既突破了旧的情面观念,也表现了与人为善的态度。在评议内容上,材料更加全面具体、丰富深刻,根据实际表现分析思想本质,根据具体行动探究思想根源。在人员处理上,各单位都对每个员工进行反复比较,再确定留用、学习或遣散,并充分考虑被遣散人员的生活出路问题,处理得十分慎重。

交行的整编工作,通过上述各种方式,以一点带动全盘,依靠核心,团结群众,随

---

① 《交通银行史料》第二卷,第129页。

时工作,随时总结,克服了重重困难,最终得以顺利完成。

三、整编的成效及经验

交通银行的整编工作自 1949 年 9 月开始,至 10 月中旬结束,40 多天的时间内,采用多种方法,解决了诸多难题,最终使整编工作得以胜利结束,不仅取得良好的成效,还积累了不少宝贵的经验。

（一）整编成效

作为旧国家行局中仅次于中国银行的金融机构,交通银行历史悠久、关系复杂,传统积习很深,比较封闭保守。从组织人事关系看,交行内部派系复杂,有"旧臣系"、"公馆系"、"新进系"、"党务系"、"实力系"等。高级职员的派系割据,上下级人员的等级划分,再加上新旧人员、撤退行与原在沪人员之间的隔阂,造成表面一团和气,内里明争暗斗的状况。而且,解放后至整编期间,总处及沪行没有正式复业,内部机构重叠庞大,两个机构共有处、部、室、课、股等 50 多个单位,业务不专、因人设事的现象普遍存在,解放前夕,各地分支行又有许多人员因调遣、撤退或逃避而来到上海,更造成严重的机构臃肿、人浮于事。若任其发展,将不利于今后为新中国服务。经过40 多天的整编后,一些不适合的人员被遣散,机构得以精简,留用的人员也在思想上得到深刻的改造,交行的组织和个体都获得新生,为今后成为新中国的重要金融机构奠定扎实的基础。

首先,经过群众民主评议,所有职工得到妥善安排,达到了整编的基本要求。整编前全行职工共计 1168 人,整编后留用者 730 人,包括总处 130 人、沪行 400 人、支行办事处 200 人;调出者 184 人,包括合作储蓄部 116 人、人民银行信托部 31 人、其他 37 人;学习人员 186 人;自请辞职者 27 人;拟准离职遣散者 41 人(包括未经金融处批准尚未处理的高级职员)。[1] 根据具体情况对所有职工给予合理而恰当的处理,为日后按照新的工作需要调整内部编制铺平了道路。

其次,通过思想教育与改造,使职工普遍明辨是非,树立了正气。评议中依靠群众的力量,揭露了一些贪污腐化、营私舞弊的事实和政治背景复杂的人物,所揭露的坚持旧政权立场以及各种形式的贪污人员共计 47 人,曾加入国民党的 74 人,参加三

---

[1] 《交通银行史料》第二卷,第 131 页。

青团的 7 人,参加其他党派的 9 人。① 在这个过程中,群众清楚地认识到旧社会的黑暗与新社会的光明,政治觉悟普遍得到提高;通过批评与自我批评,消除了上下级之间的隔阂,大家理解了留用、学习或转业都是为了提高工作效率,达到人尽其才的目的;推动管理人员深入群众,巩固了普通群众与积极分子之间的关系。

再次,改变了职工的劳动和服务观念,增强了工作责任心与积极性。如在开展"十万存户运动"时,全行职员积极参与,不仅设法到工厂、商店去招揽存户,还利用这一机会向群众宣传、解释今后政府的经济政策和银行人员新的工作态度,并主动讨论如何简化内部手续,给予顾客更多方便。在各单位职员的努力下,交行虽然没有正式开业,存户却很快增加到 3750 余户,仅次于人民银行,排国家行部第二位。② 由此可见,职员的服务观念和工作作风有了很大的改进,积极性也有很大提高。此时,全行有组织的学习也日益健全,职工多积极自学,在图书馆征集图书时,职工纷纷捐献,使图书馆得以迅速充实。

第四,培养了一批积极分子。在群众运动中,积极分子经受了进一步的考验,队伍更加壮大,而且分布在各个单位。交行的领导层提出,在今后的工作中,要充分重视这批积极分子队伍,发挥他们的模范带头作用,为将来业务的发展创造有利条件。

(二)通过整编获取的基本经验

通过整编,人员得以妥善处理,机构有所精简,交行也从这个过程中获得了宝贵的经验。

第一,整编工作中最大的收获也是最基本的经验,就是坚持走群众路线。走群众路线,用自报公议的方法进行整编,将大家的事情交给大家,根据政策精神自己进行研究讨论才能更妥善地处理,才能做到公平合理。发动群众时,交行领导层特别强调两点,一是事前做好充分准备,包括思想动员,引导群众学习文件,同时团结积极分子建立稳固的群众基础;二是贯彻大公无私的精神,由积极分子带头,批评时真诚、客观地指出对方的优缺点,帮助他人逐渐进步。

在群众的民主评议过程中,交行认识到应该始终有一个坚强的领导核心,团结积极分子和中间人士,在此基础上进行组织、制定计划,给普通群众以适当的引导和帮

---

① 《交通银行史料》第二卷,第 131 页。
② 同上,第 132 页。

助,这样才能保持运动的正确方向。鉴于积极分子也各有差异,对一些能力稍欠者,应及时帮助他们在思想认识和政策水平上不断提高,并防止其因自高自大而与群众对立,产生消极作用。

另外,还考虑到一般群众思想认识的实际状况,交行在某些时间和场合,采取了一些比较温和的做法。例如自报公议、民主讨论在本质上虽是思想斗争,但在群众尚未养成批评与自我批评的习惯之前,暂且不使用"反省"、"斗争"等名词,以免造成群众的心理恐慌,增加工作困难。

第二,整编运动的全程,思想动员与文件学习必须紧密结合。随时工作,随时检讨、总结,抓住主要环节和实际问题,根据不同单位、不同情况,采用多种方式进行思想动员,把一般动员与个别教育结合起来,以逐步打开局面。同时,必须重视事前的群众动员与各单位经验的及时交流,这样才能从思想上、行动上将群众运动统一起来。另外,还要重视对群众进行集体动员。一开始的时候,受地点、场所的限制,仅召开了几次学习组长、单位代表、整编干事等人员参加的动员会议,然后由他们到各单位进行动员。但有些代表未能很好完成传达任务,使群众误解为"整编就是裁员",因而人心惶惶。① 而集体动员能更好地直面群众,有利于群众更准确地理解党和政府的政策。

第三,根据各单位不同情况,灵活运用评议方式。群众基础较好的单位可以当面评议,最好先评议问题较多的人,这样能以点上的突破带动全局;条件较差的单位,最好先让积极分子带头做检讨,不应采取抽签办法。最初阶段,因一般群众尚未达到所要求的认识水平,采取回避、密报的方式更为可行,待群众认识逐步提高后,再考虑使用当面评议的方式。

第四,整编的要求是形成一个精干有力的新的机构编制,提高工作效率。因此,妥善处理旧人员仅解决了问题的一半,如何使较少的人员担负起更多的工作,成为继续贯彻整编精神的重要问题。这就有必要继续坚持批评运动,建立经常的会议检讨制度和正常的工作制度,使群众养成民主评议的习惯。旧职工中大多数是社会中层的知识分子,要善于引导他们趋向积极进步,不要让他们屡受挫折而丧失工作热情。

---

① 《交通银行整编总结 1951 年》,交通银行博物馆藏资料 Y69。

第五节　交通银行恢复营业

因条件不同,各地交通银行不可能同时同步复业。被接管后,部分分行、办事处停业整顿,另有一些单位边清理边复业。沪行在正式复业前,一边开展清理工作,一边办理折实储蓄及其他存放业务,维护普通储户的利益,促进金融秩序的稳定。同时,沪行还从方针政策、人员配备等方面,积极为交通银行的全面复业做准备。

一、复业前的业务活动

复业前,交行的业务方针是配合上海市恢复、发展经济建设的需要,制定并完成各阶段的特定任务。根据这一方针,沪分行主要开展了四项业务活动。解放初期,代理分行收兑原金圆券和外币,打击银元投机;之后,开展折实储蓄和代收税款业务,推动了货币回笼,稳定了物价,使职工生活得到保障。1949 年 8 月,又与航运处合作,办理修捞船舶贷款,借以开展内河航运,推动物资的交流与沟通。其间,物价下跌,折储业务量出现下滑趋势,于是又将吸纳资金的方法扩展为收揽定期存款和短期货币储蓄。10 月起,为充实国家资本,奠定复业基础,开始积极推行"10 万存户运动"。这些业务中,折实储蓄、修理打捞船舶贷款和"10 万存户运动"都是针对现实问题拟定而开展的,行内尤其重视,社会也予以特别关注。

（一）折实储蓄

折实储蓄又叫折实存款,即储户将人民币存入银行,银行按当日折实牌价,折为"标准实物单位"（简称"折实单位"）存储,支取时再按同日牌价将折实单位换算成人民币付给储户。储蓄存单以实物单位的数量表示,不记载存入人民币的数额。这对经历了多年战乱和通货膨胀的上海人民来说,有独特的吸引力。

解放前,国民党政府滥发纸币,引起恶性通货膨胀,老百姓损失惨重。解放初期,各地市场不稳,物价动荡,百姓普遍存在"重物轻币"的思想,对人民币也不信任,不愿意把钱存到银行。在这一背景下,各大银行都希望能找到一个万全之策。

1949 年 3 月 1 日,中国人民银行天津分行首先创办"折实储蓄"存款。以日常生活必需品的混合价为一个折实单位,规定每一折实单位包括白粳米一市升、生油一市两、龙头白细布一市尺、煤球一市斤,根据前五天市场平均批发价用人民币计算出一个折实单位牌价;存入或支取时,按存入或支取的折实单位数字、当日的折实单位牌价折合成人民币办理。存款时的钱折算成几个单位,取款时仍按存款的单位数及每日调整的单位牌价付给本金和利息,以避免存款受物价影响,从而保障储户利益。"折实储蓄"很快为平民百姓所接受。随着解放战争的节节胜利,该项储蓄陆续在北平、上海、南京、长沙等新解放城市推广,只是各地确定的实物内容不同。"折实"应用的范围,后来陆续扩展到工资、房租、放款、国家公债等方面,几乎成了一种特定的保值货币。这一创新业务,保护了储户的经济利益,保证其不因物价上涨而遭受损失,同时吸收了大量社会资金,对稳定金融物价,安定人民生活,树立人民币和人民政府在民众心中的公信度,都起到了重要作用。

上海分行于解放初期开展的折实储蓄业务,主要采取了集中管理、分散经营的方法,由被动争取主动。职工们纷纷从柜台走向工厂,从而打破了银行与企业的隔膜,增进了工人们对财经政策的了解,进而取得他们的信任和拥护。正因为这些积极主动的工作,交行的服务面由一个整体扩展到93个单位,与8万多企业员工建立了联系。与此同时,新的工作也教育了银行职工,使他们的生活方式、服务观念有了显著的改进,养成了积极刻苦的习惯,从而树立了国营银行的新作风。

在上海分行揽收的折实储蓄额中,活期占大多数。物价波动剧烈期间,活期余额占总数90%以上,物价平稳时,亦在70%以上,其收付幅度波动之大远远超过预期。但根据常数所做的统计,存满7日以上提取者,占总提取额的70%,因此资金运用的比例并不算小,活期折储还有其发展前途与推行价值。[1] 从另一方面看,物价上涨期间开展活期折储固然能吸收大量的游资,但也有不利之处。由于物价上涨时折实储蓄存入与支取的牌价有较大差距,国库在无形中负担了巨额的贴补,所以必须在技术上加以改进,予以限制,杜绝一部分人从活期折储中获取投机性利润的行为,以更好地维护金融秩序。

到1949年8月,物价开始下跌,折储牌价随之下滑,客户大量提存。为照顾职工保本保息要求,沪分行举办了短期储蓄存款,以保障职工利益。但银行所定利率与商

---

[1] 《交通银行史料》第二卷,第136页。

业行庄相差三分之一以上,难以与其竞争,导致吸揽困难,成绩欠佳。

（二）与航运处合办修捞船舶贷款

为了突破美蒋的封锁,补给因蒋军飞机轰炸而损坏的船舶,打通内河航运,沟通各地物资交流,1949 年 8 月,沪分行与航运处联合举办修理打捞船舶贷款,协助轮船公司修建船舶,加强运输力,以实际行动积极支持国家建设。

至 10 月底,经航运处核准后通知沪分行贷出者共计 25 笔,贷出款项计 967750 折实单位。至 11 月 10 日,修理打捞轮船贷款中工程竣工且已参加航运者 14 艘,总吨位 2743 吨,往返航行 56 次,其中以内河公运居多,增加运输量 14621 吨。[①] 10 月底,有 9 笔借款到期,如期清偿的只有 5 笔,过半未能如期偿还。究其原因,主要有五点:美蒋的封锁致使物资进口减少,航运营业受到影响;蒋军飞机于高空轰炸扫射,使航运日期延长,开支增加,影响收入;因公差船舶的运费较商运运费低;造船材料飞涨,轮船公司对已借款项不但不能到期偿还,还要求增加贷款额度;修捞工程进度缓慢,不能如期完工,航运处未能准确估计日期。为此,航政局修理打捞委员会主动做了检讨,表示之所以会造成这种局面,是因为事先没有对要求贷款的船只修捞工程做切实的勘查,事后又没能尽到督察的职责。为了防止这些问题再次出现,交行决定有关修捞轮贷等事务必须密切加强与航政局的联系。在贷款前,必须对申请借贷船只是否有修捞必要,以及短期内是否可以修捞完工等事务做严密的调查,避免出现救济性贷款而浪费国家资金;在贷款后,应经常派员检查工程进度与贷款用途、效果,航运处核准的贷款应保证如期收回,除确实因为工程艰巨而必须延长期限,不得轻易批准转期偿款。

尽管这些问题给交行解放初期的经营带来一定困难,但经过全行上下努力,多方协调,勉力解决,为日后成为扶持工矿、交通运输事业的专业银行积累了宝贵的经验。

（三）十万存户运动

1949 年 10 月,沪行开始积极推行"十万存户运动"。这一运动不仅有利于充实国家资本,也有利于交行进一步深入群众,争取群众,为复业奠定基础。

开展"十万存户运动",在当时情境下,既有有利的条件,也遇到一些困难。自整编开始后,职员的思想认识水平有了较大提高,对于这一运动不仅在理论上拥护,而

---

① 《交通银行史料》第二卷,第 137 页。

且热情地投入其中,很快完成甚至超过了预定目标。不利的是,交行虽已接管五个月,却迟迟未能复业,一般客户不明其中缘由,因此对交行的动向抱有怀疑而持观望态度,导致交行难以招揽新客户,而且一些老客户也逐渐疏远。此外,与商业行庄的竞争也是一大问题。一般来说,商业行庄不仅利率优厚,而且在票据抵用、资金周转上给存户提供了种种融通方便,例如采取无限额抵用、定额透支等措施,而交行的一切手续必须按照规章进行,相比之下就略显劣势。交行也意识到商业行庄的所为并不是盲目的冒险,而是做了各种准备,比如跑街人员对往来客户都有较为深刻的了解,所以在抵用与透支中才敢于放手大胆去做。交行认识到这方面的差距,提倡工作人员多向商业行庄学习,努力超越他们,并将采集、记录个人信用信息的征信工作列为外勤工作的重心。

为了推进"十万存户运动"的顺利完成,交行还组织系统的动员和学习,让每个员工都能了解运动的深刻意义,从而自发自觉地投入工作;加上整编运动初见成效,工作人员思想认识有所提高,大部分员工被动员起来,积极投入工作,各自确认对象,竭尽全力争取落实;各单位之间、人与人之间也都不甘落后,展开热烈的竞赛。一时之间,交行上下一片活跃,面貌为之一新。

二、复业的筹划和安排

复业是交行新的起点,沪行为复业做了较为充足的准备,经中国人民银行华东区行同意,由上海市军管会进驻交行副军事代表杨修范,携同杨海泉负责筹备复业事宜,编订包括组织、人事等项内容在内的全面复业计划。

(一)复业的方针与任务

中国人民银行在天津解放后即已确定交通银行为专管扶持工矿交通企业的专业银行。因此,交行的复业必须在发展生产、繁荣经济的基本政策指导下,贯彻专业银行的精神,确定自身的业务方针。1.依照明确划分的专业范围,集中力量经办具有一定规模的工矿以及交通航运事业的存放款业务及代理收付工作。2.扶植工矿交通航运事业,在公私同等情况下,先公后私;对公营企业采取信用贷款或透支方式,对有关国计民生的私营企业采取定货折实、贷实收实;为吸收存款,必要时酌情予以定额透支,但不得无原则无条件的贷款。3.为贯彻专业化的政策,在中国人民银行上海分行的统一领导、计划下,确定经营业务的对象,明确规定专业经营,避免一切重复竞争和抵消力量的情形,以利业务发展和深入工作。4.对一定金额以上的贷款放款,经人民银行上海分行核实后办理;对一定金额以下并与政策相符者,可由交行根据既定原则处理。5.为便于业务开展和吸收资金,主要在各公营企业,其次在私人企业部门,广设固定的或流动的服务组,直接办理一切有关业务。6.为配合贷放业务,以及保管定货贷款等的工矿成品和其他工矿事业的寄托品业务,继续办理仓库业务。①

这套业务方针将交行工作重点放在扶植工矿交通航运事业上,明确了业务经营对象,避免了重复竞争和资本的不良损耗,体现了向专业化方向发展所作出的调整。同时,交行在公私等同情况下对公营企业和私营企业采取了有先后、有差异的扶植方式,既符合政策,又考虑了实际情况,有利于公营和私营企业的发展。在企业设固定或流动服务组的方针政策,改进了旧的业务制度,简化了业务手续,不仅促进了交行自身业务的开展和资金的吸收,对于协助各企业恢复生产也起到了积极作用。

(二)复业后的内部组织与职掌

根据机构精简原则和工作需要,配合既定的业务方针,上海分行在经副理的分工领导下,成立六课及仓库二处。各岗位职责具体如表4-1-3:

表4-1-3 交通银行上海分行新成立六课及二处仓库职掌表(1949年8月)

部 门	职 掌		
文书课	办理文书收发、文卷、档案、保管、打字、抄写等工作		
人事课	办理人事升迁、调遣、考核、奖惩、教育,组织文娱、福利、生产节约等工作		
事务课	办理机关资财器具车辆的管理,营业用品的采办和保管,费用开支的预算及支付等工作		
业务课	办理全行存款,代理收付业务并调查、企划、编制、执行业务计划,调剂掌握资金,汇集资料,总结报告以及记载有关营业账表等工作	外勤组	专办调查研究,企划汇集材料及对外洽接业务工作
		内勤组	专办门市业务,调剂资金,编制计划及一切营业账表的记载工作
		派出服务组	专办指定企业部门的代理收付及记账工作
出纳课	办理全行票券的收付、整理、保管及金银债券契据的保管等工作		

① 《交通银行史料》第二卷,第138—139页。

（续表）

部　门	职　掌		
会计课	办理全行会计账目、表报的记载、编制及保管，贷放款的复核，预算决算的办理以及统计事宜等工作	会计组	主办会计记账及预决算编制工作
		稽核组	主办贷款复核及检查工作
仓　库	办理定货贷款所缴的成品和贷款押品以及其他寄托物的保管等工作	东大名路第一仓库	
		光复路第二仓库	

资料来源：《交通银行史料》第二卷，第139—140页。

（三）复业后的干部人员配备计划

上海分行从全局出发，经过审慎周密的考虑，拟定干部人员配备计划，并经中国人民银行华东区行于1949年8月27日批准实施。

因应形势需要，交行干部员工的配置主要根据专业化方针和适用、可靠等原则，务必做到人员与岗位相协调，妥善安排各类人员。按照中国人民银行的指示，所有上海分行管辖下的支行、办事处，改为中国人民银行上海分行的附属机构，连同人员一并移转。根据专业化方针，沪分行原有储蓄股、信托股、外汇股、内汇股等人员连同业务一并介绍到各专业银行工作，使这些人员的业务专长和专业机构性质相符，同时对外调人员撰写意见以供主管行参考。对外来干部、地下党同志、接管过程中的积极分子、旧有经副理、专员、襄理、正副课长、股主任及一般职工，根据对他们的了解和工作的需要，分配在合适的单位。大胆提拔有能力、能称职的地下党同志，酌情有选择性地提拔在解放后的工作中表现良好的积极分子，尽可能予以留用旧有人员中的副理、襄理等及其他业务经验丰富、工作能力强的人员，做到人尽其才、才得其用。此外，依照金融处的精简精神及实际需要确定人员数额。同时，依据适用、可靠原则，拟定干部人选，以交行原有内部人员为主，构成一支认真负责、专业对口、政治可靠的干部队伍。

表4-1-4　交通银行上海分行各部门干部人员计划分配数目表（1949年8月）

部　门	人　数	备　注
经副理	5	
襄　理	3	襄理6人，其中3人兼任课长，3人不兼职
文书课	10	含课长
人事课	8	含课长

（续表）

部　门	人　数	备　注
事务课	12	含课长
会计课	40	含课长
业务课	90	含课长
出纳课	120	含课长
仓　库	20	含经理、主任
工　友	60	含司机、栈司、警卫、清洁夫等
合　计	368	

资料来源：《交通银行史料》第二卷，第 141 页。

三、总管理处及上海分行的复业

经过接管、整编，1949 年 11 月 1 日，交通银行总管理处和上海分行在外滩 14 号同时复业。杨修范任沪分行经理，杨海泉①、潘恒勤、沈孝纯、王彝尊任副经理。

交通银行所有解放前的旧账目及部分未了事宜，全部移交清理处，由清理处负责继续清理。复业后的交行，告别了过去服务于国民党政权和官僚垄断资本的时代，转变为服务于人民建设事业的新中国的金融机构。

交通银行是中国人民银行一元化领导下的专业银行，总管理处是中国人民银行总行领导下的一个专业银行的管理机构。总处原来设在上海，受中国人民银行华东区行领导，为了便于统一领导，以及日后能更及时、更准确地贯彻国家的金融方针政策及有关指示，决定将总处由上海迁往北京。

为顺利迁京，总处专门成立迁京委员会。在总处复业次日，相关迁京工作即仿效中国银行的迁京办法和步骤着手进行。1949 年 12 月中旬开始运送，前后分作四批成行；到 12 月 27 日，抵京人员已达 90% 以上，1950 年元旦在东交民巷 20 号正式办公。在迁京的总共 226 人中，职员 196 人，工友 30 人。② 为了尽快开业，交行以此作

---

① 杨海泉，河北雄县人。1939 年入中央财经部训练班学习，先后在陕甘宁边区银行、冀察晋边区银行任会计员、分行行长、支行副理等职，1948 年调任中国人民银行总行业务处城市科科长，同年 12 月任陕甘宁边区人民银行西北区发行库主任。

② 《交通银行史料》第二卷，第 207 页。

为临时过渡的办公地点。1951 年 11 月，又迁入位于公安后街 3 号的新大楼办公。与此同时，交行着手改组董事会，在董事会组成前，由华东财政经济委员会代行董事会职权，张平之[①]被委派为交行总经理，洒海秋[②]为副总经理。

张平之

经过改组后的交通银行采取总、分、支行三级制，其下属行处受总管理处及当地人民银行双重领导。全国范围内的业务方针、经营规划及主要干部任免，受总管理处垂直领导；有关具体工作的执行，则受当地人民银行领导。

复业初期，按照中央财政经济委员会的指示，交行储蓄、信托部分业务移转中国人民银行办理，暂时经营工矿交通事业的存款、放款和汇款等短期信用业务，准备将来改组为扶助工矿交通事业的长期信用银行。

---

① 张平之(1910—1987)，河北深泽县人。1926 年 5 月加入中国共产党，参与筹建晋察冀边区银行。天津、上海解放后，历任中国人民银行天津分行经理、上海总处总经理、交通银行董事会常务理事、财政部党组成员、中国人民建设银行总行副行长，全国工商联第一、二、三届公方代表，执行委员会执行委员。"一五"期间，参与筹建中国人民建设银行。
② 洒海秋(1904—1971)，又名洒汝龄，山东泰安人。1938 年 5 月加入中国共产党，抗战期间屡立战功。1941 年9 月，担任北海银行总行副行长，1949 年 2 月，接管上海中国银行总管理处，任军事代表。

第二章
组织架构与管理体制的变化

　　建国后,由于不同时期政府对交通银行职能的定位不同,交行内部组织结构和行政隶属出现过多次变化,尤其在行政隶属方面。为了满足国家经济建设、完善行政系统的需要,交行经历了隶属于中国人民银行、接受财政部领导、再归中国人民银行管辖的过程。在内部组织结构上,总管理处内部科、室机构的调整,反映了交行核心业务的变化及计划经济模式的影响;分支机构的增设、裁撤,更能反映国家经济建设重心的调整和行政区划改革的要求。与这些变化相适应,董监事联席会议、股东会议也增添了新的时代内容。根据历史环境的变化和新的任务要求,交行加强内部制度建设,制定了一系列关于人事、监察、汇报等工作的规章制度,为更好地服务国家经济建设提供了坚实的保证。经过多年经营,交行培育出大量的经济管理干部,他们活跃在全国财经系统,成为国家经济生活中不可或缺的人才,为国民经济的恢复和发展发挥了重大作用。

第一节　总管理处内外组织关系的变更

一、组织机构的调整

　　新中国成立后,按照政府的规划,交通银行依旧被定位为发展实业的专业银行。基于专业化的新要求,总管理处重新调整内部机构。整编前,总处包括四处、二部、二室。到1949年11月1日复业时,总处内部组织改为五室,原先的稽核处改为业务室,会计处改为会计室,人事处改为人事室,设计处改为计划室(中间一度改为设计室),事务处改为秘书室,信托部、储蓄部和稽核处的外汇部分则分别并入中国人民银行上海分行与中国银行。

表4-2-1　复业时总管理处系统表

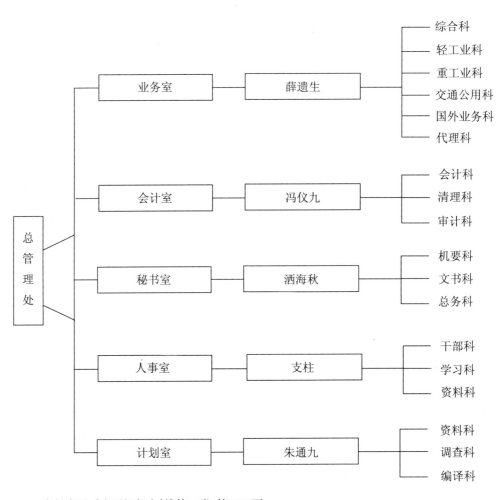

资料来源:《交通银行史料》第二卷,第206页。

1950年6月3日,新组成的董事会在第一次会议上将总处的秘书室改为办公室,下设综合科、机要科、文书科和总务科,新添检查室。1950年12月,总处制定《各室科暂行工作职责》,①明确内部分工,要求各部门各司其职,协调工作。

1951 年 1 月,中国人民银行在第二届全国金融会议上宣布,交通银行的基本任务为办理国家财政对国营工矿、交通、公用事业基本建设预算的拨发,并监督其使用。② 为此,总处于 1951 年 11 月 1 日增设了营业部。营业部对内是总管理处的一个组织部门,下设拨款、企业管理、会计三科,对外则为独立的业务机构,主要办理市级业务以及中央级在北京的业务,如办理北京市级地方拨款及中央级在京单位的拨款,开展北京市级的合营企业清理,会同中国人民银行北京分行领导北京市同业投资公司等工作。营业部的增设,提高了总处在首都地区的业务经办效率。③

在交行试办基本建设拨款的一年间,随着拨款数额的越来越大,交行在组织机构方面作出重大调整,着重加强与拨款相关的部门力量。1952 年 6 月,财政部批准交通银行内设职能机构扩编,总管理处下辖 9 处 1 室,分别为办公室、人事处、计划处、技术处、会计处、监察处、工业拨款处、交通财贸拨款处、农林畜牧水利拨款处、公用事业拨款处,下设 25 个科。与 1951 年 11 月的机构相比,增加了基本建设方面的拨款处与科,原先营业部下属的拨款科则扩编为 4 个拨款处。

1954 年 6 月,为进一步加强中央集中统一领导,中央人民政府公布关于撤销大区一级行政机构以及合并若干省、市建制的决定。根据中央精神,结合实际情况,交行撤销区行机构,调整省、市机构。大区机构撤销以后,总处直接领导的单位由原来的七个区行迅速增加到 1 个自治区和 36 个省市分行,这就需要对原先的管理机构予以有效充实和加强。与国家行政体制采用苏联模式相适应,当时交行的规划也是按照苏联经验制定的。苏联基本建设的拨款和监督工作,由工业、农业、合作贸易和公用事业等四个专业银行分工,中国虽然暂时还不能比照办理,但之后专业银行的发展势必走苏联之路,所以也需要逐步创造条件。因此,综合各方面的因素,总处最终将内部组织由 1 室 9 处增至 1 室 13 处,干部编制人数由 300 人增至 320 人,主要负责全国基本建设拨款监督等工作。④

这一时期,中央财政经济委员会向中共中央请示,请求在交行原有机构和干部的基础上正式建立办理基本建设投资拨款监督工作的专业银行——中国人民建设银

①③ 《交通银行史料》第二卷,第 208 页。
② 同上,第 402 页。
④ 同上,第 297 页。

行,请示获得批准。于是,在交通银行的基础上筹建中国人民建设银行的事宜被提上日程。最终,总处保留了公私合营企业管理处,相应配备了文秘、人事、后勤人员。中国人民建设银行建立后,交行专管公私合营企业的公股股权清理与财政管理工作,工作量相对以往大大减少。因此,交行在机构设置上呈现出收缩的态势。

1956 年,社会主义改造进入高潮,国家对资本主义工商业的社会主义改造进入全行业公私合营的高级阶段,对企业利润的处理办法,由"四马分肥"(国家所得税、企业公积金、职工福利奖金和资本家的股息红利各占一定比例)转变为"定股、定息"。根据财政部的指示,交行确定了新阶段的两大主要工作任务。(一)迅速制定合营企业的财务管理制度,加强财政监督。(二)加强合营企业的资金管理,大力组织收入,严格监督支出。为了圆满完成这两项主要任务,总处再次变更内部组织机构。经财政部批准,1956 年 5 月 17 日,总处设五个处:秘书处、综合计划处、财务监督一处、财务监督二处、会计处。宋耀先为秘书处副处长,张子春为综合计划处处长,王耕为财务监督一处处长,财务监督二处当时未设处长,薛遗生为会计处处长。[①] 在这一特殊时期,总处设立两个财务监督处督办合营企业的财务监督工作,对财务监督工作的重视程度可见一斑。

1957 年 10 月,交行现有机构统一办理地方国营企业和地方公私合营企业财务监督工作,业务逐渐萎缩。另外,政府对公私合营企业的预算管理改为分级全额列入预算的方法,收支通过金库。交行与财政工作更加密切,逐步与地方企业财务司合并。合并后的交行受同级财政部门的领导,仍旧保留上下级的关系。

总处内部组织机构的调整顺应了国家在不同时期的政治经济政策。国家提出阶段性建设任务后,总处的机构设置便随之改变,这突出表现在 1953 年第一个五年计划开始时期和 1956 年社会主义改造进入高潮时期。此外,总处在国家行政区划变革时期也发生了较大的变动。总处内部组织建设的所有变革,都集中反映了国家通过集中统一领导财经工作,建立统一的财政管理体制,顺利实现计划经济目标的思想。

---

① 《交通银行史料》第二卷,第 222 页。

二、归口领导的变化

1950 年 2 月 21 日,中国人民银行在北京主持召开新中国第一届全国金融会议,会议明确指出:"交通银行为人民银行领导下,经营工矿交通事业之长期信用银行,采总、分、支三级制。其下属行处受其总处及当地人民银行之双重领导。在全国范围内的业务方针、计划及主要干部任免,受总管理处垂直领导;有关具体工作之执行与日常生活之管理均受当地人民银行领导。"①

实际上,交通银行从接管一开始就接受中国人民银行的领导。1949 年 3 月 15 日,华北人民政府及天津市军管会批准天津中行、交行正式对外营业,成为中国人民银行天津分行领导下的专业银行。根据上述要求,5 月 15 日,中国人民银行对北平、天津分行发出《关于专业银行业务划分及领导关系的指示》,规定两地专业行、部,暂不建立其单独领导系统;已成立的各专业行、部、处,则为当地中国人民银行分行直接领导下的组成部分,在分行统一领导下开展工作。② 随着北平、天津金融接管工作的结束,中国人民银行对交行有了新的认识,决定进一步增强领导力度,将其作为当地人民银行的一个部。同月 25 日,中国人民银行接管工作总结中指出,交行并没有真正成为扶植工矿事业发展的银行,接收后同中国人民银行的营业机构设置重复。为避免内部力量的抵消,在中国人民银行分行或交行设一专管实业的机构,津、沪、汉、穗等大城市中原有的交行仍可保留名义继续营业,但就内部关系说应是当地中国人民银行分行的一个部,不设下级机构。③上海解放后,总管理处由上海市军管会派驻的军代表监督指导、中国人民银行华东区行领导。总处领导的分支机构仅限于华东军区管辖的地区内,华东军区以外的分支机构分别由当地军管会派驻的军代表监督指导、当地人民银行领导。

随着接管、清理、整编等阶段性工作接近尾声,交行即将迎接新的历史任务,其领导权也随之作出调整。1951 年后,交行的基本任务为:对国营工矿、交通、公用等事业的基本建设办理国家财政预算的拨款,并监督其使用情况,代表国家管理公私合营企业中的公股股权。为了适应基本建设投资拨款属于财政支出的资金性质,便利开

① 《交通银行史料》第二卷,第 401 页。
②③ 同上,第 236 页。

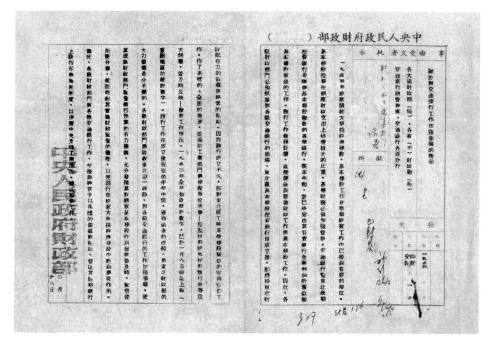

财政部《关于对交通银行工作加强领导的指示》

展工作,1952年3月1日,中央财政部通知,将总管理处及其所属机构划归财政部领导,同时明确规定财政部与交行的领导关系及业务分工。第一,交行作为财政部直属单位,受部长领导,对部长直接行文。第二,交行对涉及部内的日常事务,均由财政部办公厅联系办理。第三,交行的收支计划、基本建设投资拨款及其他业务由财政部经济建设财务司主管。第四,交行的人事待遇、编制等事项由财政部人事处主管。①

1952年4月24日,中央财政部、中国人民银行联合电示交行划归财政部的交接处理原则,分别就交行的资产负债、干部配备、不动产使用权、经营业务等方面作出指示。第一,交行全部资产负债,依会计年度,自1952年1月1日起移交中央财政部。其领用资金全部归还中国人民银行,归还1951年借支中国人民银行的经费款。第二,中国人民银行已调交行任专职的干部员工,不再调回,但目前兼任交行职务的,待交行派定接替干部后免去兼职。第三,各地中国人民银行与交行互相借用的房屋,按照实际使用情况,确定产权,互相估价划转,争取早日办理完竣。第四,交行除现行业务外,接办农业

---

① 《交通银行史料》第二卷,第237页。

合办银行管理的农业、林业、水利等投资拨款工作;长期资金市场的掌握则在几年内仍由人民银行办理。交行所有业务收付完全通过人民银行。第五,凡未设交行机构的地区,其投资拨款业务,可由当地人民银行代理,具体办法依总行与交行订立业务合同协商解决。① 1952年5月,交行正式归由财政部领导。按照新的隶属关系,财政部长戎子和②出任交行董事长;1953年8月,改由财政部副部长陈国栋③出任董事长。

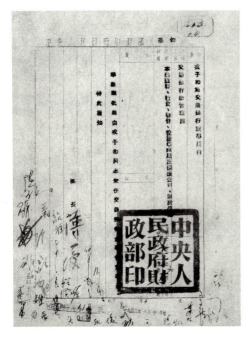

1952年6月,财政部任命戎子和为交行董事长。

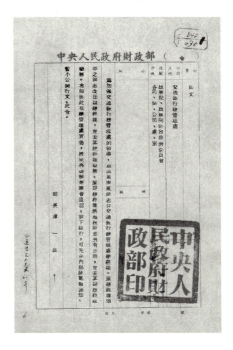

1953年4月28日,财政部派马南风任交通银行总管理处总经理。

① 《交通银行总处对各分行的指示》,交通银行博物馆藏资料Y70。
② 戎子和(1906—1999),山西平鲁人。1936年9月参加革命工作,曾任晋冀鲁豫边区政府副主席、党组副书记、华北人民政府财政部部长、北平军事接管委员会委员等职。解放后,历任财政部副部长、代部长、党组副书记、书记、政务院财经委员会委员、中央财政金融学院院长、党委书记等职,第五、六届全国政协常委,曾任中国财政学会会长、名誉会长。1952年至1953年,兼任交通银行董事长。
③ 陈国栋(1911—2005),江西南昌人。1931年参加革命工作,曾任苏中区党委财委书记、苏南财委副书记、华东军政委员会财政部部长、华东财委副主任等职。新中国成立后,先后任中央人民政府财政部副部长、党组副书记兼交通银行董事长,中央人民政府粮食部副部长、代部长、党组第一副书记、书记,全国供销合作总社主任、党组书记,国务院财贸小组组长,国家农业委员会副主任、党组成员,国务院财政经济委员会委员,粮食部部长、党组书记,中共上海市委第二书记,中共上海市委第一书记兼上海警备区第一政委等职。

1953 年国家大规模经济建设逐步提上日程,基本建设工作在整个国家工作中占有首要地位。同年 2 月 18 日,财政部下达指示,要求加强对交行工作的领导。4 月,财政部调西北军政委员会财政部副部长马南风①任交行总经理,原总经理张平之改任副总经理,原副总经理洒海秋另有调用,原副总经理韩雷不再兼任。

东北区基本建设投资银行成立后不久,在东北财政部的大力支持和帮助下,对东北区工业系统建设单位的财务管理系统作了系统全面的检查,并协助工业部门与建设单位处理积压材料、账外材料、预付款等重大问题,并及时反映拨款工作情况,取得显著成绩。因此,中央人民政府财政部要求各级财政部学习东北地区的经验,对各级交行工作给予更多的领导与帮助。

1956 年全行业公私合营以后,经过一系列的改组改造工作,企业性质发生根本变化,财务方面基本上可以按照国营企业的办法归口管理。1957 年,财政部对交行重新做了安排,将财政部农林水利地方企业财务司的地方企业财务处并入总处,同时加挂财政部地方企业财务司的牌子。至 1958 年 7 月 22 日,经国务院批准,总处划归中国人民银行领导。

这样,从 1949 年到 1958 年,总管理处及国内各分支机构领导关系发生多次变化,先后隶属于中国人民银行、财政部、中国人民银行。交行隶属于中国人民银行时,其国内所属机构受当地中国人民银行分支机构和总处的双重领导;隶属于财政部时,其国内机构受当地财政部和总处的双重领导。

第二节　国内分支机构的组织建制

一、复业初期的组织建制

1949 年 1 月,中国人民银行首任行长南汉宸来到天津,指出全国解放后要把中国、交通两行建成国家专业银行。1950 年 2 月 21 日,第一届全国金融会议指出,交通

---

① 马南风(1911—1977),原名马化麟,号次龙,陕西绥德人。曾任绥察行政公署秘书处长和建设处长、绥蒙政府粮食局长等职。1949 年 7 月至 1952 年 5 月,兼任交行副总经理。1954 年 10 月 1 日,任中国人民建设银行首任行长。之后,担任内蒙古自治区建设厅厅长、内蒙古自治区计划委员会主任等职。

银行为中国人民银行领导下,经营工矿交通事业的长期信用银行。

　　根据专业化的要求,交行拟定在工业集中城市、矿区中心城市、水陆交通重要中心点、原料集中、产地适合工业发展的市镇设置机构的原则,①积极与当地中国人民银行联系商讨后,开始建立专业机构,配备人员。到 1950 年 4 月,交行在大中城市设立 9 个分行、12 个支行、9 个工作组,共 30 个单位。

表 4-2-2　交行分支机构设置情况表(1950 年 4 月)

分行	天津分行	上海分行	青岛分行	汉口分行	广州分行	重庆分行	昆明分行	西安分行	兰州分行
支行/工作组	唐山工作组 太原工作组 张家口工作组 石家庄工作组 大同工作组 塘大工作组	南京支行 无锡支行 苏州支行 常州支行 杭州支行 宁波支行 南通工作组	潍坊工作组 济南工作组	长沙支行 石灰窑支行 南昌支行	海口支行	成都支行 贵阳支行			

资料来源:《交通银行史料》第二卷,第 278 页。

　　不同地区各单位的境况不同,其内部组织的调整也不能简单划一。如沪行内部设秘书、人事、营业、稽核、计划、会计六科;而天津、青岛、汉口、重庆四分行内部设秘书、人事、业务(营业)、计划、会计五科,稽核科并入营业科;秦行按目前实际需要及考虑到人员缺乏的情况,暂时设秘书、业务、会计三科。常州、无锡、苏州、南京四支行均设会计、业务、秘书三股;杭州支行接受当地人民银行意见,因人员太少,一般业务极忙,不适合划分专业,调查工作由一般业务机构附带兼做,仅抽调四至五人做专业工作,因此杭州支行并未成立专业机构;宁波支行情形与杭州支行相同,也未设立专业机构。②

　　1950 年,交通银行在原交行复业行处的基础上经过改造,建立起相应的机构。当时,交行的主要任务仍是清理财产、调查研究,现有机构尚能应付,但是自 1951 年开始,交行将担负国营企业基本建设拨款的新任务,既有人事机构即暴露出一些弱点,无法满足新任务的要求。首先,相对于全国性拨款的要求,交行机构显得分布不

---

①　《交通银行史料》第二卷,第 277 页。
②　同上,第 279 页。

够广泛与普遍,如东北地区没有机构,华北地区仅有天津分行,广大西部地区的机构也很少。同时机构分散凌乱,没有形成合力,常州、苏州、南通、杭州4个支行中,每个支行中仅有6人做专业工作,力量分散,难以办理重大纷繁的业务。而且交行原有的人员队伍也缺乏监督拨款与监管财务的专门技术人员。

针对上述问题,交行积极应对,根据五大原则对机构人员进行全面调整与补充。第一,在大行政区中国人民银行区行所在地设立分行,作为区域管辖行,同时兼营当地业务,受总处和当地中国人民银行区行双重领导。为了配合行政区划,同时照顾实际工作需要,在天津设立的分行作为华北区管辖行,沈阳设分行作为东北区管辖行。分行根据总处规定的政策方针与工作计划,结合区内具体经济情况,组织领导所属支行进行工作。第二,在国营企业拨款或公私合营企业集中地区设立支行,次要地区由分支行派工作组开展工作,撤销或合并这些区域中业务较少的行处。支行受直属分行及当地中国人民银行双重领导,工作组仍由原派出行领导,同时与当地人民银行保持密切的联系。第三,各分行应能灵活调配适当数量的具有专科以上学历的机动干部及工程建筑人员、财务技术人员。第四,除东北外,现有的干部由总处统筹调配,倘若干部不足,再另行招聘。第五,应分别缓急,陆续设立新行处。[1] 与1950年相比,这次机构调整呈现了不同的特点。第一,按行政区划而不限于在工矿、交通发达的城市设置机构;第二,分、支行都受上级行及所在大行政区中国人民银行区行或省、自治区、直辖市中国人民银行分行的双重领导。这样的机构体制是与当时的经济体制相适应的。根据以上原则,1951年7月,交行分支机构纷纷成立。

表4-2-3　交通银行分支机构名称、地点(1951年7月)

地区 \ 机构	分行		支行		办事处	
	名称	地点	名称	地点	名称	地点
华北区	华北分行	天津	山西支行 河北支行 察哈尔支行 平原支行 包头支行	太原 保定 张家口 新乡 包头	大同办事处 邯郸办事处 焦作办事处	大同 邯郸 焦作

---

[1] 《交通银行史料》第二卷,第280—281页。

（续表）

地区＼机构	分行		支行		办事处	
	名称	地点	名称	地点	名称	地点
华东区	华东分行	上海	南京支行 苏南支行 浙江支行 山东支行 青岛支行	南京 无锡 杭州 济南 青岛	博山办事处 铜官山办事处 淮南办事处	博山 铜官山 九龙岗
中南区	中南分行	武汉	广东支行 广西支行 湖南支行 江西支行 黄石市支行 河南支行 海口支行	广州 南宁 长沙 南昌 黄石市 开封 海口	郑州办事处 衡阳办事处	郑州 衡阳
西南区	西南分行	重庆	川西支行 川南支行 贵州支行 云南支行	成都 泸州 贵阳 昆明	北碚办事处 宜宾办事处 乐山办事处 长寿办事处 个旧办事处	北碚 宜宾 乐山 长寿 个旧
西北区	西北分行	西安	甘肃支行 新疆支行	兰州 迪化	宝鸡办事处 咸阳办事处	宝鸡 咸阳

资料来源：《交通银行分支机构名称一览表》，交通银行博物馆藏档案 Y73。

与 1950 年初相比，此次调整后交行的分支机构数量明显增多，覆盖面更广，整体布局趋于合理。具体来说，1951 年交行主要在基本建设工作较多和有长期性建设的省市、地点增设了机构，如察哈尔、包头、河北、平原、山西、河南、黄石市、广西、山东、川南、新疆等 11 个支行和大同、邯郸、焦作等 15 个办事处，撤销了不适合本行专业工作需要的苏州、常州、宁波 3 个支行。同时，将未设机构地点的业务委托中国人民银行代理，已建立委托关系者，共 176 处。① 各分支机构的内部编制也进行了一些调

---

① 《交通银行史料》第二卷，第282页。

整。分行下设科,分别为秘书科、计划科、检查科、业务科、会计科、人事科、拨款科,科下设股。支行设股或组,分别为秘书股、调查股、业务股、会计股,拨款工作较多的支行也会增设拨款股。

为进一步健全巩固机构建制,1952 年 10 月 20 日,财政部批准交行各分支机构调整行级:各大行政区分行改为区行;各省、自治区、直辖市、行政公署(省级)支行改为分行;重点建设项目所在地设专业分行或专业支行;其他地点根据业务量大小设分支行或办事处。调整之后,交行有区行 5 个,即华北区行、华东区行、中南区行、西南区行、西北区行(东北地区情况特殊,该时期另有安排,这将在第四节进行阐述);区行之下共有分行30 个、支行 12 个、办事处 81 个。各个地区的分、支行及办事处分布情况如下:

表 4-2-4　交通银行五大行政区的分支行及办事处的分布情况表(1952 年 10 月)

	华北地区	华东地区	中南地区	西南地区	西北地区
交行分行	5	8	8	5	4
交行支行	2	2	2	3	3
交行办事处	21	12	19	17	12

资料来源:《交通银行史料》第二卷,第 315 页。

综观交行各分支机构的布局,华东和中南地区的分行数量最多,而华北和西南地区的办事处最多,体现了既力求广泛,又适当突出资源丰富的重点建设地区的指导思想。

二、适应行政区划的机构调整

1954 年 6 月,政务院提请中央人民政府委员会第三十二次会议,决定撤销大行政区一级行政机构,同时中央人民政府对省、市一级的建制也进行了撤销或合并。从1952 年 11 月到 1954 年 8 月,先后撤销了平原、察哈尔、绥远、辽西、热河、松江、西康等省建制和苏北、苏南、皖北、皖南、川东、川南、川西、川北等相当省级的行政公署建制,将其分别并入相关省份的建制。将中央直辖的沈阳、抚顺、鞍山、本溪、旅大、哈尔滨、长春、西安、南京、武汉、广州、重庆等市,改为省辖市或并入相关省份的建制。[①]

---

① 　马永顺:《周恩来组建与管理政府实录》,中央文献出版社,1995 年,第 26 页。

行政区划的改革,加强了国家的集中统一领导,有利于国家经济计划性建设和长远发展。

与之相应,交通银行也撤销了区行机构,调整了省、市机构。大行政区行机构撤销后,总处所领导的单位数量由原来的 7 个区行增至 1 个自治区、36 个省市的分行。为了有效处理激增的工作量,总处重新整合了内部组织。各省、市撤销或合并后形成了新的省、市区划,交行即根据新的省、市区划设立分行,并且在重要厂矿所在地设立专业银行。相比之下,东北地区分支机构调动幅度比较大,其他地区的变化较小,甚至没有改动。这主要是因为东北地区钢铁等资源比较丰富,集中了大批重工业项目,是国家重点发展建设的对象。

调整后,在东北地区,辽东、辽西二行合并,改称辽宁分行;沈阳、大连、本溪、抚顺等 4 个市分行改称支行,受辽宁分行领导;鞍山分行改为专业分行,专责办理北满钢铁公司的拨款监督工作;松江分行改称黑龙江分行,哈尔滨分行改称支行,受黑龙江分行领导,并以原黑龙江分行和富拉尔基支行为基础,设立富拉尔基专业分行,办理北满钢铁公司的拨款监督工作;长春分行改为专业银行,办理六五二汽车制造厂的拨款监督工作。华中地区,以武汉分行和黄石市支行为基础,改为黄石专业分行,办理华中钢铁公司的拨款监督工作。华南地区,广州分行改为支行,受广东分行的领导。西南地区,重庆分行改为中心支行,受四川分行领导。西北地区,甘肃分行与宁夏分行合并,改称甘肃分行;西安分行改为支行,受陕西分行领导。其余省、市的分行及蚌埠(治淮)、兰州(铁路)两个专业分行和内蒙古自治区各行不变。① 至于各分支行的内部组织,除了沈阳、本溪、抚顺、旅大、哈尔滨 5 个支行保留科、室外,其余均予以撤销。原所辖支行改设办事处,仍受改设支行的领导。

随着机构建制的完备,交行得以承担更大任务,重点更加突出。总处要求各行认真召开分行经理会议,将机构调整、人事调配工作与总结上半年工作、布置下半年工作密切结合进行;对于需要移交指定行继续办理的业务,在停止办公前,所有相关资金调拨拨款监督、公私合营企业账目往来及管理内部事务等,仍由原专职人员负责到底;交接办行时,除认真交代工作外,多方加强联系,及时通知相关主管部门、建设单位、包工企业、上下级行处以及其他相关机构等,办妥所有业务移交手续;移交后,移

---

① 《交通银行史料》第二卷,第297—298 页。

交行协助接办行继续与各方面联系,了解情况,如果在移转中发生问题,则互相帮助解决。所有工作必须交代清楚、完整,移交行方可卸责。① 总处的指示具有防微杜渐的作用,颇具远见,对交行机构调整、人员配备工作有条不紊地进行起到了重要的指导作用。机构撤销或合并、人事调动等一系列工作虽然繁复细致,但时间要求非常紧张,如果拖得太久,既影响正常工作的开展,又可能引起人员情绪不稳定而造成思想混乱和工作脱节。因此,自各区行在8月1日停止行文后,交行就开始紧锣密鼓进行交接工作。鉴于各地面临的实际情况不同,对交接工作的截止时间并未做统一要求。

此次交行积极响应国家号召,以服务经济建设为宗旨,不遗余力完成国内各分支机构的调整工作,具有重大意义。交行对中央改革行政区划建制的决定迅速做出反应,并积极贯彻执行,在任务重、时间短的条件下,顺利完成国内各分支机构的调整,充分反映了交行自身的执行能力和为新中国建设服务的精神。交行的这次调整是在国家制定过渡时期总路线和总任务,开始实行五年计划经济建设的背景下进行的,因而顺应了国家工业化和对资本主义工商业进行社会主义改造的任务,为发展重工业、交通运输业等起了一定的作用。随着形势的变化,交行的机构建制还将进一步改善。经过这次锤炼,交行积累了经验,并为迎接新的任务奠定了良好的组织基础。

三、进入公私合营高潮后的变化

随着资本主义工商业的社会主义改造步伐日益加快,公私合营逐渐步入高潮。为使交通银行集中力量有效地承担起相应的工作,1954年5月,财政部党组建议设立基本建设专业银行。6月,中央财政经济委员会接受这一建议,把这一专业银行命名为"中国人民建设银行"。10月1日,中国人民建设银行在交行原有机构和干部的基础上正式成立。交行在建行成立后相当一段时间内,与中国人民建设银行一套班子、两块牌子,实际上是同一个金融机构。

交行与建设银行合并办公,在机构、人员上有许多便利之处,但毕竟两行的性质任务不同,合并办公不是长久之计。1955年,财政部考虑到时机已经成熟,通知交通银行与建设银行各自单独成立机构。财政部指示,当时合营企业户数较少,可能将来户数也不会多的新疆、青海、热河、内蒙古等省(区),经当地人民委员会同意后,可委

---

① 《交通银行史料》第二卷,第301—302页。

托人民银行代理,暂时不设立交行机构,其他需要设置机构的省市,则应当迅速建立机构,省、市以下可视业务需要设置。①

根据财政部的指示,交行各分支机构结合实际情况开始着手调改。其中,天津分行、上海分行、陕西分行和西安分行的调改颇具代表性。交行天津分行与建设银行划分机构成为各自独立的单位后,在经副理之下,设立了办公室、合企一科、合企二科、会计科及人事科等一室四科,并未设立分支机构;上海分行下设综合、会计、合营三科,管理部门在 1955 年未与建行划分;陕西分行与建行划分机构后,成立了办公室,内部暂时设有会计、业务、秘书 3 组;鉴于西安市内合营企业单位较多,业务量大,经市人民委员会批准,于 4 月成立了西安分行,内设业务、综合、会计 3 股,专职办理市级合营企业的财务监督工作。② 交行与建行机构的划分,或因历史环境不同,或因地域条件之别,各个地区机构划分设置所需时间长短不一,内部组织设置不均。但无论过程中出现什么情况,交行基本上都能够在党政机关的领导下,在总处的协调下,既进行机构划分,又兼顾当年度的各项工作。到 1956 年,交行与建行的机构划分与独立建制基本完成。

1956 年,交通银行的主要任务仍然是对公私合营企业实行财务监督。资本主义工商业实行全行业公私合营后,全国 88000 多户私营企业中的绝大部分实现公私合营。经过清产核资、联厂、并厂等经济改组改造后,公私合营企业至 1956 年底变为 32900 多户,较 1955 年底的 2865 户增加了近 11 倍,资本总额由 18.98 亿元增至 38.32 亿元,生产总值由 71.88 亿元增至 171.66 亿元,都增加了一倍多。由于合营企业户数多、产值大(占全国工业总产值 31.1%)、分布广、经营管理比较落后,财务普遍呈现紊乱状态,③大大加重了交行的财务监督工作。何况 1955 年底时交行的全国分支机构只有 78 个,编制还不满千人。单薄的机构设置根本无法适应繁重的工作量,总处于是报请财政部特请国务院编制工资委员会,将本行机构、干部问题授权各省、自治区、直辖市人民委员会解决。

与此同时,总处根据精简精神,提出 1956 年度机构设置的原则,在有专业公司的地方设立交行机构。机构的设置采用总处、分行、支行三级制,办事处不作一级,成为

---

① 《交通银行史料》第二卷,第 304 页。

② 同上,第 304—305 页。

③ 同上,第 504 页。

分、支行的派出机构;机构内部按秘书、综合计划、业务、会计等部门分工办事,分行设科,支行设股(较大的支行也可设科),人员多的分行可设人事科。[1] 各行根据以上原则,结合当地实际情况,迅速进行调整,在第一季度将机构建立起来。

1956年底,资本主义工商业的社会主义改造基本完成,企业的性质发生了根本性变化,基本上可以按照国营企业的办法归口管理。因此自1957年初开始,公私合营企业的财务工作逐渐由主管部门和财政部直接处理,不再由交行监督。如交通部属下的公私合营企业,公私合营中国、太平两个专业保险公司,以及化工部属下的公私合营企业,当年1月至3月分别由中央交通部、中国人民保险公司和化工部直接接手管理。

1957年10月,财政部对交行今后的工作进行研究,一致同意用交行现有的机构统一办理地方国营企业和公私合营企业的财务监督工作。随着交行业务的减少,财政部有意将交行机构与本部合并,规定各省、自治区、直辖市财政厅局的企业财政管理部门与交行分行合并,对外是交行分行,同时也是财政厅局企业财务处(科);省、市以下的交行机构,也按照此原则执行;无交行机构的地方不再增设交行机构,也不添挂交行牌子,但工作上予以挂钩。

纵观交行各分支机构在公私合营高潮时期及以后的发展态势,可以看出机构规模整体上呈现出收缩的趋势。1956年,交行分支机构虽然有所扩充,人员配备也有所充实,但1956年之后,各分支机构急转直下,纷纷撤并。至1958年,交行除了香港分行继续营业,国内各项业务均已停办,仅保留交通银行总管理处的名义。

第三节 董监事联席会议与股东会议

一、第一届董事、监察人联席会议

1951年8月15日,新中国成立后的交通银行第一届第一次董监联席会议在北京召开。出席该会议的公、私股董监事共24人。[2] 会议召开之前,各位董监事的人选

---

[1] 《交通银行史料》第二卷,第306页。

[2] 尚明等主编:《中华人民共和国金融大事记》,中国金融出版社,1993年,第57页。

问题已提上议程。1950 年 5 月 17 日,政务院下令任命南汉宸、胡景沄、曹菊如、何长工、章伯钧、王绍鏊、杨卫玉、武竞天、钱之光、钱昌照、陈穆、张平之、李钟楚等 13 人为交行公股董事,朱学范、陈郁、孙越琦、何松亭、王磊等 5 人为公股监事。[①] 1950 年 6 月 3 日,第一届第一次董事会议公推南汉宸为临时主席,胡景沄、钱新之、钟锷、南汉宸、章伯钧、张平之、杨卫玉等 7 位为常务董事。7 月 6 日,从选出的常务董事中,政务院指派胡景沄为交行董事长。

在 1951 年的第一次董监联席会议上,张平之总经理作了行务报告。这一时期交行主要开展了清理资产、企业中的公股股权、管理公股股权和组织领导长期资金市场的工作。自 1951 年 6 月 1 日起,开始承办中央的基本建设投资拨款以及一些省市

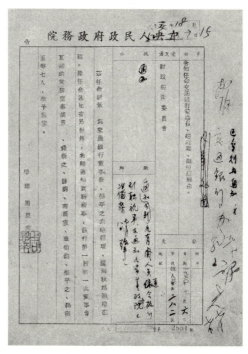

1950 年 7 月,政务院任命胡景沄为交通银行董事长,张平之为总经理,洒海秋为副总经理,通知由周恩来总理签发。

的地方拨款。工作任务尽管繁重,经交行上下通力协作,基本完成了工作计划。

会议通过了资本总额核定、年度决算、股权整理、办公大楼建设等四项提案。

(一)暂行规定本行资本额俟最后财产清理完毕再行正式确定案。这一提案指出,经过前期紧张的工作,交行所有已清理完成的资产共计人民币 2690 亿元,除去房地产、器具设备、存款等,结余 1890 亿元,拟暂先核定资本总额为人民币 1800 亿元,每股折合 30 万元,仍等最后财产清理完毕,再正式确定资本总额。

(二)1950 年度全体总决算核议案。议案指出,截至当年决算日,交行资产总额为 6767 亿元,负债总额为 6611 亿元,经营处于盈余状态。国内行处结益 136 亿元,主要收益于短期业务;国外行处结益折合人民币 19 亿元,主要收益于兑换和借贷业务。交行资产负债平衡表和损益决算表如下:

① 《交通银行史料》第二卷,第 184—185 页。

表4-2-5 交通银行全体资产负债平衡表(1950年12月31日)   单位:元

资产	金额	负债及净值	金额
资产		负债	
现金	9750184757.50	同业存款	20575371490.00
存放同业	72423224912.50	活期存款	44814925275.00
贴现及买汇	237500000.00	定期存款	329033460.00
放款及透支	106962105082.50	汇款	1674430540.00
证券及投资	60739690460.50	应付及期付款项	218615537943.60
应收及期收款项	116620298708.33	其他负债	337812299729.70
房地产及器具	143214013398.41	代收款项	2810064882.50
其他资产	129445902196.23	保证款项	34511947800.00
未收代收款	2810064882.50	本年净值	15571321077.67
应收保证款项	34511947800.00		
资产总额	676714932198.47	负债及净值总额	676714932198.47

资料来源:《交通银行全体资产负债平衡表》(1951年),交通银行博物馆藏档案Y73。

表4-2-6 交通银行1950年度全体损益决算表(1950年1月1日至1950年12月31日)

单位:元

损失	金额	利益	金额
营业支出		营业收入	
费用及捐税	9709843138.89	利息	6599919028.25
其他支出	3139318381.49	手续费	638240321.50
摊销及折旧	149095842.00	其他收入	20565895194.36
非营业支出	376858481.34	非营业收入	1142382377.28
本年纯益	15571321077.67		
合　　计	28946436921.39	合　　计	28946436921.39

资料来源:《交通银行全体损益决算表》(1951年),交通银行博物馆藏档案Y73。

(三)办理交行股权整理及发放股息案。在行务报告中,张平之总经理已经公布了公私股权的初步审查情况。报告显示,前交行资本总额为原金圆券6000万元,分为60万股,每股100元,公股及未确定股份共537404股,占89.57%,私股共62596股,占10.43%。[①] 这一报告是根据股东名册和既有资料得出的,准确性和真实性有

———————————

① 《交通银行第一届第一次董监联席会议议程·行务报告》(1951年),交通银行博物馆藏资料Y73。

待进一步整理。这份提案指出,专门公告办理股票登记,进一步整理股权,确定公私股权,是当前必须进行的工作。公私股权确定后,股息多少方可确定。在交行新章程未颁布之前,股息可依据旧章程办理。拟请董监联席会授权总处对 1950 年度公私股息先行垫发,待召开股东会议时追认,而 1950 年以前未发的各年度股息,不再发付。①

(四)建造办公大楼提案。交行原有办公房屋无法满足办公需求,拟租用新大路公安街转角处(原属于西什库天主堂)修建办公大楼。这一提案涉及办公大楼的土地租用期限、施工时间、大楼面积、办公设施的规格等问题。②

这四项提案均关联着交行的当前和长远发展,董监联席会议所达成的意见对问题的解决起到了很好的作用。

1954 年 12 月 9 日,交行在北京召开第一届第二次董事、监察人联席会议,戎子和主持。这次会议的主要议题是股东会议。交行自被人民政府接管以来,因各种因素交织,股东会议一直无暇顾及。经董事商议、董事长同意,定于 1954 年 12 月 10 日召开建国后交行的第一次股东会议。联席会议同意召开股东会议,并指出鉴于私股董事和监察人变化很大,有的投往台湾,有的病故,有的在香港,还有的下落不明,改选私股董事和监察人十分必要,提议由私股股东选举私股董事 12 人,监察人 4 人。③ 这次董监事联席会议成为交行召开第一次股东会议的前奏。

二、第一次股东会议

建国后,交通银行实现了深刻转型,性质、组织、任务诸方面都发生了根本性的变化,股东会议却为形势所限,屡被搁置。到 1954 年,新交行各项工作已经开展五年,交行有责任将这五年的行务情况向各位股东汇报。另一方面,私股董事、监察人需要重新选举,诸多关系交行未来发展的重大问题也需要在股东会议上讨论。股东会议的召开迫在眉睫。

经过充分的酝酿与准备,1954 年 12 月 10 日,交通银行在北京公安后街 3 号总管理处召开建国后的第一次股东会议。胡景沄董事长因公外出,由戎子和主持会议。

---

① 《交通银行史料》第二卷,第 195 页。
② 《交通银行第一届第一次董监联席会议议程》(1951 年),交通银行博物馆藏资料 Y73。
③ 《交通银行史料》第二卷,第 198 页。

出席此次股东会议的,除了公股代表外,私股股东有 408 户,其中亲自出席者有 64 人,以委托书委托出席的有 344 户,共计 40984 股,占已登记的私股股东户数的 60%,股数的 77%。[①] 与会人数之多为建国前所未有。

会议由戎子和代表董事长做开幕词,总经理作行务报告,监察人会作关于 1950 年至 1953 年各年度决算及盈余分配报告,改选了私股董事、监察人等。

戎子和在开幕词中指出,交行是国家资本主义高级形式的公私合营企业,解放后五年来,公私关系正常,注意保护私股的合法权益。因政务院决定,自 1954 年 10 月 1 日起,交行专责办理公私合营企业的财务监督,希望会议讨论新的《交通银行章程(草案)》,以备财政部核准实施。

行务报告指出,五年来交行在中国人民银行总行和中央财政部的正确领导下,主要围绕国家经济建设的需要,在基本建设投资的拨款与监督工作,私营、公私合营企业中公股公产的清理工作,解放前存款的清偿工作等三方面取得较好成绩。

在基本建设投资的拨款与监督方面,交行不断建立和改进业务制度,如供应资金制度和监督资金合理使用制度。在供应资金制度方面,交行将早期的“基本建设资金直接现金汇拨办法”改为“集中统筹限额调拨”,不仅保证了基本建设资金的供应,还减少了部分资金的积压、浪费,支持了财政上的资金调度。在监督资金合理使用制度方面,交行由初期实行“对用款凭证逐步进行审查”改为“根据国家批准基本建设计划和工程预算进行审查”,加强拨款监督工作。在清理私营、公私合营企业的公股公产方面,交行本着公平合理、实事求是的原则,清点估价,确定公私股权比例,并根据清股结果和各企业的生产发展状况,帮助他们调整资本总额。经过清理,公股参加了经营管理,接受清理的各企业生产逐步得到发展,产品质量得以提高,生产成本有所降低,企业利润上升,职工生活质量有所改善,公私股东获得了一定利润。在清偿解放前存款方面,交行在 1952 年根据政务院颁布的《关于解放前银钱业未清偿存款给付办法》,清偿了交行解放前的存款约合人民币 900 余亿元,使广大存户在解放前的存款得到了合理的偿还。

报告指出,交行五年来的工作成绩是十分可观的,同时也存在一些不足,出现了一些工作中的差错与事故,有待努力克服,以利更好地完成国家交付的任务。

---

① 《交通银行史料》第二卷,第 199—200 页。

会议听取了 1950 年至 1953 年各年度国内外行处全体总决算及盈余分配。监察人在年度决算及盈余分配的报告中,分别就 1950 年、1951 年、1952 年及 1953 年的资产负债总额、损益情况及各年纯益分配情况进行了说明。

表 4-2-7　1950—1953 年各年度总决算及盈余分配表　　　　单位:万元

年份	资产总额与负债及净值总额	纯益	股息	公股股息	私股股息	公积金	所得税	备抵建国前存款损失
1950	67671493	1557132	948000	780000	168000	609132		
1951	206538286	2310263	948000	780000	168000	807177	555086	
1952	382797390	4425166	1260000	1092000	168000	191877	1423289	1550000
1953	372688582	4605471	1260000	1092000	168000	1892073	1453398	

资料来源:《监察人会关于本行 1950 年至 1953 年各年度决算和盈余分配的报告》(1954 年),交通银行博物馆藏档案 Y73。

1951 年以前,交通银行与中国银行均按照建国前的旧规,分别按年息五厘、七厘发付公、私股股息。1953 年,中行修订条例,将该行公、私股股息一律定为年息七厘。因此,交行在发付 1952 年、1953 年股息时,采取与中行一致的办法,将公股股息改为年息七厘。

会议期间,许多股东踊跃发言,吐露心声。股东王子崧在发言中对比了解放前后交行的发展境况,指出解放前交行起初为发展全国实业的银行,但之后逐渐沦为官僚、军阀、反动派控制、利用和剥削人民的工具。解放后,在中国共产党和中央人民政府的领导下,交行成为人民自己的银行,担负起新中国大规模经济建设中的重要任务,得到全体人民的拥护。在发言最后,王子崧又表达了自己在年老之际有机会看到交行全新面貌的兴奋之情,指出在中国共产党和人民政府的领导下,在全行同人的共同努力下,新的交行一定能够完成国家交付的任务。[①] 其他股东也作了发言,纷纷表示为能够参加新中国成立后第一次股东会议感到万分喜悦,并表示同意董事长、总经理和监察人会的报告,一致肯定了交行五年来的工作成绩。

诸位股东的发言是对交行历史的回顾,是对过去的反思,是对现实的评说,是对

---

① 《各位股东发言记录》(1954 年),交通银行博物馆藏资料 Y73。

未来的憧憬。经过一番发言与讨论，股东对交行的现在和未来有了更加清晰的认识，满怀信心，推动交行不断向前发展。会议还改选了私股董事、监察人，公布财政部改派的新的公股董事和监察人人选，成立了新中国成立后交通银行的第二届董事会、监察人会，为第二届董监联席会议的召开准备了条件。

三、第二届董事、监察人联席会议

从 1954 年 12 月 10 日第一次股东会议，到 1957 年 7 月 18 日第二次股东会议期间，交通银行先后召开三次董监联席会议。

1954 年 12 月 14 日，交通银行第二届第一次董监联席会议在北京召开。董事长胡景沄外出办公，尚未回京，由戎子和代为主持。出席及委托代表出席会议的董事共 22 人，监察人 6 人。会议报告了公、私股董事、监察人名单并推选常务董事，公布了董事长及首席监察人名单，报告了交行第一次股东会议经过情况，公布交行章程已核准实行。

戎子和

经过多方考核,政府指派戎子和、章伯钧、胡景沄、沙千里、王绍鏊、钱之光、钱昌照、杨卫玉、赖际发、黎玉、李人俊、马南风、张平之等13人为公股董事,陈穆、朱学范、王磊、孙越崎、管大同等5人为公股监察人。第一次股东会议上,改选周作民、李铭、王子崧、王志莘、边洁清、资耀华、沈日新、吴晋航、王德舆、俞明岳、梁定蓟、李孝植等12人任私股董事,王琴希、毛啸岑、陈朵如、张翔初等4人任私股监察人。① 根据交行章程第十八条和第二十条规定:"交通银行董事会设常务董事七人,由董事互选,并由中华人民共和国财政部在常务董事中指派一人为董事长";"交通银行监察人会设首席监察人一人,由中华人民共和国财政部在监察人中指派。"②通过推选,最终确定戎子和、章伯钧、沙千里、杨卫玉、张平之、王志莘、边洁清等7人为第二届常务董事。另外,财政部指派戎子和为交行董事长,陈穆为首席监察人。至此,新一届董监成员确定,为日后交行各项工作的顺利开展奠定干部基础。

戎子和在报告交行第一次股东会议经过时,为了便于各位董事、监察人对各地股东进行说明和解释,特意针对一些股东提出的问题和意见,做了详实的说明。如寄发股东会议记录的问题,解放前已发未领的股息问题,要求退还股金的问题及交行换发新股票的问题等。戎子和指出股东会议上所发的部分参考文件还需要报请财政部核准,不能立即印发,会后另编股东会议记录,再行寄发;解放前已发未领的股息问题涉及全国公私合营及私营企业的全面性问题,也不能由交行单独决定,而需要政府统一核定处理。对于部分股东提出的退还股金的要求,交行章程第十三条规定不得收买本行股票,因此不予受理;而换发新股票的提议,交行将认真考虑。③ 股东提出的问题和意见既有细节性的,也有关系全局性的,既是对交行过去的剖析,也是对交行现在和未来规划的完善,无论内容适当与否,对其发展皆有所裨益。戎子和在会议上的详实报告使董事、监察人对股东所提的问题和意见,以及处理的办法等,了然于胸,便于他们向各地股东解释。

1957年7月18日,交行第二届第二次董监联席会议在北京召开。出席和委托出席的董事、监察人共27人,占董监事总人数的79%,列席会议的有全国和北京市的工

---

① 《交通银行第二届第一次董事监察人联席会议》(1954年),交通银行博物馆藏资料Y73。
② 《交通银行史料》第二卷,第170页。
③ 同上,第200—201页。

商联代表,会议仍由戎子和董事长主持。① 会议确认了交行第二次股东会议方案,追认了总经理和副经理人选,通过了补选私股董事请协商候选人案、提请审议本行以后发付股息办法案和改派公股董事人选请洽理案等事项。

第二次股东会议于 1957 年 7 月 18 日召开,主要报告了第一次股东会议召开以来两年间的行务情况和 1954 年至 1956 年年度决算及盈余分配情况,补选交行私股董事。由于交行总经理马南风兼理建行总行的事务,工作繁忙难以兼顾,经财政部推荐,董事长同意,交行原张平之副总经理担任总经理,王逸农为副总经理。私股董事和公股董事的补选与改派,多因病故而出缺。经会议协商,汤心泰、韩长生、赵玉如等3 人为私股董事候选人。原公股董事杨卫玉、赖际发、黎玉、李人俊、马南风等 5 人则由财政部决定改派李烛尘、叶恭绰、乔培新、王逸农和王伟才担任。②

股息发付一直是各位股东关注的问题。1955 年以前,股息的发付时间定为每年一次。1956 年,依据国务院《关于公私合营企业中推行定息办法的规定》的精神,交行股息改为每半年发付一次。为了简化登报手续,会议拟定"上半年从 7 月 16 日,下半年从 1 月 16 日起开始发付,如遇星期天,则推迟一日"。③股息发付时间的调整仅仅是股息发付问题的一个方面,其他细节问题体现在《关于本行以后发付股息办法的报告》中,会议请求董事会将其提请股东会议审查。另外,北京市工商业联合会已委托交行在发付股息时,按照私股自愿量力的原则,代为收交工商界生活互助金。

7 月 19 日,交行在北京又召开第二届第三次董监联席会议。会议主要讨论了补选第二届常务董事、召开交行第三次股东会议、修订章程、改选私股董事、监察人、私股自愿捐献股票和要求退股等问题。这一时期,国家政治经济

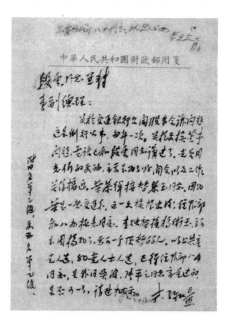

戎子和致李先念和段云的信函,
建议叶恭绰为公股董事。

① 《交通银行史料》第二卷,第 201 页。
②③ 《交通银行第二届第二次董事监察人联席会议议案》(1957 年),交通银行博物馆藏资料 Y73。

形势发生了新的变化,社会主义三大改造已经完成,人民政治意识逐渐提高,因此,交行也面临新的情况和新的问题,如私股自愿捐献股票,或强烈要求退股等。会议指出按照交行章程办理私股退股问题,而对自愿捐献股票问题,上报政府核定后予以办理。

四、第二次股东会议

资本主义工商业社会主义改造高潮到来后,交行既要解决机构、干部问题,又要克服业务生疏、合营企业复杂等难题,工作非常繁忙。因此,继1954年12月第一次股东会议后,直至1957年7月18日,第二次股东会议才得以召开。

出席和委托出席股东会议的股东共313人,代表37700股,占全部私股的66.56%。① 戎子和董事长在会议上致开幕词,重点介绍了交行自1954年专责公私合营企业财务监督后的工作开展和股息发放情况。在工作开展方面,交行主要致力于组织合营企业收入,监督其支出,完成上交财政任务,建立和贯彻财务制度以及在国外经营外汇业务等。在股息发放方面,交行在财政部领导和有关部门的支持下,在全体员工的共同努力下,每年都获得了盈余。根据章程规定,交行每年都按年息七厘发付了股息。1956年实行全行业合营和定息办法后,一般企业的年息为五厘,而交行仍维持在七厘,这实际上是国家对交行股东的格外照顾。

张平之总经理在会议上作了行务报告,主要回顾了财务监督工作,具体做法是办理合营企业收入、投资拨款工作和审核企业的财务计划、决算报告等。在组织收入方面,两年来交行代国家收交合营企业应上交的资金高达71026万元,其中,1955年为2986万元,1956年为68040万元。1955年,合营企业还处在"四马分肥"阶段,交行仅经收公股应得的股息红利部分,收入较少。在企业实行定息以前,交行还积极收存了企业待分配盈余、公积金、基本折旧基金和多余流动资金等各项专户存款共达32260万元。通过组织收入工作,交行不但可以及时供应合营企业生产建设所需要的资金,而且还超额完成了上交财政任务,对增加国家积累,支援社会主义建设起到了积极作用。在投资拨款方面,两年间,交行代国家办理对合营企业的基本建设、四项费用(技术组织措施、安全技术劳动保护措施、试制新种类产品、零星基本建设)和

---

① 《交通银行第二次股东会议》(1957年),交通银行博物馆藏资料Y73。

流动资金等投资拨款,共计 54540 万元,其中 1955 年为 3849 万元,1956 年为 50691 万元。[①] 这些资金都是按照国家计划拨付,将合营企业生产进一步纳入国家计划轨道,有利于发挥企业潜力,推动企业生产发展。审核企业的财务计划,决算报告制度的实行,促使企业逐步提高计划管理水平,加强内部协作,挖掘生产潜力,从而增加了生产,提高了利润,并且在保持企业正常生产的原则下,为国家节约了支出,减少了资金积压。一些企业合营时间短,制度尚未健全。为了提高这些企业的财务管理水平,交行又配合企业的主管部门和专业公司,协助他们根据不同情况建立健全会计制度和材料、固定资产管理制度,还在有些地区推行成本分析会议制度,建立废品检验制度。这不但帮助企业加强了财务管理,而且为基础较差的企业逐步能够编制财务计划和决算报告,创造了有利条件。

1954 年至 1956 年各年度交行国内外行处全体总决算和盈余分配报告,由监察人会审核后,向各位股东汇报。

表 4-2-8　1954—1956 年各年度总决算及盈余分配表　　　　　　单位:万元

年份	资产总额与负债及净值总额	纯益	股息	公股股息	私股股息	公积金	所得税
1954	43550	363	126	109.2	16.8	105	132
1955	54281	464	126	109.2	16.8	169	168
1956	69553	655	126	109.2	16.8	292	238

资料来源:《交通银行第二次股东会议》,交通银行博物馆藏档案 Y73。

说明:表格中货币单位为 1955 年的新人民币单位。

从报告中,可以看出纯收益逐年增加,公私股股息按时发付,这表明这一时期交行发展状况良好。

与会股东听取报告后,进行了讨论,并派代表作了发言。发言股东表示,交行在党和政府的正确领导下,切实担负起了对公私合营企业财务监督的艰巨任务,对国家社会主义建设做出了巨大的贡献。股东汤兵泰在发言中还特别提到解放前后个人态度的变化,感慨颇深。他指出,解放前他只关心投资交行后能得到多少股息,对行内工作不闻不问;解放后,被赋予了股东应有的权利,定期获得了股息,而且投资的资金被国家应用于经济建设中,感到能为国家经济建设出份力,非常有意义。

[①]　《交通银行第二次股东会议》,交通银行博物馆藏资料 Y73。

建国后第二次股东会议召开之时,国家资本主义工商业的社会主义改造基本完成,交行公私合营企业财务监督的使命大体完成。这次会议对交行过去两年多的工作做了回顾和总结,见证了建国初新中国金融领域的历史进程。

第四节　东北地区分支机构沿革

一、委托中国人民银行代营业务

1951 年 2 月 21 日,第一次全国拨款会议在北京召开,这是新中国金融史上第一次专业会议。会议明确了对监督基本建设投资的认识,确定拨款范围、重点、步骤,制定拨款章则、制度、办法、手续等。6 月 1 日,交行开始正式办理中央基本建设投资拨款,范围涵盖工矿、交通、运输、公用、贸易、建仓、中央市政建设、农业、水利、林垦等经济建设方面的投资。此时,交行在全国范围内仅有 20 多个机构,1000 多名干部,且分布不平衡,无力完全承担这一重任。

面对这一情形,交行胡景沄董事长在第一次全国拨款会议上提出,在没有机构的地方,交行的拨款任务可通过中国人民银行代理。有些人对此疑惑不解,提出"为什么不立即在没有机构的地方设置机构"。为此,胡景沄董事长解释:"如果筹备成立一个机构,那就需要解决经理副理、总务、各方面的人员、房子等问题,就麻烦了。事实上,人民银行委托被代理拨款的干部也就等于交行的干部,这些机构就是交行的下层机构。将来工作发展了,条件成熟了,就可以从人民银行抽出一些办理拨款的干部,成立交通银行。这就是所谓细胞分裂法,是合乎客观真理的科学方法。"[①]这种做法既可免除人力物力的浪费,又可立即在各个地区开展拨款工作。

1951 年 6 月 5 日,中国人民银行总行协助交行拨款,指示各区行、华北各分行依照《关于人民银行代理交通银行业务的决定》,接受交行的委托,指定专人专责。15 日,总行又专门向东北区行下发指示,提出大量由中央拨付基本建设投资的建设单位在东北地区,一些基本建设统筹购料的大宗款项的实际使用地区在东北,但东北地区

---

① 《交通银行史料》第二卷,第 862 页。

目前尚无交行机构。因此,东北区行既要协助交行积极建行,还需代理该地区所有基本建设投资拨款的监督拨付工作。① 7 月 30 日,中国人民银行东北区行接受委托,代理关系正式确定。

双方之间的代理办法具体表现在《交通银行委托中国人民银行代办基本建设投资拨款暂行办法》②中。《暂行办法》分总则、请托行、受托行和附则四部分,规定了二十条内容。其中"请托行"和"受托行"两部分,详细规定了双方划拨拨款的交接流程、各种报表及账单的存留保管手续等。《暂行办法》为委托代理工作设定了宏大的指导框架,《中国人民银行代理交通银行基本建设拨款业务记账办法》③的颁布则规范了一些细节问题。《记账办法》要求代理行将代理基本建设拨款按照"基本建设基金监理"和"代拨基本建设用款"科目处理,代理行对委托行设立"基本建设基金监理账",对建设单位或用款单位拨款设立"代拨基本建设用款账"等。中国人民银行在代理记账中,另立科目和账户,明确划分代理业务和自身业务,为资金管理和检查工作奠定良好的基础。

中国人民银行东北区行在收到人民银行总行要求其代理交行中央基本建设投资拨款的指示之前,已经接受东北人民政府财政部的委托,成立长期投资处专门办理东北区国营企业的基本建设拨款,并且拟定《办理基本建设投资拨款试行办法与办事细则(草案)》,准备在 7 月 1 日施行。这意味着,摆在东北区行面前的有两套代理办法,到底该遵从哪一种方案办理业务成为一个重要问题。人行东北区行如实将当时面临的情况向总处说明,并提出一些建设性意见,如凡是中央各部对东北地区各单位的基建拨款,直接由交行通过中国人民银行划拨,由人行东北区行长期投资处转拨各单位当地行处,并监督其支用情况;各单位来东北地区采购器材的用款,金额较大而为逐笔支用者,则由交行通过中国人民银行直接汇往采购所在地行处,由长期投资处监督其使用。④ 交行基本接受了这些意见,在此基础上又添加一些条款。例如,各单位汇到东北地区的购料用款需委托人行东北区行所属各行处代为监付时,应当由该委托行以电报或代电通知采购所在地行,说明金额及用途。经过多次交换意见,交行

① 《交通银行史料》第二卷,第 326 页。
② 同上,第 1184 页。
③ 同上,第 1189 页。
④ 同上,第 329 页。

与人行东北区行的委托和代理实施规则更加完善。

将没有交行机构的地区的中央基本建设投资拨款业务交由人民银行代理这一想法,自提出到通知各行处着手办理,再到拟定实施具体代理办法投入使用。其间,无论是委托行还是代理行都竭力完成任务,保证了这一时期东北地区的中央基本建设投资拨款工作的有序开展。

二、基本建设投资银行的筹建

新中国成立后,依托其丰富的资源与坚实的基础,东北成为国家经济建设尤其是工业建设的重点地区。1950 年 3 月,中央财政经济委员会在《全国财政经济现状》中提出:"煤炭、钢、铁、电力等基本工业都在东北,按原有设备计算,我国炼铁能力年为300 万吨,东北占 71%,炼钢能力为 147 万吨,东北占 91%,轧钢能力为 70 万吨,东北占 50%,全国现有发电设备 207 亿千瓦,东北占 30%。各项主要化工如酸等工业,东北比重大,东北资源又比较丰富,目前工业建设的重点应放在东北。"① 该地区的基本建设投资拨款由中国人民银行东北区行和长期投资处代理。

随着工业基地建设不断扩大,国家的投资力度进一步加大,建设拨款进一步扩张。为了充分发挥投资效能,克服浪费现象,贯彻基本建设经济核算制,1952 年 6月,政务院批准东北人民政府的报告,在原中国人民银行东北区行长期投资处的基础上成立东北区基本建设投资银行(简称"基建银行区行")。

基建银行区行成立前,东北人民政府财政部与人行东北区行之间关于在东北地区是建立交行分行还是建立长期投资专业银行进行深入探讨。这一时期,交行是办理长期信用业务的专业银行,主要任务是清理公私合营企业,办理基本建设投资拨款并监督其使用,组织领导长期资金市场。东北人民政府财政部认为,东北地区的情况与关内不同,该地区国营企业占极大比重,公私合营企业数量甚微,清理公私合营企业和领导组织长期资金市场不是该地区的主要工作,与交行主要任务并不完全吻合。因此决定成立长期投资专业银行。

1952 年 7 月 1 日,基建银行区行正式成立,吴百辛担任行长,任超担任副行长。除受东北人民政府财政部直接领导,其一般业务同时接受总处领导。这就使交行能

---

① 吴承明、董志凯主编:《中华人民共和国经济史》第一卷,第 404 页。

通过这一机构把东北地区的基建拨款统一管理起来。基建银行区行成立之初,干部条件欠缺,工作经验缺乏,所以有重点地先对工业部与铁路系统的基本建设投资予以拨款并监督其使用。对其他部门的基建投资,如农林、贸易、邮电等部门,基建银行区行向各主管部门直接办理拨款后,委托中国人民银行依货币管理办法进行管理。对各省、市的基建投资,各省、市自行派人到中国人民银行省、市分行投资机构或基建银行支行办理,各地基建投资机构提供帮助。

基建银行区行的组织形式,主要分为直属机构与在中国人民银行附设机构两种形式。前者为东北地区基本建设银行省、市支行及各地办事处,实行垂直式领导,办理所辖地区工业部与铁路系统的基本建设投资拨款并监督其使用业务。后者为中国人民银行省、市分行基本建设投资科及各地中国人民银行基本建设投资股或组,各地基本建设投资科股组由该地区中国人民银行行长主任直接领导负责,同时受基建行区行领导,各投资股组受所在地区基建银行支行或基建投资科的领导,其业务与前者相似。

基建银行区行内部,设有行长 1 人、副行长 2 人,下设秘书科、拨款科、会计科、计划科。拨款科设科长 3 人,其他各科各设 1 人,共有干部 105 人。基建银行省、市支行内部设计划、会计、拨款、秘书四股,行长 1 至 2 人,干部 19 至 24 人。基建银行各地办事处内部设会计组、拨款组,各设主任 1 人,干部 5 至 13 人。

作为中国人民银行附设机构之一的中国人民银行省、市分行基本建设投资科内设会计股、拨款股,科长 1 至 2 人,干部 11 至 19 人(平均 15 人)。中国人民银行各行处基本建设投资股(或组),根据业务多少分组或不分组,分组时设会计、拨款两组。股内设股长 1 人,干部 5 至 11 人(平均 6 人),组内设组长 1 人,干部 2 至 7 人(平均 4 人)。① 以上即为基建银行区行的组织机构及人员编制的大致情况。

三、基本建设投资银行的撤并

1954 年 6 月,中共中央决定撤销大区一级的行政机构,合并若干省、市的建制。据此,东北行政委员会提出"采取先易后难、先简后繁、先并后撤的原则,进行有计划有步骤地逐步交接逐步撤销"。②

---

① 《交通银行史料》第二卷,第 274—275 页。
② 同上,第 340 页。

7月29日，基建银行区行通知各省、市分行（热河除外）调整机构，办理交接工作。首先，要求各分行必须发扬负责到底、照顾整体的精神，坚持谦逊谨慎、团结合作的态度，反对本位主义、个人主义与无原则纠纷。其次，移交过程中，坚持原人员不动的原则。如交接异辖行，移交行不能抽调原有干部，还应酌情给予充实；接交行对原有干部的待遇一律照旧不变，然后按政府规定和工作需要妥善办理。再次，领导关系改变的行、处，对于所有房产、器具、备品、文具等，一律不能私自挪用，由移交行开具清册，点清移交给接交行。对一些变动较大的行处，基建银行区行还作出具体规定：辽宁省分行接管鞍山分行铁东办事处，仍在鞍山分行内办公，房产权属鞍山分行，器具、备品、文具等在办理交接之日起，可暂先借用，转账或还实物以后自行处理；辽东、辽西两分行撤销后，原分行的房产应交当地支行、处使用，器具、备品、文具等视支行、处的实际需要酌情予以补充，其余上报区行听候处理；原黑龙江分行的宿舍暂由富拉尔基专业分行使用；原长春分行二科办公室与干部宿舍暂时照旧使用，等房屋解决后再腾出。① 除了上述三项，基建银行区行还对统计工作、会计账务、文件、档案、资料、账册、密码以及印章问题的处理都拟定了详细的指导意见。

省、市分行根据新的省、市区划设立，同时在重要厂矿所在地设立专业银行。1954年8月20日，原辽东分行、辽西分行合并为辽宁分行；原沈阳、旅大、本溪、抚顺等四个市分行改称支行，受辽宁分行领导；鞍山分行改为专业分行，办理鞍山钢铁公司的拨款监督工作；松江分行改称为黑龙江分行，哈尔滨分行改称支行，受黑龙江分行领导，并以原黑龙江分行和富拉尔基支

鞍山钢铁公司工人正在维修高炉。鞍山钢铁公司为交通银行办理基本建设投资拨款而兴建的国家156个大型项目之一。

---

① 《交通银行史料》第二卷，第341—342页。

行为基础设立富拉尔基专业分行,办理北满钢铁公司的拨款监督工作;长春分行改为专业分行,办理六五二汽车制造厂的拨款监督工作。

支行设置由各省、市分行视情况而定。支行的内部组织机构,除沈阳、本溪、抚顺、旅大、哈尔滨五个支行保留科、室组织外,其余全部撤销。所辖支行改设办事处,仍受该设支行领导。①

1954年8月20日,在原东北各省、市分行合并交接工作大体就绪的情况下,基建银行区行停止行文,整理内务,准备撤销,分行一切问题直接向总处请示。

第五节　不断加强的人事工作

一、新时期干部队伍的配备

人才之难万冀一,一士其重九鼎轻。新形势下新的任务与工作特性,使交行一度面临人员配备不足的问题,干部队伍亟待充实。

1949年7月下旬,为了粉碎美蒋的封锁,南京、上海等地开展精简节约整编运动。8月17日,中共华东局颁发机关干部的整编节约方案,公布"六大任务"和"五大方案"。根据中共华东局的指示精神,交通银行缩减干部队伍。至复业时,总管理处干部由1787人减至224人。

复业后,交行在中心城市陆续建立分支机构,多项业务逐渐恢复,干部人员配备不足的矛盾逐渐凸显。按照当时的编制计划,天津分行(包括津属2个支行)干部缺额151人,汉口分行缺额16人,南昌支行缺额13人,西安分行缺额19人。② 干部配备不足,主要是两个方面的原因造成的。第一,交行在复业前开展了干部的整编精简,干部基数很小。第二,复业后,交行各分支机构在总处与当地中国人民银行的双重领导下,先后移交短期业务。随着短期业务的移交,干部也随之移转中国人民银行。据统计,截至1950年5月底,交行移转中国人民银行的干部共1439人,其中,华

① 《交通银行史料》第二卷,第297页。
② 同上,第354页。

东区 730 人,西南区 237 人,西北区 74 人,中南区 296 人。此外,一部分干部因不愿从事专业工作,或对新工作缺乏经验,也转移到其他部门。1950 年 5 月底,全国交行 22 个分行机构仅有干部 830 人。

　　1950 年 7 月以后,国内财经状况不断好转、交行业务量日益增加,交行干部队伍开始壮大,尤其是在第二届金融会议召开后,干部数量增长趋势更为明显。交行 1950 年 7 月至 1951 年 6 月的人员补充情况列表如下:

表 4-2-9　1950 年 7 月至 1951 年 6 月交通银行全行人数补充情况表

类别＼月份	7 月	8 月	9 月	10 月	11 月	12 月	1 月	2 月	3 月	4 月	5 月	6 月
职员	848	885	933	946	960	1000	1064	1084	1265	1296	1512	1577
工友	191	187	179	180	185	197	207	212	226	215	295	319
共计	1039	1072	1012	1126	1145	1197	1296	1491	1491	1511	1807	1896

　　资料来源:《交通银行史料》第二卷,第 356—357 页。其中 6 月份共计人数系据 1951 年人事工作总结中的数据得出。

　　1951 年 7 月,即交通银行正式开始拨款工作一个月后,总管理处根据全国业务的发展需要,又拟定干部吸收计划,其中,总处需吸收干部 400 人,华东分行 800 人,华北分行 800 人,中南分行 700 人,西南分行 600 人,西北分行 200 人。[1] 根据总处的计划及各地业务开展的需要,结合所在地区失业人员情况,各行积极执行以落实任务。经过半年努力,华北分行基本完成了招收任务,除了保证华北区新建五个支行九个办事处的干部配备需求,还上缴总处 141 人,输送西北分行 65 人;华东分行吸收了 730 人,完成招收计划的 90%;中南分行除粤行代招收 336 人输送总处外,自身吸收 247 人,共计吸收 683 人,接近完成任务;西南分行全区吸收干部 442 人,完成计划的 70%;西北分行地处偏僻,专业人才欠缺,当地招收工作推进困难,故由华北分行、粤支行代输送 130 人;总处在北京吸收 150 人。[2]纵观半年的吸收工作,全行共吸收新干部 2800 人,完成计划的 80%。

　　1953 年国家进入有计划建设时期,基本建设工作提到首要地位,党政部门加强对基建工作的领导,国家基本建设拨款除军工系统外,全部交由交行拨付,拨款范围

---

① ②　《交通银行史料》第二卷,第 357 页。

内的大小建设单位约有一万个。交行为适应新的任务,进一步按需发展、充实干部队伍和专业人员。1953 年 4 月,中央人事部批准交行增加干部 5000 人,并由人事部具体分配各大区人事局协助调配。至 9 月,各行除骨干及领导干部仍有缺额,尚需继续补充外,一般干部大部分已接近或超出编制,于是停止发展。至 12 月底,华北、华东、中南、西南、西北五大区干部实际人数已达 12234 人,较 1952 年底增加 5240 人,完成了人事部配置指标 104.9%。员工队伍的充实为交行开展业务提供有力保证。

　　1954 年,国家实行行政区划改革,撤销大行政区,交行随之撤销大行政区行。这一时期,在交行原有机构和人员的基础上组建了中国人民建设银行,办理基本建设拨款业务,交行专门负责公私合营企业的财务监督。随着区行撤销、业务萎缩,交行干部编制整体上又趋向收缩。1954 年第一季度交行的干部总数为 14257 人,第二季度为 14160 人,第三季度为 13889 人,第四季度为 13692 人。① 公私合营高潮到来之际,鉴于交行的业务量较以前大增,国家计委批准交行编制增加为 5000 人,但与 1954 年以前交行编制相比,仍然缩减了很多。资本主义工商业社会主义改造基本实现后,交行干部数量再次紧缩。1957 年,总处指出本行全国干部编制在 1956 年 5000 人编制的基础上再适当收缩,各行可根据需要,在各省、市财政厅局的领导下,于 1956 年原分配的编制额内自行调整,编制如有多余,应当交回总处,编制外的干部由当地统一处理。②

　　可见新时期交行依据形势变化和国家建设需要调整人员,干部配备时增时减,总体上看,大致以 1954 年为一个分水岭。复业初期至 1954 年,交行干部队伍不断壮大,其后,干部数量呈下滑趋势。

二、干部队伍的改造与培养

　　复业后,交行以一种崭新的姿态,肩负起了光荣而艰巨的任务。能否顺应时局变迁,圆满完成历史使命,在很大程度上取决于是否具有一支思想上觉悟高、政治上可靠、金融业务上技能娴熟的干部队伍。不同时期,交行的任务和机构经历数次调整,对干部队伍提出了更高的要求。为此,交行投入大量人力物力,力求培养出一批能员

---

① 《交通银行史料》第二卷,第 379 页。
② 同上,第 382 页。

干将。

建国初期,国家政治形势依然严峻,各类敌对势力都对中国共产党的新政权构成一定威胁,国家经济形势不容乐观,通货膨胀、市面萧条,投机势力猖獗,市场秩序混乱。在动荡不安的局势下,交行在接管、整编过程中开展的政治思想教育工作,因时间紧张、接管整编的任务量大,并不彻底。而且,这是一项潜移默化的工作。因此,交行在复业后,响应中国共产党的号召,对这项工作仍常抓不懈。新时期,交行的主要任务经历了从清理资产、移交短期业务到从事基本建设投资拨款、公私合营企业的财政监督等变化。这些业务对交行职工来说都是全新的,需要进一步学习。因此,业务学习成为交行主要工作之一。

交行根据干部不同的思想状况及工作需求,采取了多种培养方式,主要有专人专责制、开设训练班、保送大学学习等。

第一,专人专责制。这是指按照行业或工作性质明确分工,在工作中学习培养。如不少分支行有计划地派干部到工厂实习,或采用带徒弟的办法,指定专人帮助指导能力欠缺的职工工作。还有一些分支行在干部分配上,采取生熟适当配合的办法,由两个人负责一个或几个行业或几个户。这样两个人既可以一同工作也可以分开工作,同时还有较多的机会相互交流,彼此学习。这样的培养,针对性更强一些,有助于个人的业务技能得到迅速提高,但同时也存在一些弊端,如学习交流面较狭窄,政治思想教育跟不上,不利长远的发展等。

第二,开设训练班。交行干部的来源复杂多样,有老区根据地干部、原交行留用人员、青年学生及其他人员等。对于新吸收青年学生的培养,一般以开设训练班为主。1951 年至 1952 年初,总管理处开办两期培训班,培养学员 466 人;华北分行开办四期,培训学员 600 余人;华东分行开办两期,培养学员 383 人;中南、西南、西北地区因各种条件限制,没有自办训练班,而是委托当地银行学校代为集中统一培养。① 1953 年,总处再次指出各省、市分行在条件许可时,应自设训练班,或在当地财经学校内设班培训新吸收人员,一般定期为 4 至 6 个月。

培训课程分为政治与业务两类,不同时期培训侧重点不同,课程内容也不尽相同。1951 年至 1952 年初设班培训时,政治与业务课程并重。政治课内容为社会发展

① 《交通银行史料》第二卷,第 389 页。

史、新民主主义革命史、学习三大政治运动等;业务课程为公私合营企业清理及管理、基本建设投资拨款、会计、人事制度、计划、检查等。① 1953 年的新人员培训,政治学习占 40% ,业务学习占 60% 。政治学习以时事政治为主,业务学习的内容主要是基本建设工作暂行办法、拨款暂行办法、拨款处手续、拨款记账办法、统计报告制度等文件。② 出现这些不同,主要是因为 1953 年进入国家计划经济时期,交行基本建设拨款业务量急剧增长,对于具有扎实业务技能的人才,需求量骤然增长。

对于原交通银行的留用职工,则将培养重点放在提高政治思想觉悟上,帮助这些职工树立为人民服务的思想,克服工作上的单纯业务观点及非政治化倾向。1953年,除了培训新吸收人员外,对一些在职干部也设班培训。设班培养工作,无论在横向即不同类型人员的培养方式方面,还是在纵向即不同时期的培养内容方面,交行皆实施了不同的培养方案,体现了交行具体问题具体分析、实事求是的办事作风。

第三,保送大学学习。鉴于国家长远的经济建设需要大量的专业干部,交行抽调在职干部保送大学或文化学校学习。1951 年,考虑到老区根据地干部数量较少,但政治上较可靠,主要问题是业务不熟练,交行将一部分老区干部保送到专科学校学习。③ 1952 年,交行在不影响工作的条件下,挑选了具有培养前途的青年干部 21 人,保送至北京大学、中国人民大学及清华大学,学习 2 至 4 年,同时又抽调工农干部 3人到工农速成中学学习。④ 被保送至学校学习的干部能够更系统更全面地学习理论知识。另外,他们已经拥有较强的实践能力,积累了丰富的经验。通过这样的方式培养的干部,政治素质高、业务能力强,成为国家宝贵的建设力量。可惜的是,有机会接受学校系统学习的干部毕竟是少数。

除以上三种培养方式外,交行还实施了其他的培养策略,如专门挑选政治可靠、有业务基础的德才兼备的干部进行特殊培养。为他们提供机会参加专业会议,或者组织检查组前往各分支行检查工作,通过检查工作、总结工作来提高干部的政策水平和领导方法。

经过改造、培养,交行干部的政治思想和业务技能都取得长足的进步。他们对国

---

① 《交通银行史料》第二卷,第 390 页。
② 《交通银行总处工作往来》(1953 年 6 月 24 日),上海市档案馆藏,档号 Q55 - 2 - 414,第 69 页。
③ 《交通银行史料》第二卷,第 389 页。
④ 同上,第 391 页。

家的政治经济局势及大政方针、行内的各项政策和制度等,都有了深入的理解,思想上拥护中国共产党的领导,坚定了服务国家经济建设的信念。在日常工作与生活中,他们能够发扬克己奉公、勤俭节约、集体讨论、平等发言的优良作风,并能将通过学习而得以提高的业务技能应用于实际工作。

三、评级调薪与考核制度的健全

1950 年,交通银行总管理处迁京办公,一些干部的思想出现了较大波动。当时流传了这样一首打油诗:"戴月回家转,披星出门庭。辛勤三十日,小米四百斤。下怜垂髫子,上苦白发亲。上海到北京,越想越伤心。"这首打油诗反映了一些干部对在京工薪待遇不如原先的不满情绪。总处干部在上海时的薪金是遵照区行的统一规定,按解放前的等级、底薪折合折实单位发放,而 1949 年北京按照中国人民银行总行规定的薪金标准调整了待遇,以小米计价,上海则按照折实单位发薪,平均较小米计价高二倍以上,所以一些迁京干部颇感不满。

为了消除因地区间薪金待遇不同而引发的议论和牢骚,交行不久便开展评级调薪工作。评薪工作坚持"德才"兼顾,适当照顾"资历"的原则,采取"小评"结合"大评"的方法,按照"评"、"审"、"批"(即由群众推选代表评等级,然后交群众讨论,然后另推代表审查修正,最后送领导批准)的步骤进行。[1] 最终的评议结果是"现薪较原薪平均降低 65.41%,计室主任级降低 64.46%,科长级 66.52%,一等行员68.01%,二等行员 67.95%,三等行员 58.82%,练习生 58.18%,技术人员 50.31%,警工人员 52.55%"。[2] 其中,一、二等行员的工薪待遇降低比例最大。通过统一调整,交行行员的工薪待遇较过去降低了很多,但大体消除了原先不同地区间的差别,使人感到工薪是依据"公平"的原则一致降低的,于是,原先的牢骚和怨言也无从而发了。

对于调薪工作的顺利开展,交行当时总结了四条经验。第一,领导掌握原则与群众积极参与相结合。在工作中,必须放手大胆调动群众的积极性,相信群众的智慧和力量是无穷无尽的。只有把民主评薪造成群众运动,才能彻底改变旧薪金制度,建立新的公平合理的薪金制度。在放手发动群众的同时要看准时机,选择合适的方式掌

---

① 《交通银行史料》第二卷,第 1329 页。
② 同上,第 396 页。

据思想领导,以免造成上下对立。第二,根据具体情况灵活运用"才"、"德"、"资"评薪标准。如交行复业初期,对一些从撤退行调来的职工的工作能力不完全了解,在评薪级时可以先看其工作学习态度和工作效率,为人和资历方面作为附属条件可适当参考,给予必要的照顾。第三,在评薪过程中,不应过分存在"照顾"现象,应当按劳取酬。存在过多"照顾",容易使行员的工作积极性受到打击,行员之间的团结受到影响,不利于长远发展。第四,"评"、"审"、"批"的时间不宜拖延太久。否则,易引起行员的怀疑和不满,不利于发挥以评薪推动工作的积极作用。

1952 年,中央政府进行了一次工资制度改革。全民所有制企业大多数实行八级工资制,少数实行七级或六级制,职工实行职务等级工资制。交行根据政府调整薪级的标准,在 9 月又开展了一次评级调薪工作。此时,交行已归属财政部领导,于是总处在中央财政部的领导下,成立评薪委员会。开展评薪工作时,首先在群众中进行了广泛的思想动员,以明确评级的意义。在实际操作过程中,既反对平均主义,也否定国民党时代相差悬殊的薪金制度,本着按劳取酬的原则,仍旧依据"才"、"德"、"资"的标准进行。具体来说,先由评委会找出典型,各单位根据典型提交本处科的初步薪级名单,再由评委会召集讨论评比,得出比较合理的名单,最后呈交中央财政部批准。最终的评薪结果是"总经副理薪金较原待遇平均提高 8.3%,处长薪金较原待遇平均提高 21.1%,科长薪金较原待遇平均提高 25.6%,科员薪金较原待遇平均提高 12.5%,办事员薪金较原待遇平均提高 28.8%,工程师薪金较原待遇平均提高 18.7%,翻译人员薪金较原待遇平均提高 31.8%,警卫薪金较原待遇平均提高 34.4%,司机、技工、厨工薪金较原待遇平均提高 24.7%,工友薪金较原待遇平均提高 14.5%"。[①] 交行职工的工资待遇普遍有所提高,主要得益于三年以来国家经济的恢复发展。这使行内职工认识到个人利益与国家利益相一致,更深切地体会到国家的一切政策是符合人民利益的,只要积极搞好生产,把国家建设好,国家就会根据现有条件最大限度满足广大人民物质文化需要。所以,这次评薪工作大大增强了干部的爱国主义情感。

两次大规模评级调薪后,职工的薪酬待遇逐渐趋向平稳。为督促职工积极进取,保证工作时间,交行又致力于完善考勤考核制度。经过两年的批评、教育、斗争和改

---

① 《交通银行史料》第二卷,第 398—399 页。

进考勤方法,考勤上形式主义的偏向基本改变,考勤簿能够准确反映出考勤的真实情况。另外,交行为营造抢先争优的氛围,开展竞赛运动,提出"消灭请假"的口号。通过一系列的努力,全行的缺勤、迟到状况得到明显改善。1953 年 11 月,全行的缺勤数比 10 月份减少了 59 人,等于增加两个人一个月的工作日,一些思想保守的技术人员也改变了以往经常迟到的坏毛病。

"三反"运动后,交行曾中断考核制度。随着竞赛运动的开展,交行又重新执行,并改进考核方法。以往由科长负责考核,现在改为个人检查与群众帮助相结合,即每个人回顾每月的工作、学习、思想、作风,找出缺点,于月底填写一次考核表,在月底最后的一次科务会议上进行讨论,开展批评。[①] 这种考核不但能够敦促员工认真检查自己,改进工作,而且通过考核,定期开展群众性的批评与自我批评,活泼了机关内部的民主生活。为配合竞赛运动重新实行考核,而通过考核来检查工作计划的完成程度,又进一步推进了竞赛运动。

评级调薪工作的开展和考勤考核制度的健全对稳定职工情绪,提高职工工作积极性,起到了重要作用,而这些工作制度在交行日后的发展中也是不可或缺的。

第六节　内部管理的制度化

一、日渐完善的工作报告制度

1950 年 1 月,中国人民银行考虑到制定报告制度有利于及时了解各地交通银行的情况,方便交行的清理工作与人民银行总行整个业务计划密切结合,于是责成各地人民银行督促当地交行自本月起建立对总管理处的直接报告制度。为了掌握全面情况,加强总处与分、支行的联系,便于工作步调一致,交行根据中国人民银行总行的规定,结合本行的具体情况,统一规定了各级行向总处的报告制度。5 月 15 日开始正式实行。

报告制度的具体内容包括书面报告、表报和国外行处报告三个方面。国外行处

---

① 《交通银行史料》第二卷,第 400 页。

报告将在第七章详尽阐述，此不赘述。

第一，书面报告。包含综合报告、工作计划、工作总结三部分。分支行经副理负责综合报告，每月报告一次，于次月4日前直接复报总处，而支行需同时向分行寄送。综合报告内容包括清理进度、整理与管理投资及调查研究的进展、人事机构的变更以及学习情况等。报告内容对"情况、问题、意见、分析"的陈述须简明扼要，切忌眉毛胡子一把抓，没有主次之分。每季度的工作计划由分行拟定，每三个月一次，于3、6、9、12各月20日内报总处批准执行，而总处在接到报告后的五天内批复，各支行须于每月20日前将下月工作计划上报分行批准执行。工作总结主要分两种：（一）执行工作计划的总结。要求每三月一次，分行于1、4、7、10各月15日内上报总处，支行于10日前上报分行，并以副本寄总处。（二）某项工作的总结，或领导报告等不定期报告，但要求各分支行每三个月至少报告一次，比如工作有显著成绩或取得的经验；某项具体工作完成后的总结；接管、整理、投资的进度与管理经验（参加投资单位的董监会议、股东会议及其他业务生产等重要会议）；对每一行业调查完竣或某一单位典型情况的介绍等。①

第二，表报。包括业务报告、调查报告和人事表报三种。业务报告分为投资性质分类数额旬报表、投资单位业务生产状况旬报表、投资单位财务状况旬报表、投资单位主要产品成本旬报表等四种。调查报告也分为4种，分别为工矿交通业务经营动态月报表、各业利润调查季报表、工矿交通公用事业调查表、综合报告表。其中后两种报表须随每一行业调查完毕时的书面报告附送副本。人事报表包含干部动态月报表、职工一览表、职工履历表等3种。这些报表中，旬报需于下旬3日内，月报需于下月5日内，季报需于1、4、7、10各月10日内一式两份寄总处。②

以上报告制度是总处围绕该时期的主要任务制定的，每一环节都做了详尽的考量，操作性较强。随着工作任务、领导关系的改变和国家行政区划改革，交行的报告制度也及时做了一些修改。1951年第二届全国金融会议召开后，交行的主要任务开始转向基本建设投资拨款和管理公私合营企业中的公股股权；1952年，交行归财政部领导；1953年，国家进入计划经济时期；1954年，国家撤销大行政区或撤并一些省

① 《交通银行史料》第二卷，第1341页。
② 同上，第1341—1342页。

市,交行随之撤并了区行及其他一些单位。为了保证交行上下联系密切,各项工作井然有序,交行分别在 1953 年、1954 年、1955 年修改了报告制度。

1953 年,交行非常重视统计工作,重新修订了统计报告制度,即表报部分的内容,并规定分行以上的各级计划部门设立专职统计小组,支行办事处指定专人负责办理。交行专门对各主管部门基本建设拨款支付情况月报表、中央级调拨资金运用情况分析月报表、短期放款统计月报表、基本建设定期统计摘要表和机构变动情况季报表的编制目的、单位、期限、份数及方法都作了详尽的说明。由此可见,交行对统计、报告工作的一贯重视,同时也表明,交行在财政部的领导下,进一步增强了开展工作的计划性。

1954 年,交行在工作报告一栏中特别增加了"专户月报"这项内容,主要目的是经常了解重要建设及包工企业的情况,以便监督。一般情况下,凡总处指定的专办重点建设单位拨款的行处均实行"专户月报"。此外,总处又特别规定请示批复的要求,指出:各级行处执行总处制定的全国性业务方针、任务、章则、制度等需要变更时,"应连同同级财政部门或当地政府的意见,层报总处批准";分行的设置或撤销,由总处提出意见,"报中央财政部批准";支行、办事处的设置或撤销,由其管辖分行提出意见,"报同级财政部门批准",报总处备案;各级行处如有必要向建设单位的主管部门反映情况,协商问题,或提出建议时,"应分别中央、地方机关层报与同级的管辖行核算,不得越级行文"。① 很显然,请示批复制度重视请示批复的层级性,有助于国家方针政策的贯彻执行,但如果限制过度,操作中不能灵活变通,也会对工作效率产生负面影响。1955 年,交行在工作计划方面做了少许调整,由 1954 年的编制季度工作计划外,又增加了编制月份和年度工作计划,从而更有利于总处和有关党政机关掌握各分支行的情况,加强工作的计划性。

工作报告制度是交行加强内部管理,协调内部工作的重要措施之一。制度的建立有利于国家深入了解交行内部的实际状况,及时准确地发挥国家宏观调控作用。交行工作报告制度建立后,具体内容在不同时期也出现一些变化,大体而言,随着国家对交行的管控日渐增强,交行工作本身的灵活性渐趋削弱。

---

① 《交通银行史料》第二卷,第 1348—1349 页。

二、适时而立的检查工作制度

交通银行复业后,在中国人民银行的领导下,建立了一套较完善的检查工作制度。建立该项制度的初衷,是将自上而下的检查意见与自下而上的群众意见紧密结合起来,以发扬工作中的优长,弥补不足。

1950年6月3日,交通银行召开第一届第一次董事会议,决定在总管理处添设检查室,领导本行的检查工作。11月1日,总处检查室正式成立。经参考苏联国家银行设置检查机构的成规,交行拟定《检查工作暂行实施纲要》和《检查人员暂行检查守则》,作为总处和分行布置检查工作一致遵守的办法。3日,总处召开第一次全国分支行经理会议,决定在分行添设检查科,执行所属支行的检查工作。至此,交行执行检查工作的机构基本成立。

中国人民银行总行检查处草拟的有关检查工作的章则颁行后,1951年6月,交行根据中国人民银行检查制度第二十五条的规定制定《交通银行检查规程》,明确规定了检查工作的任务、程序等。主要任务为:检查所属各级单位对有关政策、法令、章则、制度、指示、决定、计划、任务等的执行情况,视察是否有与当地具体情况不相适应的地方,提出充实的建议或修改意见;检查所属各级单位工作计划、书面报告的完成情况;检查所属各级单位员工金融纪律遵守情况,检举违法乱纪、贪污失职等事情;考察所属各级领导、职工的工作作风,发现工作中的成绩与经验,根据检查结果提供参考意见。[1] 检查工作涉及面广泛,有助于工作效率的提高、行风行纪的整肃。

建立工作程序是开展检查工作的主要保障之一。《规程》规定,总处检查室受总经副理的领导,分行检查科受当地分行经副理领导;当总处检查分行,或者分行检查支行、办事处及工作小组时,由总处或分行签发检查通知书及检查证,交由检查工作人员递示被检查单位;总处所派的检查工作人员如需向分行所属各级单位了解情况或者检查工作时,需凭总处签发的检查证方可进行局部或全面视察、检查;总处所派检查人员的检查报告,经检查室签具意见呈交总经副理核阅后,抄送被检查单位与被检查单位所在地的人民银行及总行检查处各一份,总处以下单位检查报告的抄送方

---

[1] 《交通银行史料》第二卷,第1387—1388页。

式以此类推。① 这一工作程序明确了各部门的职权和实施权力的凭证,一方面有助于防止政出多门,互相推诿及一些恶意破坏活动的发生,另一方面也有利于下情上达,便于领导部门正确决策。同时,也应注意权力过于集中,缺乏监督,可能影响下面真实情况的反映与上面决策的准确性等问题。

检查人员的素质是影响检查工作顺利有效开展的关键因素。为了明确检查人员的职责,规范其行为,1951 年 6 月,交行修订《检查人员暂行检查守则》,拟定《检查工作人员检查守则》。检查人员的权限范围较广,主要包括:出席被检查单位有关检查工作的一切会议;评阅有关文件、股据及账表等;检查被检查单位的股据、资料及保管一切重要物品的库房;与该单位工作人员进行谈话或要求其作书面解答,或召集有关检查工作的会议;与当地政府、财委、中国人民银行区行及有关领导取得联系,或访问有关业务单位等。《守则》除了重申检查人员的权限,特别强调工作人员的工作态度、方式及保密工作。《守则》指出:检查人员在进行检查工作时,要以诚恳、公正和客观的态度,冷静地分析事实,并虚心听取被检查部门的有关解释与说明;要注意向有关群众性的组织如党、团、工会等部门进行访问与联系;不得擅自将检查报告在事前或事后向任何公私方面部分或全部泄漏外扬。②

这些要求对检查人员的行为具有一定的约束作用,但仅靠一纸行文,仍无法保证每个检查人员认真严肃地对待工作。因此总处派遣检查人员执行任务时,还对其进行思想教育,注意树立榜样,发挥榜样的力量。检查工作是检查人员与被检查单位双方的工作,被检查单位对上级派往的检查工作人员有协助工作的义务。在具体实施过程中,被检查单位如果认为检查报告中指出的内容与事实有出入,可以把意见一并写在报告上,以便共同进行研究,做出正确的结论。

检查工作制度在建立之初还存在一些不足,仍需进一步完善,但这一制度对及时发现工作中的漏洞,纠正工作中的不良现象等,都具有积极的作用。

三、应时而变的会计制度

精准的会计信息能够及时准确地反映银行业务状况以及当时的经济形势,以便

---

① 《交通银行史料》第二卷,第 1388—1389 页。
② 同上,第 1391 页。

为领导决策有据可依提供服务。反过来,每当国家经济形势、政策方针发生改变时,银行会计制度也将随之进行调整。解放初期至1958年间,交行根据国家政策要求,多次调整工作任务。作为交行运行系统中的一个重要组成部分,会计制度也多次应时而变。

解放初期,交行各分支行仍旧办理一般短期业务,与中国人民银行相同,其会计工作按照中国人民银行会计制度草案执行。1949年11月,中国人民银行召开第一届全国会计会议,制定了《中国人民银行会计制度(草案)》,规定采用借贷记账法,统一会计科目,按照五种经济成分和不同的业务性质进行核算。[①] 1950年2月,交行移交短期业务,步入专业轨道。于是,开始着手拟定本行专业会计规程草案,建立专业会计制度。1951年7月,草案呈准实施。

1952年,交行改属财政部领导,业务发展与以往也有所不同。因此,交行对会计制度做了一些局部修改,如改变投资记账办法,修订会计科目等,主要的改进是在拨款会计方面。为了保守国家经济机密,总处与各分支行处均单独设立一套"拨款会计",与普通业务会计严格划分,并指定专人负责办理。新的拨款记账办法规定各级拨款一律由经办行记账,主要解决了四个问题。第一,通过设置"基本建设拨款限额结余登记簿",使各建设、用款单位当日在限额内尚未支用的总额一目了然,为资金调拨工作提供了便利条件。第二,实行总处、区行、分行分别集中转账,既减少了联行转账层次,也减轻了各级经办行的负担。第三,改善代理处记账办法。所有代理处经办拨款,仅通过"代拨基本建设用款"及"基本建设基金监理"两个科目,全部解决了代理处本身的账务处理。而委托行凭代理处的"代拨基本建设用款"副本账页,代替"拨付基本建设用款"账,也减少了过去逐笔记账之繁。第四,简化内部手续,节省了一些人力、物力。例如,只要拨款单据凭证可用以代替传票者,尽量利用;每月应送财政机关、主管部门、建设、用款单位的结单,可以用复写副本账的方式来代替。[②]

随着时间的推移,这种会计记账办法的弊端也逐渐显露。当时的拨款会计记账办法很难反映交行对国家基本建设投资方针政策的贯彻执行及其监督基建资金的财务活动,影响了交行以会计信息为参照而提出的供领导部门参考研究意见的准确性。

---

① 戴相龙主编:《中国人民银行五十年——中央银行制度的发展历程(1948—1998)》,中国金融出版社1998年,第156页。
② 《交通银行史料》第二卷,第1393页。

1953 年 7 月,总处会计处修订了拨款会计科目,增加 58 个拨款科目;调整联行中央基建拨款转账和报表汇编系统,把各经办行报送的拨款月计表、拨款收支月报表集中总处汇编的现行方法,改为总、分行逐级汇编;简化一些会计事务,废除了"拨款年度收支报告",简化了"拨款月报"内容等。① 这次针对问题而进行的调整,对会计工作的开展起到了积极作用。

经过实际工作的考验,交行会计制度仍存在一些不足之处。1954 年交行对公私合营企业实行财务监督后,一直筹划制定新的会计制度。1955 年,交行为解决会计与统计不一致的矛盾,修改了会计制度必改的部分,拟定《关于变更会计工作处理手续》、《代理各级财政部门有关新增投资会计科目及账务处理手续》和《收存公私合营企业专户存款会计科目及账务处理手续》②。

经过长期的研究、修正、讨论、再修正,《交通银行会计制度(修正草案)》③于 1956 年诞生。拟定这一会计制度主要依据四项原则。第一,适合今后公私合营企业采取全行业合营并将逐步推行"定息"办法代替"四马分肥"办法的新形势。第二,贯彻国家对合营企业预算的收入和预算支出采取分级管理和以收抵支的办法;遵守国家对合营企业的投资以本级预算的合营企业收入分级统筹解决,如有不足,运用组织收存的各项专户存款资金在同级和全国范围内进行调剂的原则。第三,全面、正确、及时地反映业务情况。第四,切合实际,并尽可能简化手续。

修正后的会计制度,与原有的记账办法及相关规定有 11 处不同,分别为账户、记账凭证、账簿、报表、联行往来、利息计算、决算、办事处记账程序、机构变更分账与并账程序、新旧账户结算办法,记账、复核、对账、签章、交接规则等。需要特别指出的是账户、利息计算两个方面。账户代号由原先的四位数字改为三位数字,取消了"大修理基金存款"、"代收统配物资差价"和"代理交通银行收款"三个账户。这主要是因为之后大修理基金将在人民银行专户存储,合营企业定息以后不再计算调拨物资差价,"四马分肥"企业的调拨物资差价将由主管部门直接收缴预算。在利息计算方面,凡"四马分肥"企业的专户存款利息以及垫付合营企业用款的利息都按月息计算,决算时应付未付和应收未收利息一律不再计算。由此表明,这次会计制度的制

---

① 《交通银行史料》第二卷,第 1396—1400 页。
② 同上,第 1426—1438 页。
③ 同上,第 1416 页。

定,交行不仅考虑到当前的业务情况,而且试图顺应未来的发展趋势,其考虑之周全,目光之长远是值得肯定的。因此,之后虽然仍有变更,但基本上只是稍作调整,根本的原则和框架并无大的变化。

1957年,合营企业已大部分实行定息,交行机构撤销,归并财政部。基于此,交行根据"基本不动,个别修改"的原则,拟定《关于本行会计制度1957年补充规定草案》。[1]

新时期的交通银行,力图在多次调整中建立和完善新的会计制度,其中,1956年的修改规模最大。会计制度的多次变化除因自身的原因,更大程度上是由于国家经济发展形势的变动。交行应时而变的会计制度在当时确实对服务国家经济建设具有积极作用,但受特定的历史条件限制,会计核算应具有的"晴雨表"作用,暂时还难以充分发挥。

四、建立有效的财务管理制度

有效的财务管理既是银行日常工作有序进行的保障,也是银行高效完成国家经济建设任务的基础。解放后,交通银行于不同时期分别在中国人民银行和中央财政部的领导下,探索适合自身的财务管理制度。

1949年至1952年,国民经济处于恢复时期,各方面的经费开支严重紧缺,提倡精简节约,反对铺张浪费,成为国家各项工作的指导精神。1951年,交行拟定《费用预计算暂行办法》,明确指出"编造预算及费用之动支均应切实掌握精简节约精神,以不铺张不浪费为主"。[2] 在此之前,交行并未建立费用预计算制度,而是参照中国人民银行的制度办理。随着交行专业化日趋正轨,双方的业务范围和基本条件都大不相同,完全按照中国人民银行的制度办理已难以适应实际需求。因此,交行于时机成熟后,订定了上述《暂行办法》。

《暂行办法》主要就费用预计算编报程序和账务处理手续做了新规定,体现了总处集中统一管理的思想。"处理原则"部分指出:"本行原规定费用为营业费用(调研费)及其他费用两项,以后不再划分,并统一编报预计算,集中由总处拨款,不再向人

---

[1] 《交通银行史料》第二卷,第1402页。
[2] 同上,第1443页。

行报销"；"各行费用采逐级负责审核制，并无须送当地人行初审。"①费用核销及拨款最终集中在总处，总处在这方面的自主性有所增强，但是，这并不意味着交行脱离了中国人民银行的领导。交行费用标准仍与中国人民银行一致，除费用预计算编报程序和账务处理手续等项目外，交行仍遵照中国人民银行总行《费用预计算暂行办法》办理。

《暂行办法》投入使用后，交行预计算的准确性和时间性在一定程度上得到保证，铺张浪费的现象也有所改观，取得一些成绩；但仍未完全达到要求。而且随着国家经济建设步入计划经济时期，交行领导关系发生改变，面临的任务也更加繁重，因此财务管理工作仍需进一步加强和改进。

1953 年，中共中央根据全国经济情况，着重提出当前财政经济工作最迫切的任务是增加生产、增加收入，厉行节约、紧缩开支，超额完成国家计划。根据中央精神，总处指示分支行，在增加收益方面，催收投资收益，清理解放前放款，上报打销可不清理的放款，争收解放前国民政府经营的企业对本行的欠款；在经费支出方面，严格预算审核，以活的事实教育干部养成厉行节约的品德。同时，交行颁行《1953 年度财务收支计划编审办法》，除了要求财务收支计划依照表格全部编列和逐级严格审核，还针对一些新情况作了规定。如"各级行处过去代收中央级、省市级的合企公股股息红利的手续费，因已列入各该行处自身收支计划内，抵拨费用。该项手续费今后不必再行汇缴总处或省市分行"。②

1956 年，为了进一步加强各级行财务收支的计划性，使上级行能够及时准确掌握下级行的财务状况并考核其财务成果，交行特别制定《财务收支计划的编审规定》，提出了更具操作性且能够切实发挥财务收支计划作用的要求。如财务收支计划总表、损益计划表、费用支出计划表、器具及装置购置计划表等，后面均应随附说明书，详细说明编制根据及情况；各级行在上半年及年度结束后根据账面实际数字，编制财务收支计划及损益计划执行情况表，以检查计划完成的进度，并随附说明书，详细说明执行中超额或未完成计划的原因。③ 在编审规定的指导下，交行制定《经费管理的有关规定》、《房地产收益及费用处理暂行办法》等。前者明确了三种计划和计

①　《交通银行史料》第二卷，第 1443—1444 页。
②　同上，第 1453 页。
③　同上，第 1454 页。

算编审程序,即各级行在核定的财务收支计划项目的范围内,按季编造下述经费计划和计算:费用支出与器具及装置购置计划,该项的计算编审程序;房地产购置专案计划,该项的计算编审程序;房地产修建专案计划,该项的计算编审程序。后者对用作办公的房地产费用的划拨、作为出租房地的租费标准、作宿舍之用的房地宿费标准等,做了详细规定,为财务管理提供了依据。

文件规定固然能够敦促各行处以厉行节约、杜绝铺张浪费为准则,认真制定并执行财务收支计划,但仅仅以此整顿财务管理,还无法实现预期目标。为此,交行又实行通报各行处执行情况等措施。1956年,总处对该年各省、自治区、直辖市分行第一、二季度费用支出计划执行情况作了分析比较和通报。这一措施的实施,既有助于总处深入了解各分行的经营状况,为其核销各分行的财务提供依据,又能够通过比较,督促执行力不强的分行认识到自身的不足,加以改进提高。

可见,在不同时期不同阶段,交行始终坚持厉行节约的准则,对财务管理制度进行修订与完善。财务管理制度的日趋完备,不仅有利于交行其他各项工作的开展,也为国家经济建设的发展提供了支持。

第三章
公私合营企业的公股清理与财务监管

交通银行复业后,承担起对公私合营企业公股的清理和财务监管任务。在对国民党政权金融机构以及其他各类企业中国家股份的清理过程中,交行为厘清原国有资产的数量和分布状况做了大量工作。为了管理好国有股权,保证国有经济在国民经济中发挥主导作用,交行代表国家行使公股股权,在公私合营企业的制度建设、财务监督,乃至生产计划等方面,都发挥了应有的作用,为国有资产的保值、增值做出了贡献。无论是公私合营企业的公股清理,还是公私合营企业的财务监督管理,对交行而言,都是前所未有的新课题。面对工作中出现的新情况新问题,全行积极贯彻财政部和其他相关行政机关的指示精神,开展调查研究和试点工作,加强沟通和交流,探索并采用各种工作方式,出色地完成了各项任务。

第一节 清理旧金融机构的各项投资

一、全面接收中国银行投资事业

作为民国时期国家金融体系支柱的"四行二局一库",不但拥有雄厚的金融资产,各类实业和金融投资也遍及全国。这七家金融机构中,交通银行和中国银行最为特殊。历史上二者的股权构成并不完全是官僚资本,而是长期保留着大量商股。交行以扶持实业为己任,中行以外汇业务见长,两家的业务范围,尤其是实业和金融投资,存在诸多重合之处。

新中国成立后,中央政府决定保留这两家银行,并承认和保护其中的商股,而对于四行二局一库中的其他金融机构,则予以没收。两种完全不同的做法表明,中国共产党尊重中、交两行的历史沿革,有继承下来、继续办下去的意愿。两行内部清理结束后,第一届全国金融会议决定赋予两行新的职能,交行成为发展实业的专业银行,中行则为经营外汇业务的专业银行。①

1950 年 4 月,中央财政经济委员会对交行和中行的资产清理工作作出指示,要求两家银行的总管理处首先整理自身系统内已经接收的企业,并由中国人民银行在必要的范围内予以协助。② 1950 年 5 月,中国人民银行发布《中国人民银行总行关于中交两行清理工作及处理银行接管之伪金融机关投资企业的指示》,规定:凡在国内范围属于国民党政权国家金融机构的投资,被银行部门接管的,除纯进出口贸易性质者归中行管理外,其余不论投资形式(直接投资、购入的股票、或从处分押品转来的股票等)及其比例大小,是否被主管部门接管,均须按照金融会议决定将股权交给当地或附近的交行,由其清理和整理,以奠定该行今后办理和监督国家投资企业的基础。③

从中国人民银行的指示可知,清理公股工作开始之初,交行实际上与中行共同承担清理任务,中行仅负责清理纯外贸进出口企业的公股,交行负责清理其他类型的企业。相比之下,交行的工作量要远远大于中行。按照分工要求,中行先前的各类直营实业和股权实业投资转移到交行名下,交行先前的外贸进出口投资则转移到中行名下,这成为当时迫切需要完成的工作。根据指示精神,两行通过联合办公的方式,迅速着手上述工作。

1950 年 5 月 24 日,中行和交行联合发出《中国、交通银行联合指示关于两行投资移交办法的指示》,这标志着两行投资的移交工作开始正式办理。文件重申了两行接收的投资业务范围,并附带《中国、交通银行投资移交接收办法》。根据此项规定,中行投资企业下的纯进出口贸易企业予以保留,交行名下的同类企业全部移交中行管理;中行其他企业全部移交交行,若该地区没有交行机构,则呈报中行总处后,一并

---

① 《交通银行史料》第二卷,第 591 页。
② 同上,第 589 页。
③ 同上,第 590 页。

移交总处;对于已经歇业并已清理解散的公司的股票,仍由原中行投资行处保管,经呈报后再行办理。

对投资企业的界定,两行指出,"原列营业、信托、储蓄各会计'生产企业投资'科目者外,并包括'有价证券'、'承受押件'及其他科目(如'应收款项'、'联行往来'、'暂记付款'未转正投资者)项下有关各项投资股款在内"①。可见,不管是已经完成投资正在行使股东权利的企业,还是正在投资过程中的项目,都被列为清理对象。同时,两行也规定了两种例外情况:第一,国外的股票和债券,采取维持现状的做法,暂不互相移交;第二,两行所有国内的各种公私债票,不算作投资范围,只需要各自清理即可。

在交行和中行所投资的众多企业中还有相对特殊的一类企业,即单独投资企业的间接投资及其他附属事业。比较典型的是益中公司投资的青岛油厂、雍兴公司经营的纺织面粉厂等。对于这类企业,按照纯进出口和非进出口的标准进行划分,由交行接收其中的非进出口企业。

为了彻底摸清各企业的情况,并有针对性地谋划今后的发展,交行和中行共同商定移交模式。中行旗下的各类非进出口企业移交时,要对所有的股票股款收据、联行寄存证或联行、公司代替收据的证明函以及其他文件,连同相关股权投资的卷宗、记录资料开列详细清单,之后再注明投资公司的名称、所在地、性质、资本总额。中行所投资的股数、股票张数、票面金额、账面金额等信息,以一式四份的形式送交交行核对签收,双方各执两份。所有交接工作完成后,两行分别上报,并转中央财政经济委员会备案。

中行所投资的企业大多设立了分公司、分号,对此,中、交两行协商后指出,不论中行所投资的企业所在地是本埠还是外埠,"须将原户名代表人及担任董监事或其他职务等项抄列清单,送当地接受行接洽,并分函各投资公司更换各该接受行户名、印鉴,各地两行属于摊投性质者,过户及更换印鉴手续,由投资单位所在地两行汇总办理"。②这就大大简化了手续,方便了交行对中行投资企业的接收。对于已经由中国人民银行接收的中行资产,交行也有权在向中国人民银行说明情况后取回相关文件,以保证接收工作的完整性。

---

①② 《交通银行史料》第二卷,第592页。

交行接收大量中行的实业投资项目,是对国有经济的一次整合。两家历史悠久的银行的大量优质资产合并到交行名下后,交行代表的中央政府取得了一些企业的控股权。例如交行和中行起初在重庆的中国国货公司均有投资,在交行接收中行股权后,公股所占比例大幅提高,争取到了公司董事长的位置,使国有经济可以支配的力量大大增强。

1951 年,中央财政经济委员会颁布文件,指示由交行统一整理公私合营企业中的公股,随后政务院也颁布了《企业中公股公产清理办法》。根据两个文件的要求,先前中行负责接收的纯进出口贸易投资,也全部移交给交行,由交行负责整理及日后的监管事宜。[①] 至此,交行完全接受了中行解放前所有的投资事业。

接收中行所有投资事业后,交行实力空前壮大。交行掌握了大量公股,更有能力贯彻国家在实业方面的政策,引导私营经济向国家需要的方向发展。更为重要的是,通过这次移交,交行和中行的发展路径和所肩负的任务彻底明晰,更有利于两者集中精力在各自领域积极作为。

二、清理旧金融机构投资的方案

在第一次全国金融会议后,除改组内部组织以适应形势变化外,交行面临的第一个重大任务就是"把为国家行、局、库之三百余投资企业管起来",除清结各地交通银行现有资产外,主要的是将为国家行局的投资加以很好地整顿。[②] 交行在资产整理并与中行移交的同时,也开始了对旧金融机构投资的整理工作。与接收中行投资事业相比,这项工作涉及面更广,情况更加复杂。交行在国家政策范围内不断尝试,细化各类政策,努力完成这一任务。

交行的清理工作经历了一个逐步扩大的过程。1950 年 5 月 26 日,总处发布《关于整理清理行局库投资范围的通知》,"查本行 1950 年工作方案规定,整理清理投资范围以伪国家行局库为限,嗣以各地情况变更,由于时期需要,除行局库投资部分外,整理清理投资范围已扩展至其他伪国家金融投资者"[③]。从第一次全国金融会议召开到 5 月 26 日总处发出通知,仅过去三个月,交行清理的金融机构范围便已显著扩

---

① 《交通银行史料》第二卷,第 593 页。
② 同上,第 402 页。
③ 同上,第 594 页。

大。清理范围的扩大,并非计划不周全所致,而是由于众多金融机构往往同时投资同一个企业,使各种账目互相关联,要全面掌握情况,只能扩大整理范围。

随着工作的进一步开展,总处再次明确清理范围,即除了新华、四明、通商和中实等公司的合营银行,凡是国民党政权国家金融机构(即四行二局一库、地方省市银行及其他国家金融机构)的投资,都在此次清理范围内。① 这样,交行不但可以集中精力开展清理工作,也减少了对民族金融资本的干扰,最大限度地团结各阶层力量投入到国民经济的恢复与重建中。

1950 年 5 月 19 日,中国人民银行总行颁布的《关于中交两行清理工作及处理银行接管之伪金融机关投资企业的指示》是交行工作的指导性文件,但文件仅对接收问题做了一般性的说明,操作层面的具体细则需要交行另行制定。为适应工作需要,1950 年 6 月 5 日,总处发布《关于接管整理伪国家金融机构投资工作的补充通知》,专门就清理工作的操作问题做了规范。

清理旧金融机构面临的第一个问题,是明确由交行清理的资产范围。对此,交行确定其清理范围为旧金融机构在生产事业方面的直接投资企业、有价证券项目下购入的企业股票、承受质押品及原催收项下久悬的一切票据。②

在清理方式上,为了保证清理工作的整体性,兼顾各地机构不同的工作进度,总处列明了多种清理方式,供各地选择。总处规定的清理工作总原则,是由投资单位所在地联行统一负责办理。如果投资机构除总厂和总公司以外,在其他地区还有分支机构,应由总厂和总公司所在地交行机构负责清理,并函请相关地区的联行代为调查。为了迅速推进清理工作的开展,总处特别要求各地分支机构,如果先行掌握了被清理企业的材料,应积极联系该企业总部所在地的交行机构,并及时转交材料。另外,投资企业所在地没有交行机构的,清理行应将相关情况统一呈报总处,由总处负责转托当地中国人民银行调查。还有两种情况特殊的企业,由总处直接清理。第一种是第一届行务会议上被圈定的企业,不需要由当地交行机构整理;第二种是投资单位在北京的企业。

在清理调查过程中,总处要求对旧金融机构投资企业的调查,应按照之前颁布的

---

①② 《交通银行史料》第二卷,第 595 页。

《中交两行统一清理工作实施细则》的要求填具各类报告和表格。① 可见交行和中行的联合清理接收工作,已经成为交行此后清理工作的范本。为了清楚了解各投资单位的经营状况,总处还要求详细说明企业的若干节点,并出具整理意见,同上述的表格一起呈报。

表 4-3-1　旧国家金融机构投资企业调查工作关键节点表

项　目	调查重点
事业种类	该项事业之性质及主营业务的内容
成立时期	投资事业创办成立或改组的时期
资本成分	包括资本总额、货币种类、增资改组情形、各股东投资成分、本行投资数额、投资经过、接收整理部分尽可能查填(如直接投资、或购入股票、或没收押品等)占资本总额百分比、其他伪金融机构个别投资数额、伪政府机构投资数额、全部公股占资本总额百分比及其他股东身份不明或不能判断公私者
投资事业管理情形	过去实际由何部门主持,如董事会或经副理,解放后已接管或监督,董监事及重要成员之过去和目前各个情况(董监事情况应说明代表何者股份,现在何地等项)
投资事业最近概况	最近业务经营情形及财务状况
投资事业前途和处理意见	根据客观情况分析该事业今后有无发展希望及自身应做之努力与改善,本行拟如何处理

资料来源:《交通银行史料》第二卷,第 595 页。

在接收资产手续方面,总处同样要求各地机构参照之前与中行的交接手续办理。至于各旧金融机构向投资单位派驻董事的问题,交行规定,由交行改派董事的单位,清理过程中董事任职暂不变更,等中央公布董监事办法以及全面整理阶段完成后,再由总处调整;如果在清理过程中,投资公司召开股东会或董监会,需要产生新的董监事人选,则由整理行和当地中国人民银行指派临时代表出席,若会议地点不在整理行范围内,则由整理行联系当地联行代为出席,以确保股权利益不受损害。如果旧金融机构投资的企业在整理过程中出现倒闭或者因其他原因退还股本的情况,就把所接收的资金退还原投资行或者相应的接管机关,以保证账目清晰。

1950 年 6 月 14 日,为了有效条理各分支机构的工作程序和步骤,总处制定《关

---

① 《交通银行史料》第二卷,第 595 页。

于现阶段整理投资工作的范围和步骤》,确定了六个步骤。(一)分清股权及股票据等持有情形和办理股票据调换手续;(二)办理全部接受股权的过户,一律以交行为户名,并更换当地交行印鉴,如果不办正式过户手续,应换函为凭;(三)合并股权,核对原投资币别、金额、原投资机构所占比例及最后合并比例;(四)了解目前产销及一般情况;(五)按户做成整理报告,呈报总处核备;(六)汇并整理情况,填写详细清册,并提出第二步如何清理、估价、转账及改组董监会的意见,一并报总处。①

从初步提出整理范围到最终划定清理范围,从提出框架性整理原则到制定整理节点和操作细则,总处和各地分支机构都做了大量工作,并在清理实践中不断完善方案。在这些方案的指导下,各地分支机构的清理工作逐渐展开。但也要看到,交行的清理工作方案,主要侧重于对被清理企业的股权、生产等方面的调查,对于股权处置、股权转移以及派出董监事人员参与日常管理等方面,尚未提出更多的措施。显然,这并不完全符合交行全面清理的初衷,不过以此作为基础,等待时机成熟后,交行可以再进行更深入的工作。

三、清理工作面临的困难

旧金融机构的资金实力和专业范围不同,其投资的企业和投资范围也不尽一致。交行经过深入细致的调查,了解了数十家被划入清理范围的金融机构投资企业的相关情况,并迅速开始整理工作。尽管总处制定工作方案,降低清理要求,但具体的清理工作仍然困难重重。

表 4-3-2 前行局库及旧金融机构投资单位统计

类 别	名 称	投资单位数额
前七行局库	中央银行	11
	中国银行	58
	交通银行	92
	中国农民银行	23
	中央信托局	22
	邮政储金汇业局	17
	中央合作金库	3

---

① 《交通银行史料》第二卷,第598页。

（续表）

类　别	名　称	投资单位数额
旧金融机构	上海市银行	8
	江苏省银行	10
	浙江省银行	4
	福建省银行	2
	安徽省银行	1
	广西省银行	2
	四川省银行	1
	安徽地方银行	1
	广东银行	6
	台湾银行	2
	江苏省农民银行	4
	冀省直隶银行	1
	湖南省银行	3
	中国国货银行	13
	山西裕华银行	9
	中国建设银公司	2
	亚东银行	2
	富滇新银行	1
	江苏产物保险公司	1
	交通产物保险公司	11
	中国航联产物保险公司	1
	太平洋保险公司	7
	中国再保险公司	2
	中国农业保险公司	4
	中国产物保险公司	1
	世界产物保险公司	1
	资委会保险事务所	1

（续表）

类　别	名　称	投资单位数额
其他	蜀余公司	3
	孔祥熙	1
	宋子文	1

资料来源：《交通银行史料》第二卷，第602页。

　　从这一统计表来看，旧金融机构的投资事业中，四行二局一库投资的企业占全部企业的一半以上，是投资主体。其中又以交行最多，显示了其一贯重视中国实业发展的经营策略和雄厚的金融资本，中行排名第二。两家银行所占比重几乎占到全部投资事业的一半。由于交行自身投资事业的清理开始较早，完成情况也比较理想，与中行所进行的工作也只是移交，所以交行实际需要清理的企业数量大幅减少，但从绝对数量来看依然庞大。而且这些单位之下还有其他分公司和控股公司，且分布于全国各地，清理的难度可想而知。

　　更何况，交行清理的范围数量众多，且清理对象的资产结构复杂，时间又相当紧迫。交行复业后，便开始将国家行局库的投资材料汇编成册；到1950年2月，全国金融会议决定将清理投资作为交行该年的中心任务，且有关部门还要求交行必须在年内完成相关工作。因此，交行的清理时间只有一年左右，无疑更加剧了工作难度。

　　除了时间紧、任务重等因素，交行还面临着行政体制内部的问题。解放战争期间，按照战时政策，国统区一旦被解放，原先属于这些金融机构投资的企业即陆续被军管会或其他机构接收。新中国成立后，这些企业的控制权也陆续被移交给相关部委。交通银行虽在新中国成立5个月后即正式接手这一任务，但一些利益格局已经形成，要将其打破实属不易。某些主管机关不愿担起职责，互相推诿，延误了清理时间，加重了交行的工作难度。

　　比较典型的如发生在常州戚墅堰电厂的事件。该电厂是原国民政府建设委员会的下属企业，也是民国时期具有标志意义的发电工程。包括交行在内的诸多银行都有股份，四行二局一库的投资占56.15%，[①]很显然属于清理范围，交行派人接收理所

①　《交通银行史料》第二卷，第103页。

应当。但实际工作中却遇到意想不到的困难。该电厂之前已由华东区工业部清理小组接管,常州支行派员持函前往调查该电厂情况时,被军代表拒绝,称必须要主管机关的函证,即取得华东区工业部的公函后,才能开始调查;随后又因为隶属关系改变,要求常州支行取得北京电业总局的函证;当常州支行向北京电业总局了解情况时,该单位又将皮球踢回华东区工业部清理小组。截至1950年上半年,这一问题仍然没有解决,清理被迫停顿。

工作陷入僵局之际,相关部门出现对上级政府机关政令理解的偏差,又给清理工作造成更多的混乱。针对这些困难,1950年4月,总处致函中央财政经济委员会,请求颁发统一处理公私合营企业公股股权的指示,以加速工作进程。5月9日,中财委批复:"此项工作很复杂,清理投资即会联系到公私关系,在目前准备工作尚不成熟的情况下,暂后宣布清理。"①中财委只是要求暂时延后清理,而一些地方财委误认为日后不再进行清理工作,造成交行各地机构的工作步调开始出现混乱。以沪、汉、湘、宁、青、苏、常等行为代表的分支机构,依旧决定继续进行清理工作。以沪行和渝行为代表的机构已经开始接管股权,办理过户、合并手续,更换股权代表人,参与公司的董监会议,其工作可以说已经进入实质阶段;而绝大部分分支机构还停留在赴企业了解情况的阶段。可以说,中财委的通知使得交行在清理投资工作中陷入孤军奋战的境地。尽管付出不少努力,但整体而言,成果不佳。

更大规模的拒绝清理事件发生在中央信托局和邮政储金汇业局。新中国成立后,两局资产基本上被贸易部和邮电部邮政总局接管,交行必须与这两个部门洽商投资转移问题,却遭到拒绝。贸易部表示:"中财委会指示接收中信局资产,即拨做该部贸易基金。"邮政总局储汇处也答复:"过去中央规定接受伪国家财产,一律没收缴库,不再清理。"②两个单位口头上都说支持交行清理工作,但又提出,必须由中央财政经济委员会另行颁布一个统一政令才能移交,这实际上并不符合全国金融会议决议和中国人民银行所颁文件的精神。在这种情形下,要澄清对不同时期政令的误会,打破各部门之间的权力利益格局,仅靠交通银行自身的努力,是极其艰难的。

---

① 《交通银行史料》第二卷,第103页。
② 《交通银行总处工作往来》(1950年8月22日),上海市档案馆藏,档号Q55-2-410,第3页。

清理工作中,还有一些困难来自原国家金融机构的投资企业本身,如企业账册记载混乱、账面失真、股权关系复杂、机构凌乱、转账繁杂等。就交行自身而言,清理工作经验的不足,更是一大问题。这次清理工作既是对交行各级职工毅力和耐力的考验,也是其锻炼自身业务能力以适应新工作环境的契机。为了顺利完成复业后的第一个重大任务,交行上下可谓尽心竭力。

四、攻坚克难推进工作

尽管清理原国家金融机构的投资工作困难重重,但交行各级机构依然坚定执行相关部门和总处的各项指示,创新工作方法,划分工作步骤,灵活应对各种困难,竭尽全力,希望按期完成任务。

针对前期工作中遇到的来自一些部委的外部阻力,交行则采取温和的、沟通的方式予以缓解,即"尽可能与之取得联系,了解情况。至于股权处理问题,俟中央规定具体办法后再行解决"。① 虽然俟后解决的方案会影响交行的清理速度,但在当时的条件下无疑有助于消除相关部门疑虑,争取他们的配合。同时,交行还积极争取各地政府主管部门的支持。如西安分行在投资清理工作中积极联系当地财委,取得良好效果。从1950年5月下旬起,西安分行主动联系西北财委,请示怎样开展清理工作,并向其提交清理方案作为参考。6月9日,西北财委主持召开清理工作会议,投资清理的相关部门都参加了会议,促进了交行与这些单位的联系,减少了工作中的阻力。会议明确交行作为具体主持清理工作的单位,要求其他主管部门予以配合。由于旧金融机构投资的企业大部分已被非银行部门接管,且时间已有一年之久,结合文件要求和西安的实际情况,西安分行确立工作重点为调查、了解与整理,"能估价者争取估价,然后呈报总处处理,对已经发出资财,则首先核对移交清册,然后会同估价,再呈报总处处理"。②

在西南地区,经过交行的努力,与政府部门间的关系也获得疏通,清理工作中的问题得以及时沟通解决。1950年,西南财委召集重庆分行、当地财政部、工业部、贸易部等单位共同参加关于清理估价问题的专题会议,确定今后估价转账工作的统一

---

① 《交通银行史料》第二卷,第590页。
② 《交通银行总处工作往来》(1950年6月13日),上海市档案馆藏,档号Q55-2-410,第5页。

标准,有利于下一阶段工作的开展。① 另外,天津行也于每周二定期到市财委同公营企业负责人集体办公,互相沟通和了解后,打通了与渤海轮船公司的关系,清理工作顺利开展。

开展清理之前进行扎实的调查研究是交行工作的一大特色。天津交行在调查中采用纵横结合的做法,取得较好效果。纵向方面,先到原接管单位调查,查询最初的接管情形,并调用此前的接管清册作为参考;横向方面,在此前工作基础上对三类人员进行重点询问,先与直接负责接管的人员联系,再调查原机构的负责人、会计以及经手人员,最后有重点地询问相关机构其他人员,力求全面掌握情况。② 这对全面掌握被清理单位情况,制定有针对性的调查方案是十分必要的。

在清理工作中,交行坚持先易后难原则,力争尽快完成任务,多做出些成绩。例如,西安分行优先对资料比较齐全,并且已经有初步了解的渭南打包厂进行整理,清理工作深入到股权过户、红利处理等实质问题。至于像雍兴公司这样股权比较复杂且被打乱的企业,则放到后一步集中清理,类似的企业还有西京机器厂、启新印刷厂以及合众面粉公司等。③ 到1950年8月底,已经完成启新印书馆、西京机器厂、合众面粉公司和秦岭农场、渭南打包厂等五家企业的清理,对雍兴公司、咸阳打包厂、西安市合作社、西北晨报的清理工作仍在进行中,工作成果突出。

在对中信和邮汇两局的清理及投资转移过程中,交行遇到贸易部和邮政总局的阻力,但还是积极进行调查工作。中信局的投资证件原来大部分集中在上海,华东贸易部接收后已分散,该局总共77户投资单位中剩下64户,其中,股据存原地的17户,移交金融机构或交通银行已经接收的有16户,根据企业所在地分送当地机关和军管会的28户,上海贸易部保留的只有3户。④ 交行华东区行在此基础上与华东贸易部接洽,要求将尚未移交或寄往各地的票据迅速移交交行整理,防止资产进一步流失。交行对邮政储金汇业局的45户股据也进行积极的调查。

交行在清理中发现的种种问题,通过工作人员细致的工作得到了解决。例如,交行发现重庆自来水公司利用自有公款充作私人股本后,不予承认新股本;对于迟缴股

---

① 《交通银行总处工作往来》(1950年8月19日),上海市档案馆藏,档号Q55-2-410,第1页。
② 《交通银行总处工作往来》(1950年9月7日),上海市档案馆藏,档号Q55-2-410,第1页。
③ 《交通银行总处工作往来》(1950年6月13日),上海市档案馆藏,档号Q55-2-410,第5页。
④ 《交通银行总处工作往来》(1950年8月22日),上海市档案馆藏,档号Q55-2-410,第3页。

款、坐享红利的情况,交行也根据实际缴纳资金,对股份重新额定。①

到 1950 年 8 月底,交行清理和接收的单位由 3 月份的 365 户增加到 501 户。其中经交行清查出的遗漏资产非常多,据重庆、西安、天津和青岛四个行统计,"现有之投资单位较总处原编之投资总表户数增 88 个"②,可见民国时期金融机构投资企业股权结构的复杂和隐匿财产手段的多样化。

五、清理工作初见成效

总处规定有关民国时期旧金融机构投资企业整理完毕的标准包括四个方面。(一)大多数企业经过初步的清理估价;(二)所有旧金融机构投资该企业的股票,已经全部或一部移交本行合并过户;(三)弄清了公股比例及董监事情况;(四)参加了企业的董监会议,可以进一步管理企业。③依此标准,交行经过半年多的辛勤工作,虽然取得不少成绩,但总体而言,推进艰难。

从 1950 年 6 月底纳入清理范围的 493 户企业情况来看,交行基本理清了投资单位的性质、地区分布、金融机构投资比例以及被接管的情况。

493 家企业中,从企业类别来说,矿业 27 家,机械钢铁 15 家,纺织业 52 家,化学工业 32 家,建筑业 13 家,食品工业 27 家,其他工业 44 家,交通公用事业 55 家,农林渔牧 18 家,贸易 71 家,文化 42 家,金融保险业 54 家,合作事业 12 家,其他事业 31 家。从地区分布来说,上海 181 家,占总数的 31.7%,华东区(不包括上海)74 家,中南区 47 家,西北区 20 家,华北区 29 家,西南区 78 家,海外 17 家,东北区 4 家,不明地区 43 家。从旧国家金融机构投资企业的比例来看,投资占比 50% 以上的有 75 家,占全部企业的 15.12%;20% 至 50% 的有 84 家,占 17.04%;1% 至 20% 的有 116 家,占 23.53%;1% 以下的有 71 家,占 14.4%。不明比例的则有 147 家,占 29.82%,这一部分比例较大的主要原因是交行尚未了解这些企业的资本总额,在估算上存在一定困难。在 493 家企业中,被各地军管会及中央或地方主管部门接管监督的达 123 家,占总数的 25%,剩余的 370 家未被监管。其中,被接管的企业基本上都是投资比例在 50% 以上的企业,而这些企业恰恰也是交行的重点清理对象,因此清理的难度可想而

① 《交通银行总处工作往来》(1950 年 8 月 19 日),上海市档案馆藏,档号 Q55-2-410,第 2 页。
②③ 《交通银行总处工作往来》(1950 年 8 月 31 日),上海市档案馆藏,档号 Q55-2-410,第 1 页。

知。从这些企业的股东来看,投资单位共达 890 家(当时多家金融机构投资同一家公司的情况十分普遍,故实际投资户数为 493 家)。其中,四行二局一库投资 690 家,省市地方银行投资 117 家,官僚战犯的商业银行号投资 53 家,保险公司投资 19 家,其他金融机构投资 11 家。[①] 显然,四行二局一库在投资中占有绝对优势。对这些资产的清理,是建立新经济体制的客观要求,也是交行在新中国走专业化道路的重要任务。

在清理工作中,交行和政府相关部门的关系得到加强,依靠当地财委,通过协商、沟通以推进工作,已成为这一时期的重要特点与经验。基于此,交行各地机构在开始清理之前,即主动与当地财委及政府机关沟通,以争取支持。除上述西安分行和重庆分行,湖南分行、天津分行等单位也积极联系当地主管单位。湖南分行协助工业部整理了长沙中国农业机械公司的积压账目,使之后的清理估价工作得以顺利进行,并完成了该厂与湖南机械厂的合并。[②]

第二节　清理范围的扩大与深入

一、中央政府的支持与推动

第一届全国金融会议召开后,交通银行开始展开清理工作,一直持续到 8、9 月份,进度并不顺利,其中很大部分阻力来自一些政府部委基于自身利益的考虑,以中央财政经济委员会和其他上级中央机关没有下达明确指示为由,推诿阻扰,不愿配合,给交行的调查清理工作带来很大困难。交行虽通过各地的财政经济委员会极力疏通,在一部分地区实施了清理工作,但来回往返、敷衍塞责的情况仍然多见,大大延缓了清理的进度。

尽管困难重重,但交行领导层对整理投资工作的进度要求丝毫没有放缓。1950年 10 月 6 日,总管理处发布《应尽于年内完成投资整理的指示》,要求所属各分支机

---

① 《交通银行史料》第二卷,第 104—105 页。
② 《交通银行总处工作往来》(1950 年 8 月 31 日),上海市档案馆藏,档号 Q55－2－410,第 2 页。

构对已经接收的原国家金融机构的投资单位加速整理,在 1950 年内完成全部工作。①

为了提高企业生产效率,总处要求对各种情况灵活处理,各行处在清理过程中凡是发现没有发展前途,或经营不善无法改进的企业,呈准总处后,可以尽快结束经营,转让股份;对那些无从查考,或查明没有遗留财务的投资企业,呈准总处后,也尽快打销账面,或将股据分别退回;对已停业的投资企业的剩余资财,尽快清理出售,并按当时的入股比例清退资金。由于交行复业后分支机构数量和分布范围都不如中国人民银行,对于未设机构地区的投资整理,总处主张由整理行派出工作组进行整理为主,以当地中国人民银行整理为辅,将主动权掌握在自己手中。②

从 10 月初到当年底,交行完成任务所剩的时间已不多。针对半年来清理工作中出现的诸多困难和阻碍,迫切需要从中央层面再次确立交行作为公股清理执行者的地位。而前期工作中出现的诸如股权清理、财产估价等一系列问题也需要中央做出决定。针对这些困难与要求,1950 年 10 月 13 日,中央财政经济委员会发布《关于统一整理公私合营企业公股的决定》,对国内公股现状作了简明扼要的分析,指示"各地公私合营企业公股,或因限于人力,未能整理,或因便于军管,暂由各有关业务部门分别接收保管"。③ 可见,交行虽已着手整理,但公股分散的情况并无根本改观,而中央财经委也充分认识到交行工作的难处。

中财委重新界定公股范围,明确指出:"凡敌伪政府国家经济金融机关所参加之企业股份,及属于战犯暨其他应依法没收归公之企业股份属之。"④与之前的界定相比,增加了战犯和其他财产一项,一些个人代为持股的股份,也被划入公股范畴。

对股权所属,中财委明确规定,所有公私合营企业中的公股都属于财政部所有,公股清理和股权管理工作,则由财政部委托中国人民银行并责成交行统一办理。公股最终所有权的明确,破除了先前部门间的利益格局;交行受财政部和中国人民银行委托统一办理的规定,也使得交行的清理工作师出有名,稳固了在这项工作中的主导地位。

① 《交通银行史料》第二卷,第 599 页。
② 同上,第 600—601 页。
③ 同上,第 619 页。
④ 同上,第 620 页。

对于被清理企业和主管部门的义务,中财委作出具体说明:"本决定公布以前,所有各部门接管公私合营企业公股,应即移转交通银行统一管理,并应提供有关材料,大力协助交通银行完成公股清理工作;凡公私合营企业,合并于其他企业单位者,应由接收单位向交通银行提供原企业合并前之全部资料,以便清理公股,确定股权。"① 以上规定消除了之前一些部门和单位推诿敷衍的理由,由此大大降低了交行开展清理工作的难度。此外,决定公布前已经转移到交行的公股,也得到中财委的肯定和承认,这是对交行前阶段工作的肯定。

对接管的公股,中财委要求将户名统一命名为"中央人民政府财政部(交通银行代管)",以体现国家对公有股份的控制权和交行对公股的管理权。但对先前属于旧交通银行和旧中国银行的财产,则不以此命名,仍用先前的各行户名,中行移交给交行的公股,也按照以前的命名原则命名。这一做法体现出中央政府对交行、中行两家银行的历史沿革、股权结构和股东利益的尊重与维护。

为了便于清理和管理,中财委还要求"各公私合营企业在选派公股代表及董监事时,应请交通银行派员参加"②,为交行今后参与企业经营管理奠定了重要基础,进一步加强了交行在清理公股工作中的主导和权威地位。

《关于统一整理公私合营企业公股的决定》公布后,先前一些部门和单位消极推诿的现象有所好转,各地政府机关也加强了对交行的配合和帮助。西南区、华东区、天津市财委都召开了相关部门参加的座谈会,及时协调整理中出现的各种问题。华东区和天津市还在财委的统一领导下,以银行为主体组成了整理公股委员会,吸纳工商行政业务主管机关、财政局、清管局、公安局等相关单位参加研讨,制定清理方案。武汉行也将清理公股的有关文件汇编成册,送交有关部门参考。天津行则针对华北地区交行网点不足的现状,派出工作组到张家口、保定、石家庄、太原、归绥、新乡等地进行清理,推进工作的开展。③ 一些政府机关主动将清理工作急需的文件提交给交行。例如,财政部、轻工业部、邮电部、北京市清管局等单位都主动将合营企业名称、股份等资料开列清单后与交行联系;贸易部通函各地贸易主管机关,要求协助交行

---

① 《交通银行史料》第二卷,第619页。
② 同上,第620页。
③ 《交通银行总处工作往来》(1951年1月1日),上海市档案馆藏,档号Q55-2-411,第2页。

整理。①

当然,也有一些单位仍有顾虑。有的主管机关认为交行不懂生产,在派出董监事人员后,将影响国家对企业的管理;一些地方政府害怕将企业交给交行清理监管后,会降低地方财政税收。对此,交行一面耐心宣传中央政策,一面希望中央相关部门对中央和地方收入划分等问题予以进一步明确。

随着政府部门配合力度加大,据上海、天津、重庆三行不完全统计,1950 年 12 月中旬已查明的新增合营企业户数,较当年 3 月到 10 月查明的户数,增加了两倍,②这充分表明中央政府的支持对交行工作的促进作用。

二、公股清理力度的加强

1951 年 1 月 5 日,政务院第 66 次会议通过《企业中公股公产清理办法》,总结以往清理工作的经验,重新确定交行的清理任务。

《企业中公股公产清理办法》首先明确了一些关键概念。这里所指的"企业",指公私合营的企业和存在公股公产的私营企业。而企业中的公股公产,不论是否由政府接管、代管或监督,都要按照该办法的规定进行清理。该办法确定新的清理范围为:"国民党政府及其国家经济机关、金融机关等在企业中的股份及财产;前敌国政府及其侨民在企业中的股份及财产;业经依法没收归公的战犯、汉奸、官僚资本家等在企业中的股份及财产,以及其他依法没收归公的股份及财产;解放后人民政府及国家经济机关、企业机关对企业的投资,亦应转作公股,合并处理。"③除了国民党政权金融机构的投资,其他的国家政府机关投资、敌国资产以及战犯、汉奸资产也被列入清理范围,而且建国后的国家机关、企业机关投资也被列为公股范畴。可见,交行清理公股的范围空前扩大,交行先前在清理工作中的成绩获得中央政府的肯定。

该办法尊重原属于旧交行和旧中行的资产,明确这些资产归原投资行所有,其他交行所清理的公股所有权则属于财政部。

除了明确清理范围和所有权,《企业中公股公产清理办法》还对清理公股中的其他问题进行了阐述。在清理任务的分派方面,政务院吸取先前清理工作中交通银行

①　《交通银行总处工作往来》(1951 年 1 月 1 日),上海市档案馆藏,档号 Q55 - 2 - 411,第 1—2 页。

②　同上,第 2 页。

③　《交通银行史料》第二卷,第 603 页。

孤军作战,单独与相关部门商洽,遭遇多重困难的教训,对各政府部门的任务做了明确划分。办法规定主管机关的任务为,会同其他有关主管机关与私股代表协商并确定清理股权、产权及改组董事会、监察人等机构的原则,拟具清理方案。① 交行作为政府选定的投资主管机关,主要负责保存公私合营企业的公股股票、收解股息红利和检查财务计划执行状况。② 合营企业中的公股在清理后如果暂时维持现状,其股权也由交行掌握,或委托地方政府管理。如此,交行在前期清理工作中遇到的诸多问题和困难将会得到逐步化解。大家认识到交行以投资主管机关的身份主要监管的是公股企业的财务运行状况,这也消除了一些主管机关对交行直接干预企业生产的担忧。权责明晰后,各部门工作热情高涨,齐心协力做好公股清理工作。

为了保证清理效率,政务院严格限定清理时限。清理办法颁布后,已由政府接管、代管或者监管的企业,应由相应机关邀请其他有关方面和私股代表,协商制定清理方案,私股代表也可在三个月内主动向相关部门提出申请。若私股代表拒绝参加协商,也不提出申请,政府可以单独进行清理并对其股权行使代管权。由于公股分布广泛,在一些企业的复杂股权关系下一时难以发现,所以《企业中公股公产清理办法》还特别强调:"私营企业中确有公股公产尚未报告政府者,该企业的业务执行人应于本办法公布三个月内,向地方政府报告公股、公产情况,申请政府清理;逾期不报告者,得依法予以处罚。"③

该办法公布后,一批与之相关的文件陆续颁行。1951 年 2 月 4 日,政务院发布《关于没收战犯、汉奸、官僚资本家及反革命分子财产的指示》,对《企业中公股公产清理办法》中第三条第三款规定的战犯等人员的认定予以明确。政务院强调,未经审判和审核批准的这几类人员,财产不得没收,④有助于防止一些地方的过激行为。之后,中央财政经济委员会也配合政务院颁行《关于清理公股公产指定主管机关的决定》、《关于公私合营企业领导及股权收益划分的补充决定》⑤等一系列文件,进一步对《企业中公股公产清理办法》予以阐释,以推动整个清理工作的进行。

---

① 《交通银行史料》第二卷,第 604 页。
② 同上,第 604—605 页。
③ 同上,第 607 页。
④ 同上,第 608 页。
⑤ 同上,第 620—621 页。

从 1951 年开始，由于中央的重视，交行的清理公股工作范围进一步扩大，内容更加深入。这是交行积累经验和培养干部的重要契机，为日后管理国家公有财产奠定了基础。面对新的挑战，交行积极适应形势，结合以往的清理经验，迅速投入到新的清理任务中。

三、拟定细则与落实任务

根据《企业中公股公产清理办法》，完成国家交付的任务，为交行 1951 年的工作重点。为此，总处发布《交通银行办理合营企业中公股清理工作实施办法》，对清理工作的操作层面作了一系列的规定，确保全行各级机构步调一致。

在接收文件方面，总处规定，股票据投资合同及凭证、投资记录案卷、投资机构原派出的股东代表及董监事的印鉴、其他有关投资的各种资料等由交行接收。这不但有利于清理其股权归属问题，也有利于将来交行从财务方面对企业经营进行监督。保管各类股票据文件是交行代表国家行使股东权力的重要标志。与先前接收旧金融机构股权相比，此次交行接收文件的范围有所扩大。

在接收手续方面，交行借鉴先前接收金融企业股权的方式。但在具体操作上，由于清理范围扩大，交行的网点无法全面覆盖，故而与中国人民银行的合作接收便成为此次办理接收业务的重要特点，尤其是在华北地区。[①] 借助中国人民银行网点覆盖广和人力资源丰富的优势，交行能更为快捷地完成接收手续。

制定和实施股权清理方案是公股清理工作中最重要的一环，决定着清理工作的速度和质量。在清理方案的制定方面，总处明确"凡公私合营企业，本行均应会同其他主管机关代表公股与私股代表详细协商，拟具清理方案，呈送财委批准后进行清理，并将清理方案抄报总处及管辖行接洽"。[②] 这就强调了交行对所有公股清理工作都负有制定方案的责任，同时考虑到各个企业的特点，要求各行有针对性地制定清理方案。不论各类企业的特点如何，总处要求各行在拟定清理方案中重点关注以下 12 个问题：旧董事会及监察人等机构的改组或临时管理委员会的组织；清估小组的组织；公私股权的清查；公产的处理；资产负债的点估；资本额的调整；军代表制或政府

---

①　《交通银行史料》第二卷，第 624—625 页。

②　同上，第 626 页。

接管代管监督工作的结束;股东会的召开;新董监事的产生;业务财务人事机构的调整与改造;劳资关系的调整;其他有关清理事项等。① 这 12 个问题基本涵盖了清理工作的各个方面,对厘清企业股权、引导企业改造并最终走上正常生产的道路意义重大。总处所以能提出这些针对性的关键点,是建立在前期整理工作的经验总结上的。

此外,为恢复企业正常生产秩序,重新明确股权结构,总处对清理之后的工作划分为五个步骤。第一,改组旧董监事会,或组织临时管理委员会,根据董监名额,与其他主管机关协商公股代表人选。第二,根据清理方案清估财产,调整企业资本额,并确定公私双方的投资比例。在这一过程中,交行作为投资主管机关,主要负责财务方面的清理工作,对于数额巨大的贪污侵占公款案件,也要追查到底。第三,在完成初步清理后,根据清理方案制定基本原则,对公司业务、财务、人事机构、劳资关系等方面进行调整。为发挥交行投资主管机关的作用,总处要求"本行参加之董监事应取得公股首席代表之同意,配合公司业务方针,就财务方面尽量提供积极意见,并督促建立健全制度"。② 对交行单独参与的清理,则更应在财务、人事、业务等各方面提出意见,督促清理工作的进行。第四,财产清估完毕,公私股权比例确定后,应于两个月内召开股东会,报告清理内容、清理经过、所确定的公私股权比例等事宜,并调整资本,产生私股新董监事,会同公股董监事成立新董监会。第五,清理工作的总结和收尾。清理完毕后,各个经办行应立即对清理经过进行分析,梳理清理中所发现的问题,提出解决的办法,总结经验、收获、优点、缺点等,并按照规定编具清理总结报告,上报总处及管辖行。清理过程中,则要求各行按月上报清理进度。

与 1950 年清理金融机构投资方案相比,1952 年的清理工作实施办法更加全面。在清理过程中,交行已经不满足于对企业的了解和资产整理移交等表面问题,而是逐步深入到股权转移、资产估价、新的董监事会建立以及规划企业今后的发展方向等各个方面,这对公有制经济的建立和国民经济的恢复具有积极意义,也为交行进一步管理公股奠定基础。

---

① 《交通银行史料》第二卷,第 626—627 页。
② 同上,第 628 页。

四、总处的指导与意外事件的处理

在清理工作中,密切联络相关部门以打开工作局面,这一经验得到总处的高度重视,在不同的会议上多次强调。总处还要求各行处建立工作汇报制度,交流工作经验。在清理汉奸、战犯和敌国侨民资产方面,各地机构更要注重合作,眼光要远,如不得切销没收的日本侨民股票,应将其统一上缴总处,以待将来再加以清理。①

1951 年的清理工作规模庞大,随着工作的深入,出现了人员紧缺问题。有的行处反映县级以下的企业虽然有公股,但大多数零星分散,很难抽出人力加以清理,建议省财委指令各县发动申报,并由各该地财政、工商部门按照清理办法自行清理,最终将清理结果报省财委核备。总处将这一意见反映给中央财政经济委员会,得到了采纳。1952 年,中财委批复,鉴于交行机构兼顾困难,由县自行清理,受省清委会指导,对于省级委托县级管理的企业,仍由交行清理。1953 年 2 月 4 日,总处发函表示,交行清理和管理的公股股权,以中央和省(市)为限,不对县级管理的公股财产进行清理和接管。这一举措表明,清理公股范围骤然扩大之后,交行对所清理的公股公产范围有所收缩,这是基于人物紧缺和保证清理质量而作出的一种变通。

清理公股公产是一项经济任务,但也受到政治运动的影响。“三反”、“五反”运动在全国开展后,交行先前制定的公私协商等原则受到冲击,各地陆续出现政治因素压倒一切的状况。河南支行请示是否将企业中晚清官僚的投资纳入清理范围。中财委批复:“安阳纱厂袁世凯后裔股份意见如现在持有人系隔代,可视继承人之成分及其政治面貌予以处理。”②但事实上,在当时的政治环境下,一些政治背景复杂,或祖辈被划为晚清官僚的合法商人的财产恐怕难以保全。随着“三反”、“五反”运动的扩大和“逼供信”现象的普遍存在,一些私股被错划为公股公产的现象也大量出现。至于贪污分子在企业中的投资,退赃时已将股票退出,根据《三反、五反退赃办法》,这些股份也划为国家收入。庚子赔款中英美两国退回中国的部分,在晚清和民国时期被大量用于国内的科教事业,对于这部分资产,中央政府采取不予承认的政策,任何机构中源于庚款的全部或部分投资,应被视为公产予以清理,而不能视为外资津贴予

---

① 《交通银行史料》第二卷,第 637 页。
② 同上,第 646 页。

以保留。①

除了庚款的投资,建国前大量外商在国内也有产业,尤其是解放后华东区行保留了大量外商股票。为此,总处于1953年4月发布处理意见。第一,对于发行股票机构在国外且中国境内无该公司分支机构的情况,总处要求将其股票在香港出售,责成香港分行办理。第二,对于发行股票的组织属于外商团体,但已经被中央政府接管的企业,则无需出售;对于没有被接管但在国内设有分支机构的外商企业,则由华东分行查明情形,与上海外事处等机关联系后,再根据具体情况予以处理,但总的原则是尽可能保留股票。第三,对于尚无法处理的股票,总处要求华东区行继续保管,并结合企业的实际情况和香港分行联系予以处理。② 作为外商企业最为集中的地区之一,华东区行对外商投资的处理,为其他地区处理类似资产提供了经验。

除以上几类特殊股权问题,政务院文件对合伙企业中的公股清理规定较为模糊。在清理过程中,总处和分行进行了细致探索。青岛分行在清理合伙企业时发现,一些企业资本总额很少,公股比例较大,拆股有一定困难,若改为公司组织也不够条件,只能暂时维持合伙现状。但在办理工商登记时,根据规定,公股不能负无限责任,影响企业登记工作。面对这样的矛盾,青岛分行提出,在签订契约时,应在合同中写明公股只承担有限责任,而私股承担无限责任,以保证登记工作的进行。类似情况在各地均有发生,随后中财委根据青岛分行意见指出,"企业由私股负责经营,公股只负责出资部分的有限清偿责任"。③ 最终,公股以放弃经营权的方式承担优先责任。青岛行在获得总处和中财委的意见后,得以与青岛市工商局洽商登记事宜。

在清理公股公产过程中,尽管总处和各地分支机构遇到了中央并未作出明确指示的意外情况,但基本上能根据中央文件精神和清理中的实际状况,妥善解决。一些问题虽然只是个别行处上报请示,但总处却通过多种方式予以传达,使其他各行也能参考、借鉴,大大提高了工作效率。

---

① 《交通银行史料》第二卷,第739—740页。
② 同上,第647页。
③ 同上,第648页。

第三节　公股清理工作的逐步结束

一、清理工作在各地的进展

在 1951 年之后的两年多时间里,交通银行各地分支机构根据国家和总管理处的文件精神,认真细致地开展清理工作,尽最大努力保质保量完成国家赋予的任务。

在调查基础上进行股权清理、资产估价和盘点、账务审查等,是清理工作的核心。这三项工作对查清公司实际情况,理顺公司关系,确定公股比例,具有决定性的作用。在清理过程中,各地分行一般先从调查资料比较详细、准备比较充分的企业着手。西北分行出于最大程度发展生产,保护国家财产的考虑,选择那些规模较大的重点企业先期进行清理。1951 年初,西安分行较早确定对华丰面粉公司进行清理。西南先后完成了对四川旅行社的股权清理,对中国毛纺织厂的资产盘点和账务审查,对民生公司的股权清理和总公司资财盘点,对华新公司的资产盘点,对中黔南公司的账务审查。对于清理存在疑点与问题的企业,并不急于完成任务,而是进一步调查和完善清理方案,如四川丝业公司的股权存在问题、富源水电厂的资产核算和估价比较困难,重庆自来水公司、四川水泥公司等企业还需要深入调查,等等。①

在股权清理中,公股股票过户和更换印鉴是交行厘清公股资产的重要手段。1951 年 2 月,华东分行陆续将清理出来的公股股票凭据证件予以过户并更换印鉴。此项工作牵涉到对应私股股数、收取未领股息等问题,华东分行十分谨慎,发动相关科室全部工作人员一起参与。至 3 月底,华东分行接收并通知整理单位 392 户,办理过户手续 96 户,代管股权并完成印鉴更换 22 户,部分办理过户手续 19 户,仍在进行中的有 15 户。②

资产估价是清理工作的重要环节,也是确定企业实际股本的关键。在清理过程中,各行根据企业资产情况拟定资产评估方案。华东分行清理南洋兄弟烟草公司时,

---

① 《交通银行总处工作往来》(1951 年 3 月 1 日),上海市档案馆藏,档号 Q55 - 2 - 411,第 13 页。
② 《交通银行总处工作往来》(1951 年 4 月 30 日),上海市档案馆藏,档号 Q55 - 2 - 411,第 2 页。

根据公司国内外均有分支机构的特点,由财产重估委员会负责清估上海及不属于各分公司管辖的国内财产,国内外分会负责自身分公司的财产清理。然后确定清估日程表,分组进行清点,包括各类资产调查、房地产和生财器具的估价等,最终汇编成清估报告。① 为保证估价工作顺利进行,各地结合企业的实际情况和中央政府的规定,制定相应的估价办法。1956 年 2 月 11 日,上海市人民委员会通过《关于执行国务院〈关于私营企业实行公私合营的时候对财产清理估价几项主要问题的规定〉的具体办法》,对机器设备、房屋、土地、门面装修、递延资产、低值零星物品的估价,结合上海市的具体情况做了详细规定。② 此外,总处还在内部刊物上登载文章,介绍各地公私合营企业清估财产的办法和经验,以推动全行的清理工作。

在账务审核工作方面,各行下了很大工夫。比如西南分行专门制定了新的审查决算报告提纲,包括资产负债表、损益计算表、成本计算表、资负损益二表合并比较、资负与成本表合并比较、损益与成本二表合并比较等项目,全面反映了被审核企业的财务状况。③ 在审查过程中,西南分行根据企业特性实施相应的审查方案。在审核发电企业时,西南分行注意到其生产过程简单、资金周转较快的特点,有意识地予以区别对待。另外,西南分行也向企业提出许多改进意见,如要求华安矿业公司注意表格齐全,要求庆华颜料厂应注意报表真实性,要求中国毛纺厂营业外收益处理应规范等,④使审核工作能够准确、规范地进行。

清理盘点完成后,逐步确定公私关系成为清理工作的重要组成部分。重建企业董事会是清理股权和管理公股的重要衔接,交行对此相当重视。1951 年初,在西南分行的协助下,除中国汽车公司、华侨企业公司、重庆纱厂、宜宾纸厂等,其他清理结束的企业基本健全了企业董监会,企业运转逐步走上正轨。⑤ 华东区行代表也加入一些已完成清理企业的董监会,通过开展长期贷款业务,引导私股向公股靠拢。在长期贷款业务开展之前,华东区行建议,参加董监会的干部,应结合企业实际情况,帮助企业提出贷款计划,并交由总处协助研究。这样,既发挥了交行的专业特长,也体现

---

① 《交通银行总处工作往来》(1951 年 12 月 31 日),上海市档案馆藏,档号 Q55-2-412,第 11 页。
② 《交通银行史料》第二卷,第 737 页。
③ 《交通银行总处工作往来》(1951 年 8 月 31 日),上海市档案馆藏,档号 Q55-2-412,第 2—3 页。
④ 同上,第 1—2 页。
⑤ 《交通银行总处工作往来》(1951 年 3 月 1 日),上海市档案馆藏,档号 Q55-2-411,第 13 页。

了公股在企业中的领导地位。

二、公私合营企业的新变化

由于交行员工的努力,各地政府部门给予较好的配合,1951 年的清理工作取得不小成绩。经过这一时期的清理,公私合营企业出现了可喜的变化。

在清理工作中,交行清查了一批贪污案件,为国家挽回大量资产。四川丝业公司解放后由西南贸易部接管,董事会改组后,交行派出董监事参加,清查账目时发现前任公司负责人有贪污舞弊、利用交易套取公款等不法行为,①黑幕揭露后,堵塞了掌权者损公肥私的漏洞,也保障了其他投资人的资金安全。在清理嘉乐纸厂时,交行发现该厂于 1947 年时曾出现较大规模的贪污事件,考虑到当时这一企业属于纯私营性质,建国后企业公股比例也不大,交行处理该事件时更多地尊重私股股东的意见,最终交由董事会处理。②

除了贪污问题,交行还清查出一些隐瞒公产的案例。如新华丝厂最初上报称战犯徐堪的投资比例是 33%,经交行核实,徐堪的实际投资比例高达 80% 以上。按照处理战犯资产的规定,徐堪的这些资产都被并入公股。嘉华水泥厂也清理出价值约三亿元的公产,提高了董事会的公股比例。

随着交行清理工作的深入,以往公私合营企业中一些不合理的现象和弊端得到纠正。中南区行负责的阮济水电公司,解放前长期没有发放股息和红利,持续时间长达 20 多年。经过清理,公股切实负起相关责任,为股东发放股息和红利,受到私股股东的热烈拥护,类似情况也发生在昆明自来水公司等企业。③

交行的清理工作除了要清算企业过去的各类债券债务,以划分权责,更为关键的是要帮助企业建立合理的内部制度,保证企业今后的正常发展。在交行的协助下,大量公私合营企业逐步建立起适应自身发展的内部制度,为企业生产奠定了基础。久安染厂是华北区行负责清理的大型合伙制企业,在印染和防水布等业务领域占较大优势,但该厂会计制度十分紊乱,所采用的旧式记账法根本无法计算成本,负债科目不健全,物料买进和领用的制度也欠缺。在整理过程中,华北区行发挥财务方面的优

---

① 《交通银行史料》第二卷,第 711 页。
② 《交通银行总处工作往来》(1951 年 11 月 15 日),上海市档案馆藏,档号 Q55-2-412,第 7 页。
③ 《交通银行史料》第二卷,第 714 页。

势,帮助企业建立完整的新财务制度。这一过程中,交行并没有机械采用全套成本账,而是根据企业实际取消不合理的会计科目,确定全新的会计科目,之后又设计了总分类账、现金账以及必要的明细分类账,并建立了传票制度。在物料领用方面,采用凭单支付制,根据凭单转入"加工在制分户账"。会计制度建立后,该厂对成本的控制能力大为增强,成本下降8%以上,每月的利润也提高到一亿余元。[①]

交行的清理工作,促使公私合营企业的生产逐步走上正轨,成为国民经济发展的重要力量。

位于中南区的华新水泥公司在解放前夕已濒临倒闭,解放后,外债高达150多亿元。在公股清理改造后,华新水泥公司对董事会进行改组,其产量和利润开始逐步提高。1950年产量为75135吨,1952年为28万吨,增长了373%,而1952年的单位成本较1949年降低了30%;在利润方面,1950年盈余45亿元,1951年达138亿余元,1952年更是突破了200亿元。

河北省的建新漂染厂在公股清理后也更具活力,每天的轧布能力从900匹提升到1400匹。无锡华昌丝业公司通过清理,获得了业务部门的支持,解决了原料供应、技术条件和销售市场等一系列问题,产品品质打破了14年全国生丝的最高纪录,企业经营也一举扭亏为盈。这样的例子还见于武汉民生实业公司、四川丝业公司、上海新光内衣公司等。企业生产的扩大和利润提高,工人的工资也随之有了显著提升,一些福利设施逐步健全,工人宿舍和医院陆续得到兴建;一些合营企业甚至提升工人担任厂长。这些措施都切实提高了工人地位,大大激发了工人的劳动积极性。[②]

自清理工作开始以来,交行大力宣传国家的清理政策,争取私股股东的谅解和配合,这些努力颇见成效。民生公司是民国时期大型企业,仅靠交行和主管部门清理,难以顺利完成,职工和私股的配合在清理过程中发挥了重要作用。[③] 新光内衣厂只有25.25%股东实名登记,[④]交行努力找齐所有的股东信息,以确切清理股权,引导股东重视发展生产,为了召开新的股东大会,交行发出近3000封通知信,只有5封被退回。公私关系的和谐,不但保障了企业的发展,保护了私股股东的积极性,也为今后

---

① 《交通银行总处工作往来》(1952年11月30日),上海市档案馆藏,档号Q55-2-413,第8页。

② 《交通银行史料》第二卷,第715页。

③ 《交通银行总处工作往来》(1951年7月30日),上海市档案馆藏,档号Q55-2-412,第4页。

④ 《交通银行史料》第二卷,第684页。

交行对合营企业进行财务监督奠定了基础。

三、公股清理工作的尾声

交行是 1950 年开展公股清理工作的,当年需要作公股整理的企业 584 户。1951 年,政务院颁布《企业中公股公产清理办法》后,需由交行清理的企业数量急剧增加,到年底,增至 2886 户。① 1952 年,随着"三反"、"五反"运动在全国的开展,交行各级机构配合开展了申报、检举活动,清理户数更是成倍增长。至 1952 年底,交行共清理 6380 户。在 6380 户企业中,清理完毕、保留公股并继续经营的企业有 1080 户。据其中有股权资料的 633 户的统计,资本总额合计为 58614 亿元,公股占资本总额的 29.21%,计 17120 亿元;代管股占资本总额的 4.74%,计 2780 亿元;公股和代管股的价值达 19900 亿元。② 此时,交行用三分之一的公股逐步带动其他私股向公股靠拢,聚拢更多资金为国家经济恢复重建及"一五"计划服务。公股清理的积极意义逐步显现。

1952 年 8 月,总处发布《为加速企业中公股公产清理工作转发中财委有关指示要点的通函》,明确要求争取在当年底第二年初完成全部清理工作。③ 由于任务量较大,各地情况又千差万别,要在 1952 年底完成全部清理工作相当困难。不过,得益于中财委的支持和其他政府机关的配合,1952 年的清理工作进展神速,当年下半年的进度大约相当于过去两年的进度,这为尽快完成公股清理奠定了基础。

在清理公股的过程中,交行各级分支机构根据企业规模的大小、性质,以及与国计民生的关系,对清理对象按照轻重缓急作了分类。到 1953 年 5 月底,全国经过清理并继续经营的合营企业共计 791 户,资本总额为 85664 亿元,其中公股(包括交行和中行股份)为 22597 亿元,冻结怀疑等代管股份为 4958 亿元,共计 27555 亿元,占企业资本总额的 32.17%。④

清理工作虽然成绩显著,但还有很多方面需要交行持续跟进与关注。首先,一些较小的城市始终没有开展股权申报登记工作,导致国有资产的变相流失。其次,一些

---

① 《交通银行史料》第二卷,第 712 页。
② 同上,第 712—713 页。
③ 同上,第 642 页。
④ 同上,第 713 页。

企业的公股股权经清理后没有完全集中起来加以统一管理,对于维护公股在企业中的威信来说远远不够。清理工作仍有继续深化的必要。对此,总处指出:"今后仍有更全面彻底清查的必要。对于未完成清理的中央和省(市)级单位,仍当贯彻各地财委统一领导,业务机关为主,交行配合进行清理的决定。"①

此外,交行还重视清理中代管股的保管和处理问题。据统计,交行代管股的价值约为 5000 亿元,占公股总值的 22%,且代管股的数量还在不断增加,其股息和红利收入也由交行保管,存入当地中国人民银行。对于这笔财产,交行自身没有决定权,但总处提出了一些处理意见。

尽量减少代管股数量以利国家对公股的掌握是总的原则。在这一原则的指导下,交行建议对冻结的代管股,司法部门应尽快清查积压案件,并进行判决,以便交行根据判决书处理股权问题;对有怀疑的代管股,相关部门尽快确定股东成分,将应发还的私股尽快发还,应没收的转入公股管理。在股息和红利方面,合营企业一旦转交给相应主管机关管理,这笔资金将逐步分散,各地支领的情况也会接着出现。对于这些资金的领用和保管,总处希望能制定严格的规定,保证股东权利。

对公私合营企业今后的发展前途,交行根据清理公股的经验提出了一些建设性意见。建国初期,国家经济发展重心在重工业领域,而公私合营企业大多解放前就已开始经营,所擅长的领域集中在轻工业部门。据统计,纺织和轻工业占公私合营企业公股总价值的 42.48%。② 在交行看来,轻工业不属于国家重点发展行业并不影响公私合营企业的生存和发展,因为"对一般工业如纺织工业、轻工业等也需要作适当地按比例地发展,并以农业经济为基础,用来保证经济建设的全面胜利"。③ 交行认为发展轻工业不但可以为重工业提供必要补充,而且随着公私合营企业将经营业务转向广大农村,生产大量日用必需品,对满足城乡需要,提升国民生活质量,均起到了不可忽视的作用。因此,交行建议"为了保证我们建设任务的完成与胜利,今后应该在国家整个经济建设计划需要下,更加巩固和扩大这块阵地。对确定管理方式,加强领导力量,以及允许以巩固利润转作基建甚或部分新投资等问题来做考虑和决定,都是

---

① 《交通银行史料》第二卷,第 719 页。
② 同上,第 721 页。
③ 同上,第 720—721 页。

必要的"。①

　　1953年,交行开始全面承担基本建设拨款任务,已难以抽调更多人手参与清理工作。为了加强这方面工作,交行建议中央另设统一领导机关,将合营企业交给相应业务主管部门统一接管。这样,业务主管部门既掌握国营企业,也掌握公私合营企业,可以起到互相配合的效果,从而对合营企业的生产销售、资金运用等进行全面有计划的监督。

　　截至1953年,公股公产清理工作虽还留有一些收尾工作,但大体已告完成。自1950年开始,经过交通银行和各级政府机关三年多的努力,整个清理工作已取得丰硕的成果,清理出了绝大部分公股公产,尤其对是重点行业和重点企业的清理基本上告一段落。根据国家财政工作的总方针,交行公股公产清理工作宣告基本结束。在公股公产业务领域,交行开始转入以管理为主的新阶段。

第四节　公私合营企业的财务监督

一、早期的企业监管工作

　　1953年,交通银行的工作重心从公股清理转到公股管理。在此之前,一些公私合营企业已经完成清理工作,交行根据"清理一家接管一家"的原则,对部分企业的生产经营率先以公股股东的身份,联合其他部门对其进行监管。1950年8月,交行完成了107户企业的整理工作。② 虽然管理公私合营企业条例尚未制定,但一些分支机构作了有益探索。如新光内衣厂员工有2200多人,债务关系混乱,建国后中国人民银行成为其最大的债权人。为保证旧债清偿,恢复生产成为当务之急。为此,交行上海分行代表中国人民银行和新华通商银行成立了新的债权团,会同劳资双方组织维持生产委员会,并邀请纺织工业部、贸易部等业务主管部门参与指导,力图尽快恢复企业生产。对于企业旧账,上海分行作了冻结处理,全部查清旧有资产负债,未

---

① 《交通银行史料》第二卷,第721页。
② 《交通银行总处工作往来》(1950年9月5日),上海市档案馆藏,档号 Q55－2－410,第1页。

结算的成本不再精确计算,在此基础上建立企业新账。这不但为今后准确计算生产成本和开支打下基础,也有效消减了一些股东追讨旧账对生产造成的影响。随后,由上海分行主持,为企业建立新的生产计划和财务计划;为核算生产成本,节约不必要的开支,对新光内衣厂的购料制度进行改革,严格审核进货价,使资金和货物积压的情况有所好转,企业生产开始良性循环。在监督过程中,上海分行积极检查生产财务计划的执行情况,并对先前的成本核算制度加以完善。

经过上海分行行三个月的监管,新光内衣厂有了很大变化,资金周转速度加快。1950 年 5 月到 7 月的三个月间,企业结盈达到 21 亿余元,[①]工人失业的问题也因为生产扩大而得到逐步解决,到 7 月,增加职工 230 人,临时工 43 人,交行的监管工作取得初步成功。

监管工作必须切合工厂生产实际,否则难以起到恢复生产、改进管理的作用,这是上海分行对上海飞轮制线厂实行监管后所得到的认识。1950 年 4 月到 5 月,上海分行派出员工到上海飞轮制线厂实习,了解产品生产过程和企业生产计划的编制情况。随后,分行组织维持生产临时委员会,劳方代表、新债权团和资方代表各占三分之一,所有重大事项经委员会表决通过。这一措施提高了工人生产积极性,工人人数

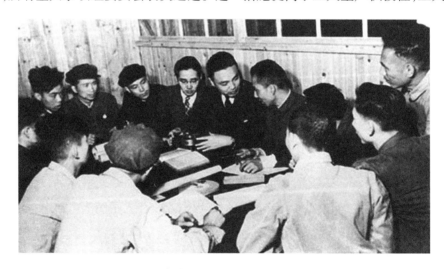

公私合营企业开展技术攻关活动。

---

① 《交通银行总处工作往来》(1950 年 9 月 5 日),上海市档案馆藏,档号 Q55 - 2 - 410,第 2 页。

有所削减,产量却没有减少,通过技术改造,生产成本还有所降低。① 在监管过程中,分行随时注意生产进展,灵活运用资金,掌握主要原料的购储,避免资金呆滞,减低了财务负担。

对新光和飞轮两个工厂的监管,上海分行都是与其他债券机构、业务主管机关共同进行的。上海分行的重点工作是财务监督。经过数月的攻关,配合企业的生产流程,上海分行帮助两家企业建立了一套成本核算制度,账务工作进入正常阶段。过去因不明生产成本,不敢竞揽生产订单的局面逐渐扭转。② 除此之外,上海分行还对生产计划的编制、购料制度的建立、财务公开、工资调整、与工人联系的加强以及责任人制度的建立等方面做了大量工作。

通过对新光和飞轮两家工厂的监管,上海分行获得了不少宝贵经验,这些经验对上海和全国的监管工作,都具有积极的指导意义。首先,事前调查劳资关系成为必要环节。应先了解劳资之间存在什么问题,再协调双方,加以解决,在各项问题理清楚之后再行贷款援助。其次,必须公开工厂的财务账目,争取各方的支持。新旧账目必须分开处理,避免出现债权人催还旧欠的情况,影响企业扭亏保本。再次,尽量从旧有人员中招聘职工,避免因失业问题影响生产秩序。最后,应及早建立各项生产管理制度,若复工很久之后再建立制度,实行时会遭遇各种困难,对于重大事项须尽量召集有关人员共同座谈,听取各方意见后再行决定,贯彻民主作风。

1953 年以前,除了上海分行,还有一些分行对先期清理完毕的合营企业进行了管理探索。天津分行提出,监督应着重于财务方面,避免与其他主管部门发生冲突。③ 青岛分行则提出,与主管机关密切联系,彼此分工合作,按照不同合营企业公股所占比例分别进行管理。④ 华北分行在参与耀华玻璃公司董监事会中,对企业管理的改进提出了意见,并将取得的经验在全行进行交流。⑤

二、从公股管理到财务监督

1950 年 2 月,第一届全国金融会议提出,交通银行的首要任务是将前国民政府

① 《交通银行总处工作往来》(1950 年 9 月 16 日),上海市档案馆藏,档号 Q55 - 2 - 410,第 3 页。
② 《交通银行总处工作往来》(1950 年 9 月 11 日),上海市档案馆藏,档号 Q55 - 2 - 410,第 2 页。
③ 《交通银行总处工作往来》(1951 年 1 月 8 日),上海市档案馆藏,档号 Q55 - 2 - 411,第 3 页。
④ 《交通银行总处工作往来》(1950 年 1 月 15 日),上海市档案馆藏,档号 Q55 - 2 - 411,第 7 页。
⑤ 《交通银行总处工作往来》(1951 年 6 月 30 日),上海市档案馆藏,档号 Q55 - 2 - 411,第 4 页。

的三百多个投资企业管起来,吸取经验,学会管理,再逐步接受管理国家投资企业的任务。此时,政府对交行的预设目标是全面管理国家投资。

1951 年 1 月,第二届全国金融会议指出交通银行还有第二个基本任务:"代表国家管理公私合营企业中的公股股权,以公股股东身份,从发展各该企业出发,通过其董事会,配合业务主管部门与行政部门进行监督管理。"中央政府希望交通银行通过公股股权的管理,"一方面端正企业的经营方针,检查内部组织管理制度是否合理,使之能够按照国家的经济建设政策进行生产;另一方面根据企业的基本情况,从金融角度上帮助其解决实际困难,组织产销与资金的协调运用,做到'发展生产,公私两利',从而使之进一步向国营经济靠拢,发挥其国家资本主义的经济作用,成为国营经济领导私营经济的有力助手。同时应按照公股剥离统一收取股息红利,定期解缴国库增加财务收入"①。由此可见,交行管理公股的范围非常广泛,除了财务方面的监督管理和代收股息红利等常规任务外,还包括内部组织和管理制度的检查,监督企业落实国家经济政策,促进合营企业经营目标向国家需要靠拢等多个方面。此时,清理公股公产还在进行之中,很多问题尚不明确。因此,交行管理公股的任务、内容和目标还停留在原则和框架阶段。

1951 年春,交行被指定为公私合营企业公股股权的主管财务机关。
图为公私合营信大祥绸布商店开张。

---

① 《交通银行史料》第二卷,第 403 页。

不过,通过一年的观察和操作,交行已经认识到,将来对合营企业的管理方式不同于国营企业或私营企业,而是由业务主管部门、投资主管部门和行政部门三方代表国家进行管理。除了行政管理部门,其他部门主要通过董事会影响企业决策,达到监管目的。因此,交行在制定管理方案和管理内容时,大部分结合银行自身的特点和董事会运作方式。交行认为,管理的主要内容应包括:"除帮助企业建立财务收支计划,组织资金合理使用外,应经常从财务角度上考虑其资金周转情况,在必要与可能的条件下,可提出国家对该企业的扶植方案,通过人民银行或总处给以长短期资金周转……把管理股权与监督贷款结合起来。"①与全国金融会议对交行管理公股的设定来看,交行更多偏重于财务方面,较少涉及企业的具体管理和具体业务。一方面是因为交行对此并不擅长,另一方面因为交行已经意识到己方只是投资主管部门,对合营企业的管理更多依赖于上述三个部门的协作配合。

1952 年 6 月 9 日,交行召开分行经理会议。财政部副部长戎子和在会上明确提出,交行第二个任务是管理公司合营企业中的公股股权。② 他强调,公股的股权一定要由交行集中掌握,不能像有些人提出的将这部分工作交给财政部门经建司处理,但在业务管理方面则要根据企业性质,交给各级业务部门管理。在管理内容上,戎子和强调,交行在进行清理与财务监督时,除应保障公股在合营企业中的领导权外,也要照顾到私人资本家的合法利润。

从 1950 年到 1952 年,不同的领导,在不同的场合,均强调了管理公股是交行的重要任务。但他们所说的公股管理内涵不断发生变化,总的来看是范围收缩而目标明确。从上述戎子和的讲话中大致可以看出,交行今后对合营企业的公股管理基本集中在财务管理方面,不涉及业务管理和企业组织制度建设等方面。

1952 年底,交行在分行经理会议上拟定的管理合营企业公股的具体目标为:自1953 年起,分别将公股股权移交各级企业主管部门接管,财政部门对业务主管部门的投资则由业务主管部门负责经营管理,解缴股息红利。③ 1953 年 1 月,中央批转交行区分行经理会议的综合报告,同意会上交行提出的基本任务。至此,交行根据实际情况放弃了最初对合营企业进行全面的公股管理的设想,开始将具体的业务管理逐

---

① 《交通银行史料》第二卷,第 411 页。
② 同上,第 414 页。
③ 同上,第 420 页。

步移交给各级业务主管机关,而专注于对合营企业的财务监督。

交行对合营企业的监督集中于财务方面,打消了外界对交行不熟悉生产无法有效监督的疑虑。从专业性的角度来看,交行事权范围缩小利大于弊。一方面,这与交行的金融背景十分契合,有助于在监督过程中切实发现企业运行的问题,提出有效意见。另一方面,配合交行的贷款等业务,还可以对合营企业的发展方向加以引导,使其切实符合国家产业发展的需要,更好地服务于国民经济的发展。再者,此时交行已经开始承担基本建设拨款任务,加上对合营企业进行财务监督,国内大部分企业资金都纳入交行的监管范围,对配合中国人民银行管理货币流动及其货币投放提供准确数据都有积极意义。

随后,中央政府逐步以文件的形式明确了交行监督公私合营企业财务工作的任务。1954 年 9 月 2 日,政务院第 223 次政务会议通过《公私合营工业企业暂行条例》,其中第 25 条规定:"人民政府财政机关和所属的交通银行,负责监督合营企业的财务。"[1]对于财务监督的任务和范围,国务院五、八办在批复交行 1955 年工作方针时指出:有计划、有领导地管理在公私合营企业、私营企业中国家的或由国家代管的股金,和统一管理公私合营企业的资金及其他应管理的资金,对于保护国家财产和合理使用生产资金有一定的作用。因此,加强计划管理是必要的。在实现这一任务时,各级交行和它的领导部门必须积极工作。[2]

这样,从公股清理开始,交行便不断探讨今后公股管理的职责和范围。经过清理时期的摸索,交行已逐渐意识到自身无力承担起全面管理公股股权的责任。公股管理的提法逐渐被财务监督所取代。1953 年公股清理工作基本结束后,交行开始和其他业务部门密切配合,共同对国家在企业中的公股进行管理,同时也在自己职责范围内为合营企业发展提供支持。

三、财务监管制度的改进

为了配合对合营企业进行财务监督,交行不断探索、修改相关制度,以期符合合营企业的经营特点。从 1952 年《合营企业财务管理办法初稿》下发,至 1955 年 5 月《公私合营企业财务监督暂行办法(草案)》印发,交行对合营企业财务监督的规定进

---

①② 《交通银行史料》第二卷,第 741 页。

行了长时间的酝酿与修订。

1953 年,中共中央提出过渡时期总路线和总任务。李维汉在工商联代表大会上也提到:"国家对资本主义工商业的社会主义改造,第一步是鼓励其向国家资本主义发展,经过国家资本主义的道路,逐步完成其由资本主义转变到社会主义的改造。"①交行制定合营企业财务监督的规定也体现了逐步对企业进行社会主义改造的意图。总处在《草案》说明中提到:不少合营企业还未完全改变资本主义的经营管理方法,财务混乱的现象仍然普遍存在,盲目发展、资金运用不合理等形成积压或不足。为了保证生产,贯彻统筹兼顾、按行业改造的方针,并根据节省国家财政支出、以合营资金的积累来扩展合营企业的要求,必须加强对合营企业的财务监督工作。通过对企业的财务监督,促使企业遵照国家计划,改善经营管理,加强经济核算,逐步完成社会主义改造。②

合营企业的资金存放方式一直是历次监管办法中强调的重点。《初稿》规定,合营企业提存的公积金、设备的基本折旧基金、固定资产变价收入、大修折旧基金、流动资金、私股利润等各类资金应专户存储于中国人民银行以便监管。③ 为了体现交行对企业财务的监督,《草案》重新确定了资金存放,将企业盈余资金、公股和代管股的股息红利、企业公积金、固定资产折旧和大修基金等应提存的资金全部改存于交通银行。④ 这便于交行随时了解企业的经营状况,及时发现财务工作中的问题。

资金存放于交行后,应从哪些角度对合营企业进行监督,交行作了详细的说明,主要体现在五个方面。第一,监督企业是否根据计划进行生产,是否完成生产任务,查明企业未能完成生产任务的原因。第二,检查企业是否按照规定将专户资金提存交行,并按照规定用途支用。第三,督促企业及时分配盈余,检查盈余分配是否符合国家政策。第四,监督企业合理运用资金,检查并纠正企业对各项资金使用上的浪费和不合理现象。第五,监督企业建立和健全各项财务制度,并按制度办事,防止财务管理上的漏洞。⑤ 这五个方面,从 1952 年合营企业财务管理相关规定出台之初,就

①② 《交通银行史料》第二卷,第 766 页。
③　同上,第 747—754 页。
④　同上,第 759—762 页。
⑤　同上,第 771 页。

可以找到大量具体条款。例如,在《初稿》中即规定"企业清估资财调整资本后应按实际需要进行流动资产定额",①防止企业因自身存有较多流动资金而导致市场流动性泛滥,最终造成物价不稳定。

交行通过财务监督达到节约国家财政开支的目的,更多体现在对企业扩建的监管方面。以财务监督节约国家财政资金,一直是交行监督合营企业的重要目的。因此,《初稿》提出:"合营企业基本建设之资金来源,应尽先以基本折旧基金专户存款、固定资产变价收入专户存款,及多余流动资金专户存款抵补。"②国家希望合营企业扩建时尽量减少对财政的依赖,以自有资金完成相应建设。此后,对合营企业财务监督的规定虽经多次修改,这一原则并未改变。《草案》更直截了当提到:今后对扩展合营企业的投资,必须少从国库开支,多从合营企业的资金积累中规划。依照以上要求,必须掌握企业的专户资金,尤其是公积金。

掌握企业公积金用于合营企业自身的扩展和建设,可以进一步引导企业根据国家计划有步骤地发展生产。因此,对于公积金的使用数额和范围,交行和相关业务主管部门联合监督,制定了较为严格的使用规范,防止合营企业盲目扩大生产或是滥用多余资金,扰乱国家生产计划。《草案》对合营企业使用公积金进行改扩建明确规定:"合营企业公积金用于本企业或投入其他企业进行扩建、改建,必须在国家批准的经济建设计划项目以内,并按照下列程序经过批准后方可动用。"③相较1952年《初稿》中缺乏相关部门监管合营企业公积金的情况,修改后的规定将节约财政资金,引导合营企业向国家需要的方向发展的目标予以落实,具有很大进步。

经过多次修订,有关合营企业财务监督制度更加完备,促进了交行财务监督工作的具体实施。于是,合营企业的生产活动被逐步纳入国家计划范围内,产品积压、成本过高以及不合理生产等现象逐渐消失,大大增强了国家对生产经营活动的控制力。

四、合营高潮中的财务监督

1956年,对资本主义工商业的社会主义改造进入高潮,全国的私营工商业正在或已经实现了公私合营,交通银行对合营企业的财务监督工作随着社会主义改造的

---

① 《交通银行史料》第二卷,第757页。
② 同上,第750页。
③ 同上,第761页。

深入发生了一些新的变化。

在一些全行业实行公私合营的企业,国家对民族资本家的赎买实行定息制度,以逐渐取代"四马分肥"的办法。1956 年 2 月,国务院全体会议第 24 次会议通过《关于在公私合营企业中推行定息办法的规定》,将定息息率确定为年息一厘到六厘。为了保证定息政策适应实际情况,实际的息率可以根据国计民生的需要和各行业、各地区的具体情况,在范围内作出调整。

息率的确定,主要由合营企业所在的省、市、自治区的人民委员会领导机构进行,并由公私双方在当地主管机关、工商行政机关的指导下进行协商,提出意见,报呈人民委员会由国务院主管部门核准。交通银行作为公股的投资主管机关,派出公股股东参与一些合营企业的董事会决策,在定息协商过程中也起到了一定作用。更为关键的是,交行作为财务监督机关,在定息发放过程中承担了经办人的责任,对定息制度的广泛推行起了重要作用。

由于地区和行业间的差异,1956 年国务院并未强制在全国全行业推广定息政策。对于暂不实行定息制度的合营企业,交行按照 1954 年 9 月《公私合营工业企业暂行条例》中规定的分配方式执行财务监督工作。

随着资本主义工商业的社会主义改造进入高潮,交行的工作内容也出现了变化。整体而言,交行的责任不断加强。1956 年 1 月,财政部下发通知,责成交行继续办理商业以外的公私合营企业的财务监督工作,并说明了交行 1956 年的工作内容。

第一,按照财政部的要求统一修订企业的会计制度;会同业务主管机关加强审核企业收支计划,进行成本管理,并以监督流动资金使用为重点;在及时了解企业财务状况的同时,督促企业遵守国家规定,加强经济核算,早日实现按社会主义方法进行管理的要求。第二,组织合营企业收入,监督企业的支出。根据财政部的要求,"各级合营企业的财政收入和交通银行组织收存的专户资金,除根据国家批准的计划供应本级对资本主义企业改造用款外,还需有部分资金上缴财政,以扩大社会主义资金积累"。① 对于专户资金调剂不足的部分,由总处统筹调剂余缺补足。在用款方面,凡是经过国家核定的合营企业投资,不论用于基本建设还是用于补充流动资金,都由交行审核拨付。财政部明确这一时期交行在合营企业财务监督中的任务,有利于总处

---

① 《交通银行史料》第二卷,第 746 页。

及时部署工作,对改造时期的合营企业加强监督。随着改造的深入和交行有针对性的监督,合营企业生产计划逐步向国营企业靠拢,改造的进度大大加快。

定息政策推行后,全国合营企业的赎买政策出现了"四马分肥"和定息两种制度。1956年3月,国务院五办、八办制定《对公私合营企业财务管理的若干规定》供交行参考。这份办法除了强调交行在合营企业中所负的财务监督权力和责任外,更多地申明采取定息和"四马分肥"分配政策的财务分配规定,明确交行在其中的责任。

采取定息办法的合营企业的利润应当按月按照计划书扣除所得税、企业奖励金和应付的私股定额股息后,解缴交行,并按季度和年度的实际利润数进行结算,多缴的抵作下期利润,少缴的予以补缴。在股息发放部分,合营企业必须对政府以外的所有股份按照规定的利率发放股息,以保障私股和其他股东的利益。交行作为合营企业的财务监督行也负有责任,其中合营企业核定的计划亏损及不足的流动资金定额都由交行负责补足。① 在1955年交通银行《公私合营企业财务监督暂行办法(草案)》中,原规定各类合营企业的资金全部由交行存储,而1956年制定的《对公私合营企业财务管理的若干规定》,则将大修理折旧基金转由中国人民银行专户存储,其他资金仍由交行存储,但不计算利息。② 这是国务院为适应全行业公私合营新形势,对先前交行财务监督规定所做的重要修改。

对于采取"四马分肥"办法的合营企业,除了1954年9月《公私合营工业企业暂行条例》中的规定外,国务院还增加了个别内容。同定息企业一样,除大修理折旧基金存放于人民银行外,其他资金包括待分配盈余、公积金、基本折旧基金、固定资产变价收入及多余的流动资金都应存入交行。当企业自有流动资金不足时,"四马分肥"企业可以动用本企业公积金存款补充,无需交行拨付弥补不足。

为了贯彻交行之前制定的合营企业财务监督规定,即少动用国家财政资金,引导合营企业进行社会主义改造的原则,国务院指出,合营企业固定资产调入和调出若经过业务主管机关的批准,国家则可以不支付资金,而是通过增减公股比例的方式实现。③ 这样既减少了国家财政支出,又使交行能够通过财务监督进一步将合营企业

---

① 《交通银行史料》第二卷,第742—743页。
② 同上,第743页。
③ 同上,第744页。

导向社会主义道路。

在引导合营企业社会主义改造方面,此次国务院的规定也有所突破。合营企业的基本建设、技术组织措施、新种类产品试制和零星基本建设都要按照国营企业的规定办理,并由交行负责资金的拨付,其中基建资金也由交行转拨建设银行后方可使用。① 另外,"合营企业应当根据生产、销售、劳动、成本和基本建设等计划编制财务计划。计划的报送、汇编、审批程序按照国营企业的规定办理,原送财政机关部分,改送交通银行"②。至于各类月度、季度和年度的决算报告的编制、汇编、审批也同样参照国营企业规定办理,并送交行。这些规定符合 1956 年全国公私合营进入高潮的需要,也有利于交行进一步强化对一些合营企业的财务监督。

对一部分合营企业,交行的财务监督力度有所减弱。这些企业主要指 1956 年已经将计划列入国营企业财务计划以内的合营企业。交行负责监督按时给私股股东发放定息,而对各类计划和决算书的编制与报送,全部按照国营企业流程办理,直接向财政机关汇报,无需再报送交行。这是合营企业基本完成社会主义改造的标志,也是交行进行财务监督并积极引导的结果。

通过交行的财务监督,合营企业自身管理水平较低、成本和计划意识薄弱等弊端逐步消失;生产和计划管理已基本被纳入国营企业的规范,其中一部分已成为国营企业。除了对合营企业中的私股仍执行赎买政策外,这些合营企业与国营企业已几无区别。

第五节　财务监督的全面推进

一、合营企业的财务调研

对企业财务状况进行调查研究,是做好财务监督的前提和基础,总处对此高度重视。从 1952 年底开始,各类调研工作陆续展开。为了了解公私合营企业的财务状

---

① 《交通银行史料》第二卷,第 743—744 页。
② 同上,第 744 页。

况,积累监管经验,总处先后调查了七个单位,其中,中南区三户,华东区四户。[①] 被调查企业的情况各有特点,有类似国营企业管理的重工业工程,有公私共同管理的纺织业和化学工业,也有合资性质但以私营为主的打包业。

在调查过程中,交行分别从企业的资金、制度、计划和成本四个方面进行深入了解。在资金方面,交行发现合营企业普遍存在经营不善的问题,虽有政府的支持,但因基础太差,流动资金相对匮乏的情况仍然十分突出。而流动资金不足又引起一系列连锁问题,诸如长短期资金无法划分,业务资金和基建资金混合,资金周转不灵以及原材料超额储备等。如果不及时整顿,整个企业的前途堪忧。

在规章制度方面,交行的调查结果显示,合营企业的管理制度大体可分三类,第一类是类似国营企业管理的企业,制度参照国营企业规章制定;第二类是公私共同管理的企业,虽有制度但不够完善,而且很多都以不成文规定的形式存在;第三类企业是私股股东占多数的企业,多数缺乏严格的制度,只是保留了老一套做法,没有任何适应新形势的变革。制度的不健全导致原材料损耗状况、折旧情况、资金使用情况等都无法明确,加重了企业的亏损。交行提出这样的现状令人担忧,认为应当在企业中普遍建立各项规章制度,如固定资产管理制度、原材料管理制度、统计制度、定额制度、流动资金管理制度等。[②]

计划缺失也是一个重要问题。大部分合营企业没有编制产品、劳动、物资供应、成本、销售、财务和基建七大类计划。这些企业既没有专门的计划部门,也没有专人负责。即便有计划编制的单位,也是少数人凭主观经验制定,常与实际情况脱节。鉴于各种生产计划和制度没有建立,缺乏全面核算成本的基础和数据。控制成本、提高生产利润,在很多合营企业中成为一句空话。

由于深入企业生产第一线,交行在调查中获取了第一手资料。据此,总处对今后的财务监理工作提出了几点意见,要求各行处确定流动资金定额,明确划分长短期资金,从制度上规定利润的提存与分配,掌握企业的财务收支计划和财务报告,加强学习交流经验。[③] 这些意见基本上都针对合营企业当时存在的问题而提出,之后交行对合营企业的财务监督工作,也多围绕这几条意见展开。

[①②] 《交通银行总处工作往来》(1952 年 11 月 30 日),上海市档案馆藏,档号 Q55-2-413,第 1 页。
[③] 同上,第 3—4 页。

对合营企业财务监督工作所面临的困难，交行领导层也有深刻的认识。1955年，总经理张平之针对合营企业财务工作中的问题，在9月18日的《大公报》上刊登文章，直言不讳地提出批评，并列举详细数字予以证明。

第一，财务混乱，资金积压。如上海市天山化工厂、关勒铭金笔厂、光中染织厂三个单位超过定额储备材料，加上成品滞销，共积压资金达150万元以上。青岛华新纱厂、阳本印染厂两个单位，仅辅助染料、燃料和零星配件三项，就超额储备资金110多万元，积压的染化料和五金材料足够其正常生产二到五年。资金的严重积压，不但影响了正常生产和国家的物资调控，还影响了国家资金的调拨和公股利益。例如大成电机厂的原材料超额储备达70多万元，影响了资金周转，不得不向中国人民银行贷款31万元；上海市47户合营企业共提取公积金3344万元，但他们的银行存款仅49万元，大部分资金被用作基本建设、弥补亏损、补发股息红利等。

第二，盲目发展，与国家计划脱节。如石家庄大兴纺织厂已处于靠中国人民银行贷款维持生产的境地，但该厂却在1955年大搞基本建设，不但动用折旧基金、企业公积金、股息红利等资金，还打算用当年的利润来弥补短缺部分。张家口新生煤矿在产品严重积压、资金非常困难的情况下，还申请14.63万元的资金搞基本建设。这些盲目上马的工程，必然造成新的物资积压，打乱国家生产计划。

盲目发展致使大量资金消耗，流动资金困难导致企业不得不减产，由此增加了生产成本，合营企业的竞争力进一步下降。据交行1954年的统计，上海大统染织厂的成本比计划高出4.31%，鼎丰仪器厂增加21.68%，关勒铭金笔厂的回炉率高达25.88%。

第三，不少合营企业的盈余分配不及时。以上海市合营企业为例，截至1955年6月底，在1954年账目已经结清且有盈余的201户企业中，进行分配的只有5户，甚至1953年股息尚未分配的还有19户。相似的情况在武汉等地也普遍存在，这种情况不仅影响企业的长远发展，更损害了公私股东的利益。①

产生这些问题的根源，是企业财务制度没有建立或制度未能切实执行。因此，张平之针对合营企业的财务监督工作，提出了交行的工作重点，要求"必须加强对国家投资款项的拨付和监督；必须对合营企业中的公股股权进行统一管理，把公股应得的

---

① 以上均见《交通银行史料》第二卷，第786—787页。

收益及时收集起来;必须加强对合营企业各项专户资金的管理和监督;督促合营企业改善经营管理,逐步加强经济核算"。① 与1952年底的意见相比,此次工作要点更强调资金的拨付和监管,以保证各类资金分类运用、防止生产的盲目扩张。

以周密详实的调查研究为基础,交行逐步掌握了合营企业财务工作的真实状况,对确定工作重点,及时纠正工作中的问题,帮助合营企业改进生产管理起到了积极作用。

二、核定流动资金定额

通过调查研究,交通银行发现合营企业内部存在诸多资金问题,因此,将核定合营企业的流动资金定额作为财务监督的重点工作之一。中国人民银行和其他部委对这项工作也给予了支持。

1952年,交行总管理处印发《合营企业财务管理办法初稿》,要求合营企业按照国营企业核算流动资金定额的计算办法确定企业流动资金定额,②这一原则在此后各项合营企业财务监督的规定中被多次重申。但由于合营企业具有其特殊性,一些规定无法全部执行。随着财务监督工作的逐步深入,交行开始制定审核合营企业流动资金定额的单行规定。

1956年4月,中国人民银行总行和交通银行总管理处联合下发《执行〈对公私合营企业财务管理的若干规定〉有关贷款问题的补充指示》,③明确了核定流动资金的一些操作细节。为保证核定流动资金的准确性,两行联合提供人力资源支持,总处要求各分、支行积极推动并会同主管业务部门进行核定工作,根据自身干部力量,有重点地参加企业流动资金的定额工作。

核定工作完成后,交行负责组织企业缴存多余的流动资金。若流动资金不足,则按季度为单位调整定额数量,根据不同企业有发放定息和"四马分肥"的差别,分两个方案进行调整。对于定息企业,由交行在定额范围内按实际用款需要拨付资金。对于执行"四马分肥"的企业,首先以本企业前期结余多余流动资金弥补,如有不足,则使用本企业的一部分公积金加以补充,但至多不超过40%。如果还有不足的部

---

① 《交通银行史料》第二卷,第789—790页。
② 同上,第750页。
③ 同上,第776页。

分,由交行酌情在各合营企业的全部专户存款范围内加以调剂,而这些拨付给企业的资金,则作为交行对合营企业的投资。① 从上述两种定额资金补充方案可以看出,由于定息企业在社会主义改造的程度上比实行"四马分肥"的企业更进一步,与国营企业差别不大,所以交行倾向于用财政资金加以救助和补充。而"四马分肥"企业的私有制色彩依然很浓,交行补充其流动资金,依然沿袭了先前尽量不动用或少动用财政资金的原则,偏向于用企业的自身积累解决资金不足的问题,即便予以弥补,也算作公股的投资而非无偿拨用。

由于一些合营企业前期流动资金管理混乱,公积金、基本折旧基金等都被流动资金占用。1956 年,交行核查合营企业中资金被挤占和挪用的情况,督促企业完成流动资金和其他基金的划分工作。本着"该缴的缴,该存的存,该用的按计划使用"②的精神,对企业的资金进行整理,完成相应的转账手续,加速企业财务规范化的进程。

三个月后,中国人民银行和交通银行再次针对合营企业流动资金问题,对工作目标进行微调。两行要求,交行各地分支机构会同主管部门对有条件编制财务计划的企业进行流动资金计划定额的核定工作。对条件尚不成熟的企业,可以暂免编制财务计划,也不需要核定流动资金定额。与之前的规定相比,此次的联合通知区分了企业具体情况,没有搞"一刀切"。但是,对流动资金定额实行之前,若流动资金的使用侵占了其他基金,交行仍要求这些企业补缴各类基金并实行专户存储,以保证各类账户坐实,避免有账无款的情况发生。这也是交行对张平之总经理 1955 年指出的合营企业财务问题的正面回应和相应解决。对于合营企业财务不健全导致的产能和产品积压问题,中国人民银行和交通银行也提出了解决方案,指出对于一年内无法处理的呆滞积压物资,在未处理前占用的资金,先由交行拨出特种积压物资贷款基金进行处理,如果交行有困难,则在 1956 年度内由中国人民银行贷款加以帮助。③

各地分行积极贯彻两行关于核定流动资金定额的有关政策。交行上海分行决定在 1955 年底前逐步完成合营企业流动资金定额工作,明确划分企业自有资金和信贷资金。1955 年第二季度,上海分行选择了大隆机器厂、惠工缝纫机厂、大中华橡胶厂、金星金笔厂、大新振印染厂、画片出版社等六个合营企业作为重点试行单位,在积

---

① 《交通银行史料》第二卷,第 776—777 页。

② 同上,第 777 页。

③ 同上,第 779 页。

累经验后向全市推广。①

两个月的试点工作中,上海分行将工作分为准备动员、核定资金、推行新放款办法、总结等四个阶段,其优点逐步在生产中显现出来。第一,核资工作在保证生产的原则下,合理地安排了企业各类资金,加速了资金周转,降低了流动资金定额。六个合营厂原计划定额1758万元,周转期为77.7天,核资之后定额减到1236万元,周转期加快到54.62天。② 第二,进一步摸清了企业情况,改进了企业产、供、销环节。企业的生产周期缩短,资金占有量降低。大中华橡胶厂在流程改进后生产周期从原来的12天核减为8天。企业的原材料采购间隔期也被缩短,储备资金占用减低。金星金笔厂原料购买间隔从6天改为2天,节约资金18000元。销售环节的改进,则进一步减少了产品积压问题。大隆机器厂经过改革,向石油配件公司报缴产品的手续,从往返8次费时6天压缩到报缴1次,缩短了2天间隔周期,又将支票结算改为监督付款委托书结算。③ 第三,经过核资后,生产计划编制不科学、不切实际和从宽估算的现象大为改观。在这一过程中,交行并非一味督促合资企业提高生产效率,压缩工期,而是根据实际情况确定生产时间。画片出版社估算招贴纸和铜版纸大小画片的生产时间为15天,在核资过程中根据合同签订到进栈天数,并参照一般印刷厂的正常时间,将生产时间确定为22.5天,延长了7.52天,使生产计划切实可行。④

通过核定流动资金,企业的库存物资和积压产品得以清理,资金逐步被盘活。通过这项工作可以进一步摸清企业生产、财务情况,为今后改进信贷工作打下基础。对国家和合营企业而言,可以克服资金使用上的混乱和浪费,促进企业资金专款专用,使企业经营走上国家计划的轨道,减少了资金的积压,保证企业固定资产更新和合理进行盈余分配。据此,交行从简单照搬国营企业的管理办法,改变为结合合营企业的实际制定一整套合营企业流动资金的定额规定,配合资本主义工商业的改造目标,逐步完成对合营企业流动资金的定额工作。

三、收存专户资金

交通银行在核定企业流动资金定额的同时,还组织合营企业收存专户资金。专

---

① 《交通银行史料》第二卷,第802页。
② 同上,第804页。
③ 同上,第805页。
④ 同上,第806页。

户资金缴存交行,是财务监督相关办法的规定,也是交行实现财务监督的重要手段。专户资金收存不及时、有账无资一直是专户资金管理的主要困难。因此,了解专户资金状况、坐实专户资金账户资金,成为交行组织收存专户资金工作的重点。

至1955年,交行湖北分行组织收存专户资金工作,除宜昌外,已全面展开。湖北分行首先争取业务主管机构的支持,之后对合营企业专户资金进行调研,以此确定重点收存单位。在推动企业配合收存时,交行加大政策宣传力度,说明收存专户资金的重要性,并告知企业各项政策规定,督促合营企业自行开展收存工作。然后,交行根据合营企业的财务决算报表,督促企业根据报表数字按比例收存,同时检查企业财务报表。从沙市支行的情况来看,该行监管的合营企业共10户,组织收存户为8户,收存金额截至1955年7月底共计924301.04元。[①]

湖北分行的专户资金收存工作,促进了合营企业的生产管理。企业克服了钱多好办事的思想,减少了不合理使用流动资金所造成的积压。沙市支行促使沙市食品厂核实流动资金,将多余资金专户收存,减少原材料积压达15000多元,改变了过去无款就向中国人民银行借贷的局面。[②]在专户资金使用方面,由于动用资金须经主管业务机关的批准,湖北交行也对合营企业予以逐步控制,引导其向符合国家经济计划的方向发展。为了更好地执行收存专户资金的要求,沙市支行还结合当地情况制定了《公私合营企业专户资金管理暂行办法》,专户资金收存工作进一步规范化。

交行天津分行同样十分重视专户资金收存工作。1955年,该行在总结以前收存成绩的基础上,对下一阶段的工作进行周密部署。从1954年底的情况看,天津市有合营企业71户,其中62户有公积金。1954年度盈余分配后,公积金的累计收入达15568490元,用于增加企业固定资产的公积金为10515229元,占收入总额的67.54%。已动用未增加资产(如固定资产清理、定额资产折价等)为408092元,占收入的2.62%。[③] 大部分公积金用于增加企业固定资产,不但有利于合营企业生产的持续发展,提高生产效率,而且这些资金投入没有动用国家财政资金,符合国家的政策导向。公积金结存方面,天津地区结存数为4645168元,占公积金总收入的29.84%。其中2383370.80元存放于交行,剩余部分则作为企业的流动资金。[④]

---

① ②　《交通银行史料》第二卷,第816页。
③　同上,第813页。
④　同上,第814页。

天津分行鉴于先前公积金管理上的一些问题,在公积金的支出结算方面作了不少改进。关于动用公积金的审批程序,1954 年底以前,合营企业只需主管局批准即可。1955 年 4 月,财政局接办投资拨款后,交行开始掌握天津市规定公积金控制数的审批工作。[①] 1955 年 8 月,天津分行正式开始实行公积金专户存储的工作。至当月底,全市合营企业公积金存款余额达 6064748 元,到 9 月底,达 2383370 元,占应收存数的 39.30%。专户存储工作进展较慢,主要由于企业流动资金不足,挤占了公积金的份额。显然,专户资金收存和核定企业流动资金定额两项工作必须同时开展,相辅相成,才能收到全面管理企业资金的效果。

组织收存专户资金的工作对合营企业处理积压物资、降低库存起到了一定作用。交行将筹集的资金用于调剂资金不足的企业(包括固定资产投资和流动资金不足),也有助于降低合营企业对中国人民银行贷款和财政资金的依赖。根据天津市人民委员会的统一安排,以公积金作为"政府投资"注入合营企业,由此增加了公股比重,推动对合营企业的社会主义改造。到 1955 年 10 月底,把企业公积金作为政府投资的企业增加到 8 户,国家对合营企业的掌控能力进一步加强。

1956 年公私合营高潮时期,交行继续积极地推进收存专户资金的工作。上海分行依据合营时间的先后,将企业分为 1954 年底以前合营的、1955 年内合营的和 1956 年高潮期间合营的三类,[②]并在收存专户资金时予以区别对待。第一类企业的基本折旧基金的专户存储工作开展得较好,但利润、多余资金等的资金存储不是很普遍,不存、漏存、借用的情况很多,因此成为上海分行工作的突破口。这些企业的待分配利润除了购买公债外,全部存入交行,其他的公积金、多余流动资金等也全部纳入监管。第二类企业,在完成定股清产后,逐步编制财务制度,计算利润与折旧,逐步缴纳到交行代理库。此类企业在 1955 年内完成合营,起点较高,国家政策也相对明确。因此,上海分行比照国营企业的办法管理会计制度。对各类专项资金的监督力度也比较大,要求利润和基本折旧基金须按时上缴,按月结算后多退少补;大修基金坚持先提后用原则;核定流动资金的多余部分全部上缴。这些制度在交行监管之初就予以落实和贯彻,最大限度避免了早期合营企业一些专户资金有账无资的现象。对第

① 《交通银行史料》第二卷,第 814 页。
② 同上,第 797 页。

三类企业,首要任务是资产清算、人事安排、经济改组等,收存专户资金工作在与交行建立联系之后再进行。管理这类企业,主要参照第二类企业的方式。

收存专户资金,是交行落实对合营企业财务监督的又一重要举措。其与核定流动资金定额工作相互配合,将合营企业的所有资金纳入交行的监管范围。这对解决合营企业基本建设和流动资金不足等问题,对促进企业改进生产管理,减少国家投资都有积极作用。

四、审核计划报表

在监督合营企业的过程中,交通银行为促进合营企业的社会主义改造,落实国家"投入少量资金"、"以资养资"、减少财政开支等政策,十分重视对合营企业生产建设计划、年终结算报表等各类财务文件的审核。

1953 年清理工作基本结束后,交行西南分行对区内一些重点合营企业的决算报表进行审核,并总结经验作为日后推广的依据。在审核七户重点企业之前,西南分行做了较为充分的准备。首先,拟定统一的审查提纲,明确审查的目的和方法。其次,研究决算科目之间的关系。交行根据七户企业不同的行业特点,对不同的财务科目划定了不同的审查标准和检查侧重点,避免千篇一律。在审查方式上,参与审查人员根据事先拟定的提纲,结合企业的特征和具体情况,在不同企业中针对企业财务和经营状况进行对比分析,从企业基础是否稳固、偿债能力如何、解放以来的实际经营情况、有无发展前途、存在的缺点等几个方面阐述审查意见。

经过西南分行的审查,合营企业暴露出不少问题。例如,中国火柴原料公司决算表的账面是盈余的,实际审查结果却是亏损。又如,重庆电业局的账面盈余很多,企业生产基础也十分稳固,但通过审查发现其流动资金特别是材料一项过大,已经出现资金积压现象。[①] 通过这次审查,工作人员意识到不能只看账目,而应该根据企业的特点和实际生产情况来评价企业的经营。在对华安矿业公司的审查中,交行发现该公司账面上仅靠杂项来维持盈余,基本判定为业务不佳,经过实际了解,却发现该企业解放前欠债数额巨大,经过努力,旧欠已基本还清,仅此一项,即可说明企业经营取

---

① 《交通银行史料》第二卷,第 823 页。

得了可喜成绩,并非经营不善企业。而庆华颜料厂报表作假行为的暴露,①更是给交行敲响了警钟,对企业报表审核应多方调查,决不能被纸面数字蒙蔽。

随着工作重心转向财务监督,总处认为各地审核计划报表工作还需要加强。总经理张平之提到:"业务主管机关和财务监督部门,对合营企业的财务管理工作还有缺点,尤其是我们财务监督部门的工作还停留在一般化的了解情况、解交收益等工作上面,没有能够随时针对企业中存在的问题,协同主管业务机关和合营企业及时研究解决,或向企业进行必要的监督检查。"②

对此现状,张平之提出交行今后工作的努力方向。交行应与业务主管机关帮助企业改革不合理的内部规章,建立和健全各项财务管理制度,对企业的财务收支计划进行认真的分析和审核,并对财务收支计划的执行情况进行审查。③ 通过不断审核,提出改进意见,逐步帮助合营企业加强经济核算,最终完成国家计划。

1956 年,随着国务院《对公私合营企业财务管理的若干规定》以及其他财务制度的相继颁行,交行将促进合营企业改进生产管理,实行技术改革的关键放在加强对其生产管理计划的监督上,整个报表审核和监督工作受到空前重视。

到 1957 年,合营企业的财务收支执行工作有了很大进展。以地方合营企业为例,1957 年上半年,交行系统组织地方合营企业收入达 25420 万元,占中央下达的年度预算收入指标的 54.88%,其中江苏、湖南、四川和新疆四个省区的统计截止时间仅为 5 月底,④对落实国家的计划进度有较大幅度的提前。

在交行的监管下,各类财务数据及时上报,为生产分析提供了重要依据。通过分析前六个月的收入,交行发现 4 月份的收入略有降低,但 5、6 月的收入占到了前半年总收入的一半以上。至于 4 月份收入降低的原因,交行也给出了客观分析,主要是因为"重工、纺织系统原料供应不足,生产任务下降;石油配件工厂因中央调整收购价格暂按 8 折收款,以至多数配件厂的利润减少;不少工厂因流行性感冒蔓延,职工出勤率下降"。⑤ 这些分析建立在真实的财务数据之上,对日后的生产管理工作有很强的

---

① 《交通银行史料》第二卷,第 824 页。
② 同上,第 788 页。
③ 同上,第 790 页。
④ 同上,第 817 页。
⑤ 同上,第 818 页。

指导意义。

　　从支出审核方面看,半年间合营企业共支出 11685 万元,占中央下达年度预算支出指标的 38.95%。其中基建投资专用拨款占预算指标的 40.95%,流动资金占42.84%,事业费占40.3%。① 与收入额相比,合营企业半年间在各项指标都没有过半,引起交行的重视。总处要求各地机构进一步摸清企业产、供、销的变化状况,为监督支出搜集资料。支出无法达标也说明当时编制支出计划时存在不少问题,总处要求各省市对此加以检查,及时上报存在的问题。当时,交行的合营企业财务监督工作,已走向常态化,所以各种问题不论大小都能及时察觉,妥善处理。

　　审核合营企业各类报表,是交行监督合营企业落实计划、改进生产管理的重要环节。从摸索审核方式,逐步到动态管理细化监督,该项工作不断深入。通过审核,交行发现了一些问题,并及时督促企业加以改进,以提高企业的管理水平,从而对合营企业的社会主义改造起了推动作用。

---

① 《交通银行史料》第二卷,第819页。

第四章
承办国家基本建设投资拨款业务

　　建国初期,我国依照苏联模式,实行计划经济体制,在百废待兴之际,以国家计划为主导的经济建设方式对国民经济建设起了重要作用。国家基本建设投资拨款即是计划经济模式的具体表现。作为商业银行之一的交通银行,早在民国时期即以办理工矿事业贷款见长,在基本建设投资拨款方面具有相对优势,但如何完成新时期的国家基本建设投资拨款,依然是一大挑战。在学习苏联经验的基础上,交行先试点再推广,重视积累经验,制定一系列符合中国实际的规范性文件。尤其是在对工程建设的过程管理和流程监管方面,交行做了一系列细致工作,盘活了各类物资,使国家有限的建设资金得以发挥最大效用。与此同时,交行不断完善人才培养机制,培养出一批精于投资建设拨款业务的金融人才,为国民经济的恢复及第一个五年计划的顺利实施提供了重要保证,也为日后中国人民建设银行接手该业务奠定了坚实基础。

第一节　承担基本建设投资拨款任务

一、形势需要和专业特色

　　新中国的财政金融体制基本上以苏联模式为蓝本,国家计划在经济建设、资金调配中居于主导地位。国民经济恢复时期,信贷政策的重点是支持国有经济以及具有社会主义性质的合营经济的发展,强调支持工业和农业的发展。[①] 国家的信贷政策决定银行资金的投资方向,因此,银行资金被大量用于恢复工农业生产。

随着国民经济恢复时期各项工作逐渐展开,中央政府意识到对企业和各类工程建设进行财务管理监督的重要性。在信贷政策的指引下,国家基本建设投资开始逐步增加,大量银行资金流向工业、交通等基础设施部门。资金扶助促进了相关行业的发展,但也暴露了一些弊端,主要表现为监管步伐跟不上资金投放速度,导致基本建设领域资金浪费、损失的情况频频出现。

1950 年 12 月 1 日,政务院通过并颁布《关于决算制度、预算审核、投资的施工计划和货币管理的决定》。这一文件的发布,不仅是严肃国家财政纪律的重要举措,更是政府规范管理基本建设拨款投资迈出的关键一步。

该决定包含四项重要内容。第一,实行决算制度。所有军队、政府、公立学校及受国家经费补助的团体,均须每年分四季向中央或各级人民政府的财政部门作决算报告,每年 3 月 31 日作上年度的全年决算报告,再由中央财政部将上年度总决算案报请中央政府核批。国营企业也要定期作出决算报告,防止发生浪费预算余款的现象。第二,实行预算审核。在中央政府批准的预算范围内,各级部队、机关、学校、团体向财政部门提出经费的预算或国营企业的投资预算时,财政部门应详加审查、核算。第三,加强投资的计划性,减少经济文化建设中的浪费。第四,实行严格的货币管理。现金使用必须编造收支计划,并经相关部门的批准,信贷集中于国家银行,各企业基本建设投资的拨款,逐步交由银行实行监督,按计划拨款。

从文件内容来看,这份决定赋予各级政府对包括国有企业在内的各类机关单位的财务监督权,主要体现在预算审核和贯彻决算制度两个方面,各级财政机关成为财务监督工作的主要负责部门。作为国家金融体系主要成员的交通银行,是国家实现资金流通、财政管理的重要机构。在第一次全国金融会议上,交行根据国家统一部署,已开始着手企业财务监督、核算的相关工作,与其他单位相比,交行的经验更为丰富,而且是国家指定的主要负责银行。国家将企业预决算管理放到突出位置,交行理所当然应在其中发挥更加重要的作用。

在基本建设投资拨款方面,政府承认并检讨了前期工作中出现的失误,成为加强

---

① 赵学军:《中国金融业发展研究(1949—1957 年)》,福建人民出版社,2008 年,第 182 页。

基本建设投资拨款工作的最大动因。此后,提交设计和施工计划、财务支拨计划等成为政府审批投资的先决条件。更为重要的是,政务院强调信贷应集中于银行,各类基本建设投资的拨款也由银行监督并按计划拨款,让国家银行成为部队、机关、国营企业、团体、合作社总的账务会计机关。这份文件确定了银行在办理、监督基本建设投资拨款工作中的核心地位,为后来交行承办基本建设投资拨款工作提供了实质性依据。

二、全国拨款会议的召开

1950 年 12 月 25 日,政务院财政经济委员会批准《货币管理实施办法》,其中有:"凡国家年度预算中对国家事业基本建设的投资,由中央财政部委托银行指定专业银行统一办理,并负责监督使用。"①从建国后各大银行的分工来看,《货币管理实施办法》中提到的"指定专业银行",实际上就是指交通银行。

1951 年 1 月召开的第二届全国金融会议对交行的工作重心作了调整,基本建设投资拨款工作被置于突出位置。根据中国人民银行总行的指示,交行于 1951 年 6 月 1 日起办理中央基本建设拨款工作。② 在此次会议之前,中国人民银行已有意引导交行向基本建设投资拨款方向发展,交行对基本建设投资拨款的准备、试点等工作已经展开。

1951 年 2 月 19 日,第一次全国拨款会议在北京召开,会议围绕如何办好基本建设投资拨款工作这一主题展开热烈讨论。会议任务十分明确,即明确对拨款工作的认识,了解专业银行监督基本建设投资的意义和作用,执行货币管理实施办法,监督基本建设投资,制定有关拨款的章则、制度、办法、手续。③ 与会代表共 118 人,来自交通银行总管理处和各分支行的有 84 人,④这与交行日后承担基本建设投资拨款工作有关。中央相关部门有 16 人参加会议,凸显出政府对基本建设投资拨款工作的重视。尤其值得一提的是,苏联专家也参加了会议,这将对交行在计划体制内开展拨款工作具有指导作用。

在这次拨款会议上,胡景沄对基本建设投资拨款的重要性及与交行的关系进行

---

① 《陕西省人民政府公报》,1951 年第 1 期。
② 《交通银行史料》第二卷,第 853 页。
③④　同上,第 855 页。

了详细的论述。他认为:基本建设是国家经济建设最重要的一部分,交通银行负责工矿、交通部门的投资拨款,又是属于一切基本建设中最主要的一环。从目前来讲,我国基本工业体系尚未建立,众多工业品依靠进口,区域间交通阻断严重,国家经济的重建尤为迫切。基本建设投资拨款既是一个全新的经济课题,也是一个与巩固国家政权息息相关的政治任务,对交行而言,这是一次全新的考验,面临许多挑战:一是巨额拨款量和经验缺乏的矛盾,"从交行本身来讲,对投资拨款的监督,是过去没有做过的工作";①二是人才不足,交行仅有千名干部,且分散于全国各地,不足以监管庞大的资金流向;三是监管对象有一定抵触情绪,很多企业对资金使用并无明确计划,任意性很强,对拨款监管感到不适应;四是交行内部的思想转变不到位,民国时期的交行虽以扶助实业发展为导向,但其本质依然是以营利为目的的商业银行,而新中国的交行不以营利为目标,"今天交行应做的工作,已不是一般的商业行为,而是执行国家政策法令,遵守国家制度的一种工作。目前的财政拨款,它的本质便不是一种买卖关系",在实际工作中,不能用过去的思路投放资金,只计较眼前得失。②

　　会议历时 20 天,与会人员开动脑筋,积极建言,会议取得了丰硕的成果。一是明确了对监督基本建设投资的认识,认为办理基本建设投资拨款是交通银行最重要最基本工作,监督基本建设投资的使用,一方面是为了加强投资的计划性,保证专款专用,促进经济核算制的建立和建设计划的完成,另一方面可有力配合货币管理,使货币资金按照计划流入市场,以巩固金融的稳定;二是确定了 1951 年的拨款范围、重点及步骤;三是制定了拨款实施细则及相关办法;四是对设立机构、培养人才作出具体安排。胡景沄还指出,为避免瞎指挥的情况,在开展工作的初期,交行可将标准放得宽一些,但要积极参与工程验收并调阅相关材料,以便尽快摸索出工作方法,再逐步提高工作标准。总经理张平之认为,拨款工作首先是财政任务,也是货币管理的重要组成部分。这项工作涉及面广,必须做好宣传教育工作,使各单位深入理解拨款工作,以争取他们的积极配合。副总经理洒海秋认为,基本建设投资拨款不能完全照抄苏联经验,而要结合当前实际,有计划地逐步承担起全部工作,交行未设网点的地区,要积极委托人民银行代为办理,在手续上尽量简便迅捷,但也不能只顾付款而忽视内部流程。

---

① ② 《交通银行史料》第二卷,第 859 页。

全国拨款会议的召开,揭开了交行办理基本建设投资拨款业务的序幕。会后,基本建设投资拨款工作在全国逐步铺开。由专业银行办理国家的基本建设投资拨款,不但在交行的历史上从没有过,在旧中国的各家银行和西方国家的所有银行史中也从未有过。因此,交行开办基本建设投资拨款,在中国银行史上是一项创举。

第二节　投资拨款工作的逐步推进

一、初步计划与上海的试点

交通银行的基本建设投资拨款业务,基本上以苏联工业银行的工作模式为蓝本。从 1950 年开始,交行组织人员翻译当时苏联的专业图书,从中获取经验;苏联也派出工业银行专家伊·维诺格多夫常驻交行,负责提供咨询和帮助。

为了顺利开展拨款工作,交行坚持循序渐进、渐次推开的原则,参照苏联工业银行的模式,制定了一套切合自身实际和工作需要的方案。1951 年交行的工作范围是"办理国家对国营工矿、交通、运输、公用(包括市政建设)贸易及财政建仓和地质调查等事业的基本建设投资拨款,其中包括直属中央的以及属于地方基本建设在内"。① 一些地方政府的基本建设投资单位如果不愿由交行监督,交行采取暂不争取的态度。这种有保有放的做法,有助于抓住重点,待积累经验后再将所有基本建设资金的管理工作全部纳入。交行同时承担着代表国家管理公私合营企业中公股股权的工作,可以说,当时新中国主要工矿企业和重要基本建设投资工作的资金都处于交行的监管之下。

在开展拨款工作时,交行采取的策略是先易后难,重点推进。不区分中央项目和地方项目,而是选择那些建设规模较大、用款数额较多、施工地点集中且会计制度健全的单位作为突破口,首先保证这些项目资金管理规范化。在资金管理上,先管理资金,再审核各项工程费用,即首先做到按照计划及时付款,不误工程,进而做到专款专用。建设单位支用的款项须按照规定的范围使用,建设单位所送的工程进度报告须

---

① 《交通银行史料》第二卷,第 856 页。

作抽查,以防止资金积压和搁置。①

在资金下拨方面,依据先设计后施工的原则,以财经委员会或主管部门批准的年度计划进行拨款,对有初步设计证明文件的单位予以拨款,对自营式的基本建设单位审查订货合同合格后予以拨款,对不在批准之列或有减少变动的单位,坚决停止付款。这种做法有助于各地分支机构在较短时间内掌握拨款工作,并能迅速判断建设工程请款资金的合理性,对工作的顺利开展有重要意义。

在组织机构方面,陆续在各级分支机构内部设立专门办理建设拨款的机构。在总处设立拨款室,统筹全行拨款工作,分行设拨款科,支行设拨款股,初步形成一个办理拨款的机构网。交行还利用中国人民银行的分支机构进行代理拨款工作,以保证各类工程建设资金的使用。

基本建设投资拨款最先在上海开展试点。1951 年 4 月,交行华东分行会同上海市财政局拟定《上海市属基本建设拨款办法》,于 16 日开始在上海试办市属基本建设拨款,包括市属公交公司、自来水公司以及吴淞煤气厂等单位都在拨款范围内,覆盖面较为广泛。5 月,华东分行在总结拨款工作时指出,"初步已做到每笔款项都经银行审核后方才拨付,因缺乏经验,至于严格审核,正确监督,还须今后在摸索中逐渐深入创造经验"。②

华东分行这一自我评价比较客观。基本建设投资拨款初期,确实出现不少问题。第一,工程计划性不足,导致资金使用效率低下。"根据 4 月份下半月拨付情况,实际用款总平均只占计划的 40%,5 月份截至 15 日止,只占全月计划 14%,呆搁资金情况严重。"③各单位送达的工程计划十分简略,只有大致轮廓,建设单位的财务部门和公务部门缺乏联系,很多单位抱着申领资金的目的填报计划,从而给华东分行的审核工作带来极大困难。第二,一些建设项目的主管机关不重视验收工作,手续也不健全,对一些外包的工程也没有仔细检查。第三,一些企业对长短期资金的划分认识不足,"意识上存在着都是公家的,以往自管自用非常便利,因此账目混在一起",④资金分类管理意识的培养成为迫切问题。第四,很多建设工程没有强制保险,现场材料的堆置存在诸多安全隐患。当然,交行自身也存在一些问题。据不少单位反映,申领资金

---

① 《交通银行史料》第二卷,第 856—857 页。
② 同上,第 877 页。
③④ 同上,第 878 页。

的手续过于繁琐,交行工作人员很难有时间深入工程现场了解情况。

面对以上问题,华东分行提出具体的整改措施,改进工作方法,简化拨款手续,积极了解建设现场的情况和相关专业技术;对被监管单位加强现场保卫;与财政局及其他主管机关建立汇报制度,加强信息交流,共同协商解决问题。这些试点经验及时上报总处,对拨款工作的全面展开提供借鉴。

二、华东区的拨款工作

新中国成立初期,华东地区的工业基础与东北地区相仿佛。东北地区的基本建设投资工作由东北区基本建设投资银行专门办理,而华东区的拨款工作由总管理处直接指挥,进展迅猛,对其他各区具有示范作用。1951 年 6 月 1 日,中央的基本建设资金开始陆续下拨。到月底,华东区内已有 16 户落实到位。7 月 1 日,经与华东财政部、工业部积极联系争取,大区拨款又有 7 个单位落实。同时,山东、南京两省市的拨款由山东、南京支行先后办理,苏南支行拟定办法准备 7 月启动,只有浙江支行尚在争取中。① 如此,在两个月的时间内,整个华东分行的拨款业务,由少到多,逐步覆盖了各级建设单位。

在组织机构和人员方面,华东分行于 1951 年 4 月成立拨款科,专门负责办理拨款业务,各地分支机构皆责成专人办理。没有设立分支机构的地区由中国人民银行设置基建拨款科(股),领导该区域内中央和地方的拨款工作,由华东分行派出的流动小组前往协助。针对机构不足的情况,从 1952 年起,交行在皖南、皖北、苏北、福建等任务繁重的地区迅速设立支行。在人员安排上,明确工作分工,防止权责不清。

华东区基本建设拨款工作的展开,初步取得了成效,各建设单位先前普遍存在的资金使用无计划、长短期资金混淆不清、利润和建设剩余资金拖延上缴等现象大为好转。交行敦促各单位划分基本建设和生产资金,分账记载建设和生产材料,实现专款专用,各种浪费现象大为减少。

在渡过拨款初期的摸索阶段后,交行逐渐将企业管理纳入监督系统,促进企业改进管理方式,推动一些政府机关的工作作风转变。"由于经常去各企业单位现场了解情况,在一次座谈会中,我们工作同志对基本建设的进行情况,谈得头头是道,有个主

---

① 《交通银行史料》第二卷,第 883 页。

管部门表示,银行比他们知道得多,在人事上也比他们熟悉。据告以往他们很少去现场与各单位,人事上也很少联系,最近他们时常来约我们同去。我们更反映现场的保险与保卫问题,财政与主管部门,都认为非常重要,引起注意,并嘱各企业单位立即照办。"①在交行的推动下,长期存在的工程验收和会计制度问题开始受到各级政府部门的重视,上海地区为此还拟定《上海市属公用企业基建投资计划审核批准暂行办法》,作为中央未颁行统一规定之前的过渡办法予以落实。

在开展基本建设拨款工作中,华东分行注意总结经验,改进工作作风,提高拨款质量。首先,主动争取尽快全面展开拨款工作,不能因为人手不足而少争取业务。华东分行认为:"今年展不开,明年未必会展开,今年不办,办不了,明年也未必办得了;人手问题,可随时通过人民银行来物色增加,否则使整个基本建设投资,依然分散的无计划的任其自流,不加以监督拨付,使国家资金不能合理使用。"其次,召开部门联席会议,加强交流沟通,当面协调拨款中出现的问题。在建设项目审批和资金运用方面,交行的两端联系着政府职能部门和具体资金使用单位。在这一复杂的体系中,各方面的沟通尤为关键。华东分行意识到这个问题的重要性,在工作执行过程中,采用会议、共同座谈的等形式,调解各单位间的矛盾,降低沟通成本,提高工作效率。再次,深入现场检查工作。掌握第一手资料,深入现场"听到看到各项工程的过程,增长不少常识",②还能提高自身业务水平,使拨款工作更加切合实际。

三、华北区的拨款工作

天津是华北地区重要的工业城市,各种工业建设数量庞大。该市的财政情况与其他城市不尽相同,存在比较严重的多头领导问题。市政建设同时由财政局、建委会以及编审委员会三个部门管理。交行若对天津市政建设资金实施监管,必须协调三个部门的意见,争取三方同意才能实现。这种机构设置无疑增加了工作难度。

工作进程中,交行职员颇历波折。首先,交行与财政经济委员会取得联系,希望通过他们的力量将天津地区拨款工作带动起来,可天津市财委认为下属各单位条件不足,不同意由交行办理拨款工作。交行再与天津市财政局联系,争取他们的支持,

---

① 《交通银行史料》第二卷,第888页。
② 以上均见《交通银行史料》第二卷,第891页。

该局以没有统一财务规定为由,不愿配合交行的工作。在办理基本建设投资拨款的初期阶段,各部门的推诿和婉拒十分常见,天津的情况可谓一个典型。

交行承办基本建设拨款,实际上是执行中央政府的决定,将先前使用混乱、随意截留的国家投资资金进行规范化管理,达到高效利用资金的目的。毫无疑问,这种统一监管必然会损害一些部门的利益,一些被截留、挪用的资金也会暴露出来,地方政府部门和施工单位无法再随意挪用国家拨款,①这使很多单位对交行的监督工作产生抵触情绪。再者,新中国成立初期各级单位对监督并无充分认识,"大家是国家机关,为人民服务,又何必太不相信企业单位"。② 在这种思想影响下,交行以一个监督者的身份出现,自然会引起各级单位的不适和反感。各部门以专家自居,视交行为"外行",根本无法监督的说法随时可闻。

两次挫折并未使交行职员退缩,采取迂回方式推进拨款工作。根据前期了解,交行职员找到一家相对比较容易获得配合的单位,如实制定一套临时拨款办法。在操作中,交行尽量设法与建设单位互相合作,共同解决遇到的问题,使他们逐渐认识到交行接办拨款工作并不是给建设单位"找麻烦",而是真心实意为他们服务。通过示范作用,合作单位对交行的服务给予极高的评价:"交行的工作效率真高,比我们从前在某局领款还快,同时服务精神亦很好,如支付书上忘记签盖印章,本应我们前往补盖,但人家竟及时来本厂补盖。"③交行的努力打消了一些拨款单位的顾虑,更重要的是他们获得了天津市财政局的支持。在此之后,建设资金监管工作顺畅起来。根据天津建设系统的实际情况,交行拟定了适应两个建设系统的拨款办法,天津市财委也改变过去认为交行无法承担地方基本建设拨款的看法,积极配合各项工作,甚至计划成立天津地方拨款委员会推动工作。在实际工作中,天津分行还着重推进三方面的工作,即促进全市财政统一制度的建立,促进经济核算制度的实行,加强货管办法的实施。

为打开工作局面,保证计划的准确性,更好地服务建设单位的用款需求,交行山西支行创造驻厂监督的工作方式。在一些规模较大且工程集中的单位,山西支行派

驻人员在现场工作,先与工厂负责人融洽关系,以多种方式加强与各科各股的联系,当面宣传基本建设拨款工作,打成一片后,就能及时了解单位的具体建设和财务情况,收到事半功倍的效果。山西支行除了努力管好国家资金,还尽量争取私人资金,掌握他们的用款方向,并积极引导私人资金向国家靠拢。经过山西支行的努力,当地各单位给私人开具申请付款书时,都尽量采用转账方式,支款时也尽量采用划现转账。1951年10月,私营厂商支款仅占总数的7.1%,比例大幅下降。①

在河北,交行事先已拟定地方基本建设拨款的规定,上交省财委和财政厅,并积极联系有关主管机关当面座谈。在省财委的大力支持下,拨款工作顺利推开。在察哈尔省,工作开展的速度虽不及河北,但察省支行也总结了以往争取地方拨款的情况,报送各有关部门,作为来年省财委制定有关拨款程序办法的参考依据。平原支行也主动到相关部门了解情况,认真听取他们对拨款工作的意见,了解之前对相似工作的处理办法,力争做好衔接工作,而省财政厅、工业厅和交通厅也都表示支持交行的拨款工作。② 各省的工作进度虽然并不一致,但华北区各级行处的拨款工作已逐步走向正轨,在不少地区取得重大突破,从而增强了交行承办拨款工作的信心。

在基本建设拨款监督过程中,监督建筑材料使用情况一直是交行的重要工作之一。华北分行在实际工作中,针对建设单位施工中一直存在的宽打窄用、浪费材料、优材劣用等情况,提出以《材料使用计划表》作为监督材料采购的主要手段。对材料使用情况,交行核对《材料使用计划表》和施工单位《工料明细表》,做到两表相符,对不符合的内容则根据《材料变更计划表》申请变更。对材料采购拨款的进度,则根据《施工进度计划表》进行动态管理,并随时核对《材料使用计划表》。③ 总之,以《材料使用计划表》为根本,其他相关表格为辅助,实现计划、采购、使用的动态规范管理,最大限度地杜绝了浪费现象。

四、其他地区的拨款工作

同一时期,交通银行辖下的西北区行、西南区行等在各自区域内,有条不紊地推进拨款工作。

---

① 《交通银行史料》第二卷,第954—955页。
② 同上,第956—957页。
③ 《交通银行总处工作往来》(1953年4月25日),上海市档案馆藏,档号Q55-2-414。

交行西北区行办理拨款工作时,要求建设单位落实施工计划,加强企业财务监督,以实现合理使用基本建设拨款的目的。在用款计划方面,强调各单位编制完整的用款计划。各基建单位的年度施工计划,是配合用款计划的重要文件,最初,很多单位都不愿意将计划报送交行,这给检查监督工作造成一定困难。为此,西北区行的工作人员主动上门,前往现场查阅,保证检查监督工作的实施。在工作方式上,西北区行比较重视与各单位的分工合作。监督检查时,着重关注工程的形式和进度,工程质量方面则交给项目主管部门负责。针对基建工程自营较少、多为外包的情况,西北区行通过单位与包工公司订立合同,取得合法的监督地位,在监督过程中不但注意资金拨付是否合理,还注意防止私营承包商对工人的超额剥削。①

西南区行的地方拨款工作得到西南财委的支持,各省市根据各部门的具体情况,逐步将拨款工作移交给交行。西南区行特地制定地方拨款办法,以配合移交工作。1951 年 6 月,川南区率先将工业厅管辖范围的工程移交给交行办理;7 月以后,川西、云南、川北都开始陆续接办地方工程拨款;9 月,西南大区及川东地区的拨款工作也开始由交行接收;到 9 月底,全区应接办的共 85 户单位中,拨款到位的达到 37 户,②涉及西南区的各个省和主要工业地区。

交行西南区行的拨款工作一开始便重视信息交流。1951 年 10 月 5 日至 13 日,全区各机构召开基本建设投资拨款工作会议,提出一些共同存在的问题,思考解决办法。在争取各级政府机关配合后,西南区行分地区召开主管机关和建设单位座谈会,听取各方意见,讨论拨款手续。通过宣传和沟通,既消除各单位的疑虑,又商讨了一些实际问题。半年间,西南区行召开类似的座谈会达到 12 次,取得良好效果。随着拨款工作走向深入,西南区行先后增设支行 1 处,办事处 9 处,工作组 7 处,代理处 51处,全区参与拨款的工作人员陆续增加到 78 人。③拨款工作带动了交行的发展,交行的分支机构迅速开设,网点的密集程度大大提高。

西南区共有中央拨款建设单位 99 户,分属重工业部、轻工业部、燃料工业部、铁道部、交通部、邮电部、贸易部、中国地质工作指导委员会等。经过总处的协助和西南区行的努力,三个月内已有 44 家单位将拨款工作移交到交行。④除川北、川西和西康

---

① 《交通银行史料》第二卷,第 959—961 页。
②③④ 同上,第 974 页。

三个地区,其他地区的拨付工作已全部展开。

拨款工作全面铺开后,西南地区的基本设施投资建设工作呈现全新的面貌,并在多方面发挥积极作用。第一,建设单位互相挪用资金的情况减少,因占用基本建设资金而被迫停工等款的情况基本消除,基本建设工程的进度不再因资金问题而停滞。第二,交行全面掌握建设数据后,为主管机关制定政策,了解工程进度提供了重要依据。9月底,针对建设资金积压的情况,①各财政部门和主管厅局参考交行提供的数据,积极研究具体的措施,以促进资金流动,发挥资金效率。第三,为中国人民银行货币流通管理工作带来方便。交行在单位用款下拨过程中尽量采取转账方式,现金使用量不断下降。例如,西南铁路工程局过去每月需使用现金四五十亿元,在办理拨款工作后,降低到十几亿元。② 第四,促使基本建设单位养成重视施工计划的习惯。交行严格执行无计划不开工,不按计划执行无法用款的制度,使建设单位对计划的制定和落实空前重视。以川西地区各拨款单位为例,"在未执行监督拨付以前,所有基本建设严重地存在着供给制的思想,施工前无周密的设计,开工后无计划的用款,建筑草率,浪费国家资财。经我行办理拨款后,初步纠正了过去盲目施工,挪用资金,以及浪费混乱的现象"。③ 第五,注重发挥拨款工作中的服务职能,方便了建设单位的工作。为便利川南地区建设单位用款,交行同意这些单位在不同地区的中国人民银行取款;川北地区的施工单位在建设中遇到困难时,当地交行机构积极代为反映。

第三节　拨款工作的跃进及其相关问题

一、前期工作的总结与检讨

从 1951 年 6 月 1 日开始,在中国人民银行、中央财经委和各地财委的支持下,交

---

① 中央拨款西南分行经办的各单位启用款数占拨到数的百分比平均为 57%,川南支行为 67%,云南支行为 24%,贵州支行为 31%,川西支行全部没有动用;地方拨款方面平均也仅为 46%,川西支行为 70%,云南支行为 10%。见《交通银行史料》第二卷,第 975 页。

② 《交通银行史料》第二卷,第 975 页。

③ 同上,第 976 页。

行用了一年的时间,初步建立了基本建设投资拨款体系。1952 年 6 月,交行通知各级机构全面总结一年来的工作经验教训,以更饱满的工作热情、更好的工作方法迎接第一个五年计划基本建设高潮的到来。

一年来所取得的成绩是主要的。1951 年 6 月至 12 月,建设资金的实际支用数占中央财经委批准用款计划总数的 51.66%,节省了将近一半的资金。[①] 资金积压原先一直是基本建设拨款中的大问题,由于交行的监督,情况有所好转。更重要的是,在一年多的工作实践中,交行与拨款的上下游单位建立起较为密切的关系,一些单位的抵触情绪逐渐缓解,这对将来工作的开展是十分有利的。

在监管资金使用中,交行以服务施工单位为导向,一改往日单纯坐在办公室中开传票、审单据的做法,步入现场进行管理,工作作风大为改观,如山东分行推出"专柜负责制",山西分行推出"责任小组制",一些分行还派出工作组直接到基层进行办公。

然而,成绩的背后依然存在着不少问题。如在基本建设拨款中,建设计划与资金使用计划等是重要的拨款依据,在交行的推动下,大部分单位逐渐重视建设计划的编制,但仍有不少单位不予理睬,1952 年度建设计划编写的完成率仅为八成,其中还有相当比例编制草率,无法被主管机关批准。计划编制的欠缺势必影响后期的拨款工作。

再如长期存在的款项、器材积压虽然有所缓解,但仍然问题多多,1952 年川南单位 5 月份的实际使用款项只占中央拨款数字的 5%,重庆市稍好一些,也只是 14%。西康某矿在计划尚未通过时就购买了建设材料,计划缩减后造成大量材料积压;广东省某公司库存稀土因存放不当损坏。[②] 出现这些情况,主要是建设单位计划不周以及交行未能及时掌握拨款情况,无法准确了解建设进度等两方面原因造成的。

由于基本建设拨款工作牵涉面广,需要多方协调,以座谈会、考察团等多种方式加强与地方政府的关系,成为交行工作中的一项常规举措,但不少座谈会成了闲扯会,考察的质量不是很高。一些分支机构为了改善关系,无原则地迁就建设单位的意见,监督作用大打折扣。

拨款工作开始初期,现场检查缺乏计划性的问题也逐渐暴露出来。各地分支机构"在深入现场工作中,还存在着走马观花,忽视财务检查,单纯了解施工情况和一般

---

① 《交通银行史料》第二卷,第 979 页。
② 《交通银行总处工作往来》(1952 年 8 月 15 日),上海市档案馆藏,档号 Q55 - 2 - 413,第 3 页。

化的缺点"，①检查中往往仅关注一些表面问题和程序问题,忽略了不少深层次问题。交行最初拟定的确立典型、抓主要工程的方针,在执行过程中常被忽略,监督时出现平均着力、找不到重点的情况,"看起来似乎是发现的问题很多,工作上很有成绩,但实际上被检查单位究竟存在着什么问题? 哪些是主要的? 问题的关键在什么地方? 有的检查人员是不了解的,或了解得不够透彻"。② 发现问题后,很多工作人员对此未作系统的研究分析,诸多弊端未能完全消除,有时向建设单位提出意见后便不管不问,没有确立事后的跟进措施,这些做法都无助于问题的真正解决。

二、详定计划,突破难点

随着"一五"计划的实施,基本建设项目的数量和投资规模激增,投资拨款业务量不断加重。为此,交通银行总管理处在总结经验的基础上,提高工作要求,期望以更为便捷的服务,保证各项工程建设顺利进行。1953 年 4 月,马南风担任交通银行总经理,对基本建设拨款工作提出了新的要求。

马南风

①　《交通银行总处工作往来》(1952 年 10 月 15 日),上海市档案馆藏,档号 Q55－2－413,第 36 页。
②　同上,第 37 页。

马南风认为交通银行承担的基本建设拨款是一项光荣的任务,前景美好。第一,国家进入大规模经济建设时期,基本建设提到了首要地位,国家各级机关对此更为重视。第二,经过三年的恢复建设,国民经济的诸多指标已恢复或超过解放前的最高水平,国家收入日加充裕,财政更加巩固,足以保证建设资金的需要。第三,从外部条件看,苏联对新中国计划经济体制的建立起到关键作用。苏联对中国的帮扶还在继续,这对依照苏联模式建立的拨款体系而言,显得尤为重要。第四,复业清理以来,交行的人员和机构已有突飞猛进的扩展,截至 1952 年底,固定机构已达到 254 处,干部将近 1.2 万人,成为办理拨款业务的生力军。[①]

针对前期工作中的失误和不足,马南风指出,基本建设拨款面临的主要困难,首先是国家基本建设工作中存在若干暂时困难,影响工作的正常程序。这些困难主要来自于计划不足、技术不完备、工业布局未定等多个方面。而这几个因素又互相关联,"工业基础薄弱,技术落后,勘测赶不上设计的要求,而设计又赶不上施工的需要,一般单位尚无完整的初步设计、技术设计以及财务制度,互相牵制影响,因而产生一系列的问题。在短期内这些情况尚难完全扭转,因而我们的拨款监督工作将在较长期间内陷于被动"。[②] 其次,基本建设投资拨款对象太多,各行各业情况复杂,包括重工业、农林水利、铁路交通邮电、财政贸易、社会文教等各个方面,涉及 30 多个部会、200 个以上的二级机构,建设单位约以万计。而 1953 年国家财政半数以上的支出计划由交行完成拨付。如此庞大的监管范围和横跨多个工业门类的监管责任,加上巨额的资金总量,交行前期培养的将近 1.2 万干部仍只是杯水车薪。而且监管对象涉及的众多专业技术知识,更是横亘在交行面前的壁垒,关系着监管工作能否深入开展。

庞大的建设规模与自身人手的不足,致使交行无法全面而深入地了解情况。1953 年"究竟有多少建设单位,各单位的投资额有多少,分布在什么地方;另如劳动力的组织情况,材料的生产情况,以及各个厂矿的不同性质的特点,目前尚无完整材料。对下级行的思想动态、业务水平、工作步调,以及贯彻政策原则等情况,也了解不够深入和系统。这样就影响到工作的及时和正确的安排"。[③]

---

① 《交通银行史料》第二卷,第 981 页。
② 同上,第 981—982 页。
③ 同上,第 982 页。

面对一系列问题与困难，马南风要求总处采取各种措施改善工作。如加强资金调拨，在保证资金及时供应的同时，努力减少资金积压，充分发挥资金效能；及时纠正宽打窄用、有备无患的思想；加强与中国人民银行的联系，改善通汇条件，缩短资金在途时间。总之，在拨款工作中既要做好监督管理工作，保证资金使用效率和质量，又要履行服务施工单位的职能，为全国建设工作提供有力保障。

鉴于全国建设项目数量庞大，马南风重申加强重点管理的重要，管好重点工程。所谓"重点工程"，即"对国家工业化有决定作用，或在国防与经济价值上有重大意义者；投资数字巨大，用款地点比较集中"的工程。① 对重点工程实行重点管理，既有助于加速国家工业化，又能以典型经验推广一般，便于推动全面的工作。为了保证监督质量，马南风要求总处限制重点单位的数量，中央级定在212户，各区分配是：东北53户，华北45户，华东47户，中南34户，西南20户，西北13户，②突出"一五"计划建设中国家重点倾斜的地区。对重点工程的管理，先由总、区、分行分别从重点单位中选择几个单位，及时掌握情况，分析研究，并适时会同经办行有计划有目的地深入现场检查。领导亲自掌握，专人专责，驻厂监督，系统而深入地了解情况，摸索各种不同性质拨款监督的特点和规律。同时，各机构按季制定、执行监督检查计划，并及时全面地向上反映情况。

除上述马南风所强调的工作重点外，从1953年起，交行开始试办短期贷款，从积累经验考虑，特别注意了解预付款和包工企业流动资金与短期贷款的情况。在计划经济体制下，交行办理这项业务的主要目标是适当掌握贷款额度，根据实际需要发放，尺度不能太宽，以免浪费资金，影响经济核算。

除了总管理处，交行的各地分支机构也对"一五"计划时期的工作提出一些看法和建议。中南区行提出，在1953年的工作中，"建立统一独立的经费制度，并限制追加预算的次数，便利预决算走上正轨；加大分行掌握经费职权，增加分行对办事处装备费用和购建预算的部分审核批准权，以便发挥分行工作的积极性；简化付款手续，加强服务观点，提高工作效率；初步实行经济核算制，进一步加强财务管理，提高工作效率，厉行节约，克服供给制思想"。③

---

① ② 《交通银行史料》第二卷，第983页。
③ 《交通银行总处工作往来》(1952年12月31日)，上海市档案馆藏，档号Q55-2-413，第163页。

　　常州分行提出，实行专人专责，在制度上严格规定工作报告等文件的及时上交，以加强联系，同时重视现场检查和账务整理工作。[①] 南京支行在统计整理数据方面，对工作提出了新的要求：严格财务，遵循制度，辨明资金性质；大胆讨论工作中所犯的错误教训，吸取教训的同时在工作中发挥团队精神[②]。员工主动思考、互相交流，推动了问题的及时解决，工作得以顺利推进。

　　从 1953 年开始，交行的拨款工作进入全面提高阶段，为"一五"计划在全国的实施，促进国家走向工业化提供财务上的保证。

三、拨款高潮期的到来及其出现的问题

　　1954 年，即"一五"计划开始的第二年，全国各地的基建工程全面铺开。此时，交通银行已积累了丰富经验，机构规模和干部队伍有所扩大，工作人员的业务水平有了很大提高。因此，1954 年的拨款工作进展得非常迅速。

　　据统计，交行当年的拨款总额较 1953 年增加了 41.77%。其中，中央级基本建设投资占 79.71%，地方财政拨款项目占 20.29%，可见，在国家工业化的建设中，中央财政起了主力军的作用。交行管辖的全国建设单位共 7136 户。其中，中央级的建设单位占 31.29%，地方级的占 68.71%。说明中央投资的项目虽然不多，但单个项目的投资总额很大；地方性投资数量众多，但投资额不大。在中央所有拨款项目中，工业拨款占 57.53%，重工业占全部工业拨款的 77.88%，[③]体现国家优先发展工业，努力构筑国家工业体系，尤其是重工业系统的建设思想。在执行这一政策时，交行作用的发挥至关重要。

　　交行拨款工作取得进步的同时，存在着不少缺陷，主要有以下几个方面：

　　第一，勘查、设计赶不上施工速度，出现材料积压、浪费的现象。[④] 据截至 1954 年 5 月的不完全统计，积压的器材除已调剂处理的，还有 25919 亿元，其中近八成为 1953 年转结。造成材料积压的原因可谓五花八门，最突出的是备料在先、计划在后，任务变更后自然形成积压。如某厂由国外人员设计，在图纸未到的情况下，竹节钢的

---

① 《交通银行总处工作往来》（1952 年 12 月 31 日），上海市档案馆藏，档号 Q55 - 2 - 413，第 168 页。
② 《交通银行总处工作往来》（1953 年 1 月 15 日），上海市档案馆藏，档号 Q55 - 2 - 414，第 37 页。
③ 《交通银行史料》第二卷，第 999 页。
④ 同上，第 1000 页。

丰满水电站
该水电站为交行办理基本建设投资拨款而兴建的国家 156 个大型项目之一

备料已超过实际需要量的 1200%，大冶钢厂材料的备料量达到实际需要量的八倍以上。一些部门在调拨过程中不按计划行事，或计算不周造成材料积压。浙江大学全年需要木材 1747 立方米，上年结存 891 立方米，新的一年又订购了 2003 立方米，库存量超过实际需求量的 65.9%，因使用不及时致使上年结存木材的 20% 出现腐烂，造成极大的浪费。①

第二，工程预算和合同造价普遍偏高，有的单位在合同尚未订立时匆忙开工，严重违反相关财务制度。从各行初步审查的结果看，工程预算一般约高出预算定额的 5%，合同造价约高出 3.29%。② 估算过高影响了交行拨款的精确性，造成材料的积压和浪费。这与工作计划制定不完善，预算人员业务能力欠缺等密切相关。

第三，一些建设单位的财务管理制度不健全，记账和计算工作不准确，给监督工作带来很大困扰。有些单位将基本建设资金和生产资金互相挪用，违反专款专用原则，典型的有旅大机械厂和抚顺石油公司。基建程序未被严格遵守，甚至出现计划外工程，如湘潭纺织厂曾利用其他工程的结余，擅自增加大礼堂建筑面积。折旧利润不上缴的问题，即便在中央轻工业部工程公司第三工程处、交通部华南公路工程指挥部

---

① 《交通银行史料》第二卷，第 1015—1016 页。
② 同上，第 1014—1015 页。

一工程局这样的中央单位也长期存在。

四、总管理处的反思与整顿

上述问题引起了交行上下的高度关注。1954 年底,反思拨款工作中的失误和不足再次成为交行的工作重点。在对诸多不足进行剖析后,形成了一些普遍看法。第一,不少单位对有计划按比例进行的经济建设缺乏经验,导致勘测、设计、施工与器材供应脱节。第二,有些建设单位和建筑企业对积累资金是决定社会主义工业化的基础认识不足,经济核算制观念尚未明确建立,习惯于供给制的经营方式。第三,相关制度和规定不够完备,1952 年政务院财政经济委员会颁发的《基本建设工作暂行办法》,很多规定在实际工作中已不合时宜,致使建设单位在工作开展中缺少制度上的依据。

交行还从自身寻找问题的症结。在给财政部的报告中,总处指出:交行对做好拨款监督工作与实现总路线的重要性认识不足,对为基本建设事业服务与财政监督相结合的统一性理解片面,不善于根据政策、原则,结合具体情况,实事求是地掌握工作,在纠正了急躁冒进和机械执行制度的倾向之后,又产生了盲目迁就,放松监督,片面强调服务的观点。[①]

从当时的情况看,总处的反思是深刻的,不论是外部的不利因素,还是内部人员存在的问题,都作了较全面的梳理。实际上,交行在拨款业务方面存在的诸多问题,关键在于交行上下在银行专业化的认识方面不一致。新中国成立后,交行面临的专业化已不是过去商业银行的专业化了,交行已成为国家完成工业化建设的辅助部门,在资金下拨、财务监督等方面贯彻国家的意志,盈利与否已不再是衡量业绩的主要指标。交行虽经过清理和改造,但要迅速适应这种类型的"专业化",仍有不小的难度,有不少问题仅靠交行自身是无法解决的。尽管如此,上述各类问题,但交行在工作中敢于直面现实,力图有所作为,实属难能可贵。

针对各类问题,总处在 1954 年下半年的工作意见中,提出了四条思路,即"进一步学习方针任务,认真组织贯彻;正确贯彻拨款实施细则,克服偏松现象;进一步深入

[①] 《交通银行史料》第二卷,第 1009 页。

实际,提高工作质量;加强政治思想指导,加强团结"。① 显然,总处虽意识到由外部因素造成的诸多问题和弊端一时难以根本改观,但仍希望通过提升内部的思想认识和业务水平来改进自己的工作。

1954年8月6日,总处向财政部呈报《关于当前基本建设拨款和财务管理情况》,提出了下半年工作的整改思路和具体措施,并希望得到财政部的帮助。其中,针对工程造价预算偏高、劳动力分布不均等诸多问题,总处提出:为了改进基本建设财务管理,应进一步加强财政监督,中央需指示各级党委迅速采取措施,加以处理;对工程预算和合同造价偏高的现象,应根据1954年预算定额进行一次普查,核减高估部分;对积压的器材,应积极组织调剂处理,并加强对器材供应计划的审核,防止产生新的积压;对多余的劳动力,应设法予以调配,减少窝工损失。②

交行领导层意识到,要解决基本建设投资拨款中施工单位所存在的一系列问题,还必须寻求各级党委和相关部门的帮助。从办好日后的基本建设拨款工作出发,交行提出了四点请求:第一,各级党政应对基本建设财务工作加强领导,健全财务、会计组织,教育并动员全体工作人员,深入开展增产节约运动。第二,相关部门特别是建设单位和建筑企业须重视基本建设的财务工作,克服经营管理中的供给制思想,树立经济核算观念;建立与健全各项有关制度,努力改进经营管理,并与交行密切合作,共同做好基本建设工作。第三,建议中央人民政府国家计划委员会、政务院财政经济委员会尽早修订《基本建设工作暂行办法》,并在一二年内逐步制定全国统一的预算定额、劳动定额、器材储备定额、材料损耗率、工资标准和取费标准等有关制度,使基本建设工作快速步入正轨。第四,交行各级分支机构必须依靠各级党政的领导,多请示,多汇报,树立为基本建设事业服务和财政监督相结合的思想,实事求是地开展拨款监督工作。③

交行的上述请求既表明交行仍希望通过种种努力不负国家赋予的使命,但也透露出交行对于现状的焦虑和无奈。截至1954年,交行承办基本建设拨款工作已经三年。三年中所反映出来的各类问题和弊端始终未能得到有效解决,而在当时仿效苏联计划经济模式的状况下,不少问题其实是难以避免的。客观地说,建国初期基本建

---

① 《交通银行史料》第二卷,第1010—1012页。
② 同上,第1019页。
③ 同上,第1019—1020页。

设投资拨款对加速发展国民经济确实起到了一定作用,但主要依靠行政命令去推动经济,是否符合经济规律,而且当时的干部队伍中究竟有多少人真正熟悉并擅长经济工作,这一系列问题,都值得思考。

第四节　基本建设投资拨款体系的初步建立

一、投资拨款制度的确立

作为中国基本建设投资拨款工作的最早承担者,交通银行在制度建设方面做了大量探索,为确立中国特色的基本建设投资拨款体系,作出不懈努力。

1951 年交行接手基本建设拨款工作时,中国尚无相关的法律法规和工作规程可供参考,而国家也未开办过此类业务,所以在制定规范上几无本土经验可循。建国初,各个领域都以苏联经验为范本,交行早期的拨款制度建设亦仿效苏式规章。

在 1951 年初的拨款会议上,交行参照苏联基本建设领域的拨款条例,结合中国的具体情况,制定六项拨款办法,即:《基本建设投资拨款办法》《基本建设投资拨款处理手续》《基本建设投资拨款内部记账办法》《请托中国人民银行代理基本建设投资拨款办法》《外埠付款于中国人民银行互委办法》《货币收支计划编制办法》。[①] 这些办法中最富有创新之处,就是针对交行分支机构不足的情况,制定一系列与中国人民银行合作托收的管理办法。

5 月 31 日,财政部颁布《办理基本建设投资拨款并监督其使用的临时试行办法》。这是新中国为办理基本建设投资拨款正式制定的第一个全国性的工作条例,是交行办理基建拨款工作初期的重要纲领性文件,其中不少内容成为交行以及其后中国人民建设银行办理拨款工作的准则。

《临时试行办法》共 18 条,从各个方面规定了交行在拨款工作中的职责。其中第一条规定:"交通银行办理基本建设投资拨款,应根据中央人民政府政务院财政经

济委员会核准的月份用款计划与用途,监督款项的使用,对于建设工程的质量,以及技术上监工,均有主管部负责。"①据此条文,交行只对资金的使用是否符合相关预算规定负责,而不涉足监管工程的质量。在工作实践中,交行各级机构皆遵照这一规定,包括组织人员学习建设知识,着重了解与资金使用密切相关的内容,在现场检查中颇为重视的是杜绝浪费和完善各项财务制度。

《临时试行办法》条列拨款工作的关键点,以保证基本建设资金专款专用、专户管理,最大限度地避免挪用和其他违纪现象。

针对资金下拨环节,《临时试行办法》确立专款专用的原则。如第二条规定:"财政部根据中财委核准的月份用款计划,逐笔将款项划拨交通银行收主管部账。……中财部如以价拨清仓物资,及其他核准调配之物资等拨发各单位时,应开具物资凭证,列明物资名称、规格、价格、数量、金额等送由交通银行,按拨款支付手续转拨各单位。"在资金存放环节,专户管理成为第一原则,"各地交通银行应将基本建设投资的拨款,专户存储当地中国人民银行备付"。②

资金使用为《临时试行办法》的重点部分,"各单位用款时应填具支用拨款申请书。送由当地交通银行审查后填具拨款支付书,交各单位或指定受款人,向当地中国人民银行领款,各单位拨用清仓物资及调拨物资等应同样填具支用拨款申请书,连同收据送交交通银行提取物资凭证"。③

针对国外订货等特殊情况和工程竣工验收程序,《临时试行办法》规定了相关程序,责成贸易部等相关政府部门配合。

从拨款预算形成,到资金下拨、资金出库使用,再到最后的工程竣工验收,交行的财务监督管理工作贯穿基本建设投资的全过程。《临时试行办法》还规定了交行财务监督的方式、可以调阅材料的范围以及发现施工单位问题后的处理方式,最大限度地保证落实监督权的实施。

基本建设投资拨款工作开始之初,交行尚无能力在所有建设项目的区域设立分支机构。《临时试行办法》特别规定:"各单位所在地无交通银行机构者,由交通银行

---

① 《交通银行史料》第二卷,第1026页。
② 同上,第1026—1027页。
③ 同上,第1027页。

请托当地中国人民银行代为办理,其监督拨款之具体手续与交通银行自办者同。"①因此,交通银行与中国人民银行的密切合作成为新中国拨款工作的一大特色。

为了准确把握《临时试行办法》的原则规定,交行总处制定《交通银行办理基本建设投资拨款暂行处理手续》、《交通银行办理基本建设投资拨款内部记账办法》,作为拨款工作的执行细则。其中,有关拨款的具体程序、各种表单保送的格式、应上报的文件的种类、申领资金的具体程序、验收程序、交行与人民银行协作分工的方式等,都有明确、详细的解释。这些细则可操作性强,具有很强的指导意义。

二、中央与地方的积极探索

在基本建设拨款工作全面展开之前,交通银行曾联合上海市的相关部门,开始为规范拨款做准备工作,并开展试点。1951 年 4 月,交行华东分行会同上海市财政局制定的《上海市地方级基本建设拨款办法》,成为全国第一项地方性基本建设拨款办法。

华东分行结合上海实际,对拨款工作的一些技术性问题作了规定:拨款不采用拨款支付书,采用中国人民银行的专用支票和转账支票;建设单位每月用款计划送由财政局核准并汇总,替代拨款计划的编制;针对拨款前已经开始建设的单位,要求提交工程进度报告及拨款支付清单,以便汇总登记和全年结算,保证工作的连贯性。② 这些根据地方情况做出的规定不但切合实际,方便监管,也有利于防止因资金下拨不及时造成的工程缓滞。

随着地方基本建设拨款逐步由交行办理,上海方面的经验在更大范围内推广。1951 年,《华东区各级财政机关委托银行办理国营企业基本建设投资拨款与监督暂行办法》颁行,为华东区的地方基本建设拨款提供了依据。这一办法明确交行在地方拨款工作中的核心地位,规定:"凡华东区年度预算中对工矿交通公用事业基本建设投资,由华东财政部及各省市区财政厅局处委托中国人民银行指定交通银行华东分行及支行或办事处,统一办理并负责监督使用。"侧重于拨款程序,同时结合地方情况在操作手续上作了一些变通,与中央基本建设拨款工作的原则仍是一致的。其一再

---

① 《交通银行史料》第二卷,第 1029 页。
② 同上,第 877 页。

申明各单位有编制建设工程年度计划的责任,必须将年度计划送交交行以作为拨款的依据,自筹基本建设资金进行建设的单位,也要将自筹部分的设计施工计划一同编入年度计划送审。① 并进一步规定,各单位应将资金提存交行,交行也必须在中国人民银行开设专户以备拨付。这与中央强调建设资金专户管理的精神相符。对于支用拨款在外地使用的情况,《暂行办法》要求建设单位填具相应申请书后,送交当地交行审查,开具外埠付款书,之后再由建设单位持书到付款行完成相关手续。②这一方法既保证了交行对拨款实施监督,防止大量现金被提取,也满足了建设单位在外地的用款需求。

不过,在工程质量监督方面,《暂行办法》在赋予交行以随时检查建设项目的权力的同时,还承认交行拥有建议权。③ 这与财政部颁布的《临时试行办法》规定工程质量由主管部门全权负责,稍有不同。

不久,中央层面有关基本建设拨款工作的细则规定也陆续出台。财政部先前颁布的《交通银行办理基本建设投资拨款并监督其使用的临时试行办法》仅是一个纲领性文件,交通银行及财政部等部委在落实当年的拨款工作后,制定了后续规定。中央财政经济委员会颁布的《1951年度基本建设投资拨款实施细则》就是对《临时试行办法》的细化,凡四十八条,是全国拨款工作的指导性文件。

对于建设单位各类文件的送交和资金使用流程,《投资拨款实施细则》以很大篇幅予以说明。其中,为了保证国家现金管理,防止物价大起大落,"各单位一定限额内之零星支出应按照现金管理之规定列入单位每月用款计划",④防止国家监管企业资金留下死角。

对于一些重大的紧急工程,《投资拨款实施细则》特别作出程序上的规定:"有时间性的急迫工程(例如须在洪水或雨季以前赶工或配合农产物收获季节等),不能俟全部设计做好须提前施工者,由主管部切实审核(首长签字)并与财政部商量后,呈经中财委特准,通知财政部先行酌发施工经费拨交银行转专业银行拨付,上项预拨款项之申请以一次为限。"⑤作为紧急工程,细则最大限度地体现了特事特办的原则,但

---

①② 《交通银行史料》第二卷,第1051页。
③ 同上,第1052页。
④ 同上,第1045页。
⑤ 同上,第1047页。

经费的核准、调拨流程仍须经过主管部、财政部、中财委、中国人民银行和交通银行等五个部门。

在工程监督方面,《投资拨款实施细则》规定,交行的责任是"审核工程进行是否与计划相符,根据实际用途凭以决定拨款的支付,对于建设工程的质量以及技术上监工均由主管部(局)负责"。① 监督方式上,交行可以查阅账册、单据、工程图等文件,也可以采用现场检查和随时抽查等,但未提及交行对工程质量有建议权。

在工程的验收环节,《投资拨款实施细则》将工程分为五亿元以上、五亿元以下及隐蔽工程等类别,分别由不同的单位负责验收,交行作为拨款银行也必须参与验收。总的复验程序中,也将工程分为限额以上和限额以下两类,交行同样需要参与验收工作。

《投资拨款实施细则》最后还指出"地方基本建设投资拨款得参照本细则办理",②这为某些尚未制定本地拨款工作细则的地区,提供了工作依据。

三、投资拨款体系的完善

随着基本建设拨款工作全面展开,1951 年财政部颁布的《交通银行办理基本建设投资拨款并监督其使用的临时试行办法》暴露了诸多不足。1953 年 1 月,在财政部的指示下,交通银行起草《基本建设拨款暂行办法》。3 月,财政部下文试点,并分发各部委讨论,听取意见。

《基本建设拨款暂行办法》共有九个部分,除了总则和附则,其余七个部分对出包建筑安装工程的拨款、自营建筑安装工程的拨款、机械设备及其他基本建设的拨款、零星用款及外埠用款、拨付交行基本建设资金程序、短期贷款以及检查与奖惩分别做了规定。主要关注点为拨款程序、出包建筑安装工程的拨款和检查和奖惩等三个方面,其他问题仅提出适用范围和一些必须遵守的原则。③

在收集到的反馈意见中,财政部所提意见系统性较强,亦能反映国家政策层面的变化。首先,强调各地建设工程的计划文件是拨款依据,建议应将主管部门年度基本建设综合计划、建设单位年度基本建设计划、工程一览表、基本建设劳动计划等一系

---

① 《交通银行史料》第二卷,第 1047 页。
② 同上,第 1050 页。
③ 同上,第 1057—1061 页。

列表单作为必须强制提送的计划文件,并抄送交行作为监督依据。① 其次,关于出包建筑安装工程的拨款,为避免年初集中调用资金造成市场价格波动,建议应对不同施工期限和工程进度的包工项目,拨款和预付款的比例须分别加以控制。虽然总承包制对工程建筑更为适宜,但是众多包工企业的能力和条件尚不具备,亦不能强制各地普遍实行总承包制。第三,针对工程用款超出预算的问题,财政部同意交行的建议,允许超过预算后在其他工程项目之间调剂,不足调剂时再申请主管部门加以协调,工程结余款项上缴国库后,由主管部门确定调剂办法,再交由交行具体操作。第四,为了保证各单位严格执行拨款规程,财政部要求特别加注"名词解释和问题一览",对出包工程、跨年度工程、总合同、主要材料、预付款、自营建设单位流动资金制度、按工程种类及其计量单位计算工程进度等关键名词与问题给出明确的定义和限定,以利于各单位理解并掌握规定的内涵,避免理解偏差。②

其他建设工程的主管部门也向交行提出了或多或少的修改意见,大多数是结合本部门的实际情况,更多关注操作层面的实际问题。

1953年12月,交通银行又邀请工业部和铁道部座谈,听取意见。拨款问题依然是各单位最关注的问题之一。建设单位希望下拨更多资金并放松财务监管,财政部和交行则从防止资金积压、材料浪费等考虑,一直从严下拨预付款。意见分歧颇大。交行采取扩大座谈范围的办法,让各部委的利益诉求充分表达,交行基于国家利益和实际操作两个层面予以协调,为拟定正式的拨款办法积累经验。

四、《基本建设拨款实施细则》的颁布

1953年7月起,交行在全国范围内对建设单位进行全面现场检查,并着手对《基本建设拨款暂行办法》进行修订,提出《修正补充拨款暂行办法的意见》,1954年3月拟定《基本建设拨款实施细则》,报经中央财政经济委员会批准执行。

《基本建设拨款实施细则》共九章110条,对资金来源、计划施工、检查验收等各个环节的众多问题作了全面而细致的规定,内容之详、涉及面之广,都远远超过之前颁行的各项相关规章制度。

---

① 《交通银行史料》第二卷,第1066—1067页。
② 同上,第1070—1072页。

《基本建设拨款实施细则》指出："凡中央及省(市)之基本建设投资,由中央人民政府财政部及省(市)财政厅(局)指定交通银行总管理处及省(市)分行,依照本细则之规定办理拨款,并监督其使用。"①明确指出由交通银行办理该项业务,取代了早先一些规章中"由专业银行办理"的模糊说法。

《实施细则》采纳财政部的意见,提及专业名词时都有简短的解释,至于建设单位名称一览表、年度基本建设工程项目一览表、基本建设拨款限额季度分配表等,皆附上表格样式和说明文字。对于诸多部委有异议的计划文件问题,拨款实施细则明确指出,所谓的计划文件应包括年度基本建设计划、年度基本建设工程项目一览表、年度基本建设劳动计划、技术设计、工程预算、年度基本建设财务收支计划等六个文件,这六个文件所包含的六种表单正式成为交行认可的拨款和监督依据。

对于燃料部、纺织工业部之前询问出包工程预付款如何计算以及预付款不超过总包价30%的问题,《基本建设拨款实施细则》也给予明确规定。出包工程的施工期限在三个月以上的,建设单位应向包工单位预付款项作为购置建筑材料的费用,并限定建筑材料为"构成建筑工程实体之材料及安装工程所需材料",另外还可支付运费、杂费等。至于预付款的比例,细则中仍坚持最高不得超过年度合同总值的30%。②

关于国家调拨物资,先前纺织工业部曾有顾虑,认为:"国家调拨物资,只有提前到达而无超额到达,其所需款项,不应从预付款中支付,应另予拨款。又如先以预付款购置国家调拨物资,致无款购置其他材料时,如何解决。"③对此,细则也给予明确回答:"国家物资分配局统一分配之物资未按建设单位之季度申请计划而提前拨到,致预付款项不敷支付或支付后影响包工企业购买其他建筑材料时,得由建设单位增拨预付款项。"④

交行除承担下拨建设资金的任务,还负有监督资金使用之责。原先有关监督资金使用方面的规章制度和法规条文比较粗糙,《基本建设拨款实施细则》则更为详实具体。细则规定,经办行应坚持对资金的实际使用情况进行日常的、系统的检查,检查工作应与事前监督密切结合。按照这一原则,交行实行事前监督被提升到与事后

---

① 《交通银行史料》第二卷,第1089页。
② 同上,第1094页。
③ 同上,第1084—1085页。
④ 同上,第1095页。

检查同等重要的地位。

关于检查工作的内容,《基本建设拨款实施细则》对不同类型、不同情况的建设工程提出完整的工作规程,包括检查工作的方式、需调阅的文件以及建设单位基本建设计划执行、包工企业施工计划、材料和机械设备供应、劳动计划执行、建设单位和包工企业的财务状况等,明确了检查工作的具体内容与要素。

还有基本建设实施中的奖惩条例,1953 年的《基本建设拨款暂行办法》以及先前的相关文件都有所涉及。此次颁布的细则也有明确的规定,奖励方式为免息和免计划放款;惩罚措施为责令主管机关改正和停止拨款。①

为了解除各级机构在实施细则时有可能产生的疑惑和问题,交行总处还特别编写了《关于基本建设拨款实施细则问题解答》的小册子。小册子中归纳的 75 个问题,是对细则更深入更细致的解读,②这对交行各级职工在工作实践中准确而切实地执行细则,非常有帮助。

《基本建设拨款实施细则》的颁布,使交通银行拨款工作的规章制度更加全面而具体,并具有更强的适应性和灵活性。至 1956 年,国务院颁布《基本建设拨款暂行条例》,标志着基本建设拨款体系已初步形成。尽管 1954 年 10 月以后,交通银行已不再承担基本建设拨款工作,但相关规章制度的后续修订和颁布,则与交行前期的工作密不可分,交行在工作实践中的探索,以及所取得的成绩和所积累的经验,为后来者奠定了坚实的基础。

第五节　监督审查的全面加强

一、严格计划审查,治理预算虚高

审查监督工作是交通银行基本建设拨款工作中的重要任务。由于拨款工作始终存在资源配置滞后、效率低下、不同利益部门难以协调等痼疾,审查监督显得尤为重要。

---

① 《交通银行史料》第二卷,第 1113 页。
② 同上,第 1133 页。

1954 年,审核工程预算和工程造价成为交行的核心工作。为治理预算虚高问题,当年 5 月 18 日,交行总管理处发布《关于审查工程预算和包工造价的指示》。总处认为,基本建设程序不正常,是导致预算虚高的原因之一。随着拨款制度的逐步推广,交行开展事前审查的有利因素也不断增长。1954 年的计划文件审批较早,国家计委制定了建筑工程预算定额,部分行政大区也拟定预算定额、编制办法和工程收费标准。这些前期准备为交行推行计划审查工作奠定了基础。

一般情况下,工程预算和包工造价中,材料费用占 60%—70%,人工占 15%—20%,其他间接费用占 15% 左右。[①] 根据上述费用结构,总处提出了 1954 年各地分支机构的审查重点。

第一,工料耗用量的审查。总处提醒审查人员,首先应根据技术设计和施工蓝图仔细核对工程数量是否相符,然后再根据设计预算定额审查预算或合同所列材料及人工数量是否超额。审查中应注意各种材料的损耗是否属实,计量单位和所用人工的换算是否正确等。第二,材料预算价格和工资标准的审查。其中,重点审查的是材料原价、材料运输费、材料管理费、工地仓库保管费等容易高估的费用。工资数额应按照经核对后的人工数量,分别工种,根据当地工资标准进行核对。第三,工程机械使用费、运输费的审查。总处提出,应根据实际需用情况,按照施工机械使用费定额加以核对,在不同空间和场地条件下的机械使用,应有不同的计费、审查规则。第四,间接费用的审查。所谓的间接费用包括杂项费用和行政管理费用,此类费用在直接费用总额中按一定比例计算,因此须按照审查后的直接费用总额进行核对。

由于国家对计划审查十分重视,加上交通银行的努力,预算虚高的治理颇有成效。截至 1954 年 5 月底,交行对 1120 个三个月以上出包工程拨付的预付款,平均数额占合同造价的 25.89%,较国家规定的 30% 的上限有所下降,较 1953 年 40% 的拨付比例更有较大幅度的下降。在工程预算、合同造价和器材供应方面,交行各地分支机构根据多列者核减、不足者增加、漏列者补充的原则,对各重点单位进行核查。据 5 月底的不完全统计,审查工程预算总值 12938 亿元,核减不合理预算 720 亿元,追加预算 47 亿元;审查合同造价总值 13103 亿元,核减 442 亿元,增加预算 11 亿元;器材

---

① 《交通银行史料》第二卷,第 1193 页。

供应共审查 31936 亿元,核减预算 8876 亿元,追加预算 1119 亿元。① 三个方面的审查结果显示,核减的预算数量大大多于追加的预算数量,预算虚高的状况有所改善。

由于基本建设数量庞大,交行人手不足,加强重点单位的核查成为交行各地分支机构的主要做法。中南区行在选择审查预算单位时,提出一整套选择标准:"在施工以前或开工不久的工程;工作量较大;根据初步了解,问题比较显著和突出的;兴建单位较重视的。"②

通过核查工作,中南区行还总结出施工企业故意虚报预算的原因,这对日后有针对性地拟定法规和教育预防工作富有启示。从企业本身看,"某些包工企业还存在着资本主义经营思想,抱着'只赚不赔,宁高勿低'的想法,不是从积极改善经营管理,贯彻经济核算等根本方面降低工程成本,而从估价中毛估多算,作为完成利润的手段"。从政府职能部门看,"由于没有统一规定的工料定额和材料预算价格,有的定额也没有明令按照执行,造成估算中各有一套,形成估算中的混乱现象"。③ 此外,银行监督工作不深不严,也是预算工作乱象频出的重要原因之一。

通过严格审核,交行核减了不少建设单位的预算,但也坚持实事求是的原则,对一些施工单位合理增加的预算则予以支持。例如,出于地质条件等特殊原因,武汉石油公司护岸工程、海南行署门诊部工程等需要增加预算,④交行及时为施工单位协调了预算额度,保证了工程的顺利进行,受到建设单位的好评。

二、强化预付款的拨付与监管

有些单位计划文件上交不及时或开工之后才补做各类计划文件,导致基本建设资金浪费的情况时常发生。有鉴于此,交通银行一方面督促各建设单位按时提交各类计划文件,另一方面加强监督下拨资金过程中的重要环节,掌握预付款比例成为其中的一项重要手段。

总处承认,工程预付款的拨付长期过于宽松,而且拨付时间也存在过早的倾向,这对资金和材料的积压埋下了隐患。另外,因预算款较多,施工单位往往不及时结算

---

① 《交通银行史料》第二卷,第 1018 页。
② 同上,第 1198 页。
③ 同上,第 1201 页。
④ 同上,第 1202 页。

工程价款,从而减弱了施工企业提高管理水平和施工工艺的动力。资金在短时间内的大量拨付,还影响了国家财政资金的调度。事实上,预付款管理不严的问题,广泛存在于全国各地基建工地。

1954年以前,交行的一些分支机构已意识到问题的严重性,为此进行了预算拨款及相关问题的研究。1953年,交行华东区行对该区基本建设财务监督中的定额问题作了总结。总结报告中着重介绍了工程总造价的分析结果,指出材料费用在预算中所占的重要地位,也得出了"材料定额大,单价估得高。定额一般增多7%至8%,因而材料预算大"[1]的结论。华东区行还对工程开工前所需材料、每一分段工程进度价值、每一分段工程所需备料数量、工程进度和材料消耗关系、承包人资金周转情况等,结合实地调研数据作了分析。华东区行认为,以1953年国家规定的34%比例支付工程款完全足够,而华东建筑工程部承包工程的预付款,一般都达到70%到80%,远远超过实际需要。[2]

周恩来接见三门峡水电站建设者。该水电站为交通银行办
理基本建设投资拨款而兴建的国家156个大型项目之一

---

[1]　《交通银行总处工作往来》(1953年1月15日),上海市档案馆藏,档号 Q55－2－414,第2页。
[2]　同上,第4页。

1954年，交行在总处的组织下，着重加强对预付款项的严格管理。各地分支机构组织一定力量，推动、协助建设单位和包工企业，具体计算预付款的实需数额并根据能进则进的原则，在不影响工程的前提下，力求降低拨付额度，以加速资金周转，发挥拨款监督工作应起的作用。①

在随后的区行经理会议上，交行讨论通过了《关于预付款额度的计算方法及监督其使用的意见》。在预付额度方面，该文件明确规定："建设单位对包工企业预付款的用途，以购买建筑材料及支付其运费、杂费为限，其数额应由建设单位与包工企业根据建筑材料占年度合同总值百分比及其必要储备天数计算，但对于施工期限在三个月以上的工程，最高不得超过年度合同总值30%。"②与1953年规定的34%相比，预付款上限有所下降。

在加强预付款管理的过程中，材料的平均日消耗量是一个重要概念，计算公式为"材料总值/施工天数"，其结果直接关系到预付款额度的高低。此前，交行内部对这一数字的计算存在两种观点，导致计算结果出现差异。在这次区行经理会议上，交行确定将包工企业作为一个独立的经济核算单位，各种生产要素集中使用，施工天数就是该包工企业的全年施工天数，即360天。③由于国内包工企业规模较小，包工项目分散，经济核算制度尚未完全建立，普遍按照360天计算材料平均日损耗量存在困难，交行提出一项替代方案，即明确360天计算原则，但工期三个月以上的工程按照中央建筑工程部规定的有效工期计算，个别包工企业仅承包一个项目时，按照施工天数计算，工期360天以下的可以暂时不按照360天计算。④不管如何计算，都不能超过规定的预付款额度上限。

表4-4-1　中央建筑工程部建筑工程有效工期地区分类表

地　区	有效工期日	代表地点
第一类地区	180	哈尔滨、乌兰浩特、齐齐哈尔、佳木斯、乌鲁木齐、吉林、长春
第二类地区	203	沈阳、张家口、呼和浩特、银川、西宁、酒泉、旅大
第三类地区	230	北京、太原、天津、兰州，西安（西安1954年暂列第三类地区）

① 《交通银行史料》第二卷，第1206页。
②③ 同上，第1209页。
④ 同上，第1211—1212页。

（续表）

地　区	有效工期日	代表地点
第四类地区	250	济南、青岛、开封、徐州
第五类地区	270	上海、南京、杭州、安庆、南昌、汉口、长沙、贵阳、重庆、昆明、成都
第六类地区	260	福州、广州、桂林、南宁

资料来源：《交通银行史料》第二卷，第 1212 页。

原材料必要储备天数，也是影响预付款数额的重要因素。交行根据各地经验，归纳了影响材料储备天数的四大要素，即采购间隔天数，运输天数，验收、整理、加工天数，保险天数。[①] 四个数据中，当时的苏联对供应间隔天数按照 50% 计算定额，交行认为国内企业普遍达不到这样的水平，建议按供应间隔天数的 60%—70% 计算，而且在计算具体的储备天数时，亦应将各种材料的周转期分别计算。不同的工程材料比重也不一样，理论上应根据各种材料的储备日期按照其比重加权之后计算平均天数。但交行在实践中无法做到这样的精确度，因此各大区行决定以主要材料为依据进行计算，在简化计算手续的同时获得较为精准的数据。

对下拨的预付款，交行提出实行事前监督和事后监督相结合的监督方法。事前严格审查各类单证和凭据，重点抽查一些照顾企业实际困难的小额付款，保证各类材料的真实可靠。事后监督在工程结束后进行，工程价款完成结算后，建筑材料部分又还原为资金转入包工企业的结算专户，不再回笼到预收款户，以维护财务纪律。

加强预付款项管理后，各地区预付款数量逐步收紧，超额拨款现象减少。武汉分行对三院、新华印刷厂等五个单位进行审核，发现以最高额度计算，过早支付了 10.23 亿元的资金；长沙支行对三个月以下及文教部门的基建项目审查后，以 40% 作为预付红线，发现多付款 26.7 亿元。[②] 这些审查都为遏制资金浪费起到了重大作用。

三、工程进度与工程款的结算

与治理预算虚高，强化预付款监督一样，按工程进度结算付款也是交通银行治理资金和材料积压采取的重要举措。交行原先对工程进度的掌握存在诸多不足，结算

---

① 《交通银行史料》第二卷，第 1212 页。
② 同上，第 1217 页。

付款很难与工程进度相匹配。1954年,随着工作经验的积累和人员配备的齐全,加上各类政策法规陆续推出,按工程进度结算付款成为切实可行的监督手段。

交行通过《关于按工程进度结算价款问题的意见》,明确了一些操作上的问题,主要涉及按已完分部工程①结算问题、按工程种类结算问题、按估定进度结算问题三个方面。在具体判定这三种不同结算种类时,总处全面借鉴苏联的做法,并根据全国基本建设地域广泛、发展水平高低不同的现状,也对很多规定作了一定的修改。如结算方法中有按工程实际完成数量、工程单价进行结算的"单价法",以及按照估定的已完工程百分比进行结算的"百分比法"。② 对此,交行并不强求所有分支机构单一地使用某种方法结算,而是允许在一定时期内两种结算方式并行。

操作方法明确后,交行各地分支机构逐步改革结算方式,开始按工程进度结算付款工作。以上海地区为例,交行原先的结算方式存在不少缺点:其一,在工程进度的计算上,一些半制品或者在制品也结算工程价款,与总处规定相矛盾;其二,编制验工月报表主要根据工地提交的记录,而不是交行的实地丈量。为此,交行上海分行成立工作小组,制定了《关于按工程进度结算工程价款的意见》,作为上海地区的操作守则。③

工作开展的初期,交行上海分行选择同济大学作为试点。1954年5月下旬,上海分行组织42名干部,将应按工程进度结算的单位与合同编排次序,依次推进。在实际工作中,上海分行的工作人员逐步体会到按工程进度结算的优点,即促使包工企业改进施工管理,保证工程质量的同时,又能防止出现计划外工程以节约资金。据已实行按工程进度结算的10个单位11个项目的统计,截至1954年6月底,节约资金达32亿元,④效果十分明显。

此外,上海分行还对第一机械工业部在上海的53个单位中的41个单位实行按工程进度结算付款,取得良好效果。这些工程中有31个单位是三个月以上的工程,交行根据工程的特点,制定了四种预付款和按工程进度结算付款的方案,满足了不同

---

① 所谓"已完分部工程",即"分部工程中的已完部分",首先必须符合技术设计和工程预算的规定,一般而言,在技术设计和工程预算中有计量单位(平方米、立方米等)可资计算的,便可视作分部工程,凡是完成分部工程中一个计量单位的,便是"分部工程的已完部分"。

② 《交通银行史料》第二卷,第1231页。

③ 同上,第1233页。

④ 同上,第1240页。

业主的资金需求。三个月以下的工程,同样有四种方案可供选择,至于水电安装工程,则大体按照进度或分期付款的方式进行。①

　　除了华东地区,中南区行下属的各地分支机构也积极贯彻总处的要求。首先,各地分行先对各项工程摸底排序,争取当地财委的支持,与包工企业、建设单位协商具体的拨款监督方式。其次,整理预付款、结算户的资金,根据资金使用范围重新划分结算户和拨款户,一旦发现预支款超过规定数额,即着手扣还。最后,审查建设单位的验工月报。据该区内武汉、广州、郑州、柳州、长沙、南昌、南宁等分行的统计,截至1954年4月,已开工的三个月以上的出包工程和50亿以上的自营工程,共有83个建设单位,其中的82个单位已实行按工程进度结算的办法。②

　　中南区行各级工作人员的细致工作为国家节约了大量资金。其中,郑州、长沙、南宁、武汉等经办的16个建设单位,被发现虚报工程进度22.54亿元,结算工程价款超出预算21.22亿元,多计工程数量4.27亿元(有的是因为合同漏列),多取费用2.04亿元,高估价格6.27亿元,合计达50.1亿元。③ 其中一部分是施工方粗心造成的漏报,更多的是各种形式的故意瞒报、故意多报。1954年3月,中南区16个行统计,计划外工程占多报数的72.96%,工程数量得到有效控制。先前被一些施工单位扣下的预付款结余也逐渐被交行收回,其中武汉大桥项目为102.26亿元,长沙自来水工地为5亿元,由此减少了资金积压。

　　按工程进度结算付款工作在实施中也遇到一些阻力。如华东地区的一些建设单位仍有抵触情绪,提出按工程进度结算并不适合普遍推行,选择一些重点项目即可,希望以此绕开交行的监督。④ 对此,交行华东区行提出,应加强对外宣传,取得地方财委支持,以克服阻力。上海分行认为,全面推行按工程进度结算付款的条件已具备,即使有某些问题也可以在实践中予以克服和完善。当时,华东地区在验收过程中的某些技术问题上确实与企业看法不一,主要表现在结构架的范围、结构架的额度、验收丈量等方面。⑤ 然而,这些技术问题都可通过协商逐步化解,并非格格不入。

---

① 《交通银行史料》第二卷,第1245—1246页。
② 同上,第1251页。
③ 同上,第1252页。
④ 同上,第1242页。
⑤ 同上,第1244页。

四、现场检查的制度化

在基本建设拨款的监督审查工作中，无论是预算和预付款的审查，还是按工程进度结算付款，其依据皆为施工单位提交的各种表格和文件。但是，文件造假的情况在全国基建工地皆时有发生，交行对此的治理方法是，坚持开展现场检查工作。

1951 年，拨款工作开始之初，交行即提出在监督基本建设投资拨款工作中要多了解建设单位的实际情况，以防止检查力度不够带来的工作危害，《把拨款工作在现有基础上提高一步》亦有所提及。① 另外，交行还大力表彰检查工作优异的各级单位，如大同办事处深入建设单位检查工作，纠正回扣乱象的做法受到总处通报全行的奖励。② 大体而言，当时交行的主要精力集中在制度建设方面，虽已意识到现场监督的重要，仍未将其作为工作重心。

随着基本建设拨款工作的推进，现场检查的力度开始逐步加强。1952 年，交行以此作为基点，总结出了检查工作中的若干缺陷：现场检查工作事前缺乏计划，检查目的不够明确；平均使用力量，没有把握重点；缺乏对增产节约计划完成情况的检查；发现问题后缺乏系统深入地分析研究。③

1953 年 7 月 6 日，总处发布《加强现场检查工作的指示》，要求各地分支机构在现场检查中以查工程为重点，着力检查工程进度、投资目标和资金使用情况。其次，着重检查材料的供应和使用情况，防止出现积压现象。再者，检查财务制度是否被严格贯彻，不同类型资金是否严格区分，债券债务能否按时清理等。④

各地分支机构将本行情况与总处的要求相结合，努力推进现场检查工作，不断将各种意见和经验汇报总处。东北区基本建设投资银行分享了自身经验：在基本建设工作准备阶段，主要检查材料供应的储备情况；在建设工程施工阶段，主要检查材料的管理情况。1953 年，基建银行区行将检查基本建设准备工作作为中心任务，颁发《对施工前检查基本建设准备工作的指示》，要求下属各机构组织力量，拟定计划，选择单位，联系当地党委、计委等机关，做好检查前的准备工作。另外在现场检查中，基

---

① 《交通银行总处工作往来》（1951 年 8 月 20 日），上海市档案馆藏，档号 Q55－2－412，第 2 页。
② 《交通银行总处工作往来》（1951 年 8 月 31 日），上海市档案馆藏，档号 Q55－2－412，第 12—13 页。
③ 《交通银行总处工作往来》（1952 年 10 月 15 日），上海市档案馆藏，档号 Q55－2－413，第 9 页。
④ 《交通银行史料》第二卷，第 1295—1297 页。

建银行区行要求工作人员"集中深入，透彻全面"地检查问题，力图克服现场检查浮于表面的缺点。并对自营、全包、半包等不同类型的工程项目，制定了不同的检查方案。其中一再强调，如果检查中发现的问题，必须积极督促相关单位改正，若银行自身无能为力，应及时向上级部门反映。

中南区行的松柏办事处，在现场检查中也不满足于找出问题，而是努力帮助建设单位解决问题。例如在现场检查后，帮助建设单位改进材料管理工作，建立一套完整的材料管理制度，包括材料供应账、分工程项目记账、卡片制以及采购按次结算制。[①]这些制度的推广，使现场检查成为更有意义的工作。

上海分行作为最早承办基本建设拨款的机构，检查工作方面也取得不小成绩。1953 年，上海分行的现场检查，"自一般了解转变至有计划有准备的检查，从揭发问题到注意协助解决问题，从全面检查进入到以工程进度为中心"，[②]已然走在全国前列。上海分行将检查类型分为三种，即以研究解决一个问题为目的的检查；以一个单位为对象的重点检查；各种巡回检查。上海分行依靠其较为完善的日常检查制度，对工程内容、任务变迁、工作进度、财务状况以及积压浪费等都能予以详细掌握，从而有力推进了基建工作的开展。

通过检查工作，交行发现了各类工程建设所存在的诸多弊端，为国家挽回了巨大的损失。以上海分行为例，截至 1953 年 11 月底，上海分行发现锅炉、江南、公交、房管局、同济、交大等 60 多个单位，共积压材料 272 亿余元，浪费数字达 400 亿元，其中窝工损失所占比例最大，达 387 亿元。上海船舶修造厂的两个单位，经 5 月中旬的检查后，促使其上缴多余流动资金 68 亿元。此外，淮海西路医院以行政经费建造花园球场和 X 光机的工程被及时发现，上海电线厂利用余料建设厂房 7 间也被查出。类似情况还有，有的属于合理扩大，已经报批；有的还在继续等待批准。[③] 上海分行通过认真仔细的检查工作，维护了基本建设拨款工作的正常程序。

经过不断的实践，各地分支机构总结出不少有关检查工作的经验，并汇报总处备案。如上海分行提出了三点建议：第一，要争取党政领导和有关部门的配合，避免重复检查，以免扰乱工程进度。第二，检查前要掌握情况，明确要求，做到有目的有计划

①　《交通银行总处工作往来》(1953 年 4 月 25 日)，上海市档案馆藏，档号 Q55－2－414，第1—2 页。

②　《交通银行史料》第二卷，第 1299 页。

③　同上，第 1300—1301 页。

地检查。第三,揭露问题的同时须提出改进意见。第四,现场检查须与负责工程质量的项目主管部门形成配合,与审核付款相结合,防止盲目付款。[①] 并就上海地区的特殊情况,指出在出包工程比例过大的情况下,应加强对包工企业的监督,促进工程按计划完成,而且在巡回检查中,针对工程较多、地点分散的特征,也要适当集中精力对重点工程进行检查,找出各系统单位的共同问题予以解决。

五、积压问题的处理

自基本建设投资拨款工作开展以来,全国各地长期存在建设材料和资金大量积压的问题。急需材料的项目无法获得建材,一些工地建材却因未能及时利用而损耗。治理物资积压,促进资金流动是交通银行切实履行审查监督职责的重要环节。

1951 年 4 月,拨款工作在上海开展之初,便出现资金积压现象,主要原因是财务制度未完全建立,物资供应不及时等,交行对此已予以重视。拨款工作普及全国后,资金积压问题也蔓延开来。截至 1951 年 9 月底,华东地区各单位实际用款累计数与拨到款项的平均比率,中央级为 52.45%,大区级为 64.08%,省市级为 70.94%,代理为 57.6%。[②] 华北区的建设单位也普遍存在"备而无患,宽打窄用"的思想,为日后的积压问题埋下了隐患。待到 1951 年底,交行在《工作往来》中刊登了《重视基本建设工作中的资金使用问题》一文,指出资金和物资大量积压成为当前行内的首要问题。

对于资金积压的治理,交行依据国家政策提出灵活调拨的工作思路。具体的操作方法是:总处收到各主管部门的季度分月拨款计划后,将其所属建设单位的季度分月拨款计划数字,填写拨款许可通知,通知建设单位所在地的经办行,作为经办行核付拨款的季度限额;当中央财政部根据各主管部门的季度分月拨款计划按月分次将款项拨到总处时,总处不再收入各主管部账户,而是收入中财部账户,然后根据建设单位的实际需要,将中财部拨到款项逐级分次拨到经办行。[③]

通过这种方式,建设单位的账户上不会再积累大量资金,交行仅根据项目实际需要下拨款项,保证了资金的充分利用。不过,这种拨款方式在安全性上对交行提出了更高的要求。交行不但要掌握各个项目的建设进度,还要加强现场检查,并与

---

① 《交通银行史料》第二卷,第 1303—1304 页。
② 同上,第 882 页。
③ 《交通银行总处工作往来》(1952 年 8 月 31 日),上海市档案馆藏,档号 Q55－2－413,第 1—2 页。

相关部门配合,防止建设单位在上报各种计划文件时弄虚作假,多领国家的建设资金。

中南区行以及大同、榆次等行处,便是通过灵活调拨资金的方式消除了不少资金积压难题。中南分行调拨资金时,主要通过审查用款单位的资金使用情况,摸清用款规律,然后分轻重缓急、工程规模调拨。① 大同支行在调拨资金前,严防各种宽打窄用思想,并与相关单位负责人多次开会研究,核算用款数字。②

在调整拨款方式的同时,交行各级机构也努力清理各类积压物资。1952 年 7 月,东北工业部和财政部发布《关于清理五一年结余材料与账外材料的联合通知》;9 月,又发出第二次联合通知。基建银行区行派出大量干部督促建设单位执行这项任务,取得良好效果。贵州分行与当地财委、财政部门密切配合,严格掌握用款和审批进度,大大减少资金积压。1951 年时,建设单位的资金余额可供 53 天之用,到 1952 年 8 月,已下降到 21 天,资金使用效率得以大幅提高。③

1953 年,交通银行马南风总经理作了《关于 1953 年工作部署的报告》,其中特意强调处理物资和资金积压的工作。他认为,检查材料的目的在于减少积压浪费,因此应检查建设单位,防止其盲目采购储备,促使其建立完备的采购、保管、领发、退料等制度,同时促其迅速设法调配,处理积压的材料。④ 可见,事前全力预防,事后积极应对,成为交行处理积压问题的基本做法。

关于事前预防,总处的工作思路是将主要力量集中在审核器材的供应计划,确保计划如实反映工程需要。总处还要求各地机构切实进行现场检查,协助建设单位及时更新器材供应计划,保证各类计划落到实处。

至于事后补救措施,交行总处主张"积压器材的调剂处理,必须在当地财委的领导下,统一组织进行。各级行处应积极建议当地财委,统一成立调剂处理的专职机构,由交通银行及有关部门共同派员参加"。⑤ 在调剂方式上,总处建议召开物资交流会议,举办积压器材展览会,编制并印发积压器材目录,由各建设单位和包工企业

---

① 《交通银行总处工作往来》(1952 年 12 月 31 日),上海市档案馆藏,档号 Q55-2-413,第 2—3 页。
② 同上,第 4 页。
③ 《交通银行总处工作往来》(1952 年 11 月 15 日),上海市档案馆藏,档号 Q55-2-413,第 20 页。
④ 《交通银行总处工作往来》(1953 年 6 月 20 日),上海市档案馆藏,档号 Q55-2-414,第 4 页。
⑤ 《交通银行史料》第二卷,第 1320 页。

认购等方式予以处理。对于当地无法消化的器材,由交行上报上级财委,在更大范围内予以调剂。调剂器材过程中产生的财务往来,坚持通过银行办理结算,并督促相关单位及时修改财务收支计划。①

在政府部门的支持下,各级行处通过多种方式综合协调,消化了不少多余物资。例如长沙支行河西办事处将长沙中南有色工业学校多余的红砖介绍转让给湖南师范学院;在省财委的协调下,将省工程公司积压的水泥调配给交际处使用;通过设计部门修改人民剧院的设计,合理利用剧院多余钢筋。②

从各级行处的交流材料和实际工作看,交行更倾向于用严格审核等事前手段防止积压。应该说,事前预防肯定比事后调剂更主动、更有效,但实际情况是,当时企业的全面核算制度尚未建立,而行政命令和既有计划也存在一系列弊病,事先预计与后来的实际情况总有不少差异,积压难以避免。因此,交行大力推行物资调剂也是无奈的必需之举。

六、包工企业的监督与审查

在基本建设中,除了自营建筑工程,大量建筑工程以承包的形式交由包工企业营建。交通银行主要从四个方面对包工企业进行监督管理。(一)深入了解承包人的承保能力、财务情况及组织制度,区分不同对象和类型,实施不同程度的监督,对承包能力低或承包工程超过承包能力的承包人,从严监督。③(二)审查包工合同是否符合计划和预算。(三)审查承包人是否按照合同规定期限施工。(四)为了防止资金积压,应将包工人的预算拨款逐步限制在当年出包总价的三成以内,经常付款应根据已完成的工程,按旬付款,按月结账,并根据包工人送交的工程月报表查验工程进度。交行从包工企业的实际困难考虑,为了不影响工程进度,也作了一些变通。例如,确实因为购买材料而导致资金周转出现问题的企业,可通过短期贷款予以通融,期限一般不得超过三个月,贷款额度控制在总出包价的15%以内。④

包工企业30%的预付款比例是经过反复磋商才确定的,这对避免预付款过多导致资金积压,以及保证工程质量都有一定作用。为此,各级行处皆付出诸多努力,其

---

① 《交通银行史料》第二卷,第1321页。
② 同上,第1326页。
③④ 同上,第1306页。

中以武汉分行最具代表性。武汉分行先是在武汉市建筑投资公司承包的武汉市百货公司工程中,签订了完全符合预付款规定的合同,然后又加强现场检查工作,确保预付款的使用符合规定。① 对于一些承包企业面临的实际困难,武汉分行还与武汉市财委、市工程局、工程公司、工商局等召开专门会议,商讨预付款收紧下的应对措施,通过财政垫付、人行贷款等多种渠道帮助企业筹集资金,在不突破红线的情况下,帮助企业解决困难。

在全国众多基本建设工程中,上海地区因包工企业多、工程数量大、地域分散而成为加强管理包工企业的重点。上海市有国营、地方国营包工企业17家,其中,华东第一建筑工程公司、华东水电安装公司等8个单位占据重要地位,加强对这些单位的管理,对上海地区的基本建设工作具有很大意义。

从1953年上海分行的情况来看,上半年度计划工作量7979亿元,实际完成6778亿元,占计划的85%,占调整后全年计划的40.8%,完成情况不是太好。从第三季度开始,工程大量开工,8个主要单位完成工作量4621亿元,占全年计划的27.82%,与该季度的计划相比仅完成96%,仍然没有达到季度考核目标。针对于此,上海分行总结教训,分析出了六点主因:"发包单位设计多变,延迟了开工日期;发包单位削减工程项目,改变了原先的计划;材料供应不及时,影响如期开工;设计工作不能如期完成,使工程脱节;估价问题延误了订约日期,以致工程不能按原定计划开工;劳动力调配不适当。"②其实,这六大问题不仅存在于上海,也出现在其他地区,不仅发现于发包工程,也存在于自营工程。

据此,上海分行从包工企业的特点出发,制定了一系列工作计划,在服务企业的同时加强监督工作:对于结算户的管理,督促企业按时编送出纳计划,监督现金的使用;核定资金的库存限额,限制库存过高的现象;掌握现钞支付,提高匡报和使用的准确性;通过磋商计划,掌握对私采购情况,防止盲目采购。③ 另外,对于预收款户的管理,还要求包工企业逐月编送材料采购计划,付款时逐笔审核单据,并对计划执行情况进行统计。上海分行在对包工企业的检查中积累了不少心得,其指出:"监督包工企业与监督建设单位不同,银行管理这些建设单位,基本上是属于预算管理性质的。

---

① 《交通银行总处工作往来》(1952年10月15日),上海市档案馆藏,档号Q55-2-413,第24页。
② 《交通银行史料》第二卷,第1308—1309页。
③ 同上,第1313页。

但包工企业还有一定的流动资金,基本上是一个企业组织,银行必须注意其经营管理,促使加速资金周转,降低工程成本,履行合同条款。"①正是基于这样的认识,上海分行专门设计了五种表格,即《承包企业定期统计报表摘要表》《固定资金运用情况分析表》《流动性资金运用情况表》《包工企业自有流动资金实有额与计划定额比较表》《成本分析表》,计划在1954年使用。这些表格都是根据包工企业的特点量身定制,掌握这些表格的数据不但有利于交行对企业施工和拨款工作的监督管理,还对管理货币和流动资金具有一定辅助作用。上海分行的实践对其他地区包工企业的管理工作具有显著的示范作用。

此处值得注意的是,与其他工作相比,交通银行对包工企业的监督管理工作尚处于起步阶段。如一味按照自营企业标准,忽略包工企业的实际情况和各自特点,缺乏具有针对性的监管方案等等,这都需要在日后的工作里加以完善。

---

① 《交通银行史料》第二卷,第1316页。

第五章
为经济建设提供资金支持与决策参考

　　新中国成立前,交通银行是扶持全国实业发展的全国性商业银行,办理各类商业银行业务。建国后,根据新中国建设需要,交行将各类短期业务和对私业务移交中国人民银行,成为专注扶持国家经济建设、办理各类对公业务的银行。其经营发展模式的变化反映了国家经济政策导向。建国初期,百废待兴,交行组织领导长期资金市场,试办长期贷款业务,通过投资公司集中社会闲散资金,有计划地投放到有利于国计民生的工厂企业,帮助恢复与扩大生产,促进社会经济繁荣。可是,经过"三反"、"五反"运动,当时业已成立的几家投资公司业务陷入停顿,待到1952年5月,随着交行划归财政部领导,上述业务交回中国人民银行,组织长期资金市场的任务也至此结束。此外,交行在工矿交通调研方面拥有丰富的经验,这在新时期发挥着重大作用,根据国家经济建设需要,交行更加广泛和深入地开展调查工作,为相关部门提供重要的决策依据,保留了大量珍贵的经济数据。

第一节　长期资金市场的规划与尝试

一、长期资金市场建立的条件和任务

　　建国初期,经济凋敝,国内工业基础薄弱,国家财政紧张。于是政府除扶植国营企业外,还鼓励有利于国计民生的私人资本主义经济发展。

1950 年 3 月,中央在统一领导、统一管理财经工作后,国内通货膨胀得到遏制,物价趋于稳定,工商业逐步恢复。随后,中央财政经济委员会颁布《私营企业重估财产调整资本办法》《私营企业暂行条例》等文件,详细规定企业资本额和投资人权益等,为吸引各类投资者进入长期资金市场铺平了道路。在第一届全国金融会议上,交行尚未得到有关组织长期资金市场的任务,但是被指定为经营工矿、交通事业的长期信用银行。

1950 年 6 月,中国人民银行总行召开扩大行务会议,决定由当地中国人民银行领导交通银行在北京、天津两地试办投资公司。① 于是,筹办投资公司成为交行 1950年下半年的重要任务。

第二届全国金融会议召开时,负责组建长期资金市场的任务正式指派给交行。经会议议定,交行组织领导投资公司,经理公司债、股票,组织可能投入工矿生产方面的长期资金市场活动,通过投资公司与代发公司债,收集社会上的游资与正在迫切寻求出路的工商业转业资金以及华侨回国资金。②

对于长期资金市场的组织形式,中国人民银行在提交中央财政经济委员会的《关于交通银行的工作和基本建设投资拨款的报告》中提出,长期资金市场应由投资公司、证券市场、银行办理长期贷款三个部分组成,前两者是吸收私人资金转化为长期生产资金的主要方式,是长期资金市场的主要组成部分。③ 这样的设想在当时颇具合理性。交行在工作实践中,将这三种组织形式析分为四大具体任务:领导组织投资公司;领导组织证券发行和分配市场;吸收长期存款;办理长期放款。④

针对建设投资公司,中国人民银行建议在投资公司初创时期,应由公家先拿出一部分资金入股,再吸引更多的社会游资参与。这样的设想是有事实依据的,例如,北京市兴业投资公司就是公家以 30 亿资金团结了 70 亿私资组建而成。⑤ 中国人民银行希望交行能将这一方式予以推广。

在证券市场建设方面,交行基于以往的丰富经验,提出了不少建议,计划将证券

---

① 《交通银行总处工作往来》(1950 年 8 月 24 日),上海市档案馆藏,档号 Q55 - 2 - 410,第 1 页。
② 《交通银行史料》第二卷,第 403 页。
③ 同上,第 408 页。
④ 同上,第 526 页。
⑤ 同上,第 408 页。

市场分为两个部分:以股票初始发行为主要功能的原始发行市场、以证券买卖和资金再分配为主要功能的证券再分配市场。① 交行认为,证券再分配市场有过去一整套制度可供借鉴,只要注意减少投机活动,保证投资人利益即可。由于当时中国人民银行已决定将各地人民银行和中国银行所掌握的股票证券交由交行集中管理,因此,交行决定先从京、津两地着手建设证券市场,然后再视情况向全国推广。

至于办理长期存款,交行将重点放在吸收各企业的公积金和折旧准备金上。虽然各企业对公积金、折旧金列有账目,实际工作中却挪作别用,与原来设立专款目的不相符合,使企业基础没有保障。交行以此两项作为长期性的存款,兼具组织长期资金和健全企业财务的双重作用。对待私营企业,则运用各种方式说服他们,使他们了解到专款专用对扩大再生产的好处而乐于存储。

办理长期放款主要是为了协助全国生产事业的迅速恢复与发展,以促进新民主主义的经济发展。因为企业所需要的长期资金,有时数额并不大,需要的时期也不是很长,不适合采用发行证券或商请投资公司投资来解决,所以需要采用较长期限的贷款来调剂。这批资金的来源有四:一是政府的拨款,二是策划吸收国营事业或公私合营企业公积金和折旧提存,三是交行通过投资事业股红盈余,四是各行上年解总盈余。所有上面贷款资金,均由总管理处统一掌握,各分支行就专业范围之内的工矿交通公用事业,调查研究,如需要贷款,提出贷款意见,逐级呈由总处核定后予以发放,并进行严格监督。

二、兴业投资公司的筹备与组建

在交通银行建立全国长期资金市场的四大任务中,领导组织投资公司被置于首位,在第二届全国金融会议召开之前就开始准备。

北京市兴业投资股份有限公司(简称"兴业投资公司")是新中国第一家公私合营的投资公司,也是交行精心打造的投资公司范本。由于投资公司既是公私合营企业,又具有金融行业的特殊性质,便决定了投资公司的经营管理应符合多项原则,兼顾各方利益,实现多重目标。投资公司必须服从新民主主义经济发展生产的最高原

---

① 《交通银行史料》第二卷,第527页。

则,团结私资,搞好公私关系,接受国家的严格管理。① 虽然投资公司的业务与民国时期类似,但是目的和性质已全然不同,所以不能照搬过去的经验。为了探索一套符合国情的经营模式,交行积极奔走,出谋划策。

北京兴业投资公司最初由中国人民银行北京分行于 1950 年春发起,先后有北京市工商界及地方人士数十人参加,目的是为了吸收游资,有计划地投向有利于国计民生的生产事业。公司的宗旨是:"结合公私力量,投向生产恢复与发展国民经济之建设。"②1950 年 5 月 29 日,在北京市人民政府的领导和当地中国人民银行、交通银行的协助下,公司成立筹备委员会,推举乐松生为主任委员,韩诵裳、傅华亭为副主任委员。8 月 28 日,兴业投资公司召开创立大会,成立第一届董事会和监事会,交行总经理张平之参加会议。次日,召开第一次董监事联席会议,推举乐松生为董事长,祁志刚为监事会主席,聘任汤绍远为经理,郑怀之为副经理。③ 作为重要发起单位,交行亦在董事会中据有一席之地,交行副经理洒海秋便是公股董事,行使对公司的监管责任。

公司资本总额定为人民币 200 亿元,经股东会决议并呈请政府主管部门批准,允许吸收资本以作增加。从 1950 年 5 月 29 日至 8 月 28 日,公司收足第一批 100 亿元股款,为公司正式成立奠定了基础。④ 其中,30 亿元是国家投资,70 亿元全部来自私人资本,主要包括金融、工商、地方人士等 700 多户,以金融业的投资最多,占总数的 37%,地方人士占 17.5%,工商界占 16.6%,社会游资占 14.2%,证券行和经纪人占 13.3%,公教及学生占 1.1%。⑤

公司整个筹备过程历经三个月,募股时间却不足一月。募股方式是由筹备委员组织募股小组,通过工商联、中国民主建国会、各行业工会、劳资协商会以及私人的各种关系,发动私人资本购买公司股票,最终募集所得的股款由交通银行代收。虽然交通银行没有直接参加股款的劝募工作,但在募股过程中积极建言献策。如募股之初,一些私营企业大户不甚积极,主要是对国家经济发展有顾虑,交行建议劝募时多讲成

---

① 《交通银行总处工作往来》(1950 年 8 月 24 日),上海市档案馆藏,档号 Q55－2－410,第 2 页。
② 《交通银行史料》第二卷,第 539 页。
③ 同上,第 539、547 页。
④ 《交通银行总处工作往来》(1950 年 9 月 9 日),上海市档案馆藏,档号 Q55－2－410,第 1 页。
⑤ 《交通银行史料》第二卷,第 546 页。

就和愿景，以博取信任；再如募股时，金融业虽鼎力支持，上海银行总处、银行业公会都认购了股票，但金融业资金一般为短期资金，长期投资实有困难，交行因此建议加速兴业公司上市，使股票可以自由流通抵押，促使更多金融同业参与投资公司的建设。针对投资公司法规欠缺，交行呼吁政府尽早出台相关法律，切实保护投资者的利益。[①]此外，交行在力所能及的范围内予以协助，为股东提供各种便利。如交行承担代收股款的工作，但因自身不做短期业务，所以所收股款均在当日从中国人民银行存入公司股款账户，为避免交款拥挤并照顾先缴纳股款股东的利益，交行将所有股款在收付截止日期前，均按定活两便存款的规则计算利息。

由于事先的周密规划，以及各方的共同努力，兴业投资公司迅速完成募股和筹建工作，成为新中国第一家投资公司。公司的成立，为其他城市建立投资公司树立典范，同时也对改善北京市的资金市场，推动当地的经济发展等，具有重要意义。

三、兴业投资公司的规章制度

1950年8月28日，兴业投资公司正式通过并颁行《北京市兴业投资股份有限公司章程》。这是新中国投资公司的第一份章程。

《章程》规定，公司以股东会为最高权力机构，其职权主要包括："选举董监事，议定本公司章程，核准本公司每年度营业计划，核准本公司每年财务预决算，核准本公司每年度盈余分配，决议本公司资本之增减，对本公司发行公司债之决定，对本公司延长营业年限或期前解散之决定。"[②]股东会下分董事会和监事会。董监事名额按公私股股额比例分配，公股董事由国家银行指派，私股董事由股东会就私股股东中选举。董事会共有董事23人，其中公股董事7人，私股董事16人，选举常董7名，公股占2人，私股占5人，由私股常董担任董事长。董事会的职权为"召集股东会，规定本公司内部之组织，任免本公司经副理及重要办事人员，审定本公司营业计划、办事规则并监督其施行，编制本公司营业报告、预算、决算，拟定盈余分配提交股东会，决定重要事项及契约"。[③]监事会监事5人，其中公股占2人，私股占3人，由公股监事担任主席。监事会监督公司运营，职权为："检查本公司业务及人事情况；检查本公司账

---

① 《交通银行总处工作往来》（1950年9月9日），上海市档案馆藏，档号Q55-2-410，第2页。

② 《交通银行史料》第二卷，第541—542页。

③ 同上，第542—543页。

目;审查本公司预算决算;列席董事会并得提出建议或纠正意见;向股东会报告工作情况及本公司账目。"①政府对公司政策的掌握与业务的监督管理,系以股东地位,通过董临会来行使。

对资金的使用,《章程》明确要求将公司的主要资金有计划地投向与长期建设相关的行业,为其提供长期融资支持,基本上不涉及短期借贷业务。营业范围包括:"有利于国计民生的工矿、交通、公用事业之投资;承受工矿、交通、公用事业发行之公司债;代募或承募前项企业发行之股票及公司债;保管前项企业之还债基金并代理发付股息及债券本息;呈准政府代理有价证券买卖。"②在上述五项业务中,第一项和第二项是核心,其他三项业务均围绕前两项展开,为其提供支持。兴业投资公司资金的投向范围与先前交行的设想相比,扩大到社会公用事业,对北京市政基础设施建设具有积极的影响。而市政建设项目使用周期大多在一年以上,也符合长期资金的注入条件。兴业投资公司设在北京市,其股东也多来自北京,因此,公司资金投向以支持本地工矿、交通、公用事业发展为主。为推动全国工业发展,《章程》规定对尚未在北京建立但有利于国计民生且符合投资条件的工业,也可以投资。

为了保证资金安全,《章程》强调工矿投资项目下的企业必须具备生产设备,且确定其产品可以销售,否则不能投资。关于公司债,规定兴业投资的公司须检查拟发行公司债公司的资产、负债以及生产、财务、业务等状况,确认其确有发展前途,并能按时还本付息,而且其发行请求已获得政府核准,方能为其发行公司债。③这些规定对防止公司资产质量下降,保护投资人的利益等,都具有重要作用。

作为公私合营企业,兴业投资公司的私股股东占总股本的七成。为了激发私人资本参与国家经济建设的热情,保证私人资本分享国民经济发展带来的红利,《章程》对股东分红也作出硬性规定。公司每年度终了时进行一次决算,如有盈余,先发给年息六厘的股息,再提取百分之一的公积金。剩下的余额再按照如下百分比进行分配,"特别公积金百分之十五,股东红利百分之六十,工作人员福利金百分之五,职工奖励金百分之五,董监事及经副理之酬劳金百分之十,公益金百分之五"。④

第一届董监事联席会议还通过了《北京市兴业投资公司办事规则》,明确公司内

---

① 《交通银行史料》第二卷,第543页。
②③ 同上,第540页。
④ 同上,第543页。

部分工、各种会议及报告制度。公司内部分设秘书科、业务科、会计科,①科长、副科长由经理提名并报董事会任免,办事人员则由经理直接任免,报董事会备案。②

兴业投资公司以投资生产事业为核心业务,《规则》对此有详尽阐述。选择投资对象时,《规则》要求:"本公司参加投资及承募公司证券,须事前经过充分调查,事后并对各该企业之发展情况注意监督。"③公司投资某个项目必须经过严密的事前调查,再由董事会批准,加上事后监督。公司通过这三道程序,最大限度地降低投资风险。

兴业公司对资金也实行严格的监管。公司所有现金除少部分备用外,其余全部存入中国人民银行;公司与银行的资金往来也必须由经理和副理两人签字方可生效。经副理须按期向董监事会报告资金使用情况,"每月资金运用报告;每月业务报告;每月收支报告;本公司投资及承募证券之企业分析报告;其他经董事会及监事会议决应行编制之报告"。④这些措施可谓健全公司金融内控机制的有效探索。

以上规章制度的陆续颁行,对完善新民主主义时期投资公司的内部治理与合法经营,都具有开创性意义。交行参与了上述规章制度的编制,其中若干重要原则,可以说是交行长期作为商业银行运营的经验结晶。这些制度对其他地区设立投资公司也具有重要的指导作用。

四、兴业投资公司的经营状况

兴业投资公司作为地方性投资公司,其资金主要用于北京市的工业建设,由于该公司在业务经营上做了很多探索工作,对其他的投资公司也有借鉴意义。

为保证投资有效和资金安全,公司确立了"由小到大,按部就班,稳步前进,实事求是"⑤的十六字方针。公司所确定的经营业务重点,是投资有利于国计民生的工矿、交通、公用事业和承受工矿、交通、公用事业发行的公司债。兴业公司在选择投资对象时,确定了三大原则。第一,投资对象必须是国计民生迫切需要的生产事业,其经营方式必须有一定的进步性。第二,投资对象的组织及管理制度必须健全。第三,投资对象应以现有的已开始生产的企业为主。

---

① 1951 年增设房产部。
②③④ 《交通银行总处工作往来》(1950 年 9 月 26 日),上海市档案馆藏,档号 Q55 - 2 - 410,第 4 页。
⑤ 《交通银行史料》第二卷,第 548 页。

截至 1950 年底,兴业投资公司的业务发展取得不少突破,共投资了北京市针织染整股份有限公司、中华科学企业公司、合成化学工业公司、利华企业公司、畜产联营社五个单位。① 其中,仅北京市针织染整股份有限公司为发起性投资,主要考虑到当时北京的针织业规模过小,急需设立新的针织企业。兴业公司核定的投资额共 43 亿元,已拨付企业 15 亿元,②投资北京市针织染整股份有限公司、中华科学企业公司、合成化学工业公司的数额最多。

针织染整公司是兴业投资公司在筹备期间与北京市针织业联合发起创办的企业。兴业公司对其投资 15 亿元,先期拨付 10 亿元。针织染整公司成立后,第一步,为针织业做加工、上光和染整,统一产品规格式样,以提高质量,降低成本。第二步,组织针织业为染整公司做加工,进一步提高产品质量。针织染整公司的成立,打通了上下游产业链,整合了相关企业的生产能力和产品规格,增强了产品竞争力。中华科学企业公司主要生产玻璃仪器和化学药品。兴业公司核准投资额度为 15 亿元,已经草拟合约,但资金尚未正式拨付,预计投资后将增加企业的产能,玻璃仪器部分可增产一倍。合成化学公司的主要产品为骨胶骨粉,骨胶用于造纸、火柴、印刷等工业,具体的投资条件仍需进一步协商。

随着经营步入正轨,兴业投资公司又计划发起建立一个纺纱厂,规模从一两万锭子开始做起。③ 主要考虑到北京当时没有一家纺纱厂,筹建纺纱厂对改善北京工业结构具有重要意义。再者,在北京建立纺纱厂的条件如原料供应、产品销路等方面都没有很大困难。

截至 1953 年上期,兴业公司公股股本上升到 47.09%,公私合营股占 19.67%,私股占 33.24%。投资单位数量已有 8 个,分别为义利食品公司、针织染整公司、中华科学企业公司、七星摄影器材公司、利华酿造公司、合成化学公司、和平宾馆、电锯厂。④ 这些企业分属不同行业,主要集中在轻工业,对丰富市民日常生活所需具有积极作用。

由于成绩卓著,兴业投资公司深受企业界欢迎,一些企业积极争取兴业投资公司的资金支持。公司对投资对象的选择曾提出明确的原则,希望获得投资的企业根据

---

①② 《交通银行总处工作往来》(1950 年 12 月 18 日),上海市档案馆藏,档号 Q55-2-409,第 3 页。

③ 《交通银行史料》第二卷,第 561 页。

④ 中国人民银行总行私人业务局金融行政管理科:《从北京兴业投资公司的经营情况看今后投资公司的作用与作法》,《中国金融》,1954 年第 2 期。

这些原则,积极改善生产条件,建立会计制度,裁汰冗员,夯实基础,通过内部改革达到兴业公司的投资标准。无形之中促进了北京地区工业企业的规范化管理。

投资公司属于新生事物,兴业投资公司在投资工作中免不了遇到不少难题。最突出的是,很多企业希望将投资改成长期贷款。究其原因,企业担心兴业投资公司入股后,会干预企业生产。经过工作人员的耐心解释,企业认识到兴业投资公司和原企业股东的利益是一致的,二者并无矛盾。其次,所投资企业的财产估价问题。受民国后期恶性通货膨胀的影响,很多公司的账面资产已无法反映该公司生产设备的实际价值。兴业投资公司在入股前对设备的估价,工作量很大。再次,所投资的企业自身存在缺陷。如人事制度、会议制度不完善,经营目的不明确,劳资关系不协调,生产技术落后等。对于这些问题,兴业投资公司不得不花费人力、物力予以帮扶和指导。

兴业公司经营业务的不断开展,使一些获得投资的企业生产得以恢复和发展,同时也产生一定的社会效益。一些企业家开始认识到,新中国的产业政策不同于以往,必须有正确的经营方向,并拿出过硬的产品才能获得生存,过去只顾利润忽视经营的问题有所改善。一些社会人士改变了对兴业投资公司的怀疑态度,而远在海外的侨胞也给予高度关注。公司成立后,来京参观的华侨代表团表示"各地华侨都愿意回祖国投资,参加新民主主义经济建设"。[①]

兴业投资公司试点的成功,不仅对改善北京市工矿、交通企业的生产状况有所裨益,而且也标志着长期资金市场的启动,其潜在的优势,极大鼓舞了交通银行筹建更大规模的同类投资公司。交行对担负起领导和组织长期资金市场的任务满怀信心。

第二节　长期资金市场建设的扩展

一、总管理处的试点总结

兴业投资公司成功设立后,交通银行及时总结经验,推广运用于开设其他投资公司的实践中。建立投资公司时,交通银行和中国人民银行都参与其中,起了重要作

---

① 《交通银行史料》第二卷,第552页。

用。两家金融机构应如何分工定位,通过兴业投资公司的实践,逐渐形成明确的方案。

1950 年,中国人民银行扩大行务会议对两家机构作了初步分工:当地中国人民银行领导,交通银行具体执行。当年 12 月 31 日,再次确定为便于组织推动统一各方面的力量,发动组织投资公司,应以当地中国人民银行为主。公司开展业务后,由交通银行负责公司的日常工作,具体方式与领导一般的公私合营企业相同,主要通过董事会,检查公司业务财务,确定投资的重点。交通银行在日常管理中了解到的情况,应及时向当地中国人民银行汇报,并与人民银行派出的董事共同研究,不断改进投资公司的业务经营。①

交通银行与中国人民银行在组建投资公司中的明确分工,有利于两家金融机构清晰定位,互相合作。交行在历史上曾对投资业务、证券业务等作过研究,具有比较丰富的实践经验,所以负责投资公司的日常经营,可谓轻车熟路。而且,全国金融会议指定交行为负责发展工矿、交通、公用事业的长期信用银行,经管投资公司的日常事务也与国家对交行的定位相吻合。而中国人民银行居于领导地位,承担主要责任,则可凭借其在全国广泛的影响力和庞大的网点优势,发动各界踊跃投资,这也适合人行的特点。显然,通过双方的密切配合,投资公司的建设可望得到较快的推进。

在试办北京兴业投资公司的过程中,交行总结了一些经验。第一,在领导和监督管理投资公司时,必须积极联系当地中国人民银行和财经机关以及相关的政府主管部门,加强沟通,统一行动,发挥合作的力量。第二,投资公司的私股股东,往往不能达成一致意见。公股所占比例虽然有限,但若能采取公正的态度,正确掌握国家政策,因势利导,阐明公私关系,就可防止公司在办理业务时出现偏差。

对于即将普遍推广的投资公司建设工作,交行也根据前期经验提出一些建议。资金的筹集,应主要依靠广泛发动当地工商界、金融界和广大社会人士共同投资,公股的比例以 20%—30% 为宜。1950 年 6 月,交行在扩大行务会议上决定,私股少则公股多投资,私股多则公股减少投资。② 公股的弹性投入,既可吸引社会资金的参与,又可保证在一定的时间内筹得公司成立必需的资金。交行还强调,募股过程中,

---

① 《交通银行史料》第二卷,第 529 页。
② 同上,第 530 页。

应广泛发动,积极宣传,加深社会各界对投资公司的认识,消除投资公司募股等同于摊派的误解。

各地投资公司创立时,虽然在募股时仍遇到不少困难,但北京兴业投资公司的示范作用,在社会上产生不小的正面影响,国内外形势也使此时募集资金存在不少有利因素。其一,社会上一般拥有资金的人士,都觉得过去的经营方式已不适合当前的国情,考虑将资金转入生产事业,只要打通他们的思想,就可能乐于入股投资公司。其二,土改后农村经济恢复,美国的经济封锁,反而刺激了国内生产,朝鲜战事的胜利,又增强了企业的信心。投资公司的建立对企业最为有利,所以能获得工商界的支持。其三,胜利折实公债抽签还本后,将有巨额货币投向市场,只要积极争取,可将其中的一大笔资金吸收为投资公司股本。

对于如何把握公司的经营方针,交行也作了深刻总结。根据北京兴业投资公司的试点经验和国内经济形势,交行就投资公司的业务方针提出五条重要原则。(一)发动社会游资共同参加生产投资。(二)以公司所能掌握的资金,配合政策方向,作最有效的投资并对投资事业作正确的领导。(三)一切业务经营,应本公私两利原则,扶助解决生产事业长期资金的需要,使社会生产力提高一步,并于经营中争取合理利润。(四)代募或承募公司证券,应经缜密审查后,将公司经营方法、生产、财务、业务计划等情形,负责向社会介绍,不能单从营利观点出发,不加抉择地接受任何公司的委托。(五)投资的范围,应主要用于工矿、交通等生产事业,如果当地投资对象不多,可以扩大到外埠。①

这些原则与交行受命组织长期资金市场之初提出的原则相似,并有一些深化。其中,所强调的公司应在经营中争取合理利润,符合投资公司的商业属性。交行将投资公司与一般的政府投资加以区别,有利于吸收私股股东。此外,代募和承募公司证券时,应考察公司资质,并向社会公布信息的做法与现代证券市场也有相似之处。交行强调不能为营利而不加选择地接受委托的原则,对维护投资公司声誉,稳定市场秩序有着重要意义,这也是当今证券市场的基本准则。可见,交行通过投资公司的试点,对公司的经营方针及其与社会的关系,已有更为深刻的理解。

除了经营指导,交行对投资公司还负有监督管理的责任,因此,交行除派出代表

---

① 《交通银行史料》第二卷,第530—531页。

参加股东会,通过公股董监事行使监督管理权,还争取对一些具体事务进行直接监管,主要包括:事先审核公司业务计划和收支预算;随时派员检查公司业务、财务,并通过投资公司检查其所属投资事业的生产业务等情况;必要时交行可对投资公司推荐主要财务或会计人员。[①] 显然,交行实行与监督公私合营企业同样的原则,重点监督公司的财务,以便发挥银行的特长,及时发现问题,督促整改。

二、投资公司的相继设立

继北京兴业投资公司之后,其他地方也纷纷设立投资公司。交通银行在这些投资公司的筹建和运营中发挥重要作用,其中天津投资信托公司发起时间相对较早,受北京兴业公司的影响也较大。

1951 年 1 月 30 日,在交通银行和中国人民银行天津分行的共同推动下,天津投资信托公司筹备委员会正式成立,并于 2 月 10 日开始办公。[②] 天津信托投资公司的筹委会共有筹委 32 人,李钟楚等 17 人被推选为常委,随后李钟楚又被选为主任委员,负责筹委会的计划工作。[③] 从 17 名常委的背景来看,私人代表有 11 人,公家代表有 6 人,体现了该公司公私合营的性质。

李钟楚(1885—1953),原名锴,江苏江宁人。幼年在南京读书,曾任小学教师,后入南京高等商业学堂。毕业后,经校长陈寅生的引荐,任北洋政府交通部见习文书。后协助陈寅生在北京成立交通银行总管理处,历任交行总稽核、总文书、华北区总库总发行等职务。抗日战争胜利后,任交行东北区行和华北区行经理、天津市银行同业公会理事长等职。从事银行工作四十多年。李钟楚长期在交行工作,他的当选是对交行前期筹备工作的肯定。

早在北京兴业投资公司成立之前,天津已开始酝酿成立筹资公司一事。由于各界人士对投资公司的业务、性质等问题未取得统一意见,公司筹设事宜未取得进展。北京兴业公司的成立,对天津具有极强的示范作用。天津市财委抓住有利时机,通过召开座谈会等方式介绍投资公司,学界也积极撰文,阐明投资公司的意义。于是,天津工商界对设立投资公司的意义和必要性有了初步认识。

---

① 《交通银行史料》第二卷,第 531 页。
② 同上,第 562 页。
③ 同上,第 564 页。

　　具备思想认识的基础后,筹建投资公司又面临股款募集的问题。根据交行的设想和国家的计划,投资公司的资本来源主要是社会闲散资金。天津交行通过调查,明确提出六大类股款募集对象:(一)加工工厂自有资金。因代国营企业加工,此类资金大部分闲置不用,只有少数工厂用于扩充设备。(二)国外贸易资金。自美国等帝国主义国家加紧对中国实行经济封锁,此类资金除一部分冻结于国外,大部分没有出路,而且数额极大。(三)国内大型企业的股息红利及中小工商业的盈余。(四)国外侨胞的资金,以及解放前一部分逃往国外的资金。受国际市场货币贬值的影响,很多资金急于回国寻找出路。(五)折实公债第一期还本付息的资金。(六)工商业转移经营的剩余资金。① 这些意见切实可行,增强了各方对组建投资公司的信心,筹组工作进入实质性阶段。

　　1950 年底,国家公布《私营企业暂行条例》,进一步打消了私人资本参与投资、参与企业经营的顾虑。此时的外部环境已远远优于北京兴业公司募股时期。在天津市第三届人民代表大会上,政府积极推动天津投资公司的开设,要求在 1951 年上半年完成筹建工作。于是,天津交行一面与相关的政府部门和工商界人士交换意见,一面派人到北京了解兴业投资公司的情况。

　　天津信托投资公司借鉴北京兴业公司的经验,并根据自身的实际情况,暂定以投资和承受债券为主要业务,待树立信誉后,再拟开展承募股票债券、发行小额信托证券、接受委托投资等业务。天津信托投资公司的股本初定为 1000 亿元,分四期募集完成。其后,股本总额又改为 500 亿元,分两期募集,募足一半即可先行开业。

　　除天津信托投资公司,上海工商界也积极筹备组建投资公司。1950 年 9 月 29 日,在中国人民银行华东区行行长陈穆、上海市副市长盛丕华、工商局局长许涤新、金融业公会理事长项书翔等人邀请下,上海市工商界有关人士出席座谈会。与会者有工商界、金融界的代表盛康年、王志莘、沈日新、金瑞麒等 31 人。② 工商、金融界人士从不同立场出发广泛讨论,交换意见。涉及的主要内容有:投资公司吸收资金的范围、方法与条件;投资公司证券及公司债的流通;资金利率和保本保息问题;资金投放问题等。会议还决定由专人起草关于设立投资公司的相关文件,并报市政府批准。

---

① 《交通银行史料》第二卷,第 563 页。
② 《行庄动态·上海筹设投资公司》,《中国金融》,1950 年第 2 期。

　　重庆也结合当地的金融状况,开展有关投资公司的讨论。解放前,重庆投机之风浓厚,随着新中国国民经济的逐步恢复,投机现象受到遏制,私人资本寻求出路的意愿十分强烈。1950年6月,在重庆市第二届人民代表会议上,有金融界人士提出试办投资公司,到10月初,第三届人民代表会议工商界联名提议设立投资公司。可见,组建投资公司在重庆有一定的基础。为广泛征求各方面的意见,重庆交通银行积极走访金融界人士,包括几家规模较大的私营银行负责人,如聚兴诚的杨晓波、和成的陈诗可、金城银行的王恩东、原美丰银行的康心如、银行公会的王晓钟等人,[①]了解到这些金融界人士对组建投资公司比较热心,主要源于对自身资产贬值的担忧。以金城银行为例,1949年11月重庆解放前,在西南地区的投资共有50余笔,折合银元二百七八十万元,其中,投资及借款给民生公司将近20万元美金。此外,还有尚未清理的股权和投资,资金数额相当庞大。其他银行也存在类似问题,因此,为资金寻找出路成为重庆金融界人士关注的重点问题。

　　从现实需求看,重庆地区对长期资金十分渴求。据重庆交行调查的几家大型工矿、交通企业,中国兴业公司需要90亿,中国毛纺厂需要100亿,丝业公司、华福公司、东林煤矿、天府煤矿、西南纺织公司等企业也需要几亿到一百亿不等的资金。[②]此外,需求资金的还有数量更多的私营企业。因此,交行认为在重庆地区组建投资公司市场十分广阔。

　　综观社会存量资金及工矿、交通企业对资金的需求,交行认为重庆有必要成立投资公司,不过,很多问题仍需审慎考虑。为此,交行提出:必须进行良好的宣传工作;在组织章程中具体规定保息保利办法和股东责任;仔细研究股票的折价和过户问题,充分利用旧有生产事业的投资;由于西南地区土改尚未完成,工业的恢复和发展相对比较迟缓,且当地并无股票交易所,有关股票证券化的问题还要深入研究再逐步推进。[③]

　　重庆交行在分析重庆当地的实际情况后,提出的建议颇为审慎,也比较强调对股东资本的保本保息,尽管就现代金融业而言,投资人的收益与风险是并存的,但交行尽量规避风险的考虑,确实比较符合当时的形势和重庆地区的特点。

---

① 《交通银行总处工作往来》(1951年1月8日),上海市档案馆藏,档号 Q55－2－411,第4页。
②③ 同上,第5页。

三、募资规章的制定

交通银行在建立长期资金市场的过程中,另一项重要任务是领导组织证券发行和分配市场,建立健全证券市场制度体系。为此,交行作了不少探索。

在证券市场中,发行公司债是企业信用变现的重要途径,此举不但可以吸收社会融资,有效降低企业融资成本,也能减少企业长期投资对银行头寸的占用。为规范募集公司债,交通银行制订了《代理发行公司债办法》,①明确规定,可委托交行代理发行公司债的,主要为组织健全,经营合理,且基于发展业务和扩大生产需要,并经主管机关核准后的工矿、交通、公用、运输企业。这一限制性规定,保证所代理发行公司债的企业在交行比较熟悉的专业范围之内,并防止企业以这些资金补充流动资金的不足,切实做到长短期资金分开。须由主管机关核准,也意在为投资者把关,确保募集资金的企业有偿还能力。

尽管交行只是代理企业发行公司债,但仍设法降低投资人的风险,为此,交行又作出一系列保证资金安全的规定。

第一,缴纳担保品。所有委托交行代理发债的企业都必须向交行提供足额的担保品,由交行代表全体持债人行使担保权。公司债的发行、登记、调换以及还本付息等一切事宜均由交行代为办理。担保品限制为七类,分别是厂房机器设备、原料成品、有价证券、不动产、车辆船舶、矿业权及其他资产或营业收入等。以不动产或其他不易变卖的资产作担保时,份额不得超过担保品总数的一半。契约订立后,所有担保品应交由交行保管或过入交行户名,并经法院公证,同时由交行将各项担保品以交行的名义向保险公司投保。

第二,规范发债程序。发债企业在申请发债,填具委托书时,应详细说明公司名称、公司债总额及债券面额、发行价格及利率、预定募足期限、偿还方法及期限、还款来源、担保品信息等。同时,还要提供相关证明文件,包括发行公司债章程及政府主管机关核准文件、股东会及董事会对发行公债所作的决议录、发行公司债的营业计划及预算书、募集公司债的公告、公司债的应募书、公司债债券及存根的样张、提供担保的财产明细目录及详细估价单、公司组织章程和营业规程及营业执照影本、公司最近

---

① 《交通银行史料》第二卷,第534页。

资产负债表损益计算书及财产目录、董事监察人及重要职员姓名、经历、住址及印鉴等。①

第三，设置监察制度，确保资金使用合乎借款企业申请书所载明的用途。交行可随时检查募款公司的账册、担保品、财务及业务。公司债清偿之前，公司的营业情况以及生产业务、财务计划等应按期公告。

交行还制订《代收代募股款办法》，为认购股款提供便利，协助企业筹集长期建设资金。与公司债业务一样，交行对代收股款业务也明确规定范围，"经政府主管机关核准创设或已成立之公私合营及私营工矿、交通、公用、运输事业委托本行代收股款，或在上列范围内之公私合营企业公司委托本行代募股款"。②

交行同样要求公私合营或私营企业委托交行代收股款时，必须填具委托书，写明公司名称、股票种类、募款额度、每股金额及其他需要说明的事项等。连同委托书一起送交的还必须有创立公司的宗旨及其具体业务计划、公司章程、招股简章及呈准政府主管机关备案文件、股东会及董事会增加股本的决议记录、增加资本的业务计划及预算书、最近的资产负债表、损益计算书及财产目录、董事、监察人及重要职员或筹备委员会委员的姓名、经历、住址及印鉴等。③ 交行对上述文件进行仔细审查核准后，方能订立契约，予以办理。

代收、代募股款时，交行考虑到办理这一业务的企业分布于全国各地，特别规定代收、代募股款可视委托公司的需要，随时指定各地的交行分支机构办理，为企业和投资人提供便利。所收股款则主要委托公司总部所在地的交行，并随时存入当地交行的专用账户。

建国之初的证券市场尚不发达，交行在其中承担多重任务。作为国家指定的"专业银行"，交行担负着为工矿、交通、公用事业长期建设筹集资金的职责，并由此成为规则的制定者。而在资金的募集中，交行又负责具体操作，成为证券市场的参与者。交行兼顾银行和证券业务的混业经营模式，虽与现代金融业分业监管的要求不符，但在当时的政治、经济、社会条件下，却是可以理解的。难能可贵的是，交行在创建证券市场制度时，引入信息披露、外部监管等一些至今仍沿用的手段，体现出交行不同寻

---

① 《交通银行史料》第二卷，第534—535页。
② 同上，第537页。
③ 同上，第537—538页。

常的理念和识见。

第三节 长期贷款业务的试办

一、试点单位的考量与选择

与组织领导投资公司、建立证券市场等任务不同,办理长期贷款属于典型的银行业务,需要以交通银行自有资金推动。长期贷款主要用于企业投资再生产,放款时间多数在一年以上,风险相对较大。即便如此,交行仍贯彻落实国家相关政策,积极试办长期贷款业务,探索为新中国经济建设提供资金后援的途径。

经第一届全国金融会议决定,交通银行不做门市业务,专门扶持工矿、交通等事业,并逐步组织善于经济核算的经营人员,对工矿、交通企业的生产与财务进行监督核算。为此,交行的干部须加强学习新的工作方法,学习长期信用与投资制度,学会监督企业的财务管理与核算。[①] 长期信用制度的建立和实行,是交行办理长期贷款,组织长期资金市场的重要基石。

在第二届全国金融会议上,长期贷款工作已成为交行承办的主要业务。会议要求交行在专业范围以内,对有利于国计民生、符合国家经济政策的工矿、交通、公用等事业投放一年期以上的长期贷款,以解决生产企业需要长期资金的困难。[②] 国家之所以如此重视交行发放长期贷款的职能,主要从现实需求考虑。建国初期,国家财政资金不充裕,经济发展重心偏向重工业,其他行业获得财政支持的力度受到限制。但从短期看,由于国家经济尚处于恢复时期,对有利于国计民生的私人资本主义经济还需要鼓励,并协助其发展。开办长期贷款业务,无疑对这些企业的发展具有重大意义。

经过全面慎重的考虑,交行基本确定了重点扶持的行业与放款对象。长期贷款的对象必须符合国民经济发展的需要,应主要针对地方公营企业,公股比例较大的合

---

① 《交通银行史料》第二卷,第401页。
② 同上,第403页。

营企业(主要是合营企业),以及一些组织健全、经营良好、劳资关系正常、且能逐步实行经济核算的、有关国计民生的私营企业(如交通运输事业、机器动力工业、轻工业中的橡胶皮革造纸、纺织工业中的棉麻纺织、燃料工业中的煤矿照明灯)。①

开办长期贷款业务初期,交行先以华东地区的上海分行为试点,但上海分行开办该项业务的进展并不快。究其原因,一方面是受到交行自身改造和清理的牵制,另一方面是因为交行已投入大量人力从事所承担的清理投资及基本建设拨款等工作。

新中国的银行制度主要模仿苏联,上海分行开办长期贷款的重要准备就是学习苏联的经验。上海分行以《苏联专业银行组织及业务》《关于苏联工业银行的一些问题》《长期投资与短期信贷为什么必须严格分开》等文件作为学习的参考资料,②同时,组织员工深入工厂实习,了解相关知识。此外,上海分行还配合中国人民银行的放款工作,从侧面深入了解各个放款户的情况,澄清在放款问题上的误解,认清经济形势和工商业的发展规律。这些先期工作都为长期贷款业务的开展做了必要的准备。

1950年9月,交行上海分行开始对南洋橡胶厂、三北轮埠公司、民生实业公司三家单位发放长期贷款。③ 三家企业的情况各有不同,交行在发放贷款时也根据各方面因素,予以不同的政策考量。

南洋橡胶厂的资方在解放前夕已经出逃,工厂的日常运转全靠职工维持,处境较为艰难。该厂早在1949年12月即向中国人民银行申请贷款,但未获批准。1953年8月,上海市委向中国人民银行反映,认为该厂职工始终努力维持,产品销路一向很好,工厂信誉在华北地区和上海地区甚佳。在上海市第三届代表会议上,该厂曾作为克服困难的典型,由陈毅市长作过介绍,政治影响很大,因此,应该提供贷款,助其维持。中国人民银行从政治因素考虑,同意给予贷款,并计划在两亿元范围内先予贷放,作为短期周转资金。但最后决定,由交通银行承办这笔两亿元的贷款,期限为6个月。④ 尽管交行的这笔贷款后因该厂负债太大,未能收到预期的效果,而且从期限看,还算不上真正的"长期贷款",但毕竟是较长期限信贷的一次尝试。

---

① 《交通银行总处工作往来》(1951年6月30日),上海市档案馆藏,档号Q55-2-411,第9页。
② 《交通银行史料》第二卷,第519页。
③ 《交通银行总处工作往来》(1951年4月30日),上海市档案馆藏,档号Q55-2-411,第8页。
④ 《交通银行史料》第二卷,第520页。

三北轮埠公司的处境较之南洋橡胶厂更加困难。该公司在解放后船只数量稀少,机构庞大,收支不平衡的问题十分突出。当时美蒋实行海面封锁,其货运业务几乎陷于停顿,因此周转失灵,负债累累,曾多次呈请政府救助。该公司提出两项解决办法:其一,请政府收购船只;其二,请政府设法救济维持。中央政府为扶持民航事业的发展,决定对三北公司贷款 30 亿元,由交通部担保,以轮船及房地产仓库作抵押。上海航务局(已更名为上海港务局)具体帮助并监督该公司日后的经营,贷款期限为 3 年 4 个月。最初,这笔贷款由中国人民银行上海分行经办,其后转由交通银行承办。[①] 该项贷款也主要从政治意义上考虑,而真正业务上的考量较少。

民生公司的第一艘轮船——民生轮

民生实业公司申请贷款的主要目的是建造铁驳轮。该公司的贷款属于一年以上的长期贷款,在交行所办长期贷款业务中颇具典型,下一目有专门论述。

二、民生实业公司的长期贷款

民生实业公司为配合西南经济建设,受西南工业部委托,协助招商局运输成渝铁路的机车器材。运输航线从汉口到重庆,分为汉宜段和渝宜段。民生实业公司主要负责渝宜段。由于恰逢长江枯水期,大船无法驶入川江,民生实业公司的小型船只数

_____

① 《交通银行史料》第二卷,第 520 页。

量少且不适宜大型运输,为此,特别拟定计划,建造 6 艘 500 吨的浅水铁驳轮。其中所需钢材,民生公司已经备妥,船只委托中华造船厂建造。造船的工价,每艘折实单位 28 万份,合计 168 万份,[①]为此民生实业公司特向中国人民银行申请贷款。同时,公司总经理卢作孚在北京与人民银行总行接洽,确定先建造四艘,每艘造价减为 27 万份。经人民银行总行与交通部研究决定,由交通银行上海分行具体承办该笔贷款。

民生实业公司的创始人——卢作孚

上海分行对资金风险作了充分考量,制定了周密的条款,以保证贷出资金的安全。交行主要从两个方面拟定担保条款。第一,以价值 10 万美元的海轮民众号一艘以及建造 4 艘铁驳轮的全部钢材 930 吨(时值 93 亿元)作为抵押。两项抵押品均按市价八折后估价,其中铁驳材料八折后又以四五折做押。为了防止抵押品价格跌落,正式借款合同还规定在抵押品大幅降价或发生其他重大变故而不足以保证本息归还时,交行可通知民生实业公司补充抵押品,民生实业公司必须立即照办。第二,以民生实业公司承运成渝铁路的运费作为抵押。所有运费委托中国人民银行代收,作为

---

① 《交通银行总处工作往来》(1950 年 11 月 6 日),上海市档案馆藏,档号 Q55-2-409,第 13 页。

归还银行贷款的基金。①

除抵押外,交行还为这笔贷款设置了保证人。最初上海分行提议由交通部出面保证,但民生实业公司认为交通部地处北京,联系不便,建议改为同业公司和承造铁驳轮的船厂共同担保。上海分行经过调查后,认为信用可靠,有实力作担保,遂同意民生实业公司的要求。

贷款资金经核定后改为人民币 53 亿元,按照工程进度分六个阶段下拨。

表 4-5-1　民生公司长期贷款资金下拨进度表

单位:亿元

期　数	节　点	金　额
第一期		9.6
第二期	第一期付款后 20 天,全船龙骨铁板铺妥时	9.6
第三期	第一期付款后 30 天,全船肋骨及隔舱装铆完妥时	9.6
第四期	第一期付款后 60 天,全船铁板及货仓棚装铆完竣时	9.6
第五期	第一期付款 70 天后,房间,驾驶台及船面零件全部竣全,并船身下水后	9.6
第六期	第一期付款后 90 天,全部完工,经过验收合格后	5

资料来源:《交通银行总处工作往来》(1950 年 11 月 6 日),上海档案馆藏档案,档号 Q55-2-409,第 13 页

资金的分阶段下拨,以时间和工程进度两个标准作为依据,具有较强的灵活性,便于交行掌控。由于开工建造 4 艘船,上海分行还特别规定,可按照工程实际情况,分别按比例下拨资金,防止工程因缺少资金而停顿。

下拨资金时,首先由上海分行会同港务局、民生实业公司工程师根据民生公司监工员的工程报告,实地检查是否按计划完成,然后由港务局签出证明书,上海分行根据证明书付款。第五期工程进行时,虽已接近付款日期,但工程并未完成,中华造船厂因年底急需用款,请求民生实业公司与上海分行协商予以通融,拨付贷款。上海分行为规避风险,坚决按照合同要求办事,未予同意。造船厂为争取早日获得资金,日夜赶工,最终按原定计划完成。可见,上海分行不但维护了资金拨付制度,客观上还对工程进度起了督促作用。② 对于工程款的支付,上海分行坚持专款专用原则,开具

---

① 《交通银行总处工作往来》(1951 年 3 月 30 日),上海市档案馆藏,档号 Q55-2-409,第 12 页。
② 同上,第 10 页。

专门的中华造船厂支票,并由中国人民银行汇入造船厂账户。同时,上海分行加强审核造船工价,确保所有资金都被用于船舶建造,防止多余资金流入市场,造成市场秩序混乱。至于资金在造船中的具体支配,造船厂可有自主权,交行不加干预。

从实际执行情况看,4 艘船的完工时间均较计划预定的时间超出 13 天左右,[①]主要是因为民生实业公司材料供应不及时,并受天气影响,而且有一些部件制作也比较复杂。这次民生实业公司所承揽的工程重大,造船厂方面也非常重视,产品质量过硬,每个阶段验收时,各方都较满意。民生实业公司贷款建造的这些船只专门用于解决枯水期间的长江上游运输,上水时每艘船可装载一个 40 吨的火车头及 460 吨器材,下水时可装载散装桐油和其他货物 500 吨。枯水季节每月两次往返,4 艘船可运输 8000 吨物资,丰水季节也同样适合运输。由此,不但保证了成渝铁路的工程进度,也提高了民生公司长江水运的运输量。

在这次长期贷款中,交行还运用了一些新的风险防控手段。

第一,在抵押品管理方面,交行并未采取旧式的对库加锁方式,而是以流动质押办法办理。由于钢材等正用于造船,散布工地各处,交行根据民生实业公司每周上报的材料清单,派员现场检查,以确保押品数量。为节约人力,交行还委托民生实业公司和中华造船厂的工会代为管理,充分调动工人的积极性,在实践中收到良好效果。

第二,此次贷款采用分借方式。交行虽规定了放款日期,但是否放款仍需根据工程进度再做决定。造船厂为早日获得资金,高度重视工期,分借资金的方式起到了敦促工程进度的作用。运用分借方式,工程进度的验收与拨款息息相关,鉴于上海分行暂无相关的专业人才,因此在港务局的支持下,由双方派员共同检查,最后由港务局出具证明,再由交行贷款。这也是针对实际情况而采取的有效方式。

第三,严格按计划行事,实行分期借款与还款。办理民生实业公司贷款时,有一个完整的借、还款计划。交行按计划分期付款,轮船建成后,即有运费收入用于还款;分期归还借款的同时,先以一艘轮船及原材料做抵押,完工后,改为以新船做押,并有三家保证。这样的做法可确保贷款有借有还。[②]

交行通过独立操作这笔长期贷款,对长期贷款业务的各个环节有了切身体会,并

---

① 《交通银行总处工作往来》(1951 年 3 月 30 日),上海市档案馆藏,档号 Q55-2-409,第 11 页。
② 《交通银行总处工作往来》(1950 年 11 月 6 日),上海市档案馆藏,档号 Q55-2-409,第 14 页。

从中摸索出风险控制、资金调拨、合同拟定等多方面的工作经验,这对日后开展相关业务很有借鉴意义。

三、贷款中的异常情况及其总结

交通银行在试办长期贷款的过程中,拟定《试办长期放款办法》,确立相关的规范和原则。办法对放款对象作了明确规定:"凡有利于国计民生符合国家经建政策,组织健全,经营正常,能逐步实行经济核算之工矿、交通、公用事业急切需资恢复发展,并确有还款能力者,除自筹一部分资金外,得由本行予以放款。"办法还就放款用途、放款方式及期限、放款利率、放款押品及保证、放款申请手续、用款及还款办法、其他放款条件等问题作了严格规定和具体说明,目的就在于通过对借款单位的审核、监督以及提供抵押品、保证人等方式,确保贷出资金的安全。①

然而,在特定的历史时期和特殊的政治、经济条件下,交行实际上无法按照自己制定的规章制度严格执行。

在交行上海分行试办的数项长期贷款中,除民生实业公司的贷款比较符合交行长期贷款的宗旨和原则,操作过程也符合银行放款业务的程序和规范,其余几项都主要基于政治因素的考虑。如三北轮埠公司和南洋橡胶厂,是由中央政府和上海市委提出建议,确定由中国人民银行给予贷款,然后,再由中国人民银行转给交通银行承办。交行承接这项业务时,实际上接受的是一项政治任务,自然无法从自己规定的宗旨、原则、程序、规范等方面详加考量。

接受交行贷款的这几家企业其实都处于负债累累、积重难返的境地。鼎鑫纱厂每月亏损二三亿元,而每月的财务费用就需三亿多元。南洋橡胶厂内部机构不健全,管理不善,流动负债远远超过流动资金,厂长终日为调度头寸奔走,无法关心生产。交行也清楚地看到,给予的二亿元贷款"可说已泡汤了",因此与上海市委、工商局等商量对策,如何才能救活该厂。②

在这种非常规的状况下,交行更多地考虑到自己担负的社会责任,充分利用自身长处,千方百计帮助这些企业渡过难关。交行通过派驻上述企业的稽核或监管人员,

---

① 《交通银行史料》第二卷,第532—534页。
② 同上,第520页。

协助厂家建立、健全会计制度、领料制度,督促他们精简节约,减少浪费。如南洋橡胶厂,过去从不计算成本,经交行建议,逐步建立起成本会计制度。以前该厂生产新鞋,每打需用胶皮4.5磅,现仅需3.6磅。① 交行还督促三北轮埠公司节省非必要的开支,暂缓偿还外欠,降低财务费用。交行给予的贷款,大部分用于多余人员的遣散费和归还员工的欠薪等,使机构臃肿、人员庞杂的状况有所改观。②

借贷企业最终能否偿还欠款,关键在于其经营状况能否改善。交行在这方面也做了许多工作。1951年3月,交行帮助南洋橡胶厂开展以"反对浪费,提高产量,提高品质,注意卫生"为主题的生产竞赛运动。其间,交行积极与贸易公司驻厂代表联系,了解产品动态,及时纠正问题。产品质量的提升打开了橡胶厂产品的销路,工厂利润有所提高。交行还为该厂多次延展贷款,至1951年6月,该厂所欠贷款终于连本带息还清。③

交行华东分行其后就上海分行最初试办的这几项长期贷款,包括正常的、规范的状况与非常的、不规范的状况,进行深入的分析、研究和反省,并在此基础上作了总结,阐发其深刻体会。

华东分行在其总结中指出,日后办理长期贷款业务应恪守以下原则:其一,办理长期贷款业务必须结合长期性、监督性、企业性、计划性四个方面,才能取得效果。其二,日后贷款,事先必须审查该企业的性质与贷款用途,周详分析,再行核贷,坚持长短期资金完全划分,才能使贷款的企业有计划地正常地恢复与发展。其三,对每一企业申请贷款,应先了解其内部情形,组织是否庞大,人事是否臃肿,有无实行精简,有无自备资金,以及能否保本自给,再考虑核贷与否。其四,贷款一经核定,凡应具备的手续,必须坚持办妥后,再予用款,以免贷款到手,就拖延缓办。其五,资方对事业有无信心,应为审核贷款的主要条件;否则对本身如何改造,克服困难,毫无打算,完全依赖政府救济,失去贷款扶助生产的本意,于事业本身也毫无好处。其六,为了顺利进行稽核或监管,于贷款订约时,就应订明本行对企业稽核或监管的范围,以及经常需要的表报;该企业如果另有相关单位监管业务,则本行与相关单位的共同监管如何

---

① 《交通银行史料》第二卷,第517页。
② 同上,第521页。
③ 《交通银行总处工作往来》(1951年8月31日),上海市档案馆藏,档号Q55-2-411,第8页。

配合，也应事前一并说明，使其各有专责，避免互相推诿。①

交行总处也就上海分行试办长期贷款业务的体会和总结，对事前的调查、审批作了进一步的强调。例如，对申请贷款企业的调查应扩大范围，以获取更真实的资料，"对每一企业放款决定前，首先应向各有关单位如该企业之同业公会、产业工会、工商局、劳动局及工商联等做侧面的调查，了解该业整个情况，以及该企业个别情况，如产销劳资等情形"。② 南洋橡胶厂的教训就是，"事前未经深入调查，且事实上贷予二亿，并不能解决困难"。③ 审批贷款的程序也应该更加严格，"申请贷款，必须把申请金额、借款用途、提供的押品、借款期限、担保人等填具贷款申请书，连同借款计划、还款办法及经劳资双方通过的生产财务业务计划，经银行审查核准后，才得贷款"。④

交行有关试办长期贷款的反省和总结，对日后继续办理此类业务提供了很好的经验。1951 年，上海市二届二次人大会议作出决议，确定市政建设的重点是生产建设方面，尤其是为劳动人民服务。交行为支持这一决议，由华东分行为上海真如地区曹阳村新建工人住宅区的水管敷设工程提供长期贷款，又为闸北水电公司提供长期贷款，这些贷款都吸收了试办时的经验，程序比较规范，取得良好效果。

第四节　调查研究的全面开展

一、围绕专业途径的调查研究

调查研究是一切计划和政策的前提，没有调研依据的计划和政策犹如无源之水、无本之木。民国时期，交通银行曾将设计处改建成专门负责调查研究的部门，制订了相关的规章制度，为调研工作提供制度保障。解放后，交行经过调查研究，又搜集许多工矿、交通事业及其他行业的调查资料，进一步丰富了调查研究工作的经验。

民国时期，交行的调研资料并不系统，内容也已陈旧。新中国建立后，经清理整顿，交行的性质和任务又发生了重大变化，其调研工作显然已不能完全按照先前的经

---

① 《交通银行史料》第二卷，第 518—519 页。
② 《交通银行总处工作往来》(1951 年 1 月 22 日)，上海市档案馆藏，档号 Q55－2－411，第 8 页。
③④ 同上，第 7 页。

验与套路进行,必须创立一套适应新时期发展需要的工作方法和组织体系。1950年2月,第一届全国金融会议围绕交行的中心任务,就其日后的调研工作下达原则性指示,指出"加强有计划的、集中的调查研究工作,是走上专业途径的基础"。①

交行复业时已对日后继续开展调查研究形成一些设想,总处指出:"今后本行一定要向名副其实的实业银行道路发展,调查研究为业务而服务,应先从积累资料着手,然后根据资料,分析研究,作为决定政策,展开业务的准备。"②然而,总处此时除与上海分行已恢复领导关系,尚未与其他分支行恢复领导关系,因此,只能督促上海分行在上海地区开展工业、运输业的调查,对其他分支行仅仅是寄以希望。全国金融会议召开后,总处与各分支机构恢复了领导关系,由总处领导的调研工作才正式推开。

总处根据全国金融会议的指导精神,初步确定各分支行的调查原则、调查重点、调查步骤,并拟定总处的资料保管制度。

总处指出,日后各分支行的调查工作应遵循"由粗至细,由浅入深"的原则,将调研重心放在工矿、交通事业的设备和生产能力上,先调查公营企业,其次调查公私合营和私营企业,③以避免盲目调查,不得要领,浪费人力物力。

总处原则上不直接参与调查研究,其工作重点是汇总各分支行呈报的调查资料,加以分析研究。为此,总处建立资料保管制度。总处设计室根据资料来源和性质的不同,将资料分为三类:第一类为原始性的资料,包括直接、间接的调查材料和工作报告等,这些资料以地区为中心,分类编号;第二类为报纸杂志资料,包括编制刊物重要内容的索引、剪贴报章刊物的经济材料等;第三类为卡片资料,内容是综合各种原始调查材料以及报刊上的相关资料,依照工矿、交通事业的性质,按业按户整理摘录,作有系统的积累,其中卡片资料工作为资料工作的中心。④ 资料保管制度的建立,使汇集于总处的调查资料井井有条,为日后的资料查询与研究提供方便。

在总处的指示和安排下,交行各分支行纷纷展开调研工作。为初步了解全国工矿、交通事业的发展状况,1950年上半年,各分支行针对工矿、交通事业的历史沿革、机器设备、生产能力、发展规模等基本情况作了调查,取得相当可观的成绩。据沪、

---

① 《交通银行史料》第二卷,第401页。
②③ 《交通银行总处工作往来》(1950年11月1日),上海市档案馆藏,档号Q55-2-409,第9页。
④ 同上,第10页。

渝、秦、粤等 14 行处的不完全统计,总共调查了 15926 家。现将具体的调查情况列表如下:

表 4－5－2　1950 年上半年调查户数统计

行别	地区	户数
沪行	上海市	8014
锡行	无锡	590
	江阴	87
	溧宜	61
宁行	南京、浦口	1452
	扬州	24
	芜湖	6
	镇江	117
常行	常州	182
	武进、丹阳	36
苏行	苏州	120
	常、太、嘉、吴	73
杭行	杭州	250
甬行	宁波	380
青行	青岛	480
	济南	565
	潍坊	551
	淄博	21
渝行	重庆	821
秦行	西安	30
粤行	广州	1024
陇行	兰州	38
赣行	南昌	879
黔行	贵阳	125
总计		15926

资料来源:《交通银行史料》第二卷,第 570 页。

　　除了以上的调查成果,总处大约估算了天津分行在华北三省六市的调查以及汉、滇、蓉、冶等行的调查,指出"全行所掌握的资料总数约在两万户以上,概括地搜集了全国(东北除外)各主要工矿地区及各大城市的工矿、交通、公用事业的资料"。[1] 一些行处的调查工作开展迅速,已开始向国家及国家银行征询所的方向发展。例如,上海分行仅上半年即调查了上海的 8000 多家工厂。华东区行决定,所有沪市工业贷款都由上海分行调查。锡行在上半年完成了全部调查,因此无锡市苏南分行决定以交行锡行为主,连同各行计划室、营业部、金管科、中国实业银行、新华储蓄银行、中国通商银行等单位,共同组成信贷检查小组,所有调查资料统由锡行负责审核、整理、保管。[2]

　　交行的调研工作取得不小成绩,同时也存在一些问题。总处首先对自己的领导方针作了检讨。起初,总处指示各分支行首先调查公营企业,其次为公私合营和私营企业,但这一安排在调查实践中往往行不通。因为一般公营厂矿对交行的方针任务不了解,不愿提供资料,而且政务院又有保密指示。面对困境,总处重新审视先前制定的调查步骤,及时改变原有计划,指示各分支行将调查重心转移到私营企业,有关公营与公私合营工矿企业的调查资料则要求中财委提供。[3] 方针调整后,交行调研阻力有所减轻,但并非所有问题都迎刃而解,不少自身的问题也逐渐暴露出来。

二、调研中的问题及其处理

　　第一届全国金融会议召开后,交通银行全面启动调研工作,取得一定的成效,但距离预期目标仍存在不小差距。究其原因,既有客观条件的限制,如调查对象不配合、调查人手短缺、工作环境艰苦等,也有交行自身的欠缺。交行认识到,在期待外部条件改善的同时,更应通过自身努力去克服困难,解决问题。

　　不少行处在调查中遇到获取资料困难、资料准确性差等问题,很大程度上是客观原因造成的。其一,调查对象不配合。全国金融会议对交行的指示,并未通过政府对外明确公布。一些国营企业认为交行是公私合营银行,强调保密性,不愿提供资料,甚至将交行的调查人员拒之门外。不少私营企业认为交行已不经营业务,对自己没

---

① 《交通银行史料》第二卷,第 567 页。

② 《交通银行总处工作往来》(1950 年 11 月 1 日),上海市档案馆藏,档号 Q55 - 2 - 409,第 10 页。

③ 同上,第 9 页。

有帮助,对交行的调查颇感厌烦,敷衍了事。另一方面,所获资料准确性较差很多是出于历史原因。一些小工矿企业不重视资料的编制、整理和保管,时间一久,不少资料已散佚,调查人员所获资料很多只能通过企业负责人凭记忆追述。一些企业会员名册因厂矿停工、歇业或因后来参加而不及列入,致使所录会员家数与实际不符。① 对于客观原因造成的这些问题,各分行尽量通过主观努力予以弥补。例如,努力搞好与调查对象的关系,大力宣传本行工作内容,争取国营、公私合营和私营企业的配合;参考其他类似厂家及同业公会的资料,甄别已获取的调查资料,以提高资料的可信度。

与此同时,交行更针对自身存在的问题,加以总结检讨,希望通过进一步的努力,在日后的工作中有所改进。

第一,开展调查研究工作之前未做充分的准备。1950 年 11 月,王逸农经理在交行分支行经理会议上作《关于汉口分行专业以来的工作报告》,指出汉口分行在开展调研工作时,没有制定较为完备的调查计划,在思想上也未足够重视,认为这是一项新工作,在摸索中走一步算一步即可。② 这一现象不仅存在于汉口分行,重庆等分行也有类似问题。江冬经理在《关于重庆分行专业以来的工作报告》中提出,重庆分行在开展调查研究工作时,组织性与计划性差,人员经常变动,不能按工作需要制定计划,掌握工作进度。③ 王逸农经理和江冬经理的检讨比较笼统,汉行彭望需在参加由市委会领导的济水电公司生产检查组工作后,用亲身经历作出更为具体的检讨。他指出,在进厂调研之前,没有向党政工商部门大体了解一下全厂情况,也未准备一些有针对性的问题。下厂后跑到车间找工友谈话时,不知道具体了解什么问题,只能东拉西扯,收获极少。另外,刚进厂时生产检查小组共四人,但没有根据实际情况进行分工,有时对一个问题,大家都重复询问,非常浪费时间。④ 凡事预则立,不预则废。对于调研工作,无论是各行处在思想上根本未予重视,还是在具体操作过程中准备不够充分,都将严重影响调研工作的开展,或导致重复工作,浪费时间,或调查肤浅,不深入,或不能如期完成任务。

---

① 《交通银行总处工作往来》(1950 年 9 月 28 日),上海市档案馆藏,档号 Q55 - 2 - 410,第 2 页。
② 《交通银行总处工作往来》(1950 年 11 月 27 日),上海市档案馆藏,档号 Q55 - 2 - 409,第 24 页。
③ 同上,第 15 页。
④ 《交通银行总处工作往来》(1950 年 11 月 13 日),上海市档案馆藏,档号 Q55 - 2 - 409,第 9 页。

第二,调研工作方式生硬,缺乏灵活性。复业初期,诸多工作尚未步入正轨,交行的定位也不明确。尤其在调查研究时,国营、公私合营和私营企业都对交行怀有种种疑虑,各行处都感到难以获取资料。一些行处经多次碰壁后,意识到"生硬的作风是调查不出真实的情况的,而且工作吃力,效果不大",①希望改变原先较为死板的方式,采用一些新的调查办法。如上海分行提出,调查人员工作时,除向工会取得介绍信,最好再利用直接或间接的私人关系搜集资料;调查中不仅要接触资方,还要接触总务、会计、工会负责人或工人,并向同业进行侧面查询;如果调查对象已离开原址,可向其邻居同业或公会探询。② 上海分行的这一调查方式灵活实用,在当时的环境下颇有可取之处。

第三,一些调研工作人员素质较低,思想懈怠,业务知识贫乏。有些调查人员一遇到挫折便灰心丧气,埋怨总处,很少主动想办法解决,缺乏顽强克服困难的精神。调查人员因缺乏专业知识而导致的困窘也比比皆是。例如,天津分行有一职工到工厂调查时,开口只说:"要材料。"厂方问要什么材料,他回答:"要全面的。"这使对方无言以对。其实,他本人对全面的材料应包括哪些内容根本不清楚。又如,某次上海分行的调查人员到工厂调查,厂方讲了半天,调查人员却不知道厂方在说什么。③ 对此,上海分行在工作报告中坦率承认,调查人员的专业知识太缺乏,对于特定行业的特点、生产过程、成本计算及财务等都不熟悉,工作时常常感到力不从心。④

第四,开展调查后未能充分研究,调研工作往往仅完成前半部分。调查与研究脱节,使花费大量人力、物力、财力进行的调查变得毫无意义。例如,天津分行在调查外埠厂矿、交通事业时,专门成立外埠工作组,但调查中仅到有关部门搜集资料,未结合研究审查,回到天津整理资料时,发现有不少问题搞不清楚,特别是有些数字并不完全正确,最后不得不再作一次调查。⑤ 类似现象也普遍存在于其他行处。

此外,还有一些问题也比较普遍,如不少调查资料是从有关部门抄录的,并非通过实地调查得来,调查资料的整编比较混乱等。总处及各分支行对工作中各类问题

---

① 《交通银行总处工作往来》(1950 年 9 月 28 日),上海市档案馆藏,档号 Q55 - 2 - 410,第 2 页。
②④ 《交通银行总处工作往来》(1950 年 9 月 26 日),上海市档案馆藏,档号 Q55 - 2 - 410,第 2 页。
③ 《交通银行总处工作往来》(1950 年 8 月 17 日),上海市档案馆藏,档号 Q55 - 2 - 410,第 4 页。
⑤ 《交通银行总处工作往来》(1950 年 8 月 17 日),上海市档案馆藏,档号 Q55 - 2 - 410,第 3 页。

的揭露和反省,并在此基础上作出深刻的检讨,有利于日后正视问题,解决问题,同时也说明交行对所肩负的任务具有高度的责任感。

三、周密细致的事先筹划

交通银行在总结调查研究工作时,既注意寻找缺点,揭示问题,也注意总结成功的事例,在此基础上表彰先进,树立典范,以带动全行的调研工作。例如,蓉行的调查研究工作做得比较出色,总处以蓉行为表率,将其工作经验向各分支行作了介绍。

蓉行的突出之处在于开展调查研究之前,先做好缜密的准备工作,为后续的实地调查奠定良好的基础。蓉行的前期准备工作大致包括七项。

第一,领会和掌握调查政策。1950 年,总处拟定调查计划草案。蓉行根据草案精神,确定开展调查工作的步骤为“先由依照地区分布的‘面’下手,再到‘点’和点的‘深入’”。根据当地的实际情况,蓉行将本区内若干孤立的工矿业据点如西昌、雅安等委托当地的中国人民银行代为调查,本行则分派成都市、川南、川中三个小组,对成灌、自贡、建乐为中心的三个工矿重点地区进行调查。[1] 调查人员出发前,蓉行召开调查工作会议,再次明确调查要点,说明调查的政治、经济意义,使调查人员充分明确,首要的任务是彻底了解厂矿单位的生产设备、生产能力、成品原料及产品销场等基本情况,至于对厂矿的组织管理、成本利润等情况的了解,则是随后的调查任务。

第二,与厂矿企业沟通说明。蓉行估计到被调查单位可能有顾虑,所以在正式调查之前先给各厂矿单位发去一封公函。公函以政务院关于全国工业普查的决定为依据,具体说明此次调查的意义、任务以及厂矿方面对调查人员应有的协助义务,并强调交行在首届全国金融会议后所担负的任务。[2]这对随后的调查工作起了很好的宣传、教育作用,有助于外界了解交行的专业任务,减少遭遇拒绝的困窘。[3]

第三,争取有力的外援。在当时的情况下,交行仅依靠自身力量,难以获取全面而真实的资料。蓉行在正式调查之前,先与各方面取得联系,尽可能多争取一些有力的外援。中国人民银行因其特殊地位,具有较强的号召力和影响力。蓉行便与当地中国人民银行协商,请其致函被调查地区的人行分支行及当地人民政府,要求提供帮助。此外,还通过各种私人关系,写信给熟识的企业单位,请求协助。蓉行在川中的

---

①②③ 《交通银行总处工作往来》(1950 年 11 月 20 日),上海市档案馆藏,档号 Q55 - 2 - 409,第 5 页。

调查小组就采用上述方法,得到内江、自流井两地人民银行的热情帮助,而川南的调查小组则得到西南工业部接管代表的大力支持,获得许多资料。①

第四,努力搜集相关的资源资料。工业建设离不开资源,资源资料对研究工作大有裨益。基于上述认识,蓉行与四川大学地理系等联系,搜集了大量的资源资料,并将此类资料与工矿单位的调查材料合在一起,两者互相参考。蓉行运用这两类资料编制了蓉区资源特产与工矿业概况报告二十三项、专题报告二项②,为相关研究的开展提供重要的调查依据。

第五,合理配备人手和分工调查。能否恰当配备调查人员,合理地分工调查,在一定程度上影响到调查工作的效率和质量,蓉行在这方面动了一番脑筋。对调查人员进行地区分配时,蓉行考虑了调查人员是否熟悉该地区,是否有调查经验等因素,尽量将调查人员分配到所熟悉的地区,将有调查经验的人员分配到调查难度较大的地区,以便于调查工作的开展。蓉行还注意分工调查,采取一人洽谈,一人笔记,一人与厂方负责人交谈,一人与工人交谈的分工方式。③这样,既提高了工作效率,又可从劳资双方获取资料,避免资料来源的片面性。

第六,详细阐释调查项目。各分行调查后均须按照总处制定的表格内容统计调查结果。总处下发的表格项目繁多,若无统一的解释,会造成统计时的困难,甚至丧失统计的实际意义。蓉行为避免上述问题,经过多次研究讨论,草拟了项目解释和填表须知,供调查人员在工作中随时参考,以减少不必要的歧义。

第七,拟定调查路线和日程。蓉行拟定调查路线时,除考虑节省人力、财力,又兼顾调查重点这一因素。例如,川南地区工矿单位较多,即分配二人,而川东资内一带轻工业比重较小,便分配一人;川南小组先出发,预计在自流井汇合川中小组,然后再由三人共同开展自贡、威连一带煤矿等业的调查。④最终,蓉行顺利实现了既节省人力、财力,又充分把握重点的目标。调查日程的拟定基本以调查路线为依据,其后,虽因交通等问题实际日程未能与计划完全相符,但时间相差不大,事先的规划仍起了很大作用。

蓉行的经验对其他地区具有重要的参考价值,同时,其工作也可视为全行的一个

---

① 《交通银行总处工作往来》(1950年11月20日),上海市档案馆藏,档号Q55-2-409,第5—6页。
②③④ 同上,第6页。

缩影。事实上，其他许多分支行也从各自的特点出发，做了不少探索。在外部条件相当困难，内部也存在不少问题的情况下，交行的调查研究工作依然取得不小成绩，这与全行上下的共同努力是分不开的。

四、培养骨干力量，充实调研队伍

交通银行复业时，各分支行都存在调研干部人数不足的问题。后来全面调研工作展开，人手更显紧缺。因此，各分支行都加强了调研干部的培养工作，其中，天津分行在这方面做得相当出色。该行想方设法，力求在短时间内培养大批调研干部，及时充实调研力量，并在实践中探索出一套行之有效的方法。

第一，敦促干部加强学习，提高思想认识。天津分行改组复业后，工作性质发生了转变，但有些干部对过去恋恋不舍，而对当前工作颇有抵触情绪。加上调查工作困难重重，成效并不显著，不少干部的工作热情和信心大为下降。对此，天津分行重点开展了一些工作。其一，组织干部集中学习金融会议精神和总处下发的重要文件，由行领导解读调研工作的政策，请熟悉调研工作的干部作具体问题的报告，提高相关人员对于调查工作的认识，去除偏见。其二，组织调研干部集中学习专业知识技能和工作方法，提高干部的调研能力。一方面召开座谈会邀请一些干部专门讲解专业知识，介绍工作经验，另一方面由领导或其他专业人士系统介绍在调研中如何走群众路线，如何掌握重点与全面相结合等问题。其三，购买专业书籍供大家学习，在行内营造一种积极向上的学习氛围，振奋调查干部的精神面貌。

第二，培养调研骨干，以骨干带动其他干部，进而发动大家共同参与调研。骨干是调研队伍的核心，可以发挥较强的带动作用。天津分行在发掘、培养骨干时，主要采取作报告的形式。例如，让从事调研工作的人员向大家作书面调研报告。随后，由大家提出意见或建议，报告人据此修改总结报告，直到符合要求。① 这种做法使调查人员看问题更加全面，所作总结报告也去除了以往的空洞乏味，变得更加丰富而有条理。1949年夏天，一份调查人员的行业总结，中心内容是："该业如何重要伟大，资本家怎样努力，该业前途如何好……我们要大力扶助呀！"② 全部是喊口号，毫无参考价值。而1950年调查人员的行业报告内容发生了很大变化。一份关于纺织业的调研总结报

①② 《交通银行总处工作往来》(1950年10月5日)，上海市档案馆藏，档号 Q55-2-410，第2页。

告,中心内容主要是分析该行业日后的发展问题。报告的表述是:"该业生产能力有多大,与全国人民需要对比相差多少;该业需要多少原棉,农业上实产原棉多少,能供给工业多少,不足多少;不足的怎样办;哪省的土质适合植棉,工业农业如何配合;哪个地区适合建设纺织工业,该地的原料、交通、劳力、电力、煤水等条件如何……"①调研总结报告的改进和完善,表明天津分行此前的工作很有成效。通过作调研总结报告培养出的一批骨干,多数被提升为股长或小组长,在他们的带领和指导下,从事调研工作的其他人员也被带动起来,业务素养得到提升,工作效率有所提高。

第三,加强工作检查,及时发现问题并提供帮助,开展评优评先工作,营造竞争氛围。调查人员在工作中,难免遇到一些困难,需要领导经常检查,及时发现问题,为调查人员提供必要的帮助。天津分行的领导就是这样做的,不仅提高了干部的工作积极性,也有利于建立领导与工作人员之间融洽的关系。同时,在行内还营造一种竞争氛围,促使调研干部比学赶帮、各显神通。天津分行的领导在做这方面的工作时,无论是表扬,还是批评,都十分注意"度"的把握,遵循表扬公允、批评公正、多表扬少批评、表扬与批评并用的原则。此外,天津分行各调研小组还建立工作日志,科长每天在日志上批示对于该组的意见,包括提出解决问题的办法,批评与表扬,以及改进工作的意见等。② 通过这些措施,天津分行各调查小组的工作积极性大大提高,各组之间展开了竞赛,力争提前完成任务。很多干部为了工作而牺牲休息时间,有些小组长过去并不亲临一线,现在也经常深入工厂埋头苦干。

第四,建立健全通讯组织。调研干部唯有具备较强的写作能力,才能将所见所闻的资料信息以书面形式呈现出来。通过写作,调研干部还能加深对问题的认识,增强分析问题的能力,提高自身的调研素养。因此,天津分行专门建立一些通讯组织,鼓励干部写稿、发稿。据统计,1950年写稿约240份,参加写稿的有30余人,经常写稿的有七八人,所写稿件包括工业介绍、业务报道及总结资料等,投送的通讯单位有金融通报社、天津日报社、人民广播电台等。③天津分行还建立通讯核心组,不断巩固通讯组织,并加强审稿,提高稿件质量。

天津分行的一些做法也可见之于其他分支行,并为更广泛的调研提供借鉴。为

---

① 《交通银行总处工作往来》(1950年10月5日),上海市档案馆藏,档号 Q55-2-410,第2页。
②③ 《交通银行总处工作往来》(1950年10月5日),上海市档案馆藏,档号 Q55-2-410,第3页。

了大力推进调查研究工作,许多分支行都为培养调研干部,充实调研力量做了多种形式的努力与探索。

五、建立各方联系,灵活开展工作

交通银行各分支行在从事调查研究时,调查对象不愿配合是一大难题。为此,交行上下群策群力,研究讨论,从各个方面提出解决难题的办法,同样也是天津分行的做法颇具代表性。该行认为,建立并加强与各方面的联系和沟通是开展调研工作的重要条件,这一思路在实践中被证明是有效的。

当时的情况是,对国营企业和公私合营企业作调查比私营企业更加困难。主要原因是,交行历史上与私营企业的关系比较密切,沟通的障碍相对较小。而解放后的国营企业和公私合营企业与交行的关系相对疏远,互相之间缺乏深入了解。而且,国家对国营企业的管控不断增强,各国营企业都按照国家规定建立严格的保密制度,由此增加了交行调研工作的难度。在非常困难的外部环境下,天津分行通过多种方式,想方设法,与财委会、工商局等行政部门及厂矿企业加强联系,以此推动调研工作。

天津分行在工作中发现,有时一般调研人员前往被调查单位商取资料,无法接触其主要负责人,而下层工作人员往往不敢或无法提供全面完整的资料。于是,天津分行先由行领导亲自前往洽谈,互相建立信任关系后,再由一般人员前往调查,随后的过程就比较顺利。不过,全行的调研范围广泛,行领导亲自出面,只能作为权宜之计,平时就注意与各相关部门和单位建立长期的合作关系才是长久之计。

工作上的互利互助是建立长期合作关系的基础。向有关部门索要材料,必然增加对方的工作负担,造成一些麻烦,长此以往,难免引起对方的厌烦。从维护双方的长期联系考虑,天津分行非常注意工作上的互利互助。例如,工商局组织调查时,缺少人手,天津分行主动派遣人员前往协助,对十几个行业作了调查。财委会开展普查工作时,天津分行又派四人前往,协助进行专项调查和统计工作等。天津分行还对派出人员规定了严格的纪律,为其他部门工作时必须遵守其保密制度,不得抄录资料为己方所用,也不得泄露工作中的机密。[①] 这些做法深得被协助部门的好评,双方由此密切了彼此的关系。此后,天津分行请求对方协助,希望查阅资料时,多能获得欣然应允。

---

① 《交通银行总处工作往来》(1950年9月2日),上海市档案馆藏,档号 Q55−2−410,第3页。

天津分行还要求调查人员自己动手整理材料,尽量不麻烦被调查单位的工作人员。例如,到橡胶厂和元记厂调查时,调查人员亲自依据账册表报等计算资金利润,不劳烦两厂的财务人员,最终花费十几天的时间,获得两厂的第一手材料。①

天津分行在与各部门联系沟通时,还非常重视交际艺术,通过各种努力获取对方的信任,以此推动工作。例如,不少部门为了解厂矿企业的情况,往往到行业工会索要材料,而工会秘书多是工会工作的直接经办人,频繁的烦扰常使工会秘书产生抵触情绪,对索取资料的要求搪塞敷衍。天津分行与化学燃料工会秘书接触时,曾多次碰钉子。于是,调查人员改变方式,先从各方面了解该秘书的经历,知道他喜爱办报工作后,即将他办报的情况及报业名流等都牢记于心。再次与该秘书洽谈时,起初仍遭拒绝,调查人员便与他聊起办报之事,说:"你要拿出你那时候办报的精神干工作呀!"该秘书精神为之一振,饶有兴致地与调查人员畅谈办报时"过五关斩六将"的情景。围绕他感兴趣的话题深谈后,该秘书的态度完全变了,最后主动将全部资料交给调研人员,并就先前的不礼貌作了道歉。②天津分行的经验也提示各地分支行注意,在培养高素养的调研人员队伍时,还要提高他们的社会交际能力。

交通银行在开展调研工作时遭遇的种种困难,有许多是特定的历史时期造成的。建国初期,国民经济正从凋敝、萧条逐渐向恢复、发展过渡,从苏联引入的计划经济模式仍在尝试和适应阶段,行政系统的条块分割,所有制的公营、私营、公私合营并存,都使许多关系无法理顺。交通银行复业后的定位及其在国家金融机构中的地位,仍有一定变数,其本身的经营网点、业务范围、专业人员的数量和质量等,都存在不少问题。然而,交行在面临众多困难时,仍能坚持不懈,共同努力,为经济建设最为基础的调查研究作出一定贡献,确实是难能可贵的。

---

①② 《交通银行总处工作往来》(1950 年 9 月 2 日),上海市档案馆藏,档号 Q55－2－410,第 3 页。

第六章
内地业务的收缩和海外机构的维持

　　第一个五年计划开始后,国家基本建设投资任务与日俱增,交通银行属公私合营性质,经营业务十分繁杂,难以适应当时的制度安排和建设需要。经财政部提出、中共中央批准,在交行原有机构和业务干部的基础上组建中国人民建设银行。中国人民建设银行于1954年10月1日正式成立后,承办国家基本建设投资拨款监管工作,交行则从事公私合营企业的财务监督工作。建国以来,交行在办理业务时行使国家财政机关的某些职能,具有国家财政和政府机关的属性。公私合营基本完成后,全国大一统的财政体制建立,交行大体完成新中国赋予的历史使命。1957年底,交行各分支行处逐步并入当地的财政机关。1958年,除海外分支机构照常营业外,交行停止国内的各项业务,对外保留总管理处的名义。

第一节　中国人民建设银行的成立和交通银行的变更

一、基本建设专业银行创立的必要性

　　新中国成立初期,政府财政基础薄弱,经济凋敝,市场混乱,人们的生活状况依然恶劣。为了改变现状,全国上下齐心协力,整顿市场,稳定经济。政府财政在保证军费开支的情况下,安排一些资金用于恢复和发展经济、文化、卫生事业,以改善人民的生活条件。基本建设的投资来之不易,为了避免资金管理不当造成损失和浪费,借鉴

苏联的经验,设立专业银行专门管理基本建设投资不失为一条较好的途径。

1951 年,中央财政经济委员会指定交通银行暂时承担基本建设投资拨款的监督工作。随着国家政治、经济形势的变化,建立基本建设专业银行一事被重新提上议程。国民经济恢复阶段结束后,1952 年底,中共中央根据毛泽东的建议,提出过渡时期总路线,要求在一个相当长的时期内,基本实现社会主义国家工业化和对农业、手工业、资本主义工商业的社会主义改造。1953 年,发展国民经济的第一个五年计划启动后,大规模的经济建设开始轰轰烈烈地进行,基本建设在国家经济建设中被提升到首要地位。正是在这样的背景下,建设银行应运而生。

第一,国家的巨额建设资金需要由一个专业银行集中建立一套良好的财政管理制度实施监管,以充分发挥其效用。1953 年 5 月,中国政府与苏联政府在莫斯科签订的协议中明确,苏联将帮助我国新建和改建 141 项(后增加至 156 项)规模巨大的工程,其中包括钢铁联合企业、有色冶炼企业、煤矿、炼油厂、机器制造厂、汽车厂、拖拉机制造厂、电站等。我国自行设计建设限额以上的工程有 694 个。[①] 如此庞大的规划,所需资金数额之大可想而知。如何管理好这些重点建设项目的巨额资金,成为人们关注的热点。当时的基本建设财务管理虽已初步建立,但仍存在种种问题,如工程预算和工程造价偏高;器材大量积压,购运、储存和使用材料过程中的损失浪费很大;劳动力组织调配不当;窝工情况仍很严重;已完工程因质量不合标准而返工浪费的现象也时有发生;违反财经纪律的情况仍然存在,以及财务制度不健全等等。另外,我国是社会主义国家,工业化建设的资金来源主要依靠内部积累,为了积累资金和合理使用资金,必须大力改进基本建设财务管理,这就需要有一个专门机构,根据国家批准的计划和预算,办理基本建设拨款,保证资金及时供应,监督资金合理使用和严格把握专款专用原则,从而促进基本建设按计划完成。

第二,投资决策部门无法建立起对资金使用单位的严格监管机制,致使国家无法有效监管资金的使用情况。当时的管理体制是,基本建设项目的投资决策由计划部门和主管部门作出,投资资金由财政预算拨款,使用资金的是遍及全国各地的企业和建设单位。在这种情况下,国家很需要企业和建设单位对投入的资金承担责任,而国家计划部门、主管部门与企业和建设单位相距甚远。因此,国家需要有一个机构代表

---

① 国家对建设项目实行分级管理,投资在一定数额以上的项目叫限额以上建设项目。

国家对资金拨付的全部过程实施监督。借鉴苏联的经验,这个机构只能是专业银行。此外,为了与"一五"期间金融领域实行的一切信用集中于中国人民银行的体制相适应,基本建设投资领域的一切信用也需要集中于一个专业银行。①

第三,交通银行"身兼数职",面对激增的任务量,其机构设置和人员配备已无法适应工作需求。"一五"时期,国家致力于社会主义工业化和农业、手工业和资本主义工商业的社会主义改造,基本建设投资任务与日俱增,公私合营企业财务管理工作也日益繁重。交行同时承担基本建设投资拨款和管理公私合营企业财务两项任务,两项业务的性质不同,工作内容并无联系,机构与任务之间的矛盾日趋尖锐。特别是基本建设拨款工作任务繁重,如果勉力承办,势必顾此失彼,使工作蒙受损失,对于日后银行的专业化也是不利的。另外,当时全国范围内有基本建设的地区不一定有合营企业,而有合营企业的地区又未必有基本建设,这一矛盾也不好解决。②

第四,交通银行因其本身的公私合营性质不适合长期办理基本建设投资拨款工作。当时交行在国外资本主义国家仍有部分机构和财产存在,为保护这些国外财产,交行必须按照所在地政府的规定提供业务上的全面性报表,否则会出问题;而在国内,按照公私合营企业的规定,交行每年也必须向董事会报告业务。然而,交行经办的基本建设拨款工作多属于国家重大机密,不便对外公布,这在技术上发生不少困难,难以处理。③

基于上述原因,1954 年 5 月,中央财政部党组建议:"正式建立办理基本建设投资拨款监督工作的专业银行,其名称拟定为'中国人民建设银行',由财政部领导。"1954 年 6 月 9 日,中央财政经济委员会同意了财政部党组的建议,并向中共中央请示。6 月 18 日,中共中央批准中财委的请示。9 月 9 日,政务院第 224 次政务会议通过《关于设立中国人民建设银行的决定》。④

1954 年 10 月 1 日,中国人民建设银行正式成立,马南风被任命为第一任行长,张平之、靳崇智为副行长。时任政务院副总理的郭沫若为建设银行题写了行名。

---

① 《中国人民建设银行四十年》,中国财政经济出版社,1994 年,第 4 页。
② 《交通银行史料》第二卷,第 247 页。
③ 同上,第 246—247 页。
④ 同上,第 246—259 页。

二、中国人民建设银行的组建基础

在特定的历史背景下,鉴于政治、经济等多重因素的考虑,1954 年 6 月 18 日,中共中央批准中央财政经济委员会的请示,决定建立基本建设的专业银行——中国人民建设银行。那么如何筹建呢?组建一家能承担全国基本建设投资拨款任务的大型专业银行,必须要有健全的组织机构、分布广泛的经营网点和数量众多的业务干部,绝非一蹴而就。显然,另起炉灶、逐步筹建的途径行不通。所以,中央政府考虑的是另一个更为可行的方案,即在交通银行的基础上,利用其原有的组织架构和专业人员组建建设银行。

交行自 1951 年 6 月开始承办基本建设投资拨款业务,已三年有余。在此期间,交行在完全没有经验的情况下借鉴苏联的做法,在实践中不断探索,推进了基本建设投资拨款的多项工作。例如:及时供应资金,监督资金的合理使用;为财政调度资金;设立专门机构,集中力量办理重点工程项目的拨款;借鉴苏联经验,核定出包工程预付备料款和按工程进度结算付款,审核器材供应计划,动员建设单位内部资源,调剂处理积压器材,检查计划外工程,监督建筑安装企业的财务,发放短期贷款等。①

经过三年多实践的磨炼,交行初步建立起投资拨款的规章制度,组建了与行政区划、建设任务相结合的机构网络,培养了一批专业干部。特别是在大行政区机构撤并时期,总处在中央组织部的支持下,将交行各大区行的绝大部分经理、副经理和业务骨干调到总处工作,集聚了一大批领导骨干和专业干部。这一切都为组建建设银行奠定了基础,做好了组织和干部方面的准备。因此,建设银行在交行的基础上组建,既可节省筹备时间,又可在筹建过程中即刻开展基本建设投资拨款工作,不影响国家经济建设计划。

1954 年 6 月,中央财政经济委员会确定,在交通银行原有的机构和干部基础上建立建设银行,先采取同一个机构挂两个牌子的形式,待条件成熟后再完全分开。②通过这种方式建立建设银行,必须对两行的组织机构、经营业务、专业人员的关系和归属作适当的处理,为此,中央政府财政部就相关的问题作出了明确规定。

---

① 《中国人民建设银行四十年》,第 3 页。
② 《交通银行史料》第二卷,第 246 页。

关于组织机构,中央财政部规定,国内各地交通银行及东北区基本建设投资银行(均包括代理处),一律就原机构筹备成立中国人民建设银行,内部组织暂不变更。建设银行的机构设置,定为总行、分行(内蒙古自治区仍称区行)、支行三级。总行受中央财政部领导,内蒙古自治区区行及各省(包括中央直辖市)分行受总行和当地财政部门的双重领导,省辖市分行受省分行和当地财政局的双重领导,支行受上一级管辖行和当地政府的双重领导。[①] 可见,建设银行的机构建制与交通银行基本相同,均实行三级制和双重领导。

按照中央财政部的指示,交通银行总管理处于 1954 年 9 月 14 日向各分行下发《有关中国人民建设银行成立与交通银行工作关系问题》的通知,通知中明确规定:中国人民建设银行于 10 月 1 日在全国各

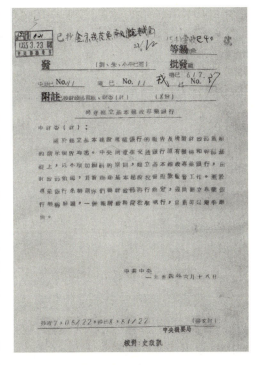

1954 年 6 月,中共中央、政务院关于在交通银行原有机构和人员基础上建立基本建设专业银行的批示。在签阅栏内的"刘、朱、小平"为刘少奇、朱德、邓小平。

地正式成立后,原交通银行各级机构即成为建设银行的各级机构。自成立日开始,各级机构一律启用中国人民建设银行的印信,并以公函通知当地主管机关、建设单位、包工企业、人民银行及其他有关机关,说明交通银行(包括东北区基本建设投资银行)原经办的基本建设拨款与监督工作及有关的方针、任务,各项章则、制度,建设单位、包工企业所开各户,一律由中国人民建设银行接续办理,东北区基本建设投资银行同时撤销。凡有公私合营企业的地区则在建设银行机构内仍保留交通银行机构,对外办理有关公私合营企业的业务时,继续使用原交通银行的印信。凡无公私合营企业及相关业务的地区,则原先的交通银行予以撤销。[②] 据此可见,原先的交通银行

① 《交通银行史料》第二卷,第 250 页。
② 同上,第 257—258 页。

通过整体转换而成为建设银行,全国各地的分支机构中,仅在有公私合营企业及其相关业务的地区,才保留交通银行的牌子及相应的机构和人员。

关于业务干部,中央财政部规定,原交通银行各级行的经理、副经理,一律成为中国人民建设银行各级行的行长、副行长,其余干部的职别均不变动。东北区基本建设投资银行各级行的行长、副行长及所有干部的职别也与以前相同。① 这意味着,原交通银行的各级业务干部也全部转为建设银行的干部,只是在保留交行机构的地区,一部分干部身兼交、建两行之职。

建立中国人民建设银行是专为基本建设服务的,1954 年 7 月,中央人民政府政务院下发《关于设立中国人民建设银行的决定》,明确规定建设银行的业务范围,主要包括四个方面。第一,根据国家批准的计划和预算,监督拨付国家用于基本建设的预算拨款以及国家企业、事业机关等用于基本建设的自筹资金。第二,根据国家批准的信贷计划,办理国营包工企业和地方国营包工企业的短期放款。第三,负责办理基本建设拨款的结算业务。第四,监督基本建设资金专款专用,并对建设单位和包工企业的资金运用、财务管理、成本核算和投资计划的完成情况等进行检查监督。② 显然,上述业务原先都由交通银行承办,建设银行成立后,便完全转交建行办理。交行先前已初步建立有关投资拨款的方针原则、规章制度和具体办法,建设银行成立之初基本上予以继承。其后,随着基本建设的不断发展,建设银行通过大量实践取得丰富经验,不断创新,在统一性、规范化和法制化方面更有进一步的推进。

三、交通银行与建设银行的分离

中国人民建设银行全盘承袭了交通银行的各级组织机构以及全部员工和所有办公场所、办公用具,与此同时,也取代交行承接基本建设投资拨款业务,对外一律使用建设银行的名义与印信。交通银行的原有业务只剩下对公私合营企业的财务监督,所以建设银行各级行中仅在有公私合营企业的地区才保留交行的名义和牌子,并暂时在建行内设立交行办公室,对外办理相关业务时继续使用交行的印信。最初,在仍保留交行名义和办公室的建行各级行中,交、建二行的机构和人员都是交错重叠、不

---

① 《交通银行史料》第二卷,第 252 页。
② 同上,第 249 页。

相划分的,交行办公室在建设银行的统一领导下工作,有关干部的教育、升迁、调动、奖惩、福利等工作以及党、团、工会组织也由建设银行统一管理。①

经过一段时间的工作实践,这种同一机构,两块牌子,不分彼此,互相兼顾的运营模式逐渐暴露出诸多问题。

就交通银行而言,随着国家对私人资本主义工商业的社会主义改造逐步开展,各地公私合营企业不断增多,财务监督工作日趋繁复。这项工作涉及公私关系的处理,政策性很强,需要扎实的工作基础和相当完备的工作经验。如果继续以在建行内设立交行办公室的方式开展工作,已不能适应形势发展的需要。因此,要做好对公私合营企业的财务监督工作,必须有充实和健全的专门机构。

就建设银行而言,随着"一五"计划不断推进,国家对基本建设的投资逐年增加,要求拨款监督工作更加深入、细致,以节省国家建设资金,监督国家建设计划的正确实现。基本建设拨款监督工作与公私合营企业财务监督工作,性质和内容全不相同,两者的联系也不多,有些省市的财政厅局提出建议,希望交行能与建行分开经营,各成独立建制。②

综合各方面因素的考量,中央财政部决定,自1955年4月1日起,各级交通银行与建设银行分开,单独成立机构。交通银行总管理处受财政部直接领导,交行各分行受省(市)财政厅(局)和总处双重领导,办事处受当地政府和交行分行双重领导。③4月25日,财政部下发《关于各级交通银行与中国人民建设银行划分机构的通知》,对交、建二行划分中的具体问题作了原则规定,主要涉及七个方面。

第一,专业干部问题。《通知》规定:"各分行交通银行办公室及省(市)以下机构,凡办理公私合营企业财务监督工作的干部,一律划归交行建制。其中河北、江苏、浙江、广州、云南、武汉、贵州、重庆、安徽、湖北、河南、湖南、上海等省(市),并指定由建设银行抽出一个副行长任交行的经理或副经理,其余省(市)交行的经副理可报请当地人民委员会解决。"

第二,组织机构问题。关于省(市)一级,目前合营企业数量较少,将来数量可能也不多的新疆、青海、热河、内蒙古等省(区),经当地人民委员会同意后,可委托中国

---

① 《交通银行史料》第二卷,第259、262页。
② 以上参见《交通银行史料》第二卷,第253、259页。
③ 《交通银行史料》第二卷,第1757页。

人民银行代办相关业务,暂不设置交行机构;其他需要设置机构的省(市),应当迅速建立交行机构。省(市)以下地区,可视目前业务需要设置交行机构,若目前已有交行机构(指设在建行内的办公室)且业务量比较重,可单独设置交行机构,但应贯彻精简原则,控制员工人数;目前有业务无机构,或虽有机构而业务不多的地方,可一律委托中国人民银行代理。

第三,财产问题。原来交通银行的财产,在两行机构划分后,有价证券及对外投资全部归交行接收;房屋除对外出租的以及交行目前使用的部分,其余一律出租给建设银行使用,由建行总行及总处统一签订租约,统一付租;建行租用房屋的修理费用及税金,由建行自行支付。

第四,交行办公房屋问题。如果交行与建行立即分开还有困难,可暂时与建行合在一起,等交行有房屋后再分开;有条件分开的,即可分开办公,但为了节约资金,交行办公房屋目前只能就地租用,不得投资新建。

第五,经费管理问题。自1955年第二季度起,各级交行应单独编造预算,逐级上报总处,按季核拨;如果已在当地建设银行开支,查明其中应由交行分摊部分,由交行列账并就地核算归垫,第一季度的开支由建设银行总行根据各地交行实有人数摊付费用,集中向总处结算。

第六,公文档案问题。各级行向建设银行及交通银行总管理处的行文、报告、电报等,在接到通知后均分别处理。凡交行旧档案以及有关公私合营企业财务监督工作和人事方面的档案,均划归交行接收。

第七,福利问题。上一年建设银行在开办费内分配的福利基金全部归建行使用,其他福利费截至3月底,结余数按人数分配。①

财政部在下发上述通知之前,已于1955年3月1日通知交通银行总管理处与中国人民建设银行总行分开办公,并召开交、建两行主要领导人参加的座谈会,商讨两行划分的具体问题,形成了一些决议。② 两行分别建制的通知下发后,交通银行与建设银行根据通知的精神,提出具体的划分方案,其中涉及的一个重要问题是划分后交通银行的机构、编制和干部配备。

---

① 以上均见《交通银行史料》第二卷,第253—255页。
② 《交通银行史料》第二卷,第255—257页。

　　方案明确了交通银行独立建制后,管理体制暂定为总管理处、分行、办事处三级,1955 年的全国暂定编制人数为 800 人。总管理处的编制人数暂定为 50 至 60 人。除总经理、副总经理,下设办公室主任 1 至 4 人,办公室下设秘书科,计划科,会计科,合企财务一、二、三科,科设科长、副科长各 1 人,科员、办事员若干人。分行设经理、副经理,可分科办事,编制名额由各省(直辖市)财政厅(局)视业务繁简提出意见,由总管理处就总编制名额内核定。办事处设主任 1 至 2 人,办事员若干人;业务繁忙的办事处(如青岛)可分股办事。办事处编制名额包含在分行之内,由分行报同级财政厅(局)批准,报总处备案。

　　干部配备是个难题,拟由建设银行各级行抽调干部 500 人,先解决交行建立机构的燃眉之急,仍不足编制的名额及主要骨干,则要求各级党政部门的支持,予以调配充实。共产党、共青团和工会组织,由总处单独成立党、团支部,直接受财政部党委、团委领导,交行的工会单独组建,受金融工会的直接领导。

　　方案对交行的办公场所问题也提出明确的意见。两行划分后,为便于分别开展工作,当地有可能有条件租赁或由政府调配房屋的,应尽量争取使交通银行有单独的办公房屋;无条件的,暂时仍在建行房屋内办公。必要时可由建行编具基本建设计划,经当地审查,报总管理处汇总后再报请财政部批准修建。此外,方案还就财产分割、经费管理、公文档案、办公用具、勤杂人员等问题作了具体规定。①

　　之后,交通银行总管理处和中国人民建设银行总行又联合下发《交通、建设银行经费划分和固定资产处理办法》,专就两行分立时的经费和固定资产的分割、处理问题作了详细的规定。②

　　1955 年 9 月,交通银行总管理处迁至北京西交民巷新址办公,标志着交、建两行已完全划分,各自成为一个组织完整、独立运营的金融机构。

　　虽然交通银行摆脱了先前的附属地位,从建设银行中独立出来,但其间的变化极大,整体规模已不及原先的十分之一。交通银行系统原有职工 9000 多人,而新定的编制仅 800 人,原交行大多数职工已转为建设银行的职工。交行的组织机构也大幅压缩,以总管理处为例,原有 13 处 1 室 33 科,而按照新的编制,仅有 1 室 6 科,工作

---

① 《交通银行史料》第二卷,第 256、259—263 页。
② 详见《交通银行史料》第二卷,第 263—268 页。

人员从先前的 400 多,减少为 50 至 60 人。一位曾参与接管交行的老领导,谈及交、建两行关系时说:"建设银行与交通银行的关系,就是解放军与八路军的关系。"①整体转换为建设银行后,再从中独立出来的"交通银行",无论是组织结构、整体规模,还是专业力量、业务范围,都难与昔日的交通银行相提并论了。

第二节　公私合营高潮期以来的业务

一、独立建制后的短暂发展

中央财政部决定将交通银行从建设银行中划分出来,独立建制,意图是明确的,即在公私合营高潮到来之际,对合营企业的财务监督工作,交通银行能够很好地承担起来。1956 年 1 月 26 日,财政部致电各省、自治区、直辖市财政厅局,明确指示,为了适应新情况和新要求,除公私合营商业的财政工作由商业部门领导管理外,其他所有公私合营企业的财务监督工作,一律责成交通银行专责办理。中央决定将合营企业的财务监督工作全部责成交行办理,必然要加强交行的力量。果然,交行在独立建制后,很快获得了扩充机构和人员编制的有利机会。

中共中央在 1953 年夏季所制定的过渡时期的总路线强调要在五到十年,或者更长的时间内,基本实现国家工业化,完成对农业、手工业、资本主义工商业的社会主义改造。其中,对资本主义工商业的社会主义改造分成两步走,第一步是把资本主义转化为各种不同形式的国家资本主义,第二步是把国家资本主义转变为社会主义。②国家资本主义的发展包括初级形式和高级形式两个阶段,高级形式的国家资本主义是公私合营,而公私合营又分个别企业的公私合营和全行业公私合营两个阶段。1956 年,继农业合作化高潮之后,全国形成社会主义改造的新高潮,对资本主义工商业的改造进入全行业公私合营阶段。这意味着交行将面临更加繁重的工作任务,但现有的机构编制和专业力量显然无法承担如此重责任。

---

① 文明:《中国建设银行与中国交通银行的历史渊源》,《西部论丛》2005 年第 12 期。
② 孙健:《中华人民共和国经济史(1949—90 年代初)》,中国人民大学出版社,1992 年,第 75 页。

财政部清楚地看到上述问题,于 1955 年 11 月向国务院(五办、八办)递交报告,要求充实交行的力量。报告称,交行独立建制后,"几个月来的工作进展是比较迅速的,对增加国家财政收入,监督企业资金合理使用,组织积累可用的资金,推动企业改善经营管理,已初步起到一些作用"。但从已查清的合营企业户数来看,约有占总户数 40% 的企业公股股权尚待接管,这与交行目前的机构规模和干部力量并不相称。为了使该行工作能够迅速而有质量地展开,报告建议"在贯彻精简的原则下,根据具体工作需要,把交通银行机构迅速建立和健全起来,干部给以适当充实,以适应工作需要"。①

中央政府非常重视财政部的意见,同意充实交通银行的力量。经国家计划委员会批准,交行 1956 年的编制人数从上一年的 800 人扩充为 5000 人,根据各省、区、市公私合营企业的数量,当地的交通条件,生产和基建任务的大小,财务任务的轻重以及分散与集中情况,进行适当的人员编制分配。

面对外部业务量的成倍增长,内部人员编制的迅速扩充,交行领导层制定了详细规划。1956 年 1 月 29 日,在全国分支行经理会议上,张平之副总经理对今后一段时间的工作任务提出了明确要求。他指出,1956 年,全国范围内的资本主义工商业的公私合营工作将告完成。对于企业的利润处理,老的合营企业将由"四马分肥"办法转变为定息办法,绝大多数新的合营企业将采取定息办法。交行当前的任务是根据财政部的指示,把合营企业的财务工作迅速全面地管起来。因此,必须尽快制定合营企业的财务管理制度,加强财务监督。同时,要加大对合营企业的资金管理,严格监督支出,以保证对资本主义工商业改造的资金供应和完成上缴财政的任务。

为保证完成上述任务,张平之特别强调 1956 年必须做好两项工作。

一是迅速建立和健全组织机构。截至 1955 年底,交行在全国的机构仅 78 个,人员编制不满千人。1955 年,交行接管的合营企业仅 1800 多户,而 1956 年,全国即将合营的企业,仅工业企业就有十多万户,若全由交行接管,工作量将增加几十倍。以交行现有的机构、编制承担如此大的任务,显然是不可能的。因此,在计委批准扩充交行编制的情况下,交行本身也提出了机构设置的原则。(一)有专业公司的地方可设立交行机构。(二)机构设置采取总处、分行、支行三级制;办事处不作一级,仅作

---

① 《交通银行史料》第二卷,第 380 页。

为分、支行的派出机构。(三)机构内部按秘书、综合计划、业务、会计等部门分工办事;总处设处,分行设科,支行设股(较大的支行也可设科),人员多的分行可设人事科。各分支行应根据以上原则,结合当地实际情况,迅速提出机构编制方案,在第一季度就把各行机构建立、健全起来。

二是制定和完善各项管理制度。交行独立建制后,内部各项制度,有的尚未建立,有的不够系统完整,有的已不适合当前的业务要求。总处准备在第一季度内修订会计、统计和请示报告等制度,各行应及时提出意见,以便共同把制度拟定得切实易行,又能满足工作需要。[①]

按照交行领导层的工作部署和具体要求,总处和各级行处积极健全机构、扩充人员。5 月 17 日,经财政部批准,总处的机构编制扩充为 5 个处,分别为:秘书处、综合计划处、财务监督一处、财务监督二处、会计处。[②] 各地行处的机构设置和专业人员也按照计委批准的编制数额作了适当扩充。以上海分行为例,1955 年该行设综合、会计、合营三科,专业干部 53 人;至 1956 年,其机构设置已扩充为 7 个业务科与 5 个综合、管理科,共 12 个科,专业干部人数陆续增加到 284 人,为 1955 年人数的 5 倍多。[③]

二、合营企业财务的归口管理

1956 年,交通银行在财政部的领导下,协助主管业务机关和主管专业公司,全力开展对公私合营企业的财务监督工作。但公私合营高潮过去之后,交行承办的业务逐渐划归财政部属下的各个部门。

交行承办的合营企业财务监督工作,业务量随合营企业数量的增减而变化。1956 年 1 月,全国已有 118 个大中城市和 193 个县城实现了资本主义工商业的全部公私合营。到 12 月底,完成公私合营的企业已达到 1955 年底私营工业户数的 98.7%,而尚未合营的私营工业仅有 1.3%,私营工业总产值占全部工业总产值的比重,也由 1955 年底的 16% 迅速下降为 1956 年底的 0.5%,同一时期内公私合营工业

---

① 以上均见《交通银行史料》第二卷,第 425—431 页。
② 《交通银行史料》第二卷,第 222 页。
③ 同上,第 381 页。

总产值由全部工业总产值的 16% 上升为 32.5%。① 这一时期的公私合营企业绝大多数实行全行业公私合营，采用定息制度，与社会主义国营工业已无多大差别，资产阶级所占有的生产资料已基本上转为国家所有。

在公私合营企业数量激增阶段，交行的财务监督工作异常繁重，而当几乎所有的私营企业转变为全行业公私合营企业，利润分配采取"定息"方式，企业性质已发生根本改变时，除发付私股定息和交纳所得税之类的业务，基本上都可以按照国营企业的办法归口管理。

1956 年 12 月，中央财政部发布《中华人民共和国财政部关于冶金等七部所属合营企业的财务收支自 1957 年起由主管部与我部直接管理的通知》，决定自 1957 年起，一些合营企业的财务收支逐渐划归各自的主管部门管理。其中，冶金、建筑材料、煤炭、第一机械、电机制造、电力和建筑工程等七部所属合营企业的财务收支最先由主管部和财政部的主管司直接管理。同时，其预算收支任务也一并由主管部门承担。交行的业务所剩无几，仅保留中行股、合营银行股、代管股和自身股的股权管理业务。在接下来的归口管理工作中，其他部门所属合营企业的交接方案，与财政部《通知》中提出的处理方案基本一致。

继财政部上述《通知》之后，1957 年 2 月，交通部也接到财政部的通知，将所属合营企业按照企业隶属关系，划归其上级主管部门领导，一并纳入国家预算，不再由交行实行监督。8 月，化学工业部与财政部商定，化工部所属合营企业的财务工作交由财政部直接管理，其财政收支不再通过交行办理，由化工部与财政部直接建立缴拨款关系。另外，交行也不再参与化工部所属合营企业的财务监督事务。接受归口管理的上述企业皆为关系国家经济命脉的重工业合营企业，这些企业经过改造后已基本上属于国营企业，其生产总值在国家整个工业生产中占有很大比重。

此外，国家专业保险公司的财务监督也由新的部门管理。1957 年，财政部规定，自本年度起，公私合营中国、太平两个专业保险公司的财务直接由中国人民保险公司管理，其利润通过中国人民保险公司上缴财政部，交行不再对其进行财务监督。在这次业务移交中，两家公司公股股权的管理方式和股息发付也发生变化。太平保险公司的公股股权，由交行上海分行移交中国人民保险公司接管，但其中的交行股和代管

---

① 孙健：《中华人民共和国经济史（1949—90 年代初）》，第 143—144 页。

股仍由交行上海分行管理;中国保险公司的中行股权由中行移交给交行北京分行代为管理。关于两家公司的公股股息,太平保险公司仍按原规定不变,而中国保险公司的公股股息自 1957 年起不再发给,但两公司的中行股、交行股和代管股仍按规定的时间发付定额股息,由交行经办行上缴总处分别转交和保管。

经过上述一系列的变化,交行的财务监管工作大大减少。事实上,1956 年初,公私合营商业企业的财务监督工作就被收回。1956 年 2 月,商业部和总处联合通知,根据国务院批复,公私合营商业企业的财务管理交由国营商业部门统一办理。① 至此,原由交行负责的财务管理工作被划去公私合营商业企业这一大块,1956 年底以来,重工业、保险公司等合营企业的财务监督工作也先后归口管理,交行"专责"承办的业务几乎全部失去。在这种状况下,交行本身的精简和收缩便难以避免了。

第三节　内地业务的移交

一、有关交行撤并的讨论

资本主义工商业的社会主义改造基本完成后,原由交通银行"专责"办理的公私合营企业的财务监督工作转由各主管部和财政部管理。针对交行业务量急剧减少的状况,国家主管部门认为其原有的机构设置和干部配备已超出需要,有必要按照精简机构、缩减开支的原则重新调配。

交行领导层遵从上级指示,向各级行处下达通知,要求在 1957 年内收缩编制。通知称:根据精简机构、紧缩编制的精神,"1957 年本行全国干部编制在原有的基础上(1956 年编制 5000 人)应适当紧缩,各行可根据工作需要,由各省、区分行在财政厅局的领导下,定出方案,报经人民委员会批准后,在 1956 年原分配的编制额内自行调整。编制如有多余,应当交回总管理处,编制外的干部应该由当地统一自行处理"。②

---

① 《交通银行史料》第二卷,第 848 页。
② 同上,第 382 页。

交行从建行中划出，成为独立机构后，与财政部的关系更为密切，两者的隶属关系更为明确。交行所负责的对合营企业的财务监督工作，其实就是各级财政机关的核心工作之一。因此，总处部署各行精简机构时，强调必须在各地财政厅局的领导下，按照财政工作的需要，确定精简方案。事实上，在一些未设交行分支机构的地区，交行是派遣职员直接进驻当地财政局(科)办公。① 可见，此类做法其实已蕴涵着"合二为一"的趋势。

值此关口，交通银行何去何从，在行内引发了广泛讨论。1957 年 1 月，总管理处召开全国分行经理会议，听取各行关于交行撤并问题的意见。由于 1957 年对公私合营企业的预算管理改为分级全额列入预算的方法，收支都通过金库，与财政工作的关系更加密切，一些合营企业较少地区的行处提出，如果 1957 年仍不接新任务，交行应尽快与财政部门合并，撤销交通银行的建制。另一些地区的行处，如辽宁、吉林、黑龙江、内蒙古、山西、河南等，则采取观望、等待的态度，对是否撤销交行，是否并入财政厅局，未提出明确意见，只是请求总管理处根据具体情况的变化考虑决定。大多数行处的意见是，保留交行，机构不动，但从适应工作和改善体制考虑，应对下属机构进行适当调整，今后仍然承担合营企业的财务监督工作。② 讨论中的不同意见，其实反映了行内干部对交行前途的关心和疑虑，希望上级领导尽快作出明确的决断。

总管理处在广泛听取各分支行意见的基础上，提出了自己的设想："交行今后业务方向问题，大家最关心这个问题，目前因方向不明确，有相当一部分干部情绪不够安定，是急待解决的一个问题。我们对这个问题的解决，经过各行同志的讨论，提出三个方案：(一)接受地方国营企业的财政监督工作，继续办理对公私合营企业的财务监督，而交行机构不变。(二)并入财政厅、局，继续办理企业财务监督，取消交行机构。(三)与合营银行合并，办理储蓄业务。"③保留交行机构的前提是必须争取到新的业务，需要政府的决策，即便改变机构，与其他合营银行合并，也非交行本身所能决定，所以，撤销交行，并入各级财政机关也成为一个选项。

有关交行撤并问题的讨论，没有形成结论，总管理处也没有拿出明确的意见。不过，这场讨论引起了上级政府部门的重视，交通银行究竟是保留还是撤并，被正式提

---

① 《交通银行史料》第二卷，第 308 页。
②③ 同上，第 307 页。

上议事日程。

二、内地行处的逐步归并

1957 年 10 月 18 日,财政部为交通银行今后的工作向国务院呈交报告。报告回顾并肯定了交行复业后所做的工作,提出在全国公私合营企业基本按照国营企业办法归口管理的情况下,交通银行所担负的公私合营企业财务监督与管理的使命已经完成,"由于该行还有私股和国外机构及历史较长等关系,名义还不宜取消。因此,需要解决交通银行今后的工作问题;另一方面,地方国营企业和公私合营企业财务都还需要加强管理。根据以上情况以及新的财政体制的要求,我部对交通银行今后的工作做了研究,并经全国财政厅局长会议进行了讨论,一致同意仍用交通银行现有的机构统一办理地方国营企业和地方公私合营企业的财务监督工作"。

报告就交行今后的工作提出四点具体意见。

(一)工作职权范围。凡是地方国营企业和地方公私合营企业的财务监督工作,自 1958 年起由交通银行统一办理。该行办理的中央级公私合营企业的财务监督工作,则自 1958 年起移交给财政部有关财务司进行办理,把交通银行改变为在财政机关领导下办理地方企业财务监督的专业银行。

(二)机构安排。将财政部农林水利地方企业财务司的地方财务处并入交通银行总管理处,同时加挂财政部地方企业财务司的牌子;各省、自治区、直辖市财政厅局的企业财务管理部门和交通银行分行合并在一起,对外是交通银行分行,同时也是财政厅局企业财务处(科);省、市以下的交通银行机构,也按照上述原则处理。无交通银行机构的地方不再增设交通银行机构,也不添挂交通银行牌子,但工作应和上级交通银行挂起钩来。合并后的干部编制,各省(区、市)财政厅(局)根据工作需要和整编精神提出方案,报人民委员会批准后调整,并报财政部备案,全部人员列入交通银行的编制。

(三)工作关系。合并以后的交通银行受同级财政部门领导,上下级间的关系必须保留。今后凡属于工作方针、政策以及带有全国或全省区市性的制度、办法和财政预算的核定等比较重大的问题,一律用财政部门的名义办理。已有明文规定的具体业务问题和属于原来交通银行业务范围的公股、代管股股权的管理,专户资金存储和交通银行财产管理等问题,用交通银行的名义办理。

（四）经费开支。交通银行的经费按同级财政机关的标准开支，其经费来源，总管理处的经费（包括应发定额股息和一定数额的利润），由财政部包下来；分支行和办事处的经费由地方财政负担，均作为拨给交通银行的手续费，在同级财政预算其他经建支出项下列支。[①]

从上述内容可以看出，这份报告是财政部在综合考虑各方面因素的基础上，提出了一个过渡性的处理方案。即在名义上仍保留交通银行的牌子和机构，实质上将其完全并入财政部。归并后的交通银行受同级财政部门的领导，原先的独立性不再存在，上自总管理处，下及各分支行，都与财政部属下的司、处、科成为同一个机构，只是挂两个牌子。各级交通银行与各级财政管理部门合并办公后，凡办理各类重要的业务都须使用财政部门的名义，可使用交通银行名义办理的业务则被限定在一个很小的范围内。

实际上，在财政部呈交这份报告之前，交行各分支行已陆续与当地财政管理部门合并。1957年6月，江苏地区的徐州支行以一套班子、两块牌子的方式并入当地财政局经建财务科。[②] 7月，陕西的西安支行并入财政局，对内改名为合营企业财务科，对外仍挂"交通银行西安市支行"的牌子。[③] 9月，无锡支行并入无锡市财政局，增设合营企业财务科，对外仍可使用"交通银行无锡支行"的名义。[④] 至1957年底，已有不少分支行并入当地财政管理部门。

1958年1月29日，财政部就交通银行的前途问题再次向国务院呈交报告，明确提出："由于机构性质一直没有明确，交通银行各分支机构特别是基层单位在对外联系、干部使用、预算管理、职工生活福利等方面都存在一些困难问题不好解决。各地曾有过不少反映，这次整风中群众又提出了不少意见。"财政部经过认真研究，作出以下处理意见：（一）交通银行虽有一定的业务收入，但就其性质和任务来看，实际上是行政机关，因此，建议明确规定交通银行为行政性质的专业机构。（二）凡属相关的全国性的业务方针政策和重要法令制度，仍由交通银行总管理处负责拟定，并报中央有关部门批准执行。（三）各地交通银行系统的人员编制统一纳入地方行政人员总

① 《交通银行史料》第二卷，第850—851页。
② 江苏地区交通银行志编纂委员会：《交通银行徐州分行志》，江苏人民出版社，1997年，第34页。
③ 《交通银行史料》第二卷，第308页。
④ 交通银行无锡分行志编纂委员会编：《交通银行无锡分行志》，上海人民出版社，2009年，第33页。

编制之内,并由地方统一管理(包括干部的培训、升降、调动等),有关机构的设立、裁撤、改组等,也均由地方考虑决定。(四)交通银行的经费自1958年起改由各级财政负责供应,按当地行政费开支标准执行。

3月18日,国务院批转财政部报告,请各地研究执行。① 交通银行既被国务院明确为行政性质的专业机构,人员也被纳入地方行政人员编制后,各地地方政府根据国务院的授权,陆续调整相关行政机构。如3月底,上海市财政局下发通知,交行上海分行与上海财政局企业财务处合署办公;②5月15日,上海市财政局将交行上海分行的现有人员编制报请上海市编制委员会。③

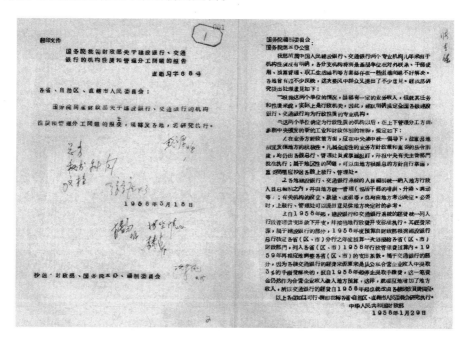

1958年3月18日国务院批转财政部《关于建设银行、
交通银行的机构性质和管理分工问题的报告》

---

① 《财政部关于建设银行、交通银行的机构性质和管理分工问题的报告》,见张培田等编:《新中国法制研究史料通鉴》(第1—5卷),中国政法大学出版社,2003年,第4151—4152页。

② 《上海市财政局关于我局企业财务处与交通银行合署办公的通知》,上海市档案馆藏,档号B104-1-372-1。

③ 《关于交通银行上海市分行编制问题的报告》,上海市档案馆藏,档号B104-1-372-43。

1958 年 7 月 22 日,经国务院批准,交通银行总管理处被划归中国人民银行领导。① 8 月 9 日,财政部就交通银行机构问题再发通知,指出交通银行总管理处划归中国人民银行总行领导之后,"交通银行各地分、支机构需否移交,可由你们与当地人民银行协商决定,今后是否仍保留交通银行牌子,也由你们和人民银行协商后报人民委员会考虑决定"。②

北京西郊民巷 17 号大楼。1959 年后,交行总管理处招牌悬挂在这座钟楼的外墙上。

1958 年 12 月 15 日,国务院正式批准财政部《关于建设银行、交通银行的机构性质和管理分工问题的报告》。此后,在中国人民银行的领导下,总管理处一直存在,有时也向外发布通知,如 1959 年 6 月,总处向交行股东发布《关于补发股息问题的通知》,③但内地各分支行相继归并、裁撤,业务活动陆续转入当地的财政部门。

第四节　海外分支机构的曲折经历

一、建国初期的海外分支机构

　　交通银行是我国最早在海外建立分支机构的银行,海外行处主要分布在东南亚、南亚等地区。时过境迁,几经创设与裁撤,至解放初期,交行在海外的分支机构共有 8 个。

---

① 《交通银行史料》第二卷,第 245 页。
② 《中华人民共和国财政部关于今后交通银行机构问题的通知》,上海市档案馆藏,档号 B104 - 1 - 372 - 54。
③ 《交通银行史料》第二卷,第 1765 页。

表4-6-1　建国初交行的海外分支机构

行　名	简称	所在地
香港分行	港行	香港
印度加尔各答直隶支行	印行	印度加尔各答
缅甸仰光直隶支行	仰行	缅甸仰光
西贡直隶支行	贡行	越南西贡
海防直隶支行	越行	越南海防
河内临时办事处	河处	越南河内
菲律宾交通银行	菲行	菲律宾马尼拉
菲律宾交通银行宿务支行	宿行	菲律宾宿务

资料来源:《交通银行史料》第二卷,第353—354页。

　　1950年1月9日,中央人民政府政务院总理周恩来对驻在香港的原属国民党政府的机构和员工发布命令,要他们"务须各守岗位,保护国家财产、档案,听候接收";并且指出:"原有员工均可量才录用。其保护国家财产有功者,将予以奖励,其有偷窃、破坏、转移、隐匿等情者,必予追究。"中国人民银行将上述命令转达原国民党政府所属驻香港的各金融机构。[1] 同月17日,香港分行致电中央人民政府政务院及交通银行总管理处,表示遵照政务院周恩来总理命令,听候接收。[2] 与此同时,仰行、印行主动与总处建立业务联系,接受总处的领导。1954年5月,随着越南北部脱离法国殖民统治,越行、河处与总处的联系逐渐恢复。[3]

　　建国后,中央人民政府对交通银行实施接管,并划归中国人民银行领导,当时确定的目标是,接管、改造后的新交通银行日后将成为一个扶植实业发展的长期信用国营企业银行。据此,交行的海外分支机构应被撤销,或将其业务转交中国银行,由中行统一经营管理外汇业务。可最终的结果是,交行的海外机构被保留下来,其中的原

---

[1]　《交通银行史料》第二卷,第1499页。

[2]　同上,第1736页。

[3]　菲律宾交通银行为独立经营,国民党政权迁到台湾后,赵棣华与随行人员十余人在台北建立交通银行办事处,不对外营业,工作重点为清理债权债务,督导海外机构。1950年初,办事处派稽核处处长郑大勇赴马尼拉,经理菲律宾交通银行及隶属的宿务支行。1951年3月,菲行改选董事会,由俞鸿钧任董事长,张兹闿为总经理。在马尼拉建房盖屋,发展侨汇业务。1973年8月,台湾交通银行让售菲行的全部股权。1975年4月,越南的抗美救国战争取得全面胜利,西贡支行中断与台湾方面的联系。

因有如下几点：

第一，交通银行历史悠久，海外分支机构除港行、仰行、印行外，还有海防、西贡、菲律宾等地的分支行。海外侨胞对交通银行的印象深刻，交行各分支行历年来在当地吸收的汇款为数可观，倘若撤销这些分支机构，势必影响各类侨汇业务。

1934 年 11 月 27 日香港分行于中环雪厂街太子大厦开业。图为行址外貌。

第二，建国初期，国际局势严峻，国际关系错综复杂，新中国对外汇资金的需求也很迫切。若撤销交行的海外分支机构，在美国等西方国家势力范围之内的海外行处有可能携资金外逃，并且使新中国减少了海外的外汇据点。在外国设立银行的手续异常繁复，一旦撤销，再想重设将非常困难。

第三，若将交行的海外分支机构划归中国银行管辖，职员的具体安置难以立即解决。

第四，交行为股份有限公司，在政务院对交行股权问题尚未阐明处理态度之前，若贸然撤销海外分支机构，可能会引起商股股东的疑虑，造成一些不必要的麻烦。①

这样，交通银行被接管时，海外各分支机构并未立即撤销。总管理处恢复对一些海外分支机构的领导关系后，这些行处立即参与了新中国的经济建设。中央人民政府也对这些行处日后的业务发展，给予特别指导。

---

① 《交通银行史料》第二卷，第 1501—1502 页。

二、国家对海外机构的工作方针

交通银行的海外分支机构是新中国整个金融体系中不可或缺的一部分,中央人民政府重视这些机构的发展工作。1951 年 6 月 12 日,中国人民银行在北京召开建国后第一次国外业务会议。交通银行、中国银行和中国保险公司的海外分支机构以及国内有关单位的负责人参加了这次会议。7 月 25 日,中国人民银行向中央财政经济委员会递交报告,汇报了这次会议的进展情况。报告指出这次会议最大的成果是明确了海外金融机构的工作思路:第一,海外金融机构的总方针是为祖国经济建设服务,为华侨服务;第二,海外金融机构的业务方针是稳步发展,合法经营;第三,确立中国银行与交通银行同地一家、异地联行的制度;第四,规定国内外联行之间应密切加强联系。会议还明确提出海外金融机构要大力吸收存款,积累外汇资金,鼓励华侨投资祖国。

1953 年,国家华侨事务委员会和中国人民银行在向政务院报送《关于国外与香港中国、交通银行工作方针的若干意见》,再次强调海外金融机构的工作总方针是:争取长期存在,为祖国建设、华侨服务。海外各分支机构要加强内部管理,更好地开展海外业务。对交行、中行的原有职工,一方面要加强政治上和政策上的领导,争取积极改造;另一方面在步骤上要谨慎、稳重,在方式上则应注重灵活,以符合团结最大多数原有员工,孤立极少数破坏分子的策略原则。如果要求过高、过急,不顾当地环境的特殊性、复杂性而冒进突出,势必危及海外机构的存在。[①]

已接受总处领导的交行海外分支机构在中央政府方针政策的指导下,不断加强内部管理,积极从事具体的业务工作。1954 年 12 月 13 日,中华人民共和国财政部核准颁行的《交通银行章程》,第十六条明确规定:交通银行的国外分支机构,可以经营外汇业务和当地法令许可的一切银行业务与投资业务。[②] 这一规定既是对国外分支机构所营业务的肯定,也为其日后业务发展指明了方向。

三、仰光支行的艰难维持

仰光分行成立于抗日战争时期。南京、上海、武汉等大城市相继失守,使钞券印

---

① 中国银行行史编辑委员会编著:《中国银行行史(1949—1992)》,中国金融出版社,2001 年,第 40—41 页。
② 《交通银行史料》第二卷,第 170 页。

刷的重点转移到了海外。为了便于钞券转运,1940 年 6 月,交通银行在缅甸仰光成立直隶支行,简称"仰行"。然而,设行不到两年,日军入侵缅甸,仰行不得不于 1942 年初撤回国内;抗战胜利后,于 1946 年 1 月返回缅甸复业,银行业务也逐渐稳定。1950 年 1 月 7 日,复业后的交行总管理处向海外各分支机构发出通电,号召员工安心工作,协力保护行产。仰行接到通电后,决定接受总处的领导,并于 1 月 17 日与总处恢复业务联系。

仰行的主要业务是侨业贷款以及当地的押汇业务。侨业贷款主要有四种。(一)米厂贷款。这项贷款属季节性放款,自 1952 年起与仰光中国银行联合贷放。(二)小额侨贷。这项贷款也是与仰光中国银行联合进行,贷款的面很广,收益稳定。(三)商业性放款。这是仰行的主要经营项目,放款数额很大,占放款总额的 50%。(四)华侨复业贷款。

仰行的押汇业务大多数是做西欧诸国的进口押汇,业务量不大,用于押汇业务的资金量占 10% 左右。[1]

除上述业务外,仰行也办理一些贸易业务。如随着苏联和东欧国家与缅甸关系的恢复,贸易往来增多,仰行在这方面也承办一些业务。又如新中国成立后,逐渐建立对缅甸的贸易关系,仰行予以配合,如承办生丝由滇或经港输缅的业务。

仰行业务难以开展与当地银行业的总体状况有关。仰光地区,除缅甸联邦银行为管汇银行外,共有商业银行 20 家,其中,华商银行只有交通银行、中国银行两家,其他的银行,英商 8 家,印商 5 家,缅商 4 家,荷商 1 家。英商开办的麦加利银行担任外汇银行公会的主席,[2]凭借其雄厚的实力操纵当地的银行业务。

同业竞争以及缅甸的地方保护主义也对仰行的发展造成很大压力。缅甸国家商业银行成立后,以发展民族商业及生产事业相标榜,训练大批缅籍公民成为银行从业人员,以代替现有缅商银行中的外籍人员。仰行与缅甸联邦银行往来密切,缅甸联邦银行是管汇银行,故在业务方面是限制大于竞争。但缅甸国家商业银行成立后的情况就大不一样了,作为半官方银行,缅甸国家商业银行不仅会协助联邦银行继续限制仰行发展,还会利用其特殊地位垄断所有其触角可及的业务,如此,仰行的发展将更

---

① 《交通银行史料》第二卷,第 344—345 页。

② 同上,第 345 页。

加困难。

　　针对这种情况,总处于 1954 年向仰行下达指示,对其今后的业务发展提出建议,要求仰行以中缅之间的贸易业务和对侨胞、侨业的贷款业务为重点,调整经营方向。

　　总处对仰行的业务发展重心作出调整,主要考虑到当时国内建设的需要和当地市场的实际情况。1954 年,国内正处于大规模建设时期,缅甸与我国订立了贸易协定,中缅贸易发展迅速。总处认为,仰行应在当地主动配合中缅贸易的推进,尤其是配合推进我国的出口贸易,努力协助开辟国内出口货物新市场,增加输出品种和数量,尽可能争取有利的价格和收汇条件。当时东南亚市场状况一直不景气,各地侨胞、侨业大多比较困难,仰行办理小额贷款能够协助侨胞克服一些困难,等情况好转后可以继续放款,但应注意资金安全。①

　　交行复业不久,仰行即接受总管理处的领导,在困难重重的情况下,不懈努力,艰难维持,为扶持当地的侨胞、侨业,协助推动中缅贸易的发展,作出了积极贡献,但终因种种因素而难以支撑,业务经营渐趋萎缩。

---

① 《交通银行史料》第二卷,第 347—348 页。

第七章
坚持商业银行路线的香港分行

交通银行虽然停止了内地的业务,但香港分行仍继续营业。从 1958 年到 1986 年,港行的持续经营对交通银行维持商业银行的声誉,延续本行的历史传统和经营特色具有极为重要的意义。30 多年来,港行积极响应国家号召,遵从政府指令,坚决执行中央政府的各项金融政策,在积聚外汇资金,展示中国对外形象等方面作出积极贡献。经营方面,港行克服了机构少、人员不足、国际经济形势多变的困难,以服务国内为准则,积极开展商业银行的各项业务,充分发挥对外窗口的作用。在数十年发展中积累的经验,也为国内商业银行的创办与发展提供了借鉴。这一时期,港行的机构设置不断扩展,新设支行(办事处)22 家,职工人数由 1950 年初的数十人增至 1986 年底的七百多人。港行的所有成就,都为交通银行重新组建后所实施的国际化经营战略奠定了坚实基础。

第一节　管理机构的变迁及网点的扩建

一、总处对香港分行的接管

新中国成立后,中共中央和中央政府逐步加强对金融机构的领导和管理。交通银行总管理处复业后,交行在内地的各分支机构纷纷建立与总处的隶属关系。作为海外分支行之一的香港分行却因当时复杂的国内外政治形势,无法与内地机构同步

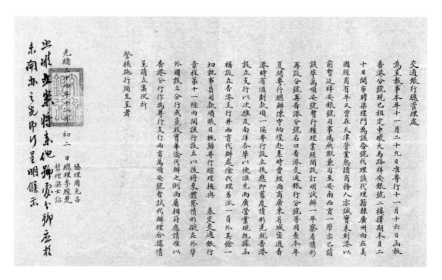

光绪三十四年(1908)交通银行为设立香港分号报邮传部文

接受总处的领导。

香港分行原是清朝末年总管理处为在海外专门经营外汇业务而设立的一个直属机构。因业务上的需要,港行先后与世界上许多国家的银行建立联系,业务上有往来的有美国、英国、法国、加拿大、澳大利亚、新加坡、菲律宾、印度、印度尼西亚等国的18家银行,其中,来往最密切有伦敦的密德伦银行、纽约的欧文银行、巴黎的中法银行。[①] 据1948年下期结算,港行存放在各家外国银行中的资金,共计美金318万元,英金3007镑,澳币2.4万镑,新币8.7万元,菲币9000元,印币20万盾。港行与中国境内多家外国银行的关系也很密切,其中,往来最多的是英国汇丰银行,至1948年底,港行在汇丰银行存有4100余万港元(内有国民政府中央银行一部分管制外汇存款),经常性的存款也在1000万港元以上,放款达180万港元。[②]

建国之初,除苏联等少数国家,国际上不少国家持观望态度,并未承认中国共产党建立的政权,仍与前国民党政权保持外交关系,国际形势十分复杂。在这种情况下,港行存放在外国银行中的巨额资金能否安全收回,存在着许多不可预测的因素。例如,大陆解放后,港行存放在美国各家银行中的美元头寸即被冻结,虽事先曾加以防范,将一部分美元头寸调存其他银行,但仍有478835美元被冻结,其中的大部分被

---

①② 《交通银行史料》第二卷,第1500页。

转往台湾。① 为此,中国政府和交行总处都希望尽早接管港行,但因当时的中英关系尚不明朗,接管工作难以立即进行。

1842 年,香港成为英国的殖民地。1949 年 10 月 1 日新中国成立时,英国对中国的态度仍在观望,中国政府无法即刻接管香港的各家金融机构。经过三个月的接触,1950 年 1 月 6 日,英国外交大臣贝文正式照会中国外交部长周恩来,宣布大不列颠及北爱尔兰联合王国自即日起承认中华人民共和国中央人民政府为"中国之合法政府",表示愿在平等、互利及相互尊重领土主权的基础上与新中国建立外交关系。同日,英国政府又发表声明,决定撤销对前国民党政权的外交承认②,标志着中英外交关系走向正常化。随后,中国政府开始对香港的中国国家财产行使管理权。

1950 年 1 月 9 日,中国政府政务院总理周恩来向驻在香港的原国民党政府各机构、各企业及其员工发布关于保护财产、听候接管的命令。港行接到命令后,经理钟锷与副经理贺仰先、石祥和、简鉴清、彭贤赞等达成一致意见,通电接受北京新总处的领导。18 日,港行以钟锷的名义致电北京总处,表示"锷当督率员工,各守岗位,保存行产,维持现状"。③ 至此,港行的历史翻开了新的一页。

交通银行复业之初受中国人民银行领导,当时对交行的定位是日后成为一个扶植实业发展的长期信用国营企业银行,原先的外汇业务交由中国银行办理。按照这一方针,交行香港分行本应撤销,或并入中国银行香港分行。但考虑到交行的历史悠长,在海外能起到不可替代的联系与沟通作用,中央政府和中国人民银行最后决定保

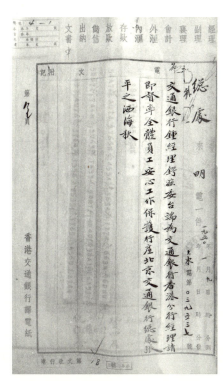

总管理处委任钟锷为香港分行经理

① 《交通银行史料》第二卷,第 1504 页。
② 解力夫:《国门红地毯:新中国外交 50 年》(下卷),世界知识出版社,1999 年,第 553 页。
③ 《交通银行史料》第二卷,第 1500 页。

留交行的海外分支机构,包括香港分行,并对港行的接管工作提出指导意见。

第一,港行机构暂时保留,经营业务仍归交行总管理处直接领导,并与当地中国银行保持密切联系,外汇牌价和头寸调拨等,由总处电令行事。中、交两行在海外是两个独立的平级的系统。外汇业务在国内由中国银行总管理处统一办理,对于港行等海外机构,则由中行总处通过交行总处实行指挥。

第二,港行员工暂且维持现状。除参与国民党特务破坏活动的首要分子开除法办外,一般人员经过教育后都予以留用,如有多余人员则动员回国,内调北京、广州交行系统。解放前夕从国内逃亡香港的高级职员,了解具体情况后再行处理。

第三,港行的资财按原交原接的方式处理。依照下列项目编造移交清册,一式三份,两份上报总处。(一)营业储蓄等会计各科目余额表及日计表。(二)档案图书、电本、密码、押脚字表及库房钥匙清单。(三)1943 年后历年账册、传票、决算表及其他重要表报清单。(四)各种重要契据,包括放款、暂付与存出保证金项下的收据,证券及投资的股票或收据等清单。(五)各种实物,包括库存现金、房地产、生财设备、预付项下所留实物及账外物资等清单。(六)保管物品,包括仓库寄托物品及质押品等清单。(七)员工清册。(八)港总处蜀余公司及其他撤港单位留港资财账目及人员等清册,以及交行附属单位的资财清单。各项移交清册造妥后,应另立新账,依原会计制度规则按期呈报总处。①

根据上述指导意见,1950 年 3 月,总处委请冀朝鼎前往香港,负责接收事宜,并特别指出两点:(一)在接收工作进行期间,不得中断港行的业务,港行对外依然正常营业;(二)接收手续终了后,港行的行务仍由原负责人督理。②

接收工作结束后,钟锷③留任港行经理,贺仰先、石祥和、简鉴清、彭贤赞四位也继续担任港行副经理。

---

① 《交通银行史料》第二卷,第 1502—1503 页。

② 总处:《为委请冀朝鼎同志接收港行由》,交通银行博物馆藏交通银行香港分行资料(以下简称"港行资料"),1950 年。

③ 钟锷(1889—?)字秉锋,广东兴宁人。交通大学毕业后入美国威斯康星大学获硕士学位。1915 年归国后,历任交通部铁路管理学校、邮电学校、北京大学、工业大学等校教授,交通大学教务长及分校主任,北平、天津电话局局长,交通部邮政司司长,国际电信局局长,交通银行天津分行经理,汉口中央银行经理。香港沦陷后,潜往重庆,任信托局局长,物资原料购办委员会主任委员,交通银行、中国银行常务董事,中国建设银行总监,工矿银行顾问。抗战胜利后,任粤、桂、闽三省财政金融特派员,旋任中(央)、中(国)、交(通)、农(民)四银行联合办事处广州分处主任委员,中央信托局常务理事,交通银行常务董事兼香港交通银行经理。

此后不久,为了密切与各海外行的联系,加强海外机构的工作,总管理处派专员闵一民兼任赴外稽核,代表总处与港、印、仰等行联系,以推动海外行的业务发展。① 至此,总处已顺利恢复对港行的领导关系,并形成相应的管理体制。

二、总处驻香港办事处的设立

1958 年,交通银行内地各分支机构先后并入各地政府财政部门,各项业务逐渐停止办理,但香港分行继续营业。

总处鉴于当时的实际状况,为便于港行的工作,决定成立"交通银行总管理处驻香港办事处"。1958 年 4 月 23 日,总处致函港行部署此事,函文称:"兹为加强领导,就地解决问题,便利你行工作进行起见,特自即日起成立'交

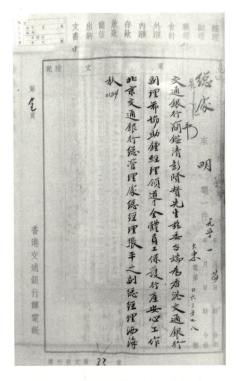

总管理处委任贺仰先等为香港分行副经理

通银行总管理处驻香港办事处'(略名'总驻港处')。(一)总驻港处对你行系属领导关系。(二)今后你行凡向总处请示报告等事项,一律均应经由总驻港处办理。(三)派项克方②任总驻港处主任,章文中、程慕灏③、沈健民、王首民任总驻港处副主

---

① 总处:《派总处专员闵一民同志兼任赴外稽核代表总处进行对港、印、仰等行联系推展业务的通知》(1950年),交通银行博物馆藏港行资料。

② 项克方(1913—2000),又名项纯戴、项宜群、项志润、项泽民,上海人。1937 年 11 月加入中国共产党,解放前曾任中国银行党支部书记、中共地下贸易组织"协秦行"副经理、代经理等职。新中国成立后,历任上海市军管会金融处副处长,中国银行上海分行军代表、经理,中国人民银行上海分行副行长,中国人民银行国外业务管理局副局长,中共香港、澳门工作委员会常务委员兼中共香港金融工作委员会党委书记,国家外汇管理总局副局长,中国银行副行长、副董事长、党组成员等职。

③ 程慕灏(1898—1991),浙江省桐乡人。1913 年任职于中国银行上海分行。抗战时期,临危受任,留守中国银行上海分行。1950 年 6 月,赴港就职,受命筹建中国银行总行驻港办事处。数月后,担任中国银行总行驻港办事处赴外稽核。其后,又调任中国银行香港分行副经理。1952 年 2 月,担任交通银行香港分行经理,之后一度离职。1955 年重任交通银行香港分行经理。1979 年,担任中国银行常务董事和中国银行香港分行顾问、全国政协委员。

任。(四)总处派驻在港赴外稽核,稽核应协助总驻港处正、副主任工作。"①

总驻港处正式成立后,成为港行的直接领导,原先港行向北京总处的请示报告等各类事项,此后一律由该处办理。六七十年代,国内政治动荡,经济衰败,港行不可避免受到冲击。但在总驻港处的领导下,港行勉力维持,基本保持了内部的稳定与业务的持续,为香港经济腾飞及沟通两岸作出了贡献。

三、中银集团对香港分行的兼管

时过境迁,"文化大革命"的十年动荡过去后,国内政治局势趋于稳定,中国特色的社会主义建设事业进入新的发展时期,各家银行的海外分支机构也迎来了生机勃勃的春天。1979 年 7 月 30 日,中国银行在北京和庐山召开新时期的第一次海外行经理会议,明确提出新时期海外行的工作方针,是"遵循国家对外政策,利用一切有利因素,采用现代国际金融企业的经营方式,积极稳妥地开展各项业务活动,为祖国社会主义四个现代化服务"。② 然而,对于基础相对比较薄弱的海外行而言,仅靠自身力量,要在风云变幻的国际金融市场脱颖而出,占得一席之地,并非易事。

1981 年 7 月,中国银行又在北京和太原召开海外行经理会议,认真研究海外金融机构出现的一些问题与困难。会议认为各海外行在业务发展中暴露出的一些问题具有共性,尤其是港澳地区的海外行,问题比较突出。中国大陆在港澳地区的多家银行除宝生银行经营黄金业务具有特色外,其余各家银行都长期经营存、放、汇等传统业务,大同小异,各成一家,相互间不但不能联合为一个整体,有时还相互抵消力量。③ 长此以往,海外行的力量将遭到进一步的削弱,与国际接轨,发展壮大的宏愿也将成为泡影。中国银行总行呼吁海外行实行集团化经营,发挥整体优势,提高经营管理水平,增强对外竞争力。经上级批示,中行总行决定在原中国银行驻港总稽核室的基础上组建对内的港澳中资银行联合管理处,对集团成员银行及其附属企业实行集中统一领导。1983 年,该机构改称为中国银行港澳管理处(简称"港澳管理处"),作为中国银行总行的派出机构,对内统一领导港澳各行、司及附属单位。从 1983 年 1 月起,中行港澳管理处联合交行港行、中行港行、新华银行、金城银行等 14 家银行及

---

① 《交通银行史料》第二卷,第 1506 页。
② 《中国银行行史(1949—1992)》,第 888 页。
③ 同上,第 672 页。

其附属单位组建了"港澳中银集团"。

交行港行成为中银集团一员后,其领导关系发生了变化,由原先交通银行单一的自成系统的领导管理体系变为双重领导管理体系。主要表现为:第一,坚持国家对港行的全额控股,委托港澳管理处对其进行直接的领导和管理,贯彻执行国家对海外金融活动的方针政策,接受国家的宏观控制和监督。第二,由港澳管理处实行高度自主的管理体制。在遵守香港政府法规和北京中国银行总行宏观管理的前提下,港澳管理处对交行港行拥有高度自主的管理权。港行作为当地独立的企业法人,为适应香港资本主义市场环境,根据自身具体情况,有独立自主地开展各项业务活动的权力,同时接受港澳管理处的管理、监督和协调。① 这种领导管理体制,将集中与分散有机地结合起来,既能够协调各中资银行间的业务运转步调,发挥整体优势,又能够最大限度地调动各中资银行的积极性,使其发挥自主能动性,以增强银行的活力。

港澳管理处成立后,履行职能,发挥效用,作为中银集团成员的港行成为受益行之一。1983 年 10 月,港澳金融市场比较混乱,自港英当局取消港币存款利息税,改变汇率的操作架构,收缩市场银根后,港币汇价略有回升,但不稳定因素依然存在。港澳管理处觉察到这种状况后,一面提醒各行注意市场变化,积极采取相应措施,增强应付金融市场突变的能力,一面与各行商讨研究对策,提出加强资金管理和有关业务掌握方面的 17 条意见供各行参考。例如,要求各行保留必要的可供随时调用的港币头寸;在市场银根较松或拆息偏低的情况下,为避免各行以低息竞争拆出资金而影响拆息收益,各行如有多余的头寸,每天上午 12 时以前可将资金交给资金外汇调拨中心统一管理,资金外汇调拨中心按当时市场拆息水平计息;除了大力吸收无息、低息存款外,对大额的高息存款也应积极吸收,各行附属的财务公司对大额存款,如在 100 万港元及以上的存户,在利率方面可参考市场利率水平适当掌握,只要有利,且不亏本,应积极吸收等。② 港行根据港澳管理处的指导意见,结合自身实际情况,制定了得当的应对措施,而且得益于中银集团所发挥的整体优势,在金融市场动荡的 10 月份,其多项业务仍取得较佳成绩。至 10 月底,港行的吸存工作已超额完成全

---

① 许鼎铭著:《香港银行概览——香港银行业与银行制度》,人民中国出版社,1992 年,第 44 页。

② 港澳管理处:《关于对当前金融市场形势加强资金管理和有关业务掌握的意见》(1983 年),交通银行博物馆藏港行资料。

年指标的 125.93%，进口开证业务完成全行指标的 194.83%，出口业务高达 209.37%。[①]

港行成为中银集团成员后，在港澳管理处的监管下，无论软实力还是硬实力都得到迅速的发展壮大。1986 年，交通银行重新组建，次年 4 月正式开业，中、交两行为交行港行的管理问题专门订立代管协议，并报经中国人民银行批准，将港行委托港澳管理处代管至 1997 年。[②]

四、营业网点的不断扩建

交通银行最初设立香港分行时的主要业务是专门经营外汇，且地处英国殖民地，各项经营方针都深受港英当局政策的影响，因此，港行的内部经营和外部环境都与内地的分支机构存在很大差异。解放后，港行接受总处的直接领导，但在一段时间内仍需进行必要的调整，以适应当时国内的方针政策，以服务于祖国的建设事业。其后，港行顺应中国发展海外金融业的要求，逐步扩建网点，发展业务。

1959 年 3 月，港行开始筹建第一个办事处，即位于弥敦道的九龙办事处。同年 9 月，港行又在北角建立第二个办事处，即北角办事处。九龙办事处地处商业区，商品交易兴盛，而北角办事处地处侨眷区，两个地区都有各自的发展潜力和优势。开业前，办事处做了大量的对外联系和宣传工作。例如，北角办事处在开业前做了调查研究，拓展各类潜在的业务对象。办事处与北角地区的商务印书馆香港分馆、中国通讯社等重点户取得联系；并以港行的名义向外界直接寄发或派送函件；又以举办电影招待会等方式建立和加强与侨眷的联系。此外，办事处还采取散发业务广告、发布新闻等方式对外进行宣传，以提高办事处的知名度。[③] 九龙办事处和北角办事处开业后，存款、侨汇、放款等业务进展顺利，逐步进入正轨。

20 世纪 60 年代，港行的实力有所增强，与同业的竞争也日益激烈。为了抢占有利时机，扩大存款业务，提高竞争力，港行继续扩展营业网点。1960 年，港行在中等侨眷和小工商业区比较集中的西环增设办事处。在 1960 年度的工作总结中，港行要

---

① 《十月份各部各支行工作报告汇总》(1983 年)，《交通简讯》第 18 期，交通银行博物馆藏港行资料。
② 《交通银行史料》第二卷，第 1506 页。
③ 港行北角办事处：《北处 1959 年度总结》(1959 年)，交通银行博物馆藏港行资料。

求三个办事处充分利用地区特点，大力发展业务。① 在 60 年代，港行还开设了英皇道、湾仔等办事处。

70 年代，港行营业网点的铺设快速推进。1971 年 5 月 1 日，旺角办事处正式开业；1974 年，葵涌、荃湾、蓝田等办事处也相继建成并开始营业；1975 年又开设观塘办事处。经过不断的筹划布置，港行的营业网点已广布香港岛、九龙和新界地区。且在横向扩展的同时，逐步向纵深发展。1973 年 6 月，港行向总驻港处请示，计划利用原华侨商业银行北角分行旧址开设一所分理处，对内属于北角办事处的一部分，主要办理存款、汇款和放款业务。② 经总驻港处审核通过，该分理处于 11 月 10 日开始营业，因设于北角华丰国货公司内部，故又称北角华丰国货分理处。分理处办理存款、汇款、礼券业务，星期天及假日照常

1959 年 3 月香港分行首个办事处——位于尖沙咀弥敦道的九龙办事处开业（后改称九龙支行）。

营业，为街坊群众提供极大方便，获得一致好评。尤其是分理处坚持晚上和节假日营业，使大量因白天忙于工作无法办理银行业务的人员，可以自由选择非工作时间办理存、汇款业务，吸引了大量客户，业务量相当可观。开业 52 天后，该分理处经办的汇款达 3871 笔，金额 83 万港元，各种存款达 106 万（人民币存款占 28.5%，港币定期存款占 19.15%），礼券为 4 万。③ 在国货公司内设立分理处，开支小，收效大，每日进出华丰商场的人员多达两万，其中不少人经过分理处时，会关注到人民币牌价，无形中为宣传人民币提供了帮助。此后，港行又分别在九龙中侨国货公司和铜锣湾中国国

① 港行：《1960 年工作总结》(1960 年)，交通银行博物馆藏港行资料。
② 港行：《关于扩展机构计划陈报港处核示》(1973 年)，交通银行博物馆藏港行资料。
③ 港行北角办事处：《关于分理处试办情况的报告》(1974 年)，交通银行博物馆藏港行资料。

货公司内开设了分理处。①

80 年代,港行受港澳管理处监管,领导管理体系有所变化,增设营业网点方面也受其监管。1981 年 5 月,港澳管理处下发关于增设营业网点原则的五条通知,对各行开设网店予以制约和规范。第一,增设机构,必须首先注意抓好发挥现有办事处的潜力,并加强与巩固现有办事处的工作。第二,增设新的办事处时,在同样条件下,港中行优先,其他行不要平均发展。第三,在增设营业网点时要从全局考虑,坚持贯彻小型分散、合理布局、有实效的原则,防止对门对户、挨门挨户设点的做法。第四,按照香港城市发展计划,设点方向应着重在新的发展区,选点要经过充分调查研究,开设新的办事处要考虑到业务发展前途,也要符合经济核算原则。第五,各行报批设点计划及落点地区,由港澳管理处统一掌握,采取按计划分配地区设点,各行对原分配地区要求改变,事先须与港澳管理处商定,避免在同一较近地区出现重复设点的现象。② 这些原则成为港行增设网点的指导性文件,港行网点的铺设注意考虑综合因素,铺设前都经过详细的调查与仔细筹划,从而保证新网点的合理性和有效性。

1981 年 7 月,港行将各办事处统一改称为支行。同年,港行佐敦道支行开业。1982 年 8 月,告士打道支行开业。1983 年 1 月,屯门支行开业。1984 年 1 月,坚尼地城支行开业。③ 至 1986 年底,港行共有支行 22 处,分理处 3 处。

为了对这些营业网点进行有效管理,1986 年 4 月,港行对支行试行分片管理,将全行 22 个支行分为新界片、九龙片、港岛西区和港岛东区等四片。负责管片的副总经理或助总经理代表总经理室,按照其职务范围分管片内各支行,但不属行政一级。实行分片管理后,原来分支行之间的隶属关系以及原有的规章制度和业务运作不变,支行经理负责制也不变。支行经理继续行使原来赋予的职权,并对支行工作负责。④ 分片管理的方式增强了港行总经理室对各支行的领导。

港行营业网点的不断增设,既推动了经营业务的持续扩展,也体现了港行整体实力的日益壮大。

---

① 《交通银行史料》第二卷,第 1509 页。
② 总驻港处:《关于增设办事处计划及设点原则通知》(1981 年),交通银行博物馆藏港行资料。
③ 《王总经理 1 月 11 日对坚尼地城支行全体职工讲话要点》(1984 年),《交通简讯》第 1 期,交通银行博物馆藏港行资料。
④ 《交通银行史料》第二卷,第 1510 页。

第二节　港行内部管理的特色

一、行务会议的制度化

香港分行接受北京交通银行总管理处的领导管理后,努力健全各项规章制度,包括制度化的行务会议,以便更好地规划本行的经营计划,高效率、有条理地完成繁重的日常工作,并在及时发现问题的基础上,商讨解决的方案。

总处复业后不久即建立了一套比较完备的会议制度,这也成为港行建立会议制度的基础。《交通银行总管理处会议制度》依据总处内部的组织机构,将会议分为三类,即行务会议、室务会议、科务会议。按照会议制度的要求,行务会议每月月初召开一次,由总经副理召集各室正副主任参加;室务会议两周召开一次,由正副室主任召集,本室各正副科长参加,会前须通知总经副理;科务会议每周召开一次,星期五下午召开,由正副科长召集本科全体同人参加,要求本室正副主任根据需要随时列席会议。① 为提高港行的运作效率,加强对港行的管理,总处迫切希望港行也建立一套完备的会议制度。

1951 年 4 月,总处指示港行:"总处及国内分支行均规定定时召开行室科等各级会议,并已有一定的收获,自应将此项经验在我国国外各行中予以推广。"可见,总处认为内地行处会议制度的基本原则和经验同样适合于港行。只是港行内部的组织机构有别于内地,因此,可作适当调整。港行的会议类型分为行务会议和股务会议两种。总处指示,股副主任以上干部应参加行务会议,视具体情况,随时由经理召集,每月不得少于一次,并将会议记录呈报总处备案。股务会议由股主任领导,全股同仁均须参加,每两周举行一次,并将记录随时寄发总处。为照顾工作起见,召开会议不得占用营业时间。② 其实,在总处下达会议制度化的指示之前,港行已开始召开行务会议,如 1950 年 11 月、1950 年 12 月分别召开了一次行务会议,只是未成为定制。总处

---

① 总处:《交通银行总管理处会议制度》(1951 年),交通银行博物馆藏港行资料。
② 总处:《关于港分行会议制度及工作报告内容的指示》(1951 年),交通银行博物馆藏港行资料。

正式下发指示后,港行加快了会议制度化的进程。1951年5月,港行召开第一次行务会议,1951年6月,各股也纷纷召开第一次股务会议。在行务会议和股务会议上,港行通过了行务会议纲要和股务会议纲要,此后,每月最后一个星期三举行行务会议,每月第二个星期某日及第四个星期某日举行股务会议,初步成为定制。在港行内汇股第一次股务会议上,职工张禹五对股务会议的召开日期提出异议。他认为,按照原先设定的开会日期,每逢假期需要顺延一天,多有不便,不如改变原有的硬性规定,在每次会议完毕时,即决定下次开会日期。这一提议得到与会同人的认可。[1] 行务会议与股务会议之间具有密切

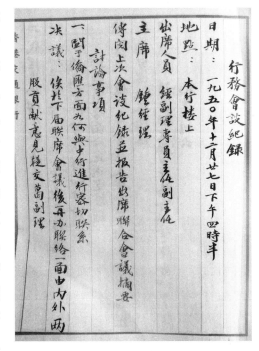

1950年12月港行行务会议记录

的关系,股务会议上无法解决的问题需要呈请行务会议讨论,而行务会议上的重大方针、政策问题也需要及时通过股务会议传达到每位同人。港行会议制度所体现的"下情上通,上情下达"的特点与总处的目的是完全一致的。

港行建立行务、股务会议制度后,为同人定期研讨工作,总结经验,提出建议,解决问题等提供了平台,加强了彼此间的沟通与交流,对推动本行工作的顺利开展起了重要作用。

二、通过联席会议促进部门协作

为进一步加强各股联系,促进部门间的协作,使优秀的经验、创新的方法发扬光大,进而推动业务发展,港行在行务会议和股务会议制度化以后,创立股务联席会议,共同商讨问题。自1950年以来,进口股和出口股、存款股和放款股、内汇股和外汇股都曾多次召开联席会议。港行利用各种机会,强调消除隔阂、彼此合作的重要性,如

---

① 张禹五:《港分行内汇股第一次股务会议记录》(1951年),交通银行博物馆藏港行资料。

在 1956 年 6 月召开的在第 61 次行务会议上,向与会人员下发《关于 1955 年度检查工作的总结》,其中指出:"我们行的工作是一个整体,不能一个股或一个人单独担负起来,因此希望股之间、同人之间凡有必要时,应具有向人相商的精神";"作为银行的一部分,各股同等重要,没有大小之分。任何股的人员不可怀有这样的思想,即向其他股会商是降低本股的地位,而别人向自己会商,就表明自己在领导他股,这种妄自菲薄或骄傲自负的观念都将妨碍对正确意见的接纳,因此各股必须从思想上加以克服。"①港行管理层对各部门协作精神的强烈呼吁,对全体员工有很大触动,股务联席会议逐渐受到各部门的重视。

1957 年 10 月,港行文书股、贸易服务股、内汇股、出纳股四股召开股主任联席会议,规模较以前有所扩大。会议重申召开联席会议的目的是为了提高工作效能,强调召开此类会议的现实意义。与会者一致认为,联席会议是反映业务工作情况,研究业务工作存在的问题,统一业务工作认识与看法,改进工作方法的一个不可或缺的手段。尽管港行的业务已取得诸多成绩,但各股工作仍存在有待改进之处。

第一,港行自 1950 年 1 月接受北京总处领导后,已不是私人资本或官僚资本银行,而是新中国人民的银行,行内全体工作人员的服务对象是新中国的人民,因此港行的业务发展及其工作人员的行为均与国家利益息息相关。港行各股召开联席会议,集思广益,正是为本行发展负责、为国家人民利益负责的表现。

第二,港行行内长期存在一个最核心的问题,即包括经副理在内的员工对工作的认识落后于形势发展的需要。港行的经副理没有站在一定的高度对行内工作进行总结和计划,没有对主管股的工作进行系统的组织与推动,没有对总处及全行同人尽到应有的责任。同样,一些股的股主任对本股工作的领导组织也存在不少问题。通过某种途径尽快改进,甚至完全解决,显得至关重要,而召开联席会议便是有效途径之一。为了能真正发挥联席会议的功效,要求与会人员在反映情况时,做到忠实、详尽;研究问题时,应切合实际,不空、不虚、不泛;在执行任务时,应做到认真、细致,将本行利益和国家政策放在首要考虑的位置,不能为保全个人利益而牺牲全行利益,违背国

---

① 李万成:《关于 1955 年度检查工作的简结》,《港分行行务座谈会第 61 次会议记录》(1956 年),交通银行博物馆藏港行资料。

家政策规定。① 可以看出管理层对建立股务联席会议制度的重视,会议效率得到提高。

三、开展服务活动,树立良好形象

在市场竞争日益激烈的条件下,开展服务工作,树立良好形象,是在同业竞争中脱颖而出的一大法宝。港行充分认识其重要性,逐步将这项工作提上日程。

1982 年 11 月,港行总经理室正式发出开展"礼貌整洁活动"的号召,一些支行纷纷响应。如北角支行召集全体职工开会做动员,组织全体办事员共同商讨,如何推动该项活动的开展,以及如何将其开展得有声有色。九龙支行接到号召后,立即举行全支行的清洁活动,全行员工在各级主管的带领下,共同动手清理日常用具,擦洗玻璃等,使支行面貌焕然一新。②

1983 年,礼貌整洁活动在更大的范围内开展起来。为此,港行专门成立了全行礼貌整洁活动执行委员会以及各部和支行的执行小组。在委员会和执行小组的引导下,全行在主动热情待客、环境服装整洁、严格执行制度、保持工作气氛等四个方面做了大量工作。为了调动员工的积极性,执行委员会建立有效的检查评比机制,坚持月检查,季评比,择优奖励。一年下来,全行共有 210 人次获得个人优秀奖,其中 26 位人连续四个季度获得个人奖,深水埗支行、西区支行分别获得全年集体奖冠、亚军,红磡支行和港行押汇部并列季军。③ 通过检查评比的激励和督促,行内员工积极参与礼貌整洁活动,自觉从自身做起,努力提高服务质量。

经过一年的努力,礼貌整洁活动初见成效。行内绝大多数柜员能够做到笑面迎人,以礼待客,改变了过去铁板脸,爱理不理的态度;不少柜员能主动与客人交流沟通,介绍行内业务,为客户出谋划策;一些柜员在不违反制度的前提下,能够灵活处理客户中的特殊问题。押汇部充分发挥主观能动性,提高部门服务质量,争取到包括粤海公司在内的许多公营机构客户,大大促进业务发展。④ 与此同时,营业部也不甘落

---

① 《为提高工作效能而建立股主任联席会议制度》(在 1957 年 10 月 29 日四股主任联席会议第一次会议上的发言整理稿),《1957 年工作总结及 1958 年计划》,交通银行博物馆藏港行资料。
② 《各支行十月份工作报告汇总》(1982 年),《交通简讯》,第七期,交通银行博物馆藏港行资料。
③ 《交通银行史料》第二卷,第 1624—1625 页。
④ 同上,第 1625 页。

后,创新工作方法,如在处理地产大户的债务重整过程中,安排港行代理人公司担任某笔贷款的代理人,既无须垫付头寸,又不必承担风险,为银行增加 50 万元的收益。[①] 服务质量的提高,对促进业务的发展起到了重要作用。

1985 年,总驻港处将"礼貌整洁活动"改称为"良好服务活动",扩大活动范围,丰富活动内涵。在开展良好服务活动时,在坚持检查评比制度的基础上,增加了四项措施:(一)设立意见箱、意见卡,接受客户投诉;(二)抓住典型事件严肃处理,以达到教育目的;(三)假扮客户,以调查员工服务态度;(四)进行问卷调查,评定活动的开展情况。[②] 随着活动的深入化,行员对自身的要求更加严格,服务大为改观。

提高服务不能依靠短期突击,而应长期坚持。1986 年,港行再次推行良好服务活动,提出"讲效率,重质量,待顾客,礼至上"的口号,以进一步抓好高效率、高质量的服务作为重点。港行专门成立"良好服务工作领导小组",负责全行良好服务工作的领导和检查。在领导小组之下,还设立"良好服务检查小组"。

制度建设是顺利开展各项工作的基本保证。良好服务工作领导小组成立后,逐步建立、健全各项规章制度,推动良好服务工作走向制度化、规范化。港行制定的规章制度及评分表格主要包括:《交通银行营业大堂内外设备配置及摆放标准》《交通银行大堂硬件统一标准》《交通银行内外环境整洁的标准》《交通银行大堂人员客户服务工作指引》《交通银行柜员客户服务工作指引》《规章制度良好服务先进单位评分表》《交通银行良好服务先进单位评选计分细则》等 15 项。[③] 这些规章制度涵盖面广泛且划分精细,既为员工的行为方式提供依据,为业务评优评先工作的开展提供标准,也为日后进一步提高服务工作奠定制度基础。

营业大堂是银行服务的第一线,港行在制定规章制度后,开展了大堂客户服务人员和通达理财服务人员的甄选工作。银行的整体外观是吸引客户进入营业大堂接受服务的前提。港行专门设立部门,并聘请专业设计师作顾问,负责全行的形象设计和宣传工作,力求达到全行形象统一规范,鲜明突出,又具有时代特色。优越的环境不仅能增强行内员工的自信心,调动他们的服务热情和积极性,而且有助于提高银行的整体形象,吸引众多大客户。

---

①　《交通银行史料》第二卷,第 1625 页。
②　同上,第 1626 页。
③　同上,第 1627 页。

良好服务活动开展后，港行积极推行评优评先工作，发挥先进人物、单位的榜样作用，坚持对好人好事好经验进行宣传报道，同时积极组稿将其刊登在《交通简讯》或中银集团员工刊物《中苑》上。这对调动员工工作积极性，促进员工之间、单位之间、同业之间的相互学习发挥了重要作用。为了及时查漏补缺，港行真诚听取客户的意见，在人事部设立供客户投诉的热线电话，在营业部和各支行准备了"客户意见表"，竭力从不同的途径收集客户意见，加以改进。在接到客户投诉的个案后，人事部及其他相关部门会及时了解情况，作出回应。这些做法既改善了银行与客户的关系，增强了客户对银行的信心，又能起到对内的监督、促进作用，可谓一举两得。

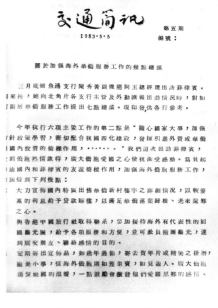

港行出版的月刊《交通简讯》

四、加强爱行教育，丰富文化生活

实现有效的银行管理，不仅需要一系列硬性的制度规定，还需要具有凝聚力、吸引力的企业文化。为了丰富员工的文化生活，港行每逢重大节日，如元旦、三八妇女节、五一劳动节、五四青年节、六一儿童节等，都要举办各类丰富多彩的活动，而每年的国庆节，更是备受重视，如1969年、1971年、1973年，都举办了大型的庆祝活动。为办好活动，港行专门组建了筹委会，经过精心而周密的准备。平时，港行常组织员工参加各种体育比赛，通过体育活动，员工们既强健了体魄，也培养了相互信任、彼此合作、同心协力的团队精神。

除了丰富多彩的文体活动，港行还组织开展读好书看好报活动。如购置内地出版的毛泽东著作以及有关国内外形势的重要文章选辑和英文自修书籍等，订阅《人民日报》《文汇报》《人民画报》《中国青年》等报刊。[①] 员工通过书籍报刊得以广泛学习

---

① 港行：《1964年第一季业务总结》（1964年），交通银行博物馆藏港行资料。

和了解各方面的知识,进一步开阔眼界,形成良好的自主学习氛围。

港行还经常开展对行内员工的爱国、爱行教育活动,要求员工不仅扎实地做好业务,而且学会眼观六路、耳听八方的本领,关心、了解国内国际发展形势。在行务会议和股务会议上,港行领导经常向与会人员通报内地的发展情况和国家的方针政策等,并通过与会者传达到每位员工。1964 年,内地在"调整、巩固、充实、提高"八字方针的引导下,国民经济状况明显好转,第一颗原子弹爆炸成功。港行经理到北京参加会议,返回香港后,组织了主任以上人员的座谈会,先后进行了七次会议传达报告,并组织了七次讨论。① 通过传达和讨论,港行员工对当时的国内外形势、海外行的工作方针等,都有了较深的认识。1966 年上半年,美国的战略重心从东欧转移到越南,中美关系恶化,国内局势紧张,影响波及港行,行内员工对个人、银行、国家的前途有些疑虑。在这种情况下,港行组织员工学习,了解越战形势和备战问题,向职工提出"多收外汇,支援祖国社会主义建设"的业务方针及其具体措施,②使员工认清形势,明确方向,坚定信念。另外,港行还组织员工开展定期和不定期的座谈会,分为全行性与自由组合两种方式,组织人员学习重要文件,交流业务技能。

丰富员工的文化生活,进行爱国、爱行教育是港行在精神文明和银行文化建设方面的重大尝试。实践证明,这些工作无论对员工的自我完善,还是对银行的未来发展,都有重要而深远的意义。

第三节　内控制度的建立和完善

一、建立公文制度

港行接受北京总处的领导后,无论是与总处的沟通往来,还是处理本行的内部事务,都离不开规范的公文。为此,港行专门成立文书股,管理公文的行文规范及收发、保管等工作。

---

① 港行:《1964 年度工作总结》(1965 年),交通银行博物馆藏港行资料。
② 港行:《1966 年度工作总结》(1967 年),交通银行博物馆藏港行资料。

港行成立后形成了一套对外公函的行文惯例,新中国建立后,这一行文习惯已不符合形势要求,尤其不适合内地的情况。1951 年,在文书股股务会议上,有行员就公函行文中的开首用词发表看法,并提出建议。他认为,当今时代是一个新时代,行文体裁已发生了一些变化,为适应新时代的体裁要求,港行的公函行文应做一些改变,如对内地各机关及联行发出的公函应当略去"径启者"三个字,但对总处发出的公函仍应用"敬陈者"三个字开首,以示尊重;对香港及国外各机关发出的公函,为顺应当地习惯,仍应以"径启者"三个字开首。① 会议采纳了这条建议,此后,港行对外公函的开首词运用皆照此办理。

文书股对公函行文的标点提出了要求。以往港行对外公函,行文都不使用句点,而当时内地各行处已使用标点符号。为了与内地行的公函行文相统一,1952 年,文书股提出,之后港行公函行文也要使用标点符号,目前只使用"冒号"、"逗号"和"句号"三种。为防止破句,文书股在公文送缮前应用红铅笔标点。这种方式仅限于港行发往内地的公函,发往国外的公函视具体情况而定。② 从公函行文的要求可以看出,新时期的港行正努力与内地行接轨,自觉接受总处的领导和管理。

公文行文的规范化只是公文发挥效用的第一环节,公文的收发和传递则是另一重要环节。对此,港行制定《公文收发传递暂行办法》,使港行各类公文的收发、传递有章可循。为了查漏补缺,港行定期检查,以便在执行中发现问题,及时给予指导。检查中发现,一些部门对《公文收发传递暂行办法》的执行力度不够,如一些公文应由主办股发送,但未发送;一些公文应由相关股会洽商讨,但未会洽;一些公文应由主管副经理核签,但也未核签,导致案件被搁置。为此,港行管理层特别强调,文书股要明确文书主管对收发文的掌握,明确主管副经理先核稿,其他副经理可以签注形式提出意见,明确主办股先商洽所发出的文稿外,其他应洽之股也应送洽。③ 由此可见,港行对公文的发送以及文稿内容的裁定非常慎重,希望通过集思广益的方式以降低差错率。公文的收发涉及多方,保证公文按时收发的一个重要方法是实行责任制。当公文收发出现问题时,便可根据公文单据追究相关责任。

检查中,港行还发现单据的递送也存在一些问题。如有些单据没有对口,有些单

① 金申禄:《港分行文书股第一次股务会议记录》(1951 年),交通银行博物馆藏港行资料。
② 包允骥:《港分行第十二次行会会议记录》(1952 年),交通银行博物馆藏港行资料。
③ 港行:《关于 1955 年检查工作后对若干问题的决定》(1955 年),交通银行博物馆藏港行资料。

据未写信封等。为了严格规范单据递送,港行管理层指示,"今后各股采用二联式(发收回单)送件单与信封一同套写之格式,由送件股对口后送外收发,外收发签发回单联,回单联随函送出,由收件人发回,外收发将收件人签回之签单,向原送件股换回外收发之发回联,于送出时,外收发设立编号簿一本编号记录,在回单联上摘录号码,交送信人在回单联及备发簿上签字,回单联收回时销号。"①经过多次查漏补缺,港行公文的收发、传递工作得到了修正和完善。

港行往来公文甚多,文书股重视规范化的管理。公文具有时效性,也有历史价值。公文中记录着港行发展中的点点滴滴,对日后的发展具有参考借鉴价值。因此,文书股对既往公文实行归档保管。起初是以收发文号码为主体,据此建立档案。但这种建档方式给查阅档案带来诸多不便,如不事先加以有系统有条理的整理,待归纳工作过了较长时间,希望知道某年某一事件的发生及其结果,查卷时往往不能随检随得。有鉴于此,港行在抗战胜利文书股复建后,实行以一事一卷为主体的建档方式。接受新总处领导后,公文的归档工作以简化手续,提高效率为宗旨。到1951年2月,公文归档的整理编订工作基本完成。档案卷目分为15卷(类):第一,行务专卷,主要是未与银行业务发生直接关系的事务概要,以一事立一专案,按行文先后次第归入。第二,调统专卷,主要是港行受理各方面委托而进行的调查事项,以调查对象为单位,或以统计数目各项表报的类别为单位,按照行文先后次第归入。第三,业务专卷,主要内容包括存款、放款、汇款及其他与银行业务发生直接关系的事项。第四,代理专卷,内容是关于港行代客办理业务的事项,由于港行代客办理的业务大多性质不一,有些是代联行办理的业务,有些是代本埠同业办理的业务,因此文书股将这些事项分案存档。第五,文书总务卷,其内容是与港行文书及总务相关的事项,以同类事项设立子目,如"综合报告""工作总结""通告""会议记录"等。第六,人事待遇卷,主要内容为有关人事及待遇方面的一切表报文件。第七,机构卷,主要包含联行的裁设以及中行的裁设通知。除了以上七卷,还有"会计""存款""放款""内汇""外汇""储信""出纳保管""印鉴"等8卷。这8卷中,除了会计卷一部属于重要卷宗应该长期保管外,其他各卷内所有重要文件一律以专案归入业务专卷,以便永久保存。其他

---

① 港行:《关于1955年检查工作后对若干问题的决定》(1955年),交通银行博物馆藏港行资料。

文件在八年之后予以销毁。① 港行文书股对公文归档卷目的厘订,使行内公文的保管更加的条理化和规范化。

二、健全报告制度

交行总处历来重视报告制度建设,进入新时期后,港行根据总处指示,建立对总处的报告制度,完善报告内容。1950 年 5 月,总处要求港行即日起按照拟定的报告制度按时报告行内事务,港行随即转饬文书、会计两股按照制度规定严格办理。

交通银行规定的报告主要有书面报告和表报两大类,书面报告分为综合报告、工作计划和工作总结三种。② 港行书面报告的格式大致与内地相同,而表报的内容与内地颇有差别。内地行的表报是按照报告内容的性质不同分为业务报告制度、调查报告制度和人事表报制度三大类,而港行的表报按照报告日期分为日报、月报、季报和随时报告事项等,在种类之下划分不同的子目。如日报之下划分 7 个子目,即"日记账""日计表""库存现金表""同业往来日报""活存质押透支日报""买入卖出证券日报""行市单";月报之下划分五个子目,即"月计表""资产类各科目月报""兑换试算表""有价证券试算表"及"各项费用报告表";季报没有子目,只是"负债损益类各科目季报";随时报告事项之下划分 15 个子目,即"贴现报告表""买入汇款报告表""进口押汇报告表""出口押汇报告表""定期质押放款报告表""定期放款报告表""活存透支契约报告书""质押透支契约报告书""同业透支契约报告书""押汇凭信报告书""掉换质押品报告书""取销契约凭信报告书""旅费报告表""运送费报告表"及"其他有关当地经济金融等重要事项的报告"。③ 通过书面报告和表报,总处能够及时、系统地了解港行的经营状况。

报告制度全面推行后,港行不仅按照规定及时将书面报告和表报呈交总处,还根据港行自身情况,弥补报告制度的不足,并加以改进。如按照报告制度规定,港行必须做每月的综合报告及三个月的工作总结。这些报告内容基本上能够呈现港行在一段时期内的业务状况。1951 年 4 月,港行对这两项报告的内容作出特别规定,管理层指示相关部门,做每月综合报告及三个月工作总结的目的在于方便总处系统了解

---

① 《港分行二月份综合报告》(1951 年),交通银行博物馆藏港行资料。
② 《交通银行史料》第二卷,第 1340—1342 页。
③ 同上,第 1342—1343 页。

港行主要工作的执行情况、工作成绩、工作中的经验教训、工作中遇到的问题及解决办法、工作中的改进和提高之处等。为此，这两项报告内容要呈现五个方面的情况。第一，港行自身的主要工作和总处历次对有关业务或内部人事制度下发指示的执行情况，包括所取得的成绩及其原因。第二，执行过程中存在的缺点以及产生这种缺点的原因（包括对总处的指示未能完成的情况及其原因）。第三，行内发生的重大问题及发生问题的原因和解决的方法，以及从中获取的经验教训。第四，工作中亟待解决或可能发生的重大问题及其解决办法。第五，下月或下季工作的改进意见。[①] 基于管理层的要求，下属大多数部门在做综合报告及工作总结时能够做到内容充实、条理清晰，但仍有一些部门的报告过于简单，流于形式，缺乏实质性内容。为此，港行专门搜集一些高质量的工作报告供各单位参考学习，如 1983 年 4 月，港行将西区支行第一季度的工作报告作为典范，转载于行内刊物《交通简讯》，供各单位学习仿效。[②]

在努力提高报告质量的同时，港行还对报告内容所涵盖的条目作了一些调整。在原先的报告中，外汇业务数字中并没有分别列出"实做进口押汇"和"开出 A/P"两项内容，放款业务数字中也没有根据放款对象各自列出，这影响了总处对港行具体业务发展状况的把握，也影响了港行对自身业务状况的认识。看到这一问题后，港行在编制工作报告时，将"实做进口押汇"与"开出 A/P"分别列出，同时还根据放款对象的不同，将"侨胞对华贸易""外商对华贸易""国营事业""民营事业""侨胞企业""侨胞""中国政府机关""其他"等一一列出，并加以分析。[③] 经过上述调整，港行此类报告的内容更加细化、扎实，所反映的情况也更为准确。

三、加强保密工作

港行接受北京总处领导的初期，不少工作或刚刚起步，或处于调整中，制度化的保密工作虽已提上日程，但尚无统一的明文规定。不过，各股内部都建立了严格的保密规则，并经常检查执行情况。如会计股对调阅传票账册的整套程序作了严格规定，要求可提查传票、账表等的相关人员增强保密意识，非经主管人员的许可，无关人员一概不准翻阅。同时，会计股对调阅程序作了系统化的规定。凡是调阅传票、账表的

---

① 总处：《关于港分行会议制度及工作报告内容的指示》（1951 年），交通银行博物馆藏港行资料。
② 《西区支行关于第一季度工作情况的报告》（1983 年），《交通简讯》第四期，交通银行博物馆藏港行资料。
③ 总处：《核复九月份综合报告》（1951 年），交通银行博物馆藏港行资料。

人员必须填写调阅便条,经所属股主任签字证明,再经会计股主任同意后,方可到传票、账表保管处,请保管人员调出需要查阅的传票、账表。会计股专门设立记录簿,要求及时逐次登记调阅日期;何人调阅;被调阅传票、账表的名称、年份及数量;调阅起讫时间等一系列信息,以备查考。① 这些程序看似繁琐,但对于防范会计股信息的无故外泄,必不可少。②

除了会计股,服务股、文书股等部门也为做好保密工作采取了一些措施。服务股教育内部员工须加强保密思想,重视保密工作,除了在股内因工作需要而交换意见外,不得在股外、行外谈论有关本身工作的情况。服务股还注意日常细节,要求股内工作人员加强资料的保管工作,不得在办公桌上任意散放资料,倘若因事离开,也应检点资料,稳妥地放入抽屉或公文箱。③文书股对于一些档案资料的保管、调阅也提出类似于会计股的种种手续要求。由于各部门对保密工作的重视,港行没有出现机密外泄的情况。

事实上,交行上下对保密工作都极为重视,1950 年 10 月,总处根据中国人民银行总行的统一部署,向港行通报了人行总行下发的《关于银行业务及金融物价统计数字的保密规定》和《汇总解答有关保密规定的各问题》。④ 这些有关保密工作的规定事关国家安全问题,港行皆予以严格执行,并结合自身特点,于 1956 年 10 月 27 日颁行《保密暂行规则》,对本行的保密工作从十个方面做了详尽而周全的规定:(一)凡是港行员工,对本行行务、业务均负有保守秘密的责任,同时具有互相督促遵守保密制度的义务;(二)一切账册、表报、统计数字、资料、函件、计划总结、会议记录、各种规则制度、各种措施、组织人事、业务情况等,均应随时注意保密,非经上级核准,不得擅自对外发表;(三)不得将一切账表资料函件带出行外,若因公务必须带出银行时,应事先由经副理核准;(四)凡是与本人所经办的业务、事务无直接关系而又属于保密性的情况及资料,非因工作需要,不得调阅,不得详查细问;(五)客户来行接洽业务、事务时,如客户必须进入柜台接洽时,接待者应事先将置于台面的重要文件资料等,放入柜筒或用其他方法加以收藏;(六)员工在暂离办公台或中午休息时,必须将重要的账表资料、函件、印章等,锁入柜筒或放入文件箱,或放入库房,员工在下班离

① ② ③　港行:《关于 1955 年检查工作后对若干问题的决定》(1955 年),交通银行博物馆藏港行资料。
④　总处:《关于银行业务及金融物价统计数字的保密规定》(1950 年),交通银行博物馆藏港行资料。

开银行前,除将一切账册、文件、印章等放入库房内或锁入柜筒,仍应仔细查看一遍地上或附近地上有无遗漏,然后再离开银行;(七)一切密件,必须由经副理启封,并批交有关人员洽办,在办理该件时,各股主管应注意保密;(八)对于密码、简码,由经副理指定专人负责,妥善收藏、使用;(九)凡是草稿、统计表报、已用过的报纸、复写纸等,无需保留者,即行撕毁或烧毁;(十)对于行内的一切废纸,隔日由专人烧毁。①

据上可见,保密工作的要求覆盖方方面面,小到纸张处理,大到员工思想意识,均在《保密暂行规则》中得以很好的体现。

四、规范授信审批制度

从维护银行放款资金的安全,提高放款业务的效益考虑,港行曾制定授信审批制度。然而,实行多年的授信审批制度在实践中逐渐暴露出不少缺陷,且随着形势的发展和变化,银行的经营品种和服务对象更趋多元化,原先的制度规定已难以适应现实的需要。因此,总结以往授信工作的经验教训,改进和完善授信审批制度,显得极为必要。1984 年,港行总经理室先后召开七次会议,并多次举行部、支行经理会议,组织全行各级领导和员工讨论授信工作,结合自身发展实际,提出了"四个必须",即授信工作必须体现"安全、灵活、有利"的原则;银行经营必须符合资本主义经济规律;授信管理体制必须从香港的实际出发;职工的思想和业务水平必须加强。"四个必须"对港行的经营方式、授信机制和职工素质都提出了具有时代特色的要求,对授信工作的开展具有指导意义。

自此,港行开始逐步从组织、制度方面对本行的授信工作加以改进。组织方面,港行分别在放款部和押汇部设立授信管理组,负责全行授信事宜。这有利于全行授信工作的统一管理,避免因分散化带来的效率低下,同时也存在一些缺陷。授信管理和授权执行同处一个部门,无法发挥业务部门、稽核部门、授信管理部门之间三权分立、制衡的作用。1986 年 9 月,港行改设授信管理部门,直属总经理室领导,统一管理全行授信工作。

制度方面,港行各单位、支行就如何改进授信审批制度开展广泛的讨论。其中,坚尼地城、北角、西区、英皇道、观塘、湾仔等支行和会计部、发展部对此提出了具体建

---

① 　港行:《保密暂行规则》(1956 年),交通银行博物馆藏港行资料。

议。总经理室根据这些意见和建议,于5月15日至11月15日期间召开的十一次会议上进行了反复讨论与研究。1985年1月1日,港行颁行《关于授信审批工作的规定》。这次审批制度的改进主要基于三个指导思想:一是真正做到有职、有责、有权,权责分明。二是简化审批手续,提高工作效率。三是扩大经营范围,广开授信门路。事实上,按照港行业务发展规模,行内授信审批制度应该进行彻底改革,至少应该做到全行信贷集中管理。但因职工队伍建设等基础条件尚未成熟,港行当时仅就原有授信审批制度中存在的权责不清、效率不高、程序繁琐等问题加以改进。即便如此,这次改进仍有利于调动各级领导的积极性,增强其工作责任心,改变过去因审核放款费事费时,延误时机,失去客户的状况。①

《关于授信审批工作的规定》试行一年后,为进一步加强授信管理,提高授信质量,港行总经理室在全面检查总结这一工作规定的基础上,于1986年9月26日公布了新的《关于授信工作的若干规定》。这次新的规定所作的重要修改有:第一,改变过去授信管理与授信业务放置在一起的做法,将授信管理从业务部门中划分出来,单独成立一个部门,与部、支行并行,直属总经理室领导。同时,将放款、押汇合并在一起,统管全行的授信审查。第二,强调授信业务必须进行贷前调查、贷时审查和贷后检查。第三,由授信管理组通过推动、督促、检查等方式统筹呆账的催理工作。②《关于授信工作的若干规定》开宗明义的第一条即明确指出,制订本规定的目的是“为使本行授信业务符合‘安全、灵活、有利’的原则,逐步实现授信工作效率化和制度化”。围绕这一中心,该规定分别从“授信和授信部门”“授信审批”“授信权限”“授信检查”“呆滞授信及受理”“附则”等几个方面做了明确说明,其涉及范围之广、内容之严密都是前所未及的。③

《关于授信工作的若干工作》中的“附则”明确提出,授信管理部门要根据该规定制定《授信工作实施细则》,报经总经理室审核批准后实施。根据这一规定,总经理室指定授信管理部草拟《授信工作实施细则》初稿。经过几个月的广泛征求意见,反复讨论,经修改、补充后,于1987年10月正式公布实行。

港行基于市场经济的发展形势,并结合自身的工作实践,在不断探索中逐步建

---

① 以上均见《交通银行史料》第二卷,第1648—1649页。
② 《史总经理在七月十九日行务会议上的讲话》(1986年),《交通简讯》第四期,交通银行博物馆藏港行资料。
③ 《交通银行史料》第二卷,第1650页。

立、健全本行的授信审批制度,改进和完善授信工作。这对规避经营风险,提高业务质量,提高银行知名度,进而向现代国际金融企业的目标迈进,都具有重要的辅助作用。

五、强化稽核检查

长期以来,港行虽然定期进行稽核检查,但尚未设置一个独立的专门机构,且从事检查稽核工作的职工数量有限,专业素养也不高。稽核力量的相对薄弱,与港行日渐庞大的组织机构和繁重的业务量极不适应。

1986 年 3 月上旬,港行设立稽核部,制订有关稽核工作的制度要求,明确稽核部的主要任务,对稽核检查的重点做出规定。针对稽核检查所涉及的检查步骤、库存现金、当地放款、进出口押汇、银行承兑、存款业务、侨汇业务、保险箱和代保管品、资金管理、费用预算及开支、器具及行产管理、附属公司的检查、会计的检查、机构安全、劳动组织等十五个方面,每一个方面都详细列出必须重点检查的若干事项。这些明确而详实的规定使稽核工作的开展有章可循,促使其逐步走向规范化。① 港行赋予稽核人员一系列权责,同时又提出五项基本要求,即"爱行守纪、作风正派;坚持原则,秉公办事;实事求是,廉洁奉公;谦虚谨慎,团结协作;精通业务,钻研工作"。

1986 年 5 月 1 日,港澳管理处发布《关于进一步加强稽核工作的意见》,指出将业务部的稽核工作单独划出,设立稽核部,在组织上进一步加强对港澳地区各银行稽核监督工作的领导。港澳管理处稽核部对港澳各行稽核部具有组织、领导的职能,港澳各行稽核部对其负责。各行稽核部须将各项查账报告和按季统计的查账情况,按照港澳管理处制定的表格填写完毕后,上报港澳管理处稽核部,对于突发事故要随查随报。② 港澳管理处关于稽核工作的意见,对港澳地区港行的稽核工作提出更高的要求。

港行专门的稽核检查部门经历了从无到有的过程,在此过程中,港行稽核检查的力度有了很大的提升。在港澳管理处成立稽核部并督促港澳各行进一步改进稽核工作的情况下,港行对照意见,寻找差距,继续改进和完善该项工作。

---

① 以上均见《交通银行史料》第二卷,第 1670—1679 页。
② 以上均见港澳管理处:《关于进一步加强稽核工作的意见》(1986 年),交通银行博物馆藏港行资料。

第四节　财会工作的循序渐进

一、外币和储蓄账目的整合

民国时期,香港分行与海内外银行存在着密切的外币往来。1950 年 7 月 26 日,北京总处发布《关于旧账联行往来项下外币账目清理结束办法》,指示港行进行外币账目的清理工作。

在总处的指导下,港行针对不同的外币往来机构,采取不同的处理办法。一是通过与上海分行的合作,将与前总处、前港总处的外币往来账目进行清理;二是对于港行与建国前内地相关管辖行之间的外币往来账目,双方均按照规定查对清楚。通过外币账目的清理,北京总处对港行的外币来往账目有了较为准确的了解,港行也将以往的外币来往账目作了彻底归结,并设置了新的外币往来账目,为开始新的财会管理系统奠定了良好基础。

港行外币往来账目清理结束后,储蓄账目的整合工作随即提上议程。长期以来,港行储蓄部账目一直独立办理。自接受北京总处领导后,储蓄部账目收付并不多。如果仍采用独立办理的方式,对人手短缺的港行而言,无异于人力、物力的浪费。为此,1951 年 3 月 1 日,港行根据总处的指示,将储蓄部账目并入行方处理。具体的归并办法如下:第一,储蓄部账目是归并行方,而不是消除。为了便于处理储蓄部账目,行方根据储蓄类型增添活期储蓄存款及整存整付储蓄存款两科目。第二,其总分部往来科目,即原储蓄部与总部往来余额,全数并入联行往来,总处储另户处理。第三,对于原储蓄部的零存整付分期付息与储蓄存款科目余额,港行则以相关户久无收付分别转列暂收科目处理。[①] 3 月 14 日,总处出于统筹全局的考虑,对港行提出的归并办法,作了一些调整。第一,港行提出要增添活期储蓄存款及整存整付储蓄存款两科目,总处认为不必再添设科目,直接将活期储存并入乙存,将整存整付储蓄并入定存,以减少因增添科目带来不必要的繁杂。第二,港行提出将总分部往来余额全数并入

---

① 总处:《港行储蓄部分账目并入行方处理办法》(1951 年),交通银行博物馆藏港行资料。

联行往来,总处则指示港行将总分部往来余额在营业账内转列总处港币新户账,不必将其并入联行往来处理。第三,对于港行提出的第三条归并办法,总处考虑到零存整付、分期付息两种储蓄存款确实久无收付,同意将这两项分别转列暂收科目处理。[①]港行根据以上意见,对储蓄部账目进行整合,计划在 1951 年下期实施。总处接管港行时,港行的营业并未停止,业务发展仍在继续,账目的处理完成得越早越有利于港行的正常运作,因此,港行根据总处的指示,提早完成了该项工作。

二、财会管理的不断完善

总处指示,自 1952 年 1 月 1 日起,港行实行中国银行会计制度,依据中国银行会计规程从事本行的会计工作。为了加深行内员工对新会计制度和规程的了解,港行将中国银行会计规程油印后分送行内员工参阅学习。

根据该项制度,港行当时迫切需要解决的是传票问题和登记交换放付支票问题。只有各股将传票按时送到会计股,会计股才能在当天轧平账目。而港行的营业各股往往要在每天营业结束后,才能将传票全部送交会计股记账,因而给会计股当天轧账增添了困难。为了改变这一现状,港行借鉴中国银行香港分行会计股的经验,设立清分组处理清分传票工作,各股将传票编号,随时送交会计股,由清分人员按照转账传票编号单清分记账,每日营业结束后,由各股向会计股领回传票制作日结单。[②] 通过这种方法,港行会计股的当日轧账工作较以往更为顺利。关于登记交换放付支票,按照中行会计制度,港行会计股需要逐笔登记交换放付支票,手续繁复,办理交换人员不仅要对本行收入的支票进行核算,而且对于代理行的支票,也要分别整理计算全额。在短时间内完成如此繁重的工作,难度之大可想而知。港行一面加派人手从事记账工作,一面由本行会计股主任与中行港行相关负责人就此问题进行洽谈。[③] 在双方共同努力下,交换放付支票登记工作也得以实现。

港行根据中行会计制度,解决了传票问题和登记交换放付支票问题后,逐步加强审核工作。港行会计股实行逐日对账制度,同时又以交换票据收入、付出登记簿代替转账传票摘数簿,并建立保管品出纳制度和抵押品收付保管制度,建立代理保险业务

---

①　总处:《核复储蓄账目并行方三项办法》(1951 年),交通银行博物馆藏港行资料。

②　包允骥:《港分行行务会议第十次会议记录》(1952 年),交通银行博物馆藏港行资料。

③　包允骥:《港分行行务会议第九次会议记录》(1952 年),交通银行博物馆藏港行资料。

办理程序及记录制度,还根据会计规程建立全面检查制度。[①] 这些制度使港行财会工作更加规范化,效率也大幅度提升。

尽管港行当日轧账的工作已走向正轨,但港行仍在实际工作中不断加以研究,弥补不足。1954 年,港行会计股进一步加强传票清分工作,改进传票编号单式样。将两三个人办理的传票清分工作,改为一人办理,以明确责任。为了方便编号单的查对,确保每张传票交到会计股记账,港行会计股在编号单上加列制票人一栏。1954 年 11 月,港行会计股又与存款股联系,拟定处理存款尾数户账页和清户账页办法。[②] 1955 年 12 月,会计股计划拟定更换账页的办法,同时决定自 1956 年起,在全行更换密押表,共计内地中国银行 20 处,中国人民银行 61 处,编寄电、信、票用次数号码表,其中除内地中国人民银行少数解付区,因汇款不多,另函通知继续使用旧表外,其余均编制新表寄出。[③] 这些事实表明,港行的财会工作一直在探索中不断地改进提高。

港行的财会工作虽通过上上下下的努力而逐步完善,但仍然存在不少问题。例如,国外同业往来对账单仍由外汇股核对,而不是由会计股核对。1955 年,行内全面检查工作结束后,港行经理室逐一指出财会工作的疏漏,并提出改进意见,从而给会计股敲响了警钟。疏漏主要表现在以下方面:有关转账传票编分号和股间交接办法,存在制传票后不编号,或假手他人编分号的现象;制传票人不负责交接传票,传票任其自流,传票漏交会计股,传票在次日仍发回各股转发搁置;传票交接手续不清,传票编号无从查究,在追究责任时,出现互相推诿的现象;传票附件不齐全等。

针对上述问题,港行总经理室指出,日后要根据《转账传票编分号及交接办法》严格执行,如果因不照该办法执行而发生传票失漏事件,将追究相关人员的责任。在执行过程中,会计股也应随时检查,加强与各股间的联系,进一步改进提高,使交收手续既不过分繁琐,又不失严密,且责任分明。对于附件未齐的传票,负责人应在传票上加附显明的纸条,以引起注意;凡是银钱收据性质的附件未齐全,必须待附件齐全后再装订传票;内部转账的清单、报单性质的附件未齐全者,可先装订传票,待附件齐全后,再行黏附。附件是否齐全,经办股为首先负责者,日后负责人不但要检查附

---

① 包允骥:《港分行行务座谈会第三三次会议记录》(1954 年),交通银行博物馆藏港行资料。
② 《贸易服务股十月份工作报告》,《港交行行务座谈会第四二次会议记录》(1954 年),交通银行博物馆藏港行资料。
③ 《港分行行务座谈会第五五次会议记录》(1955 年),交通银行博物馆藏港行资料。

件是否已经收到，还必须注意时间。①

　　随着港行营业网点的扩展，财会工作更加繁重，行内会计股不仅要统筹本行内部的会计工作，还要指导协调各办事处的会计工作。1972 年 7 月，会计股召开业务会议，总结先前的工作，并对日后如何更好地从事财会工作进行探讨。会议要求会计股根据现实需要，在不违背中行会计制度总体精神的前提下，对会计规程中的若干规定作出调整，鼓励各位同人仍要加强学习新知识，从实际工作中不断发现问题，解决问题，进而增强实力，提高工作效率。

　　正是在反复实践，不断改进的过程中，港行的财会工作整体上逐步走向完善，从而为港行日常业务的顺利开展提供了可靠的保障。

三、中银集团领导下的经济核算

　　随着市场经济的发展，港行的经济核算更凸显其重要性。1983 年，港行成为中银集团成员后，在中银集团领导下，进一步加强了经济核算工作。

　　1985 年 11 月 11 日，中国银行在北京召开海外行总经理会议，充分肯定几年来海外行工作的主要成绩和基本经验，确定了新形势下海外行的工作任务和发展战略，并向海外行提出努力加强经营管理，提高服务质量，增强企业活力，提高经济效益的要求。

　　会议对各行加强经济核算提出明确要求，"为了使海外行的工作切实转到以提高经济效益为中心的发展轨道上，各海外行必须抓好'三个环节'、'两个重点'"。"三个环节"分别指：第一，建立科学的财务预算和定期的财务分析制度，定期分析主要业务的经济效益和行政开支，从其变化中探索其规律性，改进经营管理，促进经济效益的提高。第二，健全各项业务规章制度，特别要有一套比较严密的资金运用的规章办法。第三，加强稽核监督，发挥稽核指导工作和防患于未然的作用。"两个重点"指经济考核以经济效益和执行政策的情况为两个重点。

　　为了敦促包括港行在内的各海外行真正贯彻落实经济核算，提高银行经济效益，会议还提出三项要求：（一）海外行每年要有一定的盈利上缴任务；（二）经济效益要有考核指标，并逐步做到权、责、利相结合；（三）对各行考核的具体指标，由各行自

---

① 港行：《关于 1955 年检查工作后对若干问题的决定》（1955 年），交通银行博物馆藏港行资料。

报,总行审定后下发。①

根据会议精神,1986 年,港澳管理处制定考核港澳各行经济效益的若干原则,指出:既要肯定考核经济效益,建立考核指标在理论上和方向上的必要性,又要从各港澳行的共性和个性出发,充分认识到由于各行间始终存在着主客观上的差别,各项经济考核指标及其反映的经济效益在各行间仅具有相对的科学性和可比性。②在这一思想的指导下,经过反复讨论,最终形成五项经济考核的原则和要求。

第一,经济考核的目的是为了不断改进港行等各海外行的经营管理,促进经济效益的提高,进一步壮大实力,更好地为支持祖国四化建设,维持香港稳定繁荣服务。第二,经济考核采取"各行自我评比为主,集团平均水平评比为辅,区别对待(例如国内注册行和当地注册行在考核指标方面有所区别),综合考核(例如多种指标、经济效益和执行政策并重),从长处找经验,从短处挖潜力,取长补短,共同提高"的原则。第三,凡是各行为了贯彻方针政策和集团整体利益需要而影响考核指标变化者,可另行具体分析说明。第四,为了发扬集团化经营优势,提倡基础和条件较好的行从业务特别是批发性业务上主动优先帮助和支援基础和条件较差的行;对相互代理的专业化业务,主办行在保本薄利的前提下尽量让代理行分享较大的利益。第五,中行总行和港澳管理处在考核各行时应多考虑各行客观上的个性和特殊性,各行自我考核时应多考虑分析经营管理上的主观能动性。③以上经济考核原则框定了考核的方式,即"各行自我评比为主,集团平均水平评比为辅,区别对待,综合考核",既敦促了港行等各行以自身为着眼点进行纵向的评比,进而促进工作的改善,同时又营造集团成员行间横向的竞争氛围,推动各行不断向前。

关于考核经济效益的指标,港澳管理处拟定三项基本盈利指标、五项综合考核参考项目。其中,三项基本盈利指标分别为:各行厘订年度盈利指标(绝对数和增幅);对当地注册行,考核资本盈利率指标和人均盈利率指标;对国内注册行,考核资产盈利率指标和人均盈利率指标。④按照规定,港行属于国内注册行,考核时,应考核资产盈利率指标和人均盈利率指标两项。五项综合考核参考项目分别为:港币存放比例、港币存放利差、人事费用占业务量比例、业务费用占业务量比例、呆滞放款余额占放款总余额比例。

---

①②③④　港澳管理处:《关于加强经济核算的意见(讨论修改稿)》(1986 年),交通银行博物馆藏港行资料。

在考核执行政策方面,主要考核港行等海外行以中英联合声明为准则,从业务和工作上维持香港稳定繁荣,从资金、"桥梁"、信息、人才培训等方面支持四化建设的情况;维护和服务集团利益,促进集团化经营和专业化经营,发挥集团整体优势的情况;改善经营管理,贯彻执行各项业务、财务规章制度,积极审慎地开拓新业务,提高服务质量,增强企业活力,提高经济效率的情况。[1]

港行成为中银集团一员后,行内经济核算受到中银集团的监管。港澳管理处这次对港行等港澳行的经济核算提出了严格的要求。在这次经济核算意见的指导下,港行进一步加强经济核算工作,并在此基础上努力提升银行的经济效益。

第五节　人事工作的大力建设

一、职工队伍的不断充实

1950 年,总管理处接管港行时,港行全体职工 50 余人,不论其文化水平和业务素养,仅从数量而言,当时的职工力量非常薄弱。这对日后港行扩大规模和发展业务非常不利。

面对这种情况,港行在总处的领导下,积极扩充职工队伍,1951 年 10 月,港行职工人数增至 86 人,至 1957 年,职工人数已达 100 人。尽管职工人数有所扩充,但仍不能满足实际需要,外勤人手尤其紧缺。

对这一问题,港行一直很重视,并想方设法予以解决。《1959 年工作总结》曾提出:就全行来看,目前的主要问题是外勤人员不足,出纳人员也亟待培养,各项业务的有机补充力量有待准备。[2]《1961 年上半年工作总结》再次提出:半年来,本行新进人员 11 人,离行人员 10 人,实际增加仅一人。新进人员中工友占 6 人,其余是练习生和一般雇员。而离行人员包括副主任 1 人,熟手办事员 5 人,他们是银行核心力量。从这一对比来看,半年来港行人员力量实际上有所减弱,工作更为紧张。另外,

---

① 港澳管理处:《关于加强经济核算的意见(讨论修改稿)》(1986 年),交通银行博物馆藏港行资料。

② 港行:《1959 年工作总结》(1959 年),交通银行博物馆藏港行资料。

为了多方面开展业务,外勤工作的重要性日渐凸显,而港行和各办事处都存在着外勤人手不足的问题,希望能够增强外勤力量。① 至 1963 年,港行对增加人手的问题更加迫切,管理层认为:我行外勤力量过于单薄,长期以来都没有得到很好的解决。这一问题得不到解决,开展工商业往来存款的愿望就变得有心无力,连带着进出口业务及放款业务也受到影响。没有外勤人手,我行首先找不到客户,坐在家里等新客户找上门的机会究竟不多,即使偶尔有,也将因为没有良好的调研基础,心中无数,而不敢放手去做。因此,为了开展工商业往来和进出口、放款业务,有必要充实适宜的外勤人员,解决这一问题,已刻不容缓。②

1964 年,总驻港处奉总处函示,要求港行总结 1963 年度人员编制执行情况,并提出意见以供参考。

长期以来,港行的人员编制工作一直遵循"以业务量作为衡量人员配备的主要指标,适当照顾到其他因素"的原则。在衡量人员配备时,业务量的确具有一定的参考作用。但每家银行的具体情况,如历史渊源、经营特色、职工素质等都有所不同,在决定人员编制时,不能不充分考虑这些业务量之外的各种因素。港行在总结 1963 年人员编制执行情况时,深有体验。总结中提出,原先制定人员编制方案时,始终按照"以业务量作为衡量人员配备的主要指标,亦适当照顾到其他因素"的原则,但这一原则也导致人事工作出现一些问题。例如,人员编制缺乏灵活机动性,有时为了照顾各股人员的需求,人事部门不得不进行一些调整,但一旦调整,又牵涉到其他股的人员安排,这种连锁反应使行内的工作经常出现失调现象。另外,由于人手紧张,新增人员后,即刻让其承担具体的实际工作,事先未进行更好的业务培训,最终可能导致入行多年的员工或新入行的人员一般只能应付本身所承担的业务,而对其他的业务则一知半解,甚至完全不了解。一旦因工作需要,进行一些调动,这些人员根本无法胜任,影响银行业务的开展。据此,港行进一步提出,"以业务量为主要指标是可行的,但在特别的情况下(如老弱多),不能过分强调这一指标,有时其他因素也必须加以重视的。当然,又不能够只强调特殊条件而忽略了一般可行做法。如配备机动数时,不应将该机动数空置而浪费,就是在条件许可底下,订定我们的机动数"。③

---

① 港行:《1961 年上半年工作总结》(1961 年),交通银行博物馆藏港行资料。
② 港行:《1963 年工作总结》(1963 年),交通银行博物馆藏港行资料。
③ 港行:《人事编制工作总结》(1964 年),交通银行博物馆藏港行资料。

总处对于人员编制问题，除要求符合"以业务量作为衡量人员配备的主要指标，亦适当照顾到其他因素"的原则，还要求"精简"。港行贯彻精简的精神，但实践证明，一味精简人员，并不完全适应实际工作需要。因此，港行又提出建议，"贯彻精简精神的同时，必须和长期打算相结合"。由此可见，港行对行内长期存在的人员紧张问题已非常担忧，迫切希望能够借助总处和总驻港处的力量解决这一问题。通过这次人员编制工作的经验总结和事后的努力解决，港行职工紧缺的状况在一定程度上得以改善。1965年底，行内职工数量达188人，至1980年底，行内职工数量更增至521人。①

随着金融市场竞争的日益激烈，银行间的竞争不仅是职工"量"的比拼，更是"质"的较量。港行在招收新职员时，更加注重招揽高等院校的高素质新型人才。1983年底，港行共有职员570人，其中，大专院校毕业的或经理工学院培训的、具有同等程度的共有37人，约占全行职员的6.5%。虽然这个比例并不高，但较以往的比例，港行在招揽高素质人才方面已有不小进步。港行决定在其后两年中，平均每年增加大专毕业生25人至30人，使大专生在职员中的比例提高到20%左右。②

二、职工培养的持续开展

引进高素质人才，为银行职工队伍注入新鲜血液，实现人才的多元化，能够为银行的发展提供动力。但仅注重引进，忽视培养，也必然造成现有人力资源的浪费。港行长期存在人手紧缺问题，为了保质保量完成工作任务，不得不实行临时性的调补措施。这对职工各方面的素质提出了更高的要求。显然，为职工提供更多的培训机会，使他们在短时期内增长业务知识，提升业务能力，显得十分必要。

为此，港行非常注意为职工提供跨部门或跨银行间学习交流的机会，时常将一个股或一个行的职工输送到另一个股或另一个行，进行一段时间的学习交流。通过这种方式，既可开阔员工眼界，增长员工见识，拓宽员工的业务面，又可为临时性的调用做一些准备。从培养成本方面看，这种培养方式成本低，收效快，性价比较高，因此很受管理层重视。程慕灏经理曾在一次行务会议上提到：为了培养职工多方面的工作

---

① 《交通银行史料》第二卷，第1508页。
② 同上，第1512—1513页。

能力,股与股间的人手可能有些调动。外汇股已经采用这种培养方式,并取得良好效果,希望其他股也照此方法行事。①

1959 年以后,港行开始增建办事处,扩大银行规模,于是,上述培养方式在各办事处推广开来。各股、各办事处(后演变为支行)在长期的业务工作中,形成不同的特色和长处,如处理问题上灵活得当,职工协作、服务工作出色等,值得其他部门、其他单位学习借鉴,甚至在全行推广。而只有为职工提供机会,使其置身其中,切实体验和感受,才能更快地领会掌握。1985 年,港行总经理王首民提出"要积极拓展放款渠道"的指导思想,根据这一指示,各部门、各单位都将放款工作作为工作的重点。观塘支行为了提升放款业务量,在服务方面作了进一步的改进。从提高支行职工的服务素质出发,观塘支行有计划地输送一部分职工到其他支行,了解其他支行的工作实况,学习他们分工协作和服务方面的技能。1985 年 4 月,观塘支行派遣一位初级办事员和一位助理员到红磡支行上班一周,5、6 月份又派员工到九龙、北角、深水埗等支行学习。② 港行充分利用内部资源,通过不同部门、单位人员相互调配、交流学习的方式培养员工的能力,起了一定作用。但因客观条件的限制,通过这种方式接受锻炼的职工毕竟是少数,可学习的内容也有限,所以港行还想方设法开拓其他培训途径。

港行注重吸纳大专院校学生入行后,提升了本行高素质人才的比例。但这些大学生刚走出学校,对实际工作尤其是银行业的接触不多,了解并不深入。从实际工作的需要考虑,港行迫切希望这些新入行的大学生能够尽快熟悉工作,投身到银行业务的第一线。因此,举办各类培训班,进行集中的业务培训成为最佳选择。例如,1961年,港行招收了 10 名练习生,他们年轻有朝气,学习劲头十足。港行专门针对这些可造之才,订立辅导制度,促进他们的成长。此外,港行还借助总驻港处已开办的各种业务训练班,将招收的练习生安排到班上接受培训。

培训职工是一项长期的工作,随着该项工作的不断开展,港行也积累了不少经验,在总驻港处的领导和支持下,培训工作在实践中不断趋于规范与合理。1964 年时,总驻港处曾就新入行人员的培训问题提出,"原则上依靠各兄弟行自己解决"。

---

① 《港行行务座谈会第四五次会议记录》(1955 年),交通银行博物馆藏港行资料。
② 《各部、支行关于积极拓展放款渠道的综合报告》(1985 年),《交通简讯》第三期,交通银行博物馆藏港行资料。

当时,在兄弟行中,如南商、新华、中南、盐业等各行已组织开办会计培训班,业务讲座,外汇存款、放款训练班等。港行为此成立一个专门小组,由人事福利股主任任主管,外汇股、会计股等相关人员参与,商讨和筹划此事。① 当时,总驻港处其实也准备试办会计和外汇两个班,但因招收人数有限,会计班和外汇班只招收 30 人,旁听生仅10 人,所以门槛较高,规定参加培训的人员须有一定的会计、业务知识,参加外汇班,还须有一定的英文基础,②港行能够参加的新行员为数很少。显然,新职工的培训工作依靠外部力量不能解决问题,港行必须自身担起这项任务。但由于种种原因,开办培训班集中培训新职工的方式在六七十年代尚未形成规模。

进入 80 年代后,情况大有改观。总驻港处不仅举办各种类型的学习班,还与一些理工院校达成协议,派送行员入校学习。1982 年,港行参加总驻港处举办的学习班以及委托理工院校进行培训的职工有 100 多人。与先前相比,参加各类培训班的人数大为增加。当时,港行也组织了银行业务全课程的学习,举办放款业务、会计实务、银行会计初级理论、出纳工作等专题讲座,全行参加培训的人员多达 300 余人。③人员数量的增加,表明港行职工培训的覆盖面已成倍扩大,培训工作逐渐走向成熟。从培训内容看,则与内地培训注重政治教育有所不同,港行偏重业务知识和业务技能,与银行的商业性质相吻合。

1983 年,港行将国内提出的"年轻化、专业化、知识化、革命化"作为人才培养的指导原则,除大力开办培训班,或将行员送往中银集团培训部委托的理工学院进行学习,还派遣人员到国外进修。1984 年 6 月,港行分别派送押汇部和汇兑部的两位经理到英国伦敦学习深造。④ 这对港行与国际接轨,真正实现现代化具有重要意义。

三、职工考绩加薪的推进

金融界的竞争向来激烈,一些银行往往以高职高薪作为诱饵,在同业中吸引高端人才。如何才能留住本行的人才,使他们安心工作而无后顾之忧,港行一直十分重视这一问题。

---

① ②　港行:《行务会议记录》(1964 年),交通银行博物馆藏港行资料。
③　《王总经理在行务会议上的发言稿》(1983 年),《交通简讯》第一期,交通银行博物馆藏港行资料。
④　《王总经理 7 月 2 日上午对新入行的大专毕业生上课讲话的要点》(1984 年),《交通简讯》第八期,交通银行博物馆藏港行资料。

1952 年 10 月，港行经理程慕灏在行务会议上论及解放前后金融业从业人员的薪金待遇问题。民国时期尤其是抗战胜利后，有些金融业从业人员依靠所在机构投机倒把，大发国难财，上级人员乱花乱用公家的钱，而对中下级人员不合理的薪金待遇却很少理会。解放以后，政府根据全国一般的生活水平，调整了一些过于不合理的情况。但因受长期战乱的影响，经济处于崩溃边缘，许多繁杂棘手的问题急需得到解决，因此，政府对全国范围的薪金待遇仅作了有限的调整，银行业也是如此。政府曾声明待国家经济状况有所好转后，一定对薪金待遇进行全面合理的调整。至 1952 年底，国民经济得到恢复，国内财政状况有了根本好转，国内工作人员的待遇随之提高 30%—100%，还建立了公共卫生医疗、教育免费及劳保制度。[①] 海外行人员的薪金待遇与国内的财政经济状况密切相关，随着财经状况的好转，国家对海外行行员的薪金待遇也与国内行一样进行了调整。

1952 年 10 月，港行根据国家政策，结合所在地区的实际情况，拟定行员考绩加薪办法。第一，普通行员增加膳食费，每人每月 45 元，原先的膳食费名称并入其他津贴。第二，年终奖金按两个月的薪水发放。第三，从照顾香港当地一般同业制度考虑，对主任以上行员特别办公费也作了调整。[②] 不久，总处审核批准了港行考绩加薪的具体办法。港行自接受北京总处领导以来，遵照国家的方针、政策发展业务，适时调整业务发展方向，全心全意为祖国建设服务，取得显著成绩。这次薪金待遇的调整也是国家对港行业绩的认可。经过这次调整，港行行员的薪酬普遍提高，生活条件得以改善，在一定程度上稳定了人心，坚定了他们为港行发展和祖国建设不遗余力的决心和信念。

1954 年，随着国内形势的不断好转，港行在总处领导下，对行员薪金待遇再次作了调整。当时，香港商界各业并不景气，多家公司商号已开始减薪裁人，港行不但没有减薪裁员，而且还在原有基础上再次进行考绩加薪。港行奉总处指示重新制定行员考绩加薪办法，取消雇员名义，重新订立薪级表，规定未到级的行员在不减少薪金的原则下插级照支。港行经理程慕灏在同年 3 月的行务会议上谈到这次考绩加薪，欣喜地说：在香港各业发展不景气，甚至出现减薪裁员现象的时候，我行行员享受考绩加薪待遇，足见总处体念海外同人的深情厚谊，良可感激！希望全体同人今后格外

---

①② 包允骥：《港行第十七次行务会议记录》（1952 年），交通银行博物馆藏港行资料。

努力,不辜负总处对我们的深切期望。① 1965 年,总处再次制定新的考绩加薪制度(试行办法),停用原有的办法。

1971 年,港行各项工作在全体员工的共同努力下,取得显著成绩。为了调动行员的工作积极性,改善行员待遇,港行上报总处,再次进行行员考绩加薪,得到允准。港行针对不同的对象作了详细的规定:第一,凡是有生活津贴的行员,每人每月各增加生活津贴 10 港元;第二,凡是有薪资的行员,每人每月各增加薪金 20 港元;第三,每位行员每人按照新的工薪级表各增加一级,但是四类人员除外。四类人员是指:1971 年度的练习生;1971 年度的试用人员;1971 年度内受到行政处分和工作失职人员;1971 年度内请假超过三个月的人员。② 此外,港行还专门拨出一笔资金,奖励那些政治思想觉悟高、工作兢兢业业、业务上有特长的行员骨干。港行这次考绩加薪办法不仅有上述的硬性规定,还有一些具有弹性的规定。如规定助员与练习生间、新助员与老助员间的工资如有不合理者,在指标有余的情况下,可以适当调整。③这一办法推行后,港行行员薪酬再次得到提升,还有一部分表现突出的练习生和试用员也得到晋级或正式录用,这对激发行员干劲,鼓舞行员不断进取起了很大作用。

四、福利保障的多样化

港行的发展进步离不开行内职工的辛勤付出,对这些有功之臣,港行提供退休金,帮助他们安度晚年。50 年代,按照总处的规定,港行对于为本行服务时间达 30 年的行员,在其退休后,提供 30 个月的养老金。④

时过境迁,原有的退休养老制度已不能适应现实需要。1982 年,港行接受总驻港处指示,开始推行新的退休养老计划。港行对退休行员的工龄、退休金计算问题及其他一些相关问题作了明确规定。退休员工的工龄关系到退休金的多寡,是退休员工十分关注的问题。港行根据行员的实际情况,对不同类型行员的工龄问题分别作出详尽的说明,避免引起不必要的纠纷。港行中有一些行员在设立该退休金计划之前,一直在内地机构服务,这段工龄依然得到港行的承认。在发放退休金时,行员在内地服务的工龄与在香港服务的工龄一并计算在内,统一发放退休金。在该计划设

① 金申禄:《香港交通银行第三十四次行务座谈会记录》(1954 年),交通银行博物馆藏港行资料。
②③　总驻港处:《关于举办 1971 年度职工考绩加薪的通知》(1972 年),交通银行博物馆藏港行资料。
④ 《文书股 1955 年年报》(1955 年),交通银行博物馆藏港行资料。

立之后从内地调到港行工作的行员,若其在内地服务的工龄得到港行的承认,但并不符合在退休金计划基金支付的退休金范围内,对于这部分基金,则列入特别退休金支付。为了避免日后发生纠纷,只要有此类行员到港行任职,港行都特别说明这项规定,并与其签署书面文件。① 上述两种类型的行员属于特殊情况,港行在执行规定的时候都非常谨慎,竭力避免差错。

关于行员工龄的计算问题,新的退休养老计划改变了原先的某些规定。如原先规定,行员的工龄按周年计算后若还有多余时间,6 个月及 6 个月以内的按半年计算,超过 6 个月的按 1 年计算,新的计划撤销了该条规定。②

关于退休金的计算问题,总驻港处要求港行必须严格按计划规定的标准计算,不得擅自提高月数,增加金额,如有超出计划规定付给的特别退休金或特别抚恤金的金额,不得在退休金计划基金中支付。这说明,港行在发付行员退休金时,如果有超出特别退休金及特别抚恤金的部分,必须自行解决。工龄与退休金密切相关,行员退休后,能否享受退休待遇以及享受何种级别的退休待遇,都取决于工龄的长短。港行规定,对已达退休年龄而服务年资不满 15 年的行员,可以办理退职手续,但不能享受退休待遇。在办理退职手续时,服务年资不满 10 周年的员工,每服务 1 年,港行将发放半个月薪金的赠金;服务 10 周年但未满 14 周年的员工,每服务 1 年,发 1 个月薪金的赠金。③这些赠金并不包含在退休计划基金中,应由港行另行出资。实行这种办法,既是鼓励行员长时期服务于港行,同时也是对长时间服务于港行,忠诚于港行的行员的一种馈赠。对于达到退休年龄的行员,港行不仅给予应有的退休金或者赠金,另外还将一部分膳费并入其中。一般而言,港行提前 3 个月对退休行员发出通知,此时即将膳费并入行员薪金内,作为增加薪金,在行员正式办理退休手续时,一并计发退休金。④

除了实行退休制度,港行还为行员购买人身平安保险。随着经营业务的不断扩展,行员外出公干的人数和次数大幅度增加,1984 年港行决定正式实行为因公出差的行员购买旅行人身安全保险的制度。这里所说的"因公出差"是指受港行派遣,离开香港到内地或国外办理公务,包括洽谈业务、开会、考察及接受培训等。港行对这

---

①②③④　总驻港处:《关于执行退休金计划中几个问题的通知》(1982 年),交通银行博物馆藏港行资料。

些行员每人支付保险金 30 万港元,设定出差行员的亲属为保险受益人。① 这项福利制度为因公出差的行员提供保障,为其解除后顾之忧。

港行不仅为长期在本行工作的行员提供各方面的保障,还对一些长期服务于银行,但被行方解雇的正式行员或非编制人员(因犯错被解雇或自动辞职的除外)设立保障制度。这些行员虽被解雇,已不在行内工作,但考虑到他们辛勤付出多年,港行实行长期服务金制度,以保障雇员尤其是年长雇员的利益。

表 4-7-1　有资格享用长期服务金的雇员必须符合的条件

年　　龄	规定之服务年资	年　　龄	规定之服务年资
41 岁以下	10 年	41 岁	9 年
42 岁	8 年	43 岁	7 年
44 岁	6 年	45 岁以上	5 年

资料来源:港澳管理处:《关于执行长期服务金法例问题的通知》,交通银行博物馆藏港行资料,1986 年。

如果行员已符合获取长期服务金的条件,对能够获得多少金额,港行也制定具体的计算方法。

表 4-7-2　长期服务金计算方法

年　　龄	可获之长期服务金
40 岁或以上	离职时月薪 × 2/3 × 服务年资
36—40 岁	离职时月薪 × 2/3 × 服务年资 × 3/4
36 岁以下	离职时月薪 × 2/3 × 服务年资 × 1/2

资料来源:港澳管理处:《关于执行长期服务金法例问题的通知》,交通银行博物馆藏港行资料,1986 年。

一般情况下,港行在行员被解雇后七天内将长期服务金支付给行员,并以书面形式向行员说明其所得长期服务金的计算方法,使行员心中有数。此外,港行对已届退休年龄而不够办理退休条件的行员,在其离职时也按上述标准计发长期服务金。同时对服务期满 10 周年或以上的行员,港行照顾每服务满 1 年计发 1 个月工资额的长

---

① 港澳管理处:《为因公出差员工购买旅行人身平安保险的通知》(1984 年),交通银行博物馆藏港行资料。

期服务金。① 据此可见,港行长期服务金的发放范围是比较广泛的。

除了以上福利保障,港行还为行员支付医疗费、培训费等,并定期组织行员外出旅游。多样化的福利保障对稳定行员队伍,提高行员工作积极性发挥了重要的作用。

---

① 港澳管理处:《关于执行长期服务金法例问题的通知》(1986 年),交通银行博物馆藏港行资料。

第八章
香港分行的业务特色

　　建国初期,香港分行资金头寸贫乏。接受总管理处领导后,将揽取存款业务置于首位。通过加强宣传联系,提高服务质量,争取到华侨大户的支持,中小户存款数量显著增加,通过财务公司的组建,资金短缺的现象得到了根本转变。为服务和支援祖国建设,港行将大量资金贷放给内地公司,扶持内地的外贸事业,但因资金投放集中,效益颇受影响,放款股及时调整,致力于放贷面的拓展,实现放贷多样化。20 世纪 70 年代,香港房地产业发展迅速,港行承做大量房地产放款,却遇到 1981 年经济危机,遭受巨大冲击。风波过后,港行大力开展调查研究,重视工业贷款,从事代理保险业务,利用地理优势,发展侨汇、进出口、外汇买卖及非贸易外汇托收等业务,收效良好,并通过投资商人银行,加入国际信用卡组织,走上了综合化和国际化的经营道路。

第一节　注重存款业务的经营方针

一、两次增存运动及其成效

　　建国初期,港行资金基础薄弱,业务资金主要依靠内地联行供给支持,无力承担协助内地经济建设和扶持侨胞企业发展的重任。因此,港行积极开展增存运动,大力争揽存款业务,以充实资金头寸,巩固本行的经营基础。

　　为了顺利推进增存运动,港行借鉴 1949 年由中国人民银行领导的上海"十万户存款运动"的经验,组织成立增存运动委员会,建立一套完备的运作机制。

1951 年 8 月,港行召开增存运动委员会第一次会议,正式设立增存运动委员会,由经理领导;委员会之下,以股为单位成立小组,而副理、稽核、专员等另组成一组;工友被分为三组。每组推选联络员一人,负责组内增存运动的组织工作,同时负责与增存运动委员会联系,每十日召开一次会议,汇报工作。增存目标为争揽存户 300 户,金额为 700 万港元,期限为 4 个月(自 8 月 1 日至 11 月底)。为了提高员工的积极性,还拟定奖励办法,设置团体奖、个人奖等。

开展增存运动期间,港行在报纸上刊登业务广告,大力宣传,将争揽存款业务与贷款、汇款业务相结合,根据香港资金多数为流动资金的特点,想方设法争取存款面上的扩大。经过 4 个月的努力,港行超额完成预订目标。据统计,4 个月内,港行增加新开户 340 家,超过原计划户数的 13.33%,存款额达 1166 万港元,超出原计划数额 66.57%。11 月底与 7 月底相比,存款金额提升 23.82%,存款股 11 月内的传票,每日平均增多 120 张以上,增比 66% 以上。[①] 这些数据表明,增存运动非常成功,有效推动了存款业务的发展。

不仅如此,这次增存运动还大大消除了行员懈怠等不良现象。过去行员一般不关心本行业务,增存运动将全行行员组织起来,共同争揽业务,增强了行员对银行的认同感,激发了行员对本行业务的热情。有人反映说:"现在确实是不同了,我们这些做'伙计'的,都可以过问行里的事了。"这一番朴实的言语,让人切实感受到行员对能参与银行业务的激动和喜悦。有些行员设法通过同乡、业务联系等社会关系为银行拉来不少存款。例如,存款股的一名办事员通过他梅县同乡的关系,拉来一家新加坡的商人开户,第一次存入本行的款额即达 200 万港元;文书股的一位工友,利用他浙江同乡在香港经营木箱出口之便,一下子拉来七家存户;外汇股的一名办事员利用业务之便,争取在本行做押汇的客户开立存户往来,前后共争取到 14 户。[②]类似的例子还有不少。

此外,港行在接受总处领导之前,主要从事国外汇兑,对存款业务不够重视,这次增存运动扭转了这种观念。参与这次增存运动的人员包括了经副理、稽核、专员和全体职工,乃至工友,大家都组成各个小组,共同努力,由此也提高了一般行员的地位,

---

① ② 港行:《第一次增存运动总结》(1952 年),交通银行博物馆藏港行资料。

消除了上下级的隔阂。

　　鉴于第一届增存运动的显著成效,港行在 1951 年 12 月至 1952 年 4 月底,开展第二届增存运动,运行形式与第一届类似,设定本届增存运动的目标仍为争揽存户300 户,金额 700 万元。至 1952 年 4 月底,港行争揽新存户共 328 户,金额 603 万港元。① 与所定的目标相比,争揽的存户增加了 28 户,增比为 9.3%,争揽的存款额虽逊于上一届,但也完成了计划的 86%。

　　第二届增存运动未完成计划存款额,主要有两方面原因。客观上,发动此次增存运动时正值国际上加紧推行禁运政策和内地"三反"、"五反"运动迅猛开展之际。1951 年 5 月,美国操纵联合国大会通过了对中国、朝鲜实行"禁运"的提案,不少联合国成员国对中国实行禁运,最多时达 45 个国家。② 随着"禁运"范围的扩大,中国的进出口贸易受到严重影响,并波及以货物转运为主的香港地区,致使原本不景气的市场愈发衰颓,从而影响港行增存的成效。当时,内地"三反"、"五反"运动正如火如荼地进行,这种局势引起了一些商人的疑虑和恐慌,对开户存款趋于谨慎。主观上,尽管港行职工争揽的热情一如既往,但平日与各阶层人士的接触毕竟有限,经过第一届增存运动,继续拓展存户和存款量的难度在加大。据统计,第二届增存运动期间,未能争取到存户的行员占全行行员的 20%。③尽管如此,第二届增存运动的成绩不如第一届,但毕竟争揽了较多的存户和数额不小的存款。

　　通过两次增存运动,港行在短短 8 个月内争取到的存户共计 668 户,金额达 1769万元,成绩是显著的。建国初期,在外部条件非常不利的情况下,港行的增存成效对提升本行业务量,充实本行的资金实力,都起到了积极的作用。

二、抓住时机吸收侨资大户

　　组织全行职工开展增存运动,虽然富有成效,但只能偶尔为之。在调查研究的基础上寻找正确的方向,整合行内力量,通过日常经营中的不懈努力,不失时机地争取所有的潜在存户,这才是吸收存户、存款的长久之计。港行在这方面做了许多工作。

　　香港地处珠江三角洲中部的南端,濒临浩瀚的南海,与菲律宾、印度尼西亚、新加

---

①③　港行:《第二届增存运动总结》(1952 年),交通银行博物馆藏港行资料。

②　《中国银行行史(1949—1992)》,第 71 页。

坡、马来西亚、越南等国家隔海相望,这些国家居住着数量众多的华侨。一些华侨经过长期的经营积累,拥有大量资金。但这些华侨居住地区普遍政局不稳,一旦发生动荡,大量侨资就会流向他处。就地理位置而言,香港地区本应具有吸引侨资的天然优势。然而,20世纪50年代,华侨居住区因动荡而流出资金时,港行争取到的华侨资金却很少,更多的是进出口商存户资金和公营企业存户资金等。究其原因,一是因为当时侨资流港本来不多,另一方面也是因为港行主观上尚未视其为重点争揽对象。

随着形势的发展变化,港行逐渐认识到香港地区存在大量可争取的华侨存户,而且这些存户的存款额一般较大。1958年6月,港行提出"以争取华侨存款为主要项目"的口号。[1] 港行外勤人员开始着手建立相关的联系。由于侨批局、办、庄等经常与华侨打交道,对华侨的情况比较了解,港行着重与他们取得联系,同时,选择一些有代表性且潜力较大的侨户重点沟通,此外,还加紧联系一些与华侨接触较多的旅游行业、饭店等,并委托其代理宣传和介绍关系。例如,港行了解到侨胞前往参行采购参茸者很多,便选择有代表性的参行,如厦门参行等代为宣传、介绍。通过多种途径与方式,港行逐渐建立起比较广泛的关系网。

到1959年,港行凭借东南亚特别是印度尼西亚华侨资金涌入香港的机会,利用各种关系,吸收华侨存款,总计231万港元。[2] 一出手就能揽得如此巨额存款,说明港行此前的工作较为扎实,且能关注国际事态,善于从中把握时机。这一时期,印度尼西亚政府实施更为严厉的排华政策,5月,印尼政府颁布条例,禁止华人在县、市以下的乡镇开设零售店。据统计,当时全印尼由华人开设的零售店多达8万多家,其中近一半分布在县、市以下的小乡镇,从业人数在50万以上。在此之前,印尼政府还规定,只有印尼籍人才能经营米业,碾米厂只能加工政府收购的米谷,导致华侨碾米厂纷纷倒闭。[3] 在印尼政府的逼迫下,大量华侨迁居香港。在此前后,菲律宾也推行排华政策。1960年8月,菲律宾公布的《米黍业菲化案》规定:只有菲律宾公民或拥有百分之百资金的菲律宾人公司,才能经营米黍业。[4] 这一法案将广大华侨排挤出了米黍业,不少人走投无路,纷纷前往香港。来港的华侨大多居无定所,所携带的资金

---

① 港行:《港分行行务座谈会第八十三次会议记录》(1958年),交通银行博物馆藏港行资料。
② 《交通银行史料》第二卷,第1552页。
③ 赵淑惠主编:《华人在五洲》,山西教育出版社,2002年,第212页。
④ 同上,第219页。

一时找不到出路,便不得不存入银行。港行不失时机地争取这些存户,取得良好的业绩。

表 4 - 8 - 1　1959 年至 1963 年港行吸收华侨存款的情况列表

年　份	款额(万港元)	占定存的比例
1959 年底	231	29.39%
1960 年底	1103	66.65%
1961 年底	1252	56.70%
1962 年底	1034	37.45%
1963 年底	1124	31.13%

资料来源:《交通银行史料》第二卷,第 1552 页。

以上数据显示,港行在这一时期所争取到的华侨资金数额很大,1960 年以来的 4 年,存款数都在 1000 万港元以上,1960 年和 1961 年,华侨的存款数都占全行定存总额的一半以上。

不过,华侨存款的流动性较大,他们存入资金,并不满足于生息,而是等待时机,寻求资金出路。当华侨稍感安定,且熟悉香港的情况后,往往会提取存款,投入股票、房地产和商业等。由于华侨存款数额很大,存户每提取一笔资金,就会对银行的存款余额造成不小影响。为此,港行也采取一些弹性措施,如优计存息,在调高利率时,多数允许未到期即按新利率转存,在减息前将原存款加长期限等,[1]尽可能提高华侨存款的稳定性。

三、以宣传和服务争取中小存户

20 世纪五六十年代,港行在大力吸收华侨大户存款的同时,也意识到华侨大户存款的流动性大,容易引发银行存款余额的较大波动,为提高存款的稳定性考虑,港行通过各种方式争取中小户存款。

中小户存款具有数额小、范围广、稳定性强等特点。尽管数额不大,但积少成多,对增加银行存款额也能发挥一定作用,而稳定性强的特点恰好弥补大户存款波动性

---

[1]　港行:《1961 年工作总结》(1961 年),交通银行博物馆藏港行资料。

过大这一不足。1959年，交通银行总管理处决定实行面向中小户的细水长流的争揽方针，对此，港行非常赞同，并予以贯彻执行，在其后的争揽工作中，按照总处的指示，增设办事处，不断加强对中小户的宣传、联系和服务工作，以提升存款业绩。

港行除了进行一般性的报刊广告宣传，还经常对各办事处所在区域或邻近区域的住宅、大厦等逐户递送业务宣传印册，以加深各住户对交通银行的印象。为了提高宣传效果，扩大宣传覆盖面，港行采取多种方式，通过多种途径，如利用街坊组织和一些热心的侨眷协助宣传，时常举行一些电影招待会等，借以介绍业务项目，体现服务精神。这些工作都为争取更多的存户打下了基础。

在宣传介绍的基础上，港行还致力于加强联系，提高服务质量，以满足客户需求，赢得客户信任。香港地区侨批局是为侨眷服务的重要机构，侨眷与侨批局来往密切，因此，港行与侨批局达成协议，代侨批局向侨眷派送汇款。通过这一方式，港行与众多侨眷建立并保持联系，由此争取到相当数量的侨眷存款。例如，1962年，港行北角和英皇道办事处在11个月内共代送侨眷汇款15007笔，金额达940万港元，与此同时，这两个办事处也争取到684笔存款，金额达183万港元。西区办事处代送汇款3300笔，金额为110余万港元，最终争取到其中约10%的存款。[1] 到1964年，港行各办事处代送汇款共计12000余笔，金额为800万港元，争取到的存款有150多万港元，约占代送

港行活期存折本

汇款额的20%。[2] 实际上，港行不仅通过代送汇款直接争取到存款，还借此机会了解了侨眷对汇款的处置情况，为日后的存款业务打下了基础。

港行还不定期地举行侨眷座谈会，听取侨眷对本行业务工作的意见和建议，了解侨眷日常生活中遇到的困难等，为改善服务提供参考；并动员一些上层侨眷以及信任

① 港行：《1962年工作总结》（1962年），交通银行博物馆藏港行资料。
② 港行：《1964年工作总结》（1964年），交通银行博物馆藏港行资料。

港行的热心侨眷协助本行吸收存款,以弥补外勤人员的不足。为了加深客户的印象,港行除了在柜台上送票,还组织外勤人员送票上门,而外勤人员也能借上门的机会向侨眷详细介绍本行的业务,扩大宣传的效果。1962 年,港行西区办事处曾对这一方式的效果进行检测,发现通过送票上门的办法,争取到新存户存款五万多元[1],效果非常好,因此送票上门的办法很快在其他办事处推广实行。

港行不仅大力加强与侨眷的联系,为争揽存款创造机会,还不断改进服务工作,提高服务质量,努力吸引客户,留住客户。港行经常为侨眷提供各种形式的服务工作,如代写代寄家书,代办婚丧喜庆,代办子女入学手续,介绍就业,代领身份证、会港证,代租房屋,代保管贵重物品及房契等重要单据,代向国内查询投资情况等。[2] 长此以往,一些侨眷与港行建立了深厚的感情,日常生活中遇到困难,会主动求助于交行。对于侨眷的求助,港行皆给予热情的帮助,从而赢得侨眷的信赖。例如,港行外勤人员与一位名叫林妙娘的侨眷建立联系后,经常登门拜访,了解其家庭情况,给予力所能及的帮助。一次,港行外勤人员在她生病时为她介绍医生,由于她不懂广东话,还陪她看医生。一段时间后,林妙娘与港行建立了深厚的感情,每当有款项汇来,都自动将其存入港行。又如外勤人员施幼治常常利用晚上时间,每星期为侨眷吴美云的孩子补习功课,几个月后,吴美云将原存在京华、集友、华侨等银行的存款转到港行。[3]诸如此类的事例还有不少。港行工作人员正是本着这种真诚热情、细致入微、不嫌烦琐的服务精神,为存款业务拓宽了途径,取得了实效。

在做好服务工作的同时,港行还根据市场需求,增加存款品种,为客户提供便捷。60 年代初,香港地区出现严重的住房问题,侨眷提取存款多用于买房,分期买楼也非常盛行,港行据此开设买楼储蓄和代收楼款业务。为了满足定时用款存款的需求,还增设存本分期付息存款,此项存款按照时间长短可分为一月一付、三月一付、半年一付等,以适应需要按期支付家用、学费等费用的存户。港行创设存款新品种,既满足了客户的需求,也推动了中小户存款业务的发展。

港行通过加强宣传,广泛联系,提高服务,争揽了大量的中小户存款,确实起了稳定存款的作用,这在"文化大革命"时期表现得尤为突出。1966 年,内地的"文化大革

---

[1]　港行:《1962 年工作总结》(1962 年),交通银行博物馆藏港行资料。
[2][3]　港行:《1964 年工作总结》(1964 年),交通银行博物馆藏港行资料。

命"运动波及香港地区,一些大户纷纷将资金转存到洋商银行,港行大户存款出现较大的起伏,而中小存户所受影响并不明显。1966 年底,港行存折存户升至 22974 户,金额达 2667 万港元,比 1965 年底增加了 2345 户,金额达 322 万港元①,显然,增加的大部分是中小存户。

四、创立财务公司推进存款业务

在港行努力发展存款业务的同时,香港其他华资银行和外资银行也各出奇招,极力争揽存款,普遍的做法是提高利息。港行在存款利息方面并无优势,面对激烈的市场竞争,港行紧跟市场发展趋势,采取新的形式组织资金。

1979 年,海外行经理会议明确了新时期业务发展的方针政策,并提出根据实际情况,广泛运用现代国际金融企业的经营方式发展各项业务等指示。港行为贯彻海外行经理会议的精神,且出于市场竞争的需要,在总驻港处的指导下,于 1979 年成立财务公司。

总驻港处指示,财务公司成立之初的主要任务是按照由银行统一运用的"高息来,高息去"的吸存原则,争取稳住银行存款大户,待具备条件后,可以有重点地经营其他金融性业务,逐步扩大经营范围;吸存利率参照中国建设财务公司的利率水平,随行就市。

当时,香港地区除中国建设财务公司已逐步经营全面性金融业务,其他兄弟行都将财务公司作为争取存款的辅助手段。港行按照总驻港处的指示,确定财务公司利率时非常谨慎,要求财务公司吸收存户时必须符合的条件是,每笔定期存款的金额应在 5 万元港币及以上。若存户在财务公司的定期存款未到期而要求提前支取时,应直接向财务公司提出申请;若财务公司同意该客户提前支取,原则上仅退还本金,不计利息;若存户在财务公司的定期存款到期后转存或超过定期,财务公司参照银行的办法计息。②

财务公司成立初期,港行通过公司争取到大额存款,行内资金头寸激增。1979 年,港行通过财务公司吸收的存款额达 30796 万港元,占增存总额的 94%;1980 年,

---

① 港行:《1966 年工作总结》(1966 年),交通银行博物馆藏港行资料。
② 总驻港处:《关于财务公司填送报表办法的通知》(1979 年),交通银行博物馆藏港行资料。

吸收的存款额达 15549 万港元,占增存总额的 52.2% ;1981 年前 5 个月吸收的金额达 15450 万元,占增存总额的 93.3%①,对港行推进存款业务发挥重要作用。

然而,随着外部政策的变化,财务公司的作用逐渐下降。1981 年 4 月,香港政府为了加强对金融市场的监管,维护金融市场的稳定,颁布金融三级制,并于当年 7 月开始实行。金融三级制将接受存款的金融机构分为三级,即持牌银行、持牌接受存款公司和注册接受存款公司。这三级金融机构在资格审定、业务范围以及客户对象、吸收的存款额等方面都有严格的划分和限制。② 这一政策严重制约了财务公司的短期存款,港行财务公司的存款业务颇受影响,吸存额可能急速下滑。为了应对这一局面,1981 年 4 月 1 日,港行总经理室经过研究,决定开办"代深圳中行收港币定期存款"业务,作为引导财务公司短期存款的措施,深受客户欢迎,取得良好效果。仅 3 个月,吸存款额便达 3.6 亿港元。③

财务公司吸收存款坚持"高息来,高息去"的原则,因此,财务公司揽取大量存款的同时,也提高了存款成本,加重了港行的资金负担,影响了经营效益。针对这一情况,1982 年,港行总经理室经过慎重研究,认为还是应以努力吸收成本低、负担轻的低息无息存款为长久之计。管理层在继续号召各部门、各单位注意吸收低息无息存款的同时,又提出对全行职工加强思想教育的要求,使职工改善柜台服务态度,提高工作效率。致力于思想教育虽不能直接拉升低息无息存款额,但优良的柜台服务有助于在日常经营中细水长流地促进低息无息存款的增长。港行各支行纷纷响应管理层的号召,思想上予以高度重视,行动上采取诸多措施,大力争揽该项存款。经过不懈努力,一些支行取得丰硕的成绩,告士打道支行、湾仔支行、葵涌支行、佐敦道支行、九龙支行等,都因成效突出而得到总经理室的赞许。④ 管理层鼓励各支行继续将此项工作开展下去。

---

① 《交通银行史料》第二卷,第 1605—1606 页。
② 卢受采、卢冬青:《香港经济史》,人民出版社,2004 年,第 160 页。
③ 《王总经理在行务会议上的发言稿》(1983 年),《交通简讯》第一期,交通银行博物馆藏港行资料。
④ 《综合会议记录情况》(1982 年),《交通简讯》第六期,交通银行博物馆藏港行资料。

第二节 立足香港面向内地的放款业务

一、全力支持内地,积极谨慎贷放

新中国成立后,内地迫切希望与香港等地开展贸易,通过这些对外窗口,进口大批物资,以推动经济的恢复,而香港方面也想借此机会大力发展与内地的贸易,因此,贸易额不断上升。据统计,1949 年至 1951 年间,两地的贸易额分别比上一年增长 66%、74% 和 21%,占香港贸易总额的 23.2%、27.2% 和 26.5%。[①] 尽管以美国为首的西方国家对新中国实施"封锁"、"禁运"的政策,但两地的贸易往来始终未曾间断。当时,交通银行香港分行也在总处的领导下,凭借业务实力,利用金融手段,全力支持内地,推动两地经济往来。

1951 年 6 月,总处参加建国后第一次国外业务会议后,向港行传达了会议精神,指示港行"先做物产交流之放款,行有余力,再做当地放款",[②]大体上确定了港行日后的放款方向,是以能够直接或间接推动内地物产贸易的企业及其他机构为首要支持对象。港行积极贯彻执行这一政策。在 1951 年 11 月的港行行务会议上,放款股陈主任介绍当月的放款情况,说"近来因本港货价跌落,商家需款周转,多向银行请求贷款,故放款数字明显有所增加,但本行放款对象以扶助国内出口商家为主,次则择旧客户之信用佳者酌量承做"。[③] 港行全力支持内地的态度显而易见。

同时,港行也时刻关注市场变化,谨慎应对,以保证资金安全。1952 年,香港商界普遍不景气,各类货物价格下跌,对港行的放款资金产生较大影响。一些到期的放款多数不能收回,即便是信用较好的,也仅能归还一部分,其余部分仍要求转期。面对这种境况,港行决定对放款业务实行紧缩政策。这一时期,港行资金储备并不充裕,若放出的款项又出现问题,不但不能获取放款收益,还会加剧资金贫乏的困窘,很可能得不偿失。因此,港行一方面紧缩放款业务,另一方面不断加强催收旧欠、审查

---

① 卢受采、卢冬青:《香港经济史》,第 197 页。
② 《港分行行务会议第四次会议记录》(1951 年),交通银行博物馆藏港行资料。
③ 《港分行行务会议第七次会议记录》(1951 年),交通银行博物馆藏港行资料。

押品价值的工作。

从全力支持国内经济考虑,港行的放款重点偏向内地,结果却导致港行的本地放款数字减少,由此引发放款股的忧虑。1952 年 11 月,港行放款股在出席行务会议上时,表达了这份忧虑,并提出建议:对于国内政策,港行理应严格遵守,不可懈怠,但放款毕竟是银行营利的主要途径。从长远看,放款面过窄不利于港行壮大实力,增强竞争力,由此反而会影响对内地的扶持质量。为了避免放款数字继续减少,在配合国内政策的同时,暂时照顾港地一般商人,做一些小额放款,以增加息金收入。从保证资金安全考虑,可选择可靠的押品如黄金、通行的股票等等。黄金和通行的股票流动性大,无季节性,随时可变卖,故安全可靠。① 这一建议既不违背支持内地的政策,又可增进本行收益,因而受到经理室的重视。

1952 年 12 月,港行放款股在经理室的指示下,拟定放款原则,确定四类放款对象。第一,国内贸易商因货物内运需要周转资金者,其借款须指定由押汇或 L/G 款归还。第二,与本行有押汇往来而且信用一直良好的客户。第三,与本行有长久往来,信用良好,押品妥当,保证人信誉可靠的客户,可酌情贷放。第四,当地厂商信用素佳、管理严密、出口精良、内外畅销者,酌情贷放。押品包括六种:国内土产;须有广大市场而又可随时变卖的,如纱布、黄金之类的押品;价值极少变动者;易于保管而又不致变质者;无需专门知识即可鉴别优劣者;进口货如属国内需求而一时候机内运者。② 由此可见,港行在坚持以国内贸易商为主的同时也适当放宽了放款面,兼顾了对当地厂商的放款,并一如既往地重视放款资金的安全。

1953 年,国内进入大规模经济建设时期,对外贸易日趋活跃,土产贸易更是兴盛。港行及时把握这一市场机会,加强对土产商的资金支持。为了减轻土产商负担,港行给予利息优待,还采取自建或特约几个仓库等措施。通过多项举措,港行争取到不少土产商客户,贷放的款额也有所增加。到 1955 年,港行该项放款额达 36 万港元,比上一年增加 60%。③ 虽然该项放款总数并不高,但也体现了港行对内地客户的支持。

这一时期,港行遵照总处指示,将内地作为放款的重点,以积极谨慎的态度,全力支持国内客户,对促进国内外贸易,推动新中国经济的恢复和发展,都起了积极的作用。

---

① 包允骥:《港分行第十八次行务会议记录》(1952 年),交通银行博物馆藏港行资料。
② 包允骥:《港分行第十九次行务会议记录》(1952 年),交通银行博物馆藏港行资料。
③ 港行:《1955 年业务报告》(1956 年),交通银行博物馆藏港行资料。

二、逐步拓展的放款范围

新中国建国初期,港行遵照总处的指示,更多地考虑其政治意义,集中放款资金,全力支持内地,为国内经济的恢复与发展作出了贡献。然而,从商业银行的属性角度来说,放贷资金过于集中,也导致放款额下滑,息金收入降低等问题。港行放款股曾提出这些问题,得到经理室的重视。不过,在此后一段时间的实际操作中,放款范围偏窄的问题仍未有改观。到1958年,国内经济形势已有不小变化,港行在配合国内贸易的同时,也力求拓展放款的范围。

1959年,港行从事放款业务时,除了继续贷放给国内的有关单位,对海外及香港工商界也酌情放宽了贷放范围,扩大押品种类,提高放款比重。以押品种类为例,1952年港行放款股规定的押品种类中并无房地产之类,而1959年以后,港行已接受以房地产作抵押,此类押款额迅速上升。

表4-8-2 1959—1963年港行所做的房地产股票方面的押款额　　单位:万港元

年　份	股票房地产押款额	年　份	股票房地产押款额
1959 年	31	1960 年	272
1961 年	473	1962 年	445
1963 年	482		

资料来源:《交通银行史料》第二卷,第1555—1556页。

自1959年以来,港行的放款趋向也出现显著的变化,其对海外及香港当地放款额的不断上升,说明港行放款的范围正在逐步拓展。

表4-8-3 1959—1963年港行对内地、海外及当地的放款额　　单位:万港元

年　份	对国内放款额	对海外及当地放款额
1959 年	702	606
1960 年	628	627
1961 年	824	989
1962 年	1436	1592
1963 年	811	927

资料来源:《交通银行史料》第二卷,第1555—1556页。

上述数据表明,港行的放款额,对内地与对海外、香港大约各占一半,放款对象已不再集中于一个区域,而是逐渐走向多元化,就其商业银行的正常运作而言,应该是一个必然的趋势。

港行拓展放款范围的策略对全行包括下属各办事处都具有重要的引导作用,但实际操作时并不一帆风顺。1959 年以来,港行各办事处陆续成立,但办事处的人力、物力都相对薄弱,所以在承做放款业务时,面临更多困难。例如,九龙办事处对工厂放款时,就遇到“大工厂不来,小工厂不敢收”的窘境。因为大工厂贷款时,往往提出大幅度降低利息等要求,办事处根本无法满足;而申请贷款的小工厂,其管理状况、资金实力等又不符合办事处放款的标准。① 因此,九龙办事处 1959 年的放款业务量不足原定放款指标的十分之一。

尽管困难重重,但港行员工齐心协力,共同配合,在扩大放款面、提升放款额方面取得不小进展。当时,港行各办事处的放款业务一般面向香港工商界,极力争取小额放款,而港行总部的放款业务兼顾国内大宗业务和香港的大中客户,放款数额相对较大。由于方向明确,交叉互补,取得较好成效,放款总额不断增加。至 1965 年年底,港行的放款押汇总余额达到 3968 万港元,较上一年年底增加约 152 万港元。②

然而,由于国内形势的复杂变化,1966 年的放款业绩开始下滑。1966 年底,港行放款押汇额总余额为 3622 万港元,较 1965 年年底减少 346 万港元。③ 1966 年,国内发生“文化大革命”,波及香港;1967 年,香港地区发生反英暴动,政局动荡不安,经济受到影响,港行的业务也受到政治因素的牵累。1967 年,总驻港处指示,日后须将授信客户按照政治态度和经营状况分为五类,对其分别采取大力支持、暂维现状、紧缩、催收等不同态度。④ 根据这一指示,港行将客户分门别类,对第三、第四类的客户采取消极的限制,影响了业务量的提升。1967 年年底,港行放款押汇总余额为 3135 万港元,较 1966 年年底减少 487 万港元。⑤

1968 年,香港局势逐渐好转,港行的放款业务趋于正常。虽然当年港行的放款

---

① 《交通银行龙处 1959 年度业务总结》(1959 年),交通银行博物馆藏港行资料。
② 《交通银行史料》第二卷,第 1579 页。
③ 同上,第 1583 页。原文数字如此,存疑待考。
④ 港行:《1967 年工作总结》(1967 年),交通银行博物馆藏港行资料。
⑤ 《交通银行史料》第二卷,第 1589 页。

余额仍然有所减少，但放款户数有所增加。主要原因是1967年港行为配合反英暴动，增加了对国货公司的放款额度，以示支持。香港局势缓和后，这些国货公司生意好转，资金回笼，大多减少了用款。此外，一些在反英暴动时以定存单作押领取贷款的定存户也在1968年陆续还款，导致放款额下降。不过，当年买楼分期贷款者增加，港行承做不少买楼分期放款业务，所以放款户数增加。尽管香港局势趋向平稳，但港行的放款指导方针并没有改变，仍然坚持"政治挂帅，抓革命，促生意"的政策。在1973年至1978年间，港行的放款押汇额分别为8252万港元、9699万港元、14219万港元、16425万港元、23664万港元、38995万港元。[①] 显然，这一期间港行的放款押汇业务已有较大的发展，尤其是1976年"文化大革命"结束之后，放款押汇的数额更有较大幅度的上升。

港行在发展放款业务的过程中，逐步拓宽放款的范围，当属明智之举，唯因政治因素的长期影响，使其发展道路一波三折，无法顺利地快速迈进。

三、贷放房地产业的波折

20世纪50年代，港行的放款业务几乎不涉及房地产业。至60年代，为了提高本行的息金收入，照顾本行的经营效益，港行才将贷放范围扩展至房地产业，并有逐步增加的趋势。不过，在较长的一段时间内，港行仍小心谨慎，将投向房地产的贷款控制在一个适当的范围内。这一状况至70年代末发生了重大变化。

1979年，海外行经理会议在北京召开。会议向海外银行、保险业等传递了"解放思想，鼓足干劲，积极发展"的讯息。在这次会议的鼓舞和引导下，港行力图通过多种渠道加快放款业务的发展。当时，香港房地产业的发展正呈现强劲的势头，于是，房地产业便成为港行放款业务的重点对象。

香港地区的房地产业发展迅速，首先表现在建筑投资的不断增加，建造业总开支从1970年的13.08亿港元增加到1980年的166.23亿港元，10年间增长了11.7倍，平均每年递增28.9%。其次，建造业产值占当地生产总值的比重也从1970年的4.2%增至1980年的6.6%。[②] 蒸蒸日上的房地产业自然成为银行放贷的热点。

---

① 《交通银行史料》第二卷，第1600页。
② 卢受采、卢冬青：《香港经济史》，第244页。

1979 年至 1980 年,港行的放款业务主要针对房地产业,放款的总数额激增。1979 年的放款总余额达 61144 万港元,比上年提高 77.33%;1980 年的放款总余额达 134229 万元,比上年提高 119.53%。[①] 这在港行以往的放款业务中是非常罕见的。

然而,在投向房地产业的放款数额急剧增长的同时,港行实际上也将自身与房地产业绑在一起,房地产业稍有风吹草动,就会波及港行。1981 年美、欧、日等西方国家爆发经济危机,通货膨胀居高不下,失业人数骤增,经济实质增长率急剧下降,有些国家甚至出现负增长。于是,西方国家普遍采取严格的贸易保护主义措施,国际市场上的竞争日益激烈。西方国家的经济危机也严重影响了香港地区的经济发展,发展势头一向迅猛的房地产业开始走向低迷,地产大户用款减少,港行的放款总余额也因此减少,增长率放缓。1981 年,港行放款总余额为 151644 万港元,仅比上一年增长 12.97%。1982 年,香港的经济状况继续恶化,自 1976 年连续六年取得高增长率以来,首次呈现发展疲弱的状况。香港地区的房地产商苦不堪言,大笔房地产交易几乎停止。当年,港行的放款总余额为 152494 万港元,增长比率降至 5.61%。放款业务的不良态势引起港行管理层的高度重视。1982 年,港行总经理王首民代表总经理室总结,认为在放款业务中,本行放贷房地产比重大,又集中于几个大户集团,增加了放贷风险;当房地产行业出现问题,本行放款业务受到牵连时,本行缺乏法律专业人才,只能让会计专业方面的人员研究解决;没有抓紧中小户房地产抵押放款催收工作,致使本行呆账增加。[②] 针对这些问题,港行在 1983 年度作了调整和改进。

1983 年初,港行一改往日将放款集中于几个房地产大户的做法,提出了面向中小企业,多发展户头,分散资金出路的放款策略,并采取一些具体措施,如多做买楼自住贷款,积极争取有还款保证的大额放款和银团贷款等。

1983 年上半年,港行买楼自住按揭贷款业务发展很快,有些支行办理的该项贷款占放款总额的 80%。调整放款策略后能取得一定成效,与外部环境的改善和港行自身的努力密切相关。1983 年,香港地区中下价格楼盘市场较早走向复苏,价格下降至较合理的水平,适应了中等收入家庭的需求。借此机遇,港行加强宣传,主动与地产商、售楼处联系,托其介绍买主贷款,对上门咨询的客户热情招待。另外,又对买

---

① 《交通银行史料》第二卷,第 1609 页。
② 《王总经理在行务会议上的发言稿》(1983 年),《交通简讯》第一期,交通银行博物馆藏港行资料。

楼自住户提供贷款利息从优、代买保险等优惠条件等。这些努力为港行赢得不少客户,提高了放款数额。1983 年上半年,港行不仅办理买楼自住按揭放款业务,还发动各支行积极争取条件好、有还款保证的大额抵押放款业务,也取得良好效果。例如,荃湾支行重点联系与国内做生意、有发展潜力的户头,争取承接这些户头的放款业务。1983 年上半年,荃湾支行完成了年度放款指标的 100.5%,居全行首位。另外,西区、上葵、深水埗等支行也都积极开展对外活动,通过老户介绍新户,争取到大额放款,增加了全行的盈利。① 总之,通过综合实施多种措施,港行的放款业务扭转了1981 年以来低增长的态势。至 1983 年年底,放款总余额达到 202388 万港元,比上年年底增加 22.56%。②

在港行设法走出经济不景气、地产业低迷的困境时,1985 年香港物业市道逐步回升。当年第二季度,个别楼宇升幅达 25%—30%。这为港行发展房地产放贷业务带来新的机遇。由于其他各家银行也非常看好自住楼宇贷款业务的发展前景,银行同业间的竞争非常激烈。各家银行各出奇招,提供种种优惠条件,争相揽做房贷业务。例如,免交手续费,代购保险,代付一半律师费;贷款利率由原先的优惠利率再优惠 1.5 厘,逐步调低至 1.25%、1%、0.75% 直至 0.25%;还款年限则由 10 年逐步延长至 25 年。③ 面对白热化的竞争局面,港行在 1985 年 4 月多次召开授信单位会议,研究对策。综合考虑各方面因素,港行决定一如既往地以提高效率和服务质量来吸引客户,同时也适当调整贷款条件,拟定“置业安居”计划。自住楼宇贷款期最长为 25 年,贷款额最高为楼价九成,利率一般为 P + 1%;新楼及贷款期在 12 年内者,利率为P + 0.75%,并对抵押提供私人贷款作美化家居之用。该计划提出并实施后,取得良好效果,至 6 月底,港行住宅按揭贷款余额高达 24268 万港元,比 3 月底增加 3218 万港元,在三个月内增长了 15.29%。④

此外,港行还谨慎开展物业发展商的贷款业务,不再盲目跟风,强调资金安全。首先,加强调研,深入了解贷款户的资力,防止因市道上升,原受押银行迫近处理而将物业转按;第二,原则上不做对单纯地皮按揭的贷款;第三,选择地点较佳的住宅发展

---

① 《交通银行 1983 年上半年工作回顾》(1983 年),《交通简讯》第十期,交通银行博物馆藏港行资料。
② 《交通银行史料》第二卷,第 1615 页。
③ 同上,第 1638 页。
④ 同上,第 1639 页。

计划,接做建筑按揭;第四,联系一些资力较好的小型地产商,接做和洽谈一些小型发展计划;第五,对物业发展商的整座出租物业,就资信好、租金收入高、位置和建筑情况良好的物业,有选择地接做。

房地产业是香港重要的产业之一,对拉动香港经济增长发挥了重要作用。由于受外部大环境影响及自身发展体制仍不够完善的约束,房地产业市道并不平稳。港行审时度势地放贷房地产业,并根据具体情况及时加以调整,在争取更大经营收益的同时,也积极防范风险,不少运作手法是颇富启示的。

四、大力开展工业贷款

1983 年 6 月 21 日,海外银行和保险公司在北京香山召开经理会议(简称"香山会议")。这次会议是继"庐山会议"、"太原会议"之后,在我国经济建设发展的新阶段,为动员广大海外职工,开创海外工作新局面而召开的又一次重要会议。该次会议提出了两项任务:一是支持国内现代化建设;二是拿出一定力量支持工业贷款。

当时,国内四个现代化建设正如火如荼进行,迫切需要海外行的大力支持,港行自然义不容辞。而"香山会议"提出支持工业贷款,也符合香港地区经济发展的现状。20 世纪 50 年代,香港完成了由转口港到工业城市的转变。60 年代,香港经济几经动荡,从 1961 年开始的银行危机,几经起伏,到 1966 年才告结束;接下来是 1966 年的天星小轮加价事件和内地的"文化大革命",以及 1967 年香港的反英暴动,都给香港的商品市场和金融市场带来很大负面影响,但香港制造业仍保持旺盛的发展势头。[①] 从 70 年代起,制造业成为香港整体经济的六大支柱产业之一。到 80 年代,尽管制造业的产值在香港生产总值中所占比率有所下降,但仍居于前列。香港地区良好的工业发展,使工业放款业务成为银行业的绝佳选择。

港行早期办理的放款业务涉及工业生产领域,只是没有放手大量承接。1983年,港行逐渐将贷款对象由商品流通部门转移到生产部门,大力支持工业贷款。当年上半年,港行推出支持本港小型工业的发展计划,由港行、九龙支行、荃湾支行、观塘支行、上葵支行、柴湾支行六个行重点推行。为此,港行专门成立工业贷款小组,主要协助各行审核、分析贷款户的财务状况,根据地区特点调查全行活动范围内的工业户

---

① 卢受采、卢冬青:《香港经济史》,第 209—210 页。

情况。据统计,截至当年 6 月 23 日,港行共批出 14 笔小型工业贷款,金额达 107 万港元;对工业新做和增额的其他种类贷款共 70 笔,金额达 1088 万港元;开证 10 笔,金额为 877 万港元。① 由于当时港行的工业放款业务还处在起步阶段,放款额还比较小,在整个放款额中所占比重也不大,但管理层经过综合考量后认为,该项业务对推动香港工业发展,促进香港安定繁荣具有重要作用,推出后很受厂商欢迎,引起各界的强烈反响,应当具有很大的发展潜力。于是,港行坚持不懈地推进工业放款业务。到 1983 年底,港行办理的工业放款业务增至 180 笔,金额达 2896 万港元。1984 年,港行办理的工业贷款共 177 笔,金额达 7017 万港元,超过上一年总额的 142%。其中,房产机器抵押放款占 57 笔,金额达 2514 万港元。② 这表明,港行办理的工业贷款开始由小型厂户的小额授信逐步发展为较大金额的抵押授信。

　　1984 年,香港地区的市场状况并不乐观,但港行的工业放款业务通过努力取得了不俗的成绩。第一,港行对开展工业贷款业务提出了明确的政策、方针。一些厂商以此为依据,评定自身是否有条件争取港行贷款,一旦条件允许,即主动上门争取。第二,港行重视厂商的资信调查工作,不仅各行组织力量,采取财务报告与实地调查引证相结合的方法进行调查,还专门成立工业贷款小组,协助各行开展调研工作,深入了解厂商的资金周转情况和工厂的生产经营状况,做到心中有数,敢于大胆承接。第三,港行初步改变了以押品为重、以地产为主的做法,对财务健全,经营得法的客户,提出期票抵用和信用放款,对购置厂房,更新设备的贷款,也根据厂户的具体情况灵活掌握。第四,注重灵活掌握年期和利率,既参照和采取财务公司确定贷款年期和利率,收取较高利息,增加本行收益,又根据实际情况降低条件要求,争取好户、大户。经过两年的磨砺,港行工业放款的业绩有所提高,并为日后发展该项业务积累了经验。

　　港行的主观努力有助于推动工业放款业务的发展,但无法完全抵消外部环境的影响。1985 年,香港出口增长放缓,加上欧美国家保护主义抬头,香港的纺织、制衣、漂染等行业发展疲软,而港行在这些行业中的基本客户较多,工业放款业务受到影响。1985 年上半年,港行新办理的工业放款共计 60 多笔,金额为 2902 万港元,新办

---

① 《交通银行 1983 年上半年工作回顾》(1983 年),《交通简讯》第十期,交通银行博物馆藏港行资料。
② 《交通银行史料》第二卷,第 1635 页。

理的额度仅为 1984 年总额度的 41.36%,笔数为 1984 年的 33.90%。① 外部客观因素的负面影响,对港行发展工业贷款形成很大挑战,港行唯有不断提出更完善的应对方案,才能长期坚持下去。

第三节　依托地理优势,融通资金流动

一、侨汇业务的筹备与发展

中国海外华侨分布广泛,人数众多。广大侨胞虽长期身居海外,依然心系家乡和祖国。他们除了定期汇款赡养家中老幼,还投资国内各行各业,支持祖国建设事业。海外侨胞的汇款是国家外汇资金的重要来源之一。新中国成立后,政府对侨汇工作高度重视,陆续拟定一些方针、政策,积极引导各家银行的侨汇业务。

1949 年 9 月 29 日,中国人民政治协商会议第一届全体会议通过具有临时宪法作用的《中国人民政治协商会议共同纲领》,纲领提出:"人民政府应采取必要的办法,便利侨汇。"1950 年 8 月,经中央财政经济委员会批准,中央人民政府华侨事务委员会和中国人民银行联合召开由华侨、侨眷和侨汇业代表参加的全国侨汇会议,将新中国的侨汇政策明确概括为"便利侨汇,服务侨胞"。② 这一政策的制订不仅以侨汇对国家的重要性为出发点,更是以广大海外侨胞的根本利益和人民政府为人民服务的宗旨为出发点。侨汇工作既对祖国建设意义重大,又涉及海外华侨的根本利益,因而不仅仅是一项简单的汇款收解工作,还是一项政治性、政策性极强,群众性极广的工作。

民国时期,港行曾一度办理侨汇业务,新中国成立后,港行根据中央政府的指示精神,更加积极地推进。香港近接华南,远通欧美,港阔水深,交通便利,商贾辐辏,华侨往来频繁,而且还有众多华侨聚居香港。据统计,第二次世界大战后陆续来港的华侨人数在 1949 年冬季最高峰时约达 200 万人。③ 因此,香港具有广阔的侨汇市场,港

---

① 《交通银行史料》第二卷,第 1636 页。
② 《中国银行行史(1949—1992)》,第 130 页。
③ 港行:《全国侨汇会议案》(1950 年),交通银行博物馆藏港行资料。

交通银行香港分行与中国银行香港分行联合办理侨汇业务的通知

行发展侨汇业务可以大有作为。

中国银行香港分行也办理侨汇业务,为了使侨汇业务尽快走向正规,交行港行与中行港行建立合作关系。宣传过程中,两行联合刊登广告,向外界说明办理侨汇业务的办法;办理业务时,两行互相提供便利。为拓展侨汇业务,交行港行逐步扩大可直接通汇的地区。到1956年,交行港行新增扬州、苏州、无锡、常州、常熟、镇江、三河、大麻、沙溪等九处,加上先前已有的通汇地区,通汇地点总数已达89处。①

侨汇业务涉及汇款各项费用、代汇户电汇款、侨批局等诸多问题,港行在各个环节为客户提供便利。港行办理侨汇汇款不收手续费,除非顾客请求退汇。电汇款方面,则于1956年实行优待代汇户电汇款办法:第一,一万元以上不收电汇费,一万元以下按实际数字计收。第二,凡有慈善捐款,或购买公债、投资、定期存款等用电汇者,即按代汇户优待办法办理,通汇者免收费用。第三,自9月起,港行代解吉隆坡利华银行的汇款,其中属于赡家费、旅费及由侨批局附有团体汇款清单者,不必逐笔由持票人向香港外管署申请,可由港行汇总解款笔数、金额,每周向外管署列报一次。②此外,港行与侨批局双方坚持"外汇归公,利益归私"的原则,长期进行合作。

---

① 《交通银行史料》第二卷,第1520页。
② 同上,第1520—1521页。

港行侨汇业务的基础比较薄弱,1950 年又一度停办,批业大量转移到兄弟行,导致港行的侨汇业务数年间未有大的进展。到 1955 年,这种情况有所改观。当年,港行以努力争取门市顾客及侨批局为方向,改善服务态度,热诚接待顾客,组织力量,依照“巩固原有往来侨批局,争取一些不涉及兄弟行业务的批局”的原则,在征信资料中选择对象,进行研究和联系。全年汇出汇款共 47187 笔,金额达 844.7 万港元,完成计划的 105%。其中,门市收汇比增 22%,批局转拨比增 15%。[1] 1956 年和 1957年,侨汇业务有所下滑。至 1958 年,港行侨汇业务稍有增加,全年汇出汇款 4.3 万余笔,金额达 798 万余港元,但各月份的业务发展极不稳定,如 1、2 月份每月汇款额高达 100 万港元,但 3、4、5、6 月趋于平淡,至 11 月、12 月每月汇款额又降至 40 万港元。[2] 究其原因,既有国内政治、经济形势的影响,也与西方国家及香港的经济衰退有关。总而言之,在 1958 年以前,港行侨汇业务的发展困难重重,业绩并不理想,但仍为国家积累外汇资金和服务于广大侨胞作出一定贡献。

1958 年之前,港行每年汇出侨汇的笔数一直没有突破 5 万,款额没有超过 1000万港元。1959 年港行设立办事处后,年侨汇笔数和金额都有较大幅度的提升,但并非一直扶摇直上。受主客观各方面因素的影响,港行侨汇业务的发展历程呈现起伏不定的特点。

表 4-8-4　1959—1963 年港行侨汇业务发展情况　　单位:万港元

	门市收汇		侨批业收汇		同业代收汇		合计	
	笔数	金额	笔数	金额	笔数	金额	笔数	金额
1959 年总量	66640	721	14214	1448	6504	118	87358	2287
1960 年总量	149924	1501	11067	2086	9796	168	170787	3755
1961 年总量	106142	1250	8710	1179	17229	155	132081	2584
1962 年总量	79884	1263	4873	690	11770	145	96527	2098
1963 年总量	197224	2802	16455	2196	51652	508	265331	5506
合　计	599814	7537	55319	7599	96951	1094	752084	16230

资料来源:《交通银行史料》第二卷,第 1563 页。

---

[1]　港行:《1955 年业务报告》(1956 年),交通银行博物馆藏港行资料。
[2]　《交通银行史料》第二卷,第 1522 页。

上述五年间,港行 1961 年、1962 年的侨汇业务总量下降,至 1962 年降为最低点,其余年份均呈现上升态势。尽管 1962 年的侨汇业务金额在五年中最少,但业务笔数仍然超过 1959 年。总的来看,5 年间港行侨汇业务的发展势头不错。

1961 年和 1962 年,港行侨汇业务下滑主要有三个方面原因。第一,东南亚的华侨来汇在港行侨汇业务中占有一定分量,而这两年东南亚地区局势动荡,严重影响华侨来汇,导致汇款数量大大减少。第二,香港地区生活压力高涨,影响了职工的汇款能力。第三,国内"大跃进"运动的创伤尚未恢复,又遭遇连续三年的"自然灾害",市场上粮油副食品、生活日用品供应紧张。侨眷不愿接受侨汇现汇,要求海外亲人携带副食品回国或直接邮寄实物,出现了"以物代汇"现象。这一现象引起中共中央的高度重视。1962 年,经国务院批示,在国务院外办、财办的领导下,由计委、经委、中侨委、中国人民银行以及商业、粮食、外贸、建工等有关部委组成中央侨汇工作小组,共同研究决定,采取限制邮包和增加侨汇优待供应品等措施。① 1961 年 1 月,中国共产党八届九中全会提出对国民经济实行"调整、巩固、充实、提高"八字方针后,国内经济形势逐步好转,工农业生产得以恢复发展,市场供应有所改善,侨区生活物资供应也逐渐充实,"以物代汇"现象逐渐减少乃至消失。这也成为 1963 年港行侨汇业务重现快速发展局面的契机。

1959 年到 1963 年的 5 年间,无论顺境或逆境,港行都积极采取应对措施,争取侨汇业务。第一,设置办事处。办事处分布广,且一般靠近住宅区,对汇款人而言非常便捷,具有发展门市收汇的优越条件。第二,优待侨批局。与港行保持经常联系的侨批局约有十家,为了鼓励这些侨批局积极吸收侨汇,港行尽可能提供方便,如延长收款时间、电话通知汇款、上门收取支票等。另外,港行还酌量给予信用透支或股票押款等,便利侨批局资金周转。第三,发展代汇户。当时,港行的同业代汇户有海外信托、远东、广东信托等三家,其分支机构遍布香港、九龙、新界。②

1964 年和 1965 年,港行的侨汇业务迅速增长,但 1966 年国内爆发"文化大革命"后,又对侨汇业务造成冲击。"文化大革命"开始不久,有些重点侨区率先提出取消侨汇物资供应的要求,认为这是扩大差别,造成消极影响,不利于思想革命化。同

① 《中国银行行史(1949—1992)》,第 266 页。
② 《交通银行史料》第二卷,第 1564 页。

年9月，全国各地都停止侨汇物资供应，并相应撤销侨汇公司、侨汇商店。① 当时，香港地区也谣传侨汇不能交到取款人手中，港澳同胞和海外华侨不明真相，多取观望态度。受此影响，港行侨汇业务受挫。1966年，港行办理侨汇业务342348笔，1968年，办理侨汇业务274409笔，两年间减少67939笔。② 面对低迷的业务状况，港行做了一些关于团结、教育、使用侨批业方面的工作，如参加侨批局与银行的聚餐活动，以宣传侨汇政策，揭穿社会上的谣言等。这些工作的效果可能微乎其微，但这种不气馁、不懈怠的精神实属可贵。

1971年8月，在国务院直接关怀下，中国人民银行召开银行、保险对外工作座谈会，针对当时国际金融业中出现的思想混乱状况，提出并明确了许多重要的业务指导思想。其中，重申"保护侨汇"是政府的一项重要政策，必须认真贯彻落实。③ 1973年后，港行侨汇业务又开始增长。

表4-8-5　1973—1983年港行侨汇业务发展进度

单位：万港元

项目 年度	1973	1974	1975	1976	1977	1978	1979	1980	1981	1982	1983
金额	14828	16003	19557	22225	24639	28593	31661	28373	21929	23480	20973
比上年增减	+1660	+1175	+3554	+2668	+2414	+3954	+3068	-3888	-6444	+1551	-2507
增减幅度 （%）	+15.26	+7.92	+22.21	+13.64	+10.86	+16.05	+10.73	-10.39	-22.71	+7.07	-10.68

资料来源：《交通银行史料》第二卷，第1596、1597、1599、1600、1610页。

表中的数据显示，1979年后，港行的侨汇业务发展并不稳定，主要因为这一时期海外华侨和港澳同胞以物代汇、以钞代汇现象增多。但整体而言，1973年以后的10年间，港行的侨汇业务确有一定的发展。

二、基于区位优势的外贸业务

香港背靠祖国大陆，扼珠江流域入海的要冲，又地处太平洋西岸的中心地带，是远东的交通枢纽。作为优良的天然港口，香港自1841年开埠以来，一直是进出口贸

---

① 《中国银行行史（1949—1992）》，第389页。
② 《交通银行史料》第二卷，第1585、1595页。
③ 《中国银行行史（1949—1992年）》，第391页。

易繁荣的地区。发展进出口贸易是促进经济发展的重要手段，也是积累外汇的有效途径，港行自然清楚这一点，因此积极参与和发展贸易相关的业务，主要包括开发信用证、购买证、进出口押汇、托收、结汇等。

港行按照国家政策，根据自身条件和实际需求，对上述业务采取逐步开展的策略。建国之初，港行对办理转开购买证业务仍比较谨慎。当时有顾客要求以日 L/C 转开国内 A/P，外汇股没有立即承接，而是在行务会议上提出议案，供大家讨论研究，再作决定。该项业务有利于我国发展出口贸易，港行又可购入英镑，增加外汇资金，所以最后决定"对吸取保证金方面不妨予以放宽，此案可以斟酌办理之"。[①] 这一时期，港行除转开国内 A/P 业务，也开始办理国外开证业务，揽做商业银行托开信用证业务，实际上，承接此类业务既不违反政策规定，又可增加经营利润。到 1953 年，港行外贸业务种类增多，接触面也有所扩大。当年港行承接开往日本的购买证业务，还办理了多笔开往国外的购买证，如开往伦敦中国银行转比利时购买五金，装至波兰转运至天津。[②] 随着此类业务渐趋成熟，港行的局面也逐步打开。

1953 年，港行办理的开发购买证业务分为对国内业务和对海外业务两项。港行经手的国内土产品出口货款计 11255 万港元。其中，开往国内 A/P 共计 3994 万港元，比 1952 年开往国内 A/P 数额 2396 万元，增加约 70%。港行开往海外 A/P 共计4660 万港元，比 1952 年开往海外 A/P 的数额 8930 余港万，减少近一半，主要原因是1952 年为华润公司开发 A/P 向巴基斯坦采购棉花达 6600 万港元，而 1953 年国内棉花已达到自给自足，这项业务已无必要继续开展。这也表明，港行的开发信用证业务并不稳定，易受大户的影响。1953 年，中国对外贸易的重心为国内土产出口，港行予以配合，共办理国内土产经港出口押汇，计 1847 万元。综合本年度港行办理的业务，从开发 A/P 至国内采购土产，以及办理由港出口土产至海外的出口押汇数字，可以看出，当年的国内和海外业务较上一年有很大增进。[③] 港行的上述业务，从做法上看，在凭国内 L/G 转开 A/P 至国外，以及凭国外 L/C 转开 A/P 至国内的过程中，起了桥梁的作用。此外，港行还代华润公司等开出当地和外埠的保证书；协助生漆、雨伞等商品从产地运销国外，委托广州代办转口；与各地区的中国银行普遍建立业务关

---

① 《港分行第十三次行务会议记录》(1952 年)，交通银行博物馆藏港行资料。
② 港行:《1952 年 11 月份综合报告》(1952 年)，交通银行博物馆藏港行资料。
③ 港行:《1953 年业务总结报告》(1954 年)，交通银行博物馆藏港行资料。

系;在日本商人提出准期运日东北大豆 2400 公吨的要求时,港行为港商开出担保书,使港商顺利做成中国土特产品输日的交易。①

1954 年,港行的外汇业务扩展至新加坡、槟榔屿等地区,仍然是协助我国土产品的出口。由于港行的全力协助,一些中国以前很少出口的土产品货物得以顺利出口,例如锰粉,我国一向没有出口,而且还需要向国外购买,而此时,中国不仅出口这类货物,而且在品质、价格上与外国货物竞争也并不逊色。②

1958 年,港行开始重视国内托收业务,逐渐改变过去并不重视,业务寥寥无几的状况。由于此时国内出口货物的收汇方式改为以托收为主,港行增加了办理该项业务的人手,所采取的托收方式,对大公司多为 D/A,对散户多为 D/P。③ 为了及早收汇,港行加紧催收工作,同时记录一年来托收催赎的情况。经过分析,港行认为,未能如期收回的除了一小部分因为客户资信不够,其余大部分是因为国内未能根据约定来货,比如未约定而国内自动来货,来货不符原定规格,来货未能如期等。在催收过程中,一些客户还要求以开证代替托收,说明这些客户对托收方式已产生反感,希望改为开证方式以采取主动。可见,港行在办理托收业务时,注意收集有关市场贸易方面的信息,提供国内参考。

60 年代,港行在进口方面的开证、代收及结汇业务量有增有减。每项业务量的增减与国内对外贸易措施息息相关。国内采取的出口措施主要以开证为主,但对于某些出口物品有时采取以托收或结汇方式为主,有时又改为开证出口,导致各项业务量增减不定。对此,港行认为整体而言,对国内的这三种进口业务总量呈递增特点,即便在连续三年"自然灾害",国内出口物资受生产量影响的年份,也不例外。不过,这一时期,港行办理的有关出口业务方面的出口押汇等进展很小。对此,港行着重从自身分析原因,认为本行出口业务基础较差,而此类业务本身与国内没有多大关系,所以主观上不够重视,外勤也缺乏联系,因而进展不大。今后将与争取商业往来户的业务相结合,以推动该项业务发展。④ 通过总结经验教训,改进工作方式,港行进出口方面的业务在 70 年代得到平稳发展。1979 年海外行经理会议召开后,外部环境

---

① 港行:《1953 年业务总结报告》(1954 年),交通银行博物馆藏港行资料。
② 港行:《港分行行务座谈会第三十八次会议记录》(1954 年),交通银行博物馆藏港行资料。
③ 《交通银行史料》第二卷,第 1524 页。
④ 同上,第 1563 页。

转趋有利,业务发展更为迅猛。据统计,海外进口开证金额从 1978 年的 8000 多万港元逐年增加,到 1980 年已达 31000 多万元,增长近四倍;出口方面,则由 1978 年的 20000 多万港元递增到 1980 年的 30000 多万港元,增幅约 50%。此外,港行还与多家外国银行建立代理关系,从而加速了本行进出口业务的收汇时间、托收票据等。①

从新中国成立到 1979 年海外行经理会议召开后的一段时间内,港行坚持依靠本行海外信誉及资金实力发挥银行作用,大力支持国家进出口贸易,为国家创汇工作贡献力量。同时,港行通过此类业务也增加了本行的收益,积累了一些外汇资金,为拓展业务准备了条件。

三、组织外汇满足国家需求

建国初期,国家外汇储备薄弱。为了支持祖国发展的需要,港行适时开展外汇买卖业务和非贸易外汇托收业务。外汇买卖业务,能根据国家市场需求购入一定量的外汇,充实外汇储备,又可在适当时机卖出外汇,赚取一定的利润。非贸易外汇托收业务,有助于外汇安全顺利地调入国内,一定程度上能避免国家外汇资金的流失。

外汇买卖方面,港行根据国内和本行业务的需要,以英镑买卖为主。买进英镑主要通过三种方式:向市面同业购入,分为即期和远期两种;通过国内外联行购入;向出口押汇客户购入押汇汇票,包括即期和远期汇票。其中,向出口押汇客户购入英镑更为合算。港行的英镑需求量较大,常在市面上购入远期英镑。至于出售英镑,港行主要针对国内需要,其次用于开证客户及售出伦敦汇票。具体来说,就是把购入的英镑存放在英国的中国银行,以备付托该行开出购证及汇票,以及港行开往东南亚各地中国银行的购证等使用。1956 年,港行购入的英镑共计 928 余万镑,远期 767 万余镑,即期 161 万余镑,平均价格为港币 16.13179 元,连同 1955 年多头英镑 509 万余镑,合计总额为 1437 万余镑。当年售出的英镑共计 1060 万余镑,平均价格为港币 16.16477 元。此外,港行还售出汇票 160 笔,金额达 2.7 万余镑,信汇 13 笔,金额达 6000 余镑。② 整体而言,当年港行的外汇交易额较大。

港行每年将其中一部分英镑售给总处。1956 年,总处规定,自该年下半年起,所

---

① 《交通银行史料》第二卷,第 1607—1608 页。
② 同上,第 1525 页。

有售给总处的英镑,不论市价高低,均按成本减去 1/64 计价。港行执行该项规定后,利润大大降低,加上所有购汇印花(按值的 0.02%)也由港行承担,实际利润不足 1/64 之数。① 对此,港行丝毫没有怨言,认为本行作为总处的一个直接业务执行单位,所有外汇买卖业务皆为总处配给,在一切为了整体利益的原则下,坚决执行此项规定。随着市场和国家政策的变化,港行外汇买卖业务也随之作了调整,整体状况良好,获利比较丰厚。1984 年,在整个外汇市场生意难做的情况下,港行外汇买卖达 16000 笔,外汇利润为 1450 万港元。②

在非贸易外汇托收方面,委托行托收方式分为 RC 委托书和函托,托收内容包括售股票、收利息、代开保管箱、售物资、追欠款、代办遗产案、代领恤金等。可见,托收内容包罗万象,办理过程错综复杂。港行办理该项业务时,曾遭遇诸多困难和波折。1957 年,港行代上海某厂出售其在港厂房、机器、地产等,处理过程中,牵涉重选董事、召开会议、介绍经理、洽商收回地皮、出卖机器及其他法律手续等。每一环节都需慎之又慎,稍不留神就有可能出现纰漏,招致不必要的麻烦,办理难度很高。港行在办理其他案件时也遇到其他困难,甚至因委托人的不慎而发生问题。例如,一位客户托港行过户出售一百股股票,而这些股票在该客户买入之前已由原股东挂失,但港行承接该项业务前并不知道此事,直到函送汇通洋行过户时被扣留才发现。几经交涉,仍无结果,追查原股票,也因事隔多年,根本无法查到从何人手中买入。通过这次事件,港行吸取教训,日后办理股票过户业务时,若数额较大,必先行查对,确定无误后,再将原股票送去,以免发生类似事故。③

尽管开展此类业务实属不易,港行仍殚精竭虑,努力办妥,以争取更多非贸易外汇托收业务。港行也觉得,办理此类业务非常麻烦,有的委托经过一两年才能办妥,有的委托几年都得不到解决,但对增加外汇内归是有好处的。正是出于增加国家外汇的考虑,港行办理非贸易外汇托收业务以完成任务为主旨,长期实行极低的收费率,由此导致港行数年间此类业务的平均收益还不足以弥补开支。1962 年 9 月,股票经纪人代售股票的经纪佣金由原定抽取 1% 改为 0.5%,而给予港行的回佣由抽得佣金的 0.5% 改为 0.125%,使港行在回佣方面的收益更加微弱。为了扭转这种局

---

① 《交通银行史料》第二卷,第 1526 页。
② 同上,第 1618 页。
③ 同上,第 1526 页。

面,港行向上海中国银行建议,将比较复杂案件的手续费和需要本行担保的手续费稍加调整。这一建议获得上海中国银行的同意,不久即开始实行。通过港行的努力,非贸易外汇托收业务大有进展。1957 年港行办妥 897 笔,收妥金额达 82 万港元;1958 年办妥 1442 笔,调入国内资金达 250 万余港元;1959 至 1963 年 5 年间共办妥 3985 笔,调入国内资金达 1380 万港元。[①] 这些调入国内的外汇资金直接或间接地推动了祖国的经济建设。

显然,港行发展外汇买卖业务及非贸易外汇托收业务,主要出发点是服务国家经济建设,很少考虑增进本行收益。尽管外汇买卖业务可为本行赚取一定利润,但在新中国建立后相当长的一段时间内,所获利润微乎其微,直至 1979 年海外行经理会议召开后,才有所改观。

第四节　服务多方需要,开展调查研究

一、建国初期的调查工作

民国时期,国内一些规模较大的公司、企业在海外建有分支机构,其中有不少上层人士在解放前夕出走香港等地。建国之初,鉴于特定的国内外形势,政府部门鞭长莫及,无法对这些公司、企业的海外分支机构以及出走的上层人士展开直接调查,于是,委托港行等机构代为调查。此外,总处、国内联行等也因业务上的需要而依靠港行的协助进行海外调查。

1950 年,港行内部尚未建立负责调查工作的专门机构,故由放款股兼办调查工作,文书股、会计股、储信股三股分别担任编制、保管、抄缮各类调查资料的工作。港行从事调查工作并不容易,一者必须完全遵守当地的法令,二者一般公司、企业多不愿泄露内部的详细情况。

经过几个月的时间,港行完成了相当数量的调查工作,包括对中华国货产销联合公司等 11 个大公司的调查,对棉纺等 14 类工业的调查,对前国民党政权在港行、局、

---

① 《交通银行史料》第二卷,第 1526、1527、1565 页。

库以及其他金融机构和公司如中国国货公司、广东银行、九龙仓、香港电话公司、中华电力公司等的调查。① 港行由此对上述在港机构和企业的大致情况有了初步了解。这一时期,港行往往只能采取侧面调查的方式,有时调查一些基本情况也很困难,只能暂时搁置。例如,对东亚企业香港分公司的调查已十分详尽,但对其资产、财务等确切情况仍不得而知。尽管港行的调查工作难以深入,但也取得不少有价值的基本资料,为国内相关部门的决策提供依据,同时也为本行的进一步调查奠定基础。

1951 年,国内行对前国民党政府金融机构的清理工作仍在进行之中,由于这些金融机构的账册等留在香港,清理工作难以圆满完成。于是,港行又代国内行进行调查,提供相关资料。1951 年 1 月,交行华东分行对原中国国货银行的公股股权进行整理,而该行总行及其账册、表单等已在解放前夕迁移香港,上海金融处仅接管了该行上海分行。同年 2 月,港行将代为调查的情况报到国内。据悉,原中国国货银行总行的账册、文档均已运至美国,董事长、总经理也在美国。该行香港分行在 1949 年 3 月底宣告结束清理,到 1950 年 3 月,所有债务债权也已整理完毕,仅剩存款尾数约三四万港元未了结。在香港,汇丰银行留备提支,并仅留办事员一人,暂行办理尾数支付事宜。②

此外,港行奉总处指令,继续对一些在港的公司、企业进行调查。1951 年,港行对中国汽车公司、南华铁厂等 23 家公司企业作了专案调查。专案调查既涵盖对公司企业一般情况的了解,也包括对公司企业资产、股东、股票等内部情况的调查,调查工作量和调查难度都大大提高。

鉴于调查工作的实际需要,1951 年 9 月,港行添设专事调查研究的资料股,减轻了放款、文书、会计等股的负担,并为日后调研工作的常规化准备了条件。资料股设立后,建立资料累积及剪报制度。1951 年 10 月,为提高工作效率,资料股分别从资料工作、统计工作、调查工作、研究工作四个方面进行分工。其中,资料工作主要从事剪报的搜集和保管、专题性资料报的编制;统计工作主要从事编制香港进出口物价日指数、港华运输每月统计,收集其他有关的贸易数据,编制专题性统计报告;调查工作主要从事港华运输情况的调查,国内易货措施对香港市场反响的调查,香港对华贸易

---

① 《港分行七八九月工作总结》(1950 年),交通银行博物馆藏港行资料。
② 港行:《调查中国国货银行案》(1951 年),交通银行博物馆藏港行资料。

商业业务动向及其信用调查,香港银行业务动向调查,港商向外定购我国进口货情况及其价格变化调查,我国出口物价外销情况及其价格变化调查;研究工作主要与其他机构合作进行吸收存款问题、侨汇问题等研究,当地贸易管制法令等执行情况及其对策研究,有关运输问题的研究,有关出口贸易情况的研究,有关进口贸易情况的研究,有关金融问题的研究。[1] 资料股将上述不同类别的工作具体分配到个人,使之能集中力量专注于所担负的职责,充分调动他们的工作积极性。整个调研工作的圆满完成离不开各个环节的配合,这就要求分管不同工作的人员发扬协作精神,共同推动资料股的工作。

港行在建国之初的调查工作可谓白手起家,但也取得不小成绩,配合了国内清理、整顿的需要。而资料股的添设不仅使调研更为深入,也为日后进一步开展调研工作奠定了基础。

二、调整调研重心,完善相关制度

1951 年 9 月,港行添设资料股,从资料股的具体分工可以看出,港行在基本完成国内清理、整顿所需的调查任务后,开始将调研重心转向与银行业务有关的市场、贸易等方面。

资料股所从事的有关市场、贸易方面的调查研究,最初很大部分是受中国银行及国内联行的委托,仅有小部分与本行的业务发展直接相关。1952 年上半年,资料股为配合中国银行的调研工作,分别对中、港、日贸易英镑拨付办法、香港进口货物市况(包括五金工业原料、颜料、华纱布等)、港商对日贸易经营方式、主要进口物资等问题开展调研。受国内联行委托,资料股还调查了一些商行的情况。为配合本行业务发展,资料股对放款抵押品(包括洋纸、布匹、棉织品、电器、西药等十余笔)的行情以及数家客户的资信情况进行了调查。[2] 下半年,又调查了国内有关贸易商的资信情况,编撰了日本物价指数,撰写了关于五金、西药、洋纸、化工原料的四篇报道,完成了中国银行总管理处委托的关于北京工艺品香港市场情况、香港日元交易情况的两篇专题报告。[3] 当年,国内经济渐趋稳定,中国银行及国内联行等金融机构的业务开始

---

[1] 阮秀堃:《港分行资料股第一次股务会议记录》(1951 年),交通银行博物馆藏港行资料。
[2] 《港分行第十三次行务会议记录》《港分行第十四次行务会议记录》(1952 年),交通银行博物馆藏港行资料。
[3] 《港分行第十七次行务会议记录》《港分行第十九次行务会议记录》(1952 年),交通银行博物馆藏港行资料。

走上正轨,作为国家外汇管理专业机构的中国银行,尤其需要以调查研究为基础,大力发展贸易业务,为国家建设积累外汇。港行为其承担了一部分调研工作,同时也加强了与中行等金融机构的联系,为日后拓展本行业务奠定基础。

1953 年,由国家华侨事务委员会和中国人民银行提出并已通过审批的《关于国外与香港中国、交通银行工作方针的若干意见》明确提出,海外金融机构的工作总方针是,为争取长期存在,为祖国建设、为华侨服务。其中为祖国建设服务的主要项目包括服务于祖国的对外贸易。① 根据这一政策,结合日后的工作方向,港行将"资料股"改名为"贸易服务股",以名副其实。贸易服务股着重为国内外贸事业服务,其中一项重要的服务工作即配合本联行及本行业务部门,进行系统的商品市场情况、客户资信的调研。1953 年,贸易服务股共调查 480 家商行的资信,46 种商品的行情,先后完成报告 50 篇。② 1954 年,调研规模进一步扩大,重点调研小型土特产及新品种的市场情况,共报道商情资料 141 种,主要涉及国内新推动出口的品种能否在国外市场推销或如何推销等信息,以及关于出口商品的规格、包装等方面的意见和建议,获得国内有关部门的重视与采纳。在征信调查方面,贸易服务股通过直接访问、间接联系等方式搜集资料,累积客户记录表 586 户,加上以往的客户记录表,共计 1266 户,其中具有重大参考价值的占 21%。③

调研工作能否产生实效,很大程度上取决于调研后的报道。如何将调研中获取的有价值的信息在报道中完整呈现出来,成为港行长期探索的问题。1955 年,港行在商情调研报道中主要采取多种呈现方法。第一,交寄货样。对于国内托查货品而国外有同类物品,尤其是品质、规格、包装较受欢迎者,港行尽可能收集样品,连带报道资料一同送交国内委托单位。第二,反复调查,连续报道。一些商品在市场上具有较高时效性,这就需要供应商及时而准确地把握市场变化。为使国内随时掌握商品市场的动态,港行按每月一次或一定时间一次集中报道。第三,协助开发商品新品种。报道中附带一些产品独特的制作方法,提供参考,进而启发商家研发出受市场欢迎的新品种。例如,1955 年港行在报道生姜的情况时,将日本人制作盐水姜的规格、加工中的盐水浓度、白蜡浓度等一一详述。此外,港行还采用了其他多种方式,如协

---

① 《中国银行史(1949—1992)》,第 40—41 页。
② 港行:《1953 年业务总结报告》(1954 年),交通银行博物馆藏港行资料。
③ 港行:《1954 年港行业务总结报告》(1955 年),交通银行博物馆藏港行资料。

助了解交易情况,反映国内出口货物转运海外的情形,反映海外市场情况,吸收国外商人对我国出口的意见等。① 通过多种呈现方式与手段,港行的调研报道内容丰富多样,重点突出且实用性强,具有重要的参考价值。

随着征信记录及其他调研资料越积越多,为便于日后调用,1954 年,贸易服务股初步建立统一的征信制度。自当年 1 月起,外汇股须将资信记录统一移交贸易服务股保管,贸易服务股须将资信记录连同存款股移交的存户记录,一并按照户名编列号码、索引,以备查阅。1955 年,港行进一步完善调研资料的累积制度,要求建立各种物资调查对象登记簿,按照物资分类,分别将具有代表性的经营商的商号、名称、地址、谈话对象及条件一一注明。若登记簿中有关信息不完整,须由原经办人填补,或联系业务部门提供各种商品的经营商,以备填补。② 通过查阅累积的资料,调研人员易于选择深入调查的对象,进而推动调研工作的开展,而良好的资料累积制度则便捷了各项资料的调阅。

1956 年 6 月,总处向港行下发的《关于进一步充实征信资料的意见》明确指出征信报道中需要包括以下 12 个项目:厂商的国籍;负责人的姓名、社会地位和关系比较密切的知名人士;厂商成立的年月日;分支机构(包括在本国或外国各地的附属机构、联号或在经济上有联系的厂商);所参加的商业团体,如商会、同业公会等;资本额;往来银行;资金来源及资金活动能力;经营范围(若调查的对象是制造商,需说明其主要产品;若调查对象是出口商,需说明该出口商经营商品的数量在该国或该地区所占的地位,该商所经营的商品以哪一项或哪几项为主,擅长经营哪一项商品和经营当地主要进出口商品的大户);经营的国别对象,即该商进口或出口的主要国别对象,有无与苏新国家往来;对做我国贸易的兴趣及态度;曾否遭遇过重大亏损事故。③ 依据这 12 个项目,港行在原有报告项目的基础上予以充实,使征信资料更加全面和规范。

港行的调研重点自 1952 年开始逐步转向市场、贸易方面,既遵从国家政策,也适应当时的现实需要。此后,港行又逐步建立和完善调研资料的累积制度,并依据总处规定充实征信资料。所有这些都说明,港行的调研工作逐步走向规范与成熟。

---

① 港行:《扶持我产品出口的服务工作》(1956 年),交通银行博物馆藏港行资料。
② 港行:《关于 1955 年检查工作后对若干问题的决定》(1955 年),交通银行博物馆藏港行资料。
③ 总处:《关于进一步充实征信资料的意见》(1956 年),交通银行博物馆藏港行资料。

三、立足本行业务的调查研究

建国以来,港行大部分调研工作是受国内政府部门或其他银行委托而进行的,专门针对本行业务的调查研究很有限。

1957 年,港行提出日后的外勤工作应以争揽本行业务为主,然而,真正实现这一目标仍有一个渐进的过程。当年 2 月,港行开始清理国内临时托办的调研工作,逐步减少此类任务。至第三季度,港行以争揽本行业务为目的的调研工作量在工作总量中所占比例已提升至 50%。为了将更多的力量集中于本行业务,港行尽可能不再承接其他单位委托的调研项目。例如,国内口岸的外贸公司曾委托港行进行相关调查,港行建议其直接委托驻港外贸机构办理。1958 年,港行鉴于上海中国银行托办的调研项目已占本行所有托办项目的 50%,于是婉拒了该行托办的有关十种商品的定期报道。与此同时,港行集中人力、物力为发展本行业务开展调研。1957 年,港行作了《英放宽禁运后的市场反应》、《港澳转口地位和作用》两个专题报告,还根据本行押品项下的商品商情进行调研;1958 年,港行调查了押品商品如食米、抽纱、手工艺品、屏风等,将销路、价格等情况随时提供放款股参考。

进入 60 年代,港行以调查研究为主要工作的贸易服务股,更注重配合本行业务的发展,其他机构托办的调研项目已很少承接。当时,贸易服务股除了调查客户征信,还不断加强服务侨胞侨眷,代国内处理非贸易托收等方面的工作,而其他贸易服务工作逐渐减少。因此,港行将"贸易服务股"改为"服务股"。① 自此,港行的调研工作在服务股的组织下全面展开。

随着港行业务规模的逐步扩展,为本行争揽业务的调查研究也迅速推进。1961 年,港行共进行了 996 家商行的征信调查,并开展了股票市场、棉纺业、丝绸业、五金制品、白米、中药材以及西北欧与英国的经济情况等有关经济、市场方面的调研工作。1962 年,港行的客户征信调查虽有所减少,但数量也多达 638 家;而在商情调研方面,共撰写了 110 篇报道。② 在调研工作量与日俱增的同时,调研质量也不断提高。港行曾撰写一篇名为《香港的游资问题》的报道,对相关问题作了详尽而深刻的分

---

① 港行:《具体措施报告》(1960 年),交通银行博物馆藏港行资料。
② 港行:《1961 年工作总结》(1961 年),交通银行博物馆藏港行资料;《1962 年工作总结》(1962 年),交通银行博物馆藏港行资料。

析,涉及游资的定义及范围,资金充裕的现象,造成资金充裕的原因,资金运用在对外贸易上的反映,从对外贸易探测资金的来源,资金成为游资的数量,争取游资支持祖国建设等七个方面。[①] 报道为港行发展吸收存款等业务提供了很有价值的意见和建议,堪称调研报道中的典范。

在调研工作量不断提升的情况下,为按时完成任务,提高调研质量,1974 年 5 月,港行经理室颁布《外勤执行暂定办法》。各办事处根据经理室的指示,纷纷成立外勤小组,增强外勤力量,加大调研力度。港行还定期召开全行商业外勤专业会议,交流市场信息。1982 年,总经理室又提出"加强对外活动,大兴调查研究之风"的口号,各部门纷纷响应。当年,港行相关部门除调查了大量的客户资信,还对股票市场、港英政府财政预算等情况,以及五金、针织、成衣、国产百货等行业进行比较系统的调查分析,受到总经理室及其他各级领导的肯定和赞扬。

由于港行上下的重视,调研工作趋于成熟和规范,与之相应,港行对外活动的规模和调研的范围也日益扩大。1984 年,港行全行对外活动共 13657 次,涉及的重点客户有 2882 次,联系的人次多达 19853 人次,经理级对外活动为 5267 次,向总驻港处提供各类信息 336 份,居兄弟行之首。其中,专题报告有《五金业研究》《纺织业研究报告》《客户问卷》《财政预算案分析报告》《支行分析》《电子业分析报告》《1983 年香港经济回顾与前瞻》《中英草签协议及施政报告》等。[②] 这些调研成果对港行总经理室及其他各级领导根据形势变化,灵活掌握方针政策,提出正确的应对措施,都起了重要的参考作用。

港行的对外活动和调研工作,不仅获取了大量的市场信息,还直接争取了众多客户。据发展部统计,1984 年,通过外勤工作争取到的存款户有 3807 户,金额共 4.39 亿港元;转存户有 5480 户,金额达 9.23 亿港元;保险业务共 1820 笔,保费收入共 212 万港元,[③]足见港行的调查研究对本行业务有很好的推动作用。

四、调研工作与内地的异同

总管理处复业后,先后接管了交行内地各分支机构和香港分行。为了顺利地拓

---

① 港行:《香港的游资问题》(1960 年),交通银行博物馆藏港行资料。
②③ 《交通银行史料》第二卷,第 1630 页。

展业务,服务于祖国的建设事业,港行和众多内地行处都开展了一系列的调查研究。两地的调研工作既有不少相同点,也存在诸多差异。

港行与内地行处的调研工作都经历了由浅入深的变化。建国初期,港行主要从事国内托办的调研工作,此类调查数量繁多,类型复杂。鉴于复杂多变的国内外形势以及多方面的制约,港行往往只能就调查对象进行一般性的了解,供托办单位参考。当时,内地行处所进行的也是对全国工矿、交通事业发展状况的初步调查。随着国内外形势趋于稳定和调研经验的逐步积累,港行与内地行处根据实际需要对一些公司、企业进行了较为深入的调查。港行成立资料股后,通过深入的调查,了解了一些公司、企业的内部情况,如组织结构、资产状况、股本构成等,获取了颇具参考价值的资料。而内地行处也对全国工矿、交通事业的公私股权、财务状况等内部核心信息进行了搜集和研究。

为了保证调研工作顺利、高效地进行,港行和内地行处都建立了相关的保障制度,如调研资料制度、工作人员规范等。这些制度虽非尽善尽美,仍需不断改进,但确实推动了调研工作的常规化、制度化。两地在进行调查研究时,都曾面临人手不足的问题,并经历种种困难和挫折,也都能通过反思、总结,加以改进。因此,所获得的调研成果都成为相关部门的重要参考资料。

然而,处于两地的港行与内地行处毕竟在机构属性、业务范围、工作重点、外部环境等方面各有不同,因此,调研工作也存在诸多差异。国内行处主要执行中共中央和中央政府的经济政策,并配合政府财政管理部门从事一系列相关工作,所以建国以来承担了监管公私合营企业财务、管理国家基本建设拨款和建设长期资金市场等任务,调查研究工作也紧紧围绕上述中心任务。作为交行海外分支机构的港行,既肩负为祖国建设服务,为海外华侨服务的任务,但其商业银行的属性也决定了,许多时候必须从市场经济的规律和银行运作的规则考虑问题。港行在建国之初承担了大量国内委托的调查工作,主要是从服务国内政府部门的需要出发的,利用地域之便为国内的清理、整顿工作作出贡献。为了更好地为祖国建设服务,为海外华侨服务,港行又与一些国内经济、金融机构合作,进行进出口商品市场情况、商行征信及华侨客户征信等方面的调研工作。作为商业银行,港行又必须拓展业务,改善经营,逐步与国际市场接轨,所以更从市场经济的角度大力开展对押品项下商品的市场情况、客户征信、国际金融市场、股票市场等多方面的调查研究。而此类调研工作与内地行处的差异尤为明显。而且,随着国内行处原先承担的各项任务陆续完成和转移,业务量逐渐下降,机构也先后并入各地财政部门,其调研工作在 1958 年以后也相应停止。而同时期港行的调研工作则方兴未艾,进入 60 年代后,调查研究更上一层楼,无论是调研工作的规模、数量,还是调研成果的质量、价值,都有长足的进步。

港行与内地行处调研机构的设置也不尽相同。港行最初并无专门从事调查研究的部门,而是由放款、文书、会计等股兼顾。到 1951 年 9 月,港行成立资料股,专门从事调研工作。其后,随着工作任务的变化,这一部门的名称又先后改为"贸易服务股"、"服务股"、"发展部"。港行的调研资料除上报总处、总驻港处,仍留存本行,以便随时调阅。而内地各行处的调研工作则由总管理处统一指挥和调配,各行处抽调人员分别进行,获取的调研资料必须集中到总处设计室统一管理,并由相关人员进行具体研究。此外,港行与内地行处都建立了调研工作的规章制度,但具体内容和实施细节颇有不同。

总而言之,港行与内地行处在接受总处的领导后,都启动了调查研究工作。由于各种原因,两地的调研工作既有不少相同点,也存在诸多差异,但有一点是至为关键的,即交行重视调查研究的传统,在不同的地区都能被继承贯彻和发扬光大。

第五节　把握市场趋势,推进业务多样化

一、搭建合作平台,联手发展业务

新中国成立初期,我国海外金融机构数量很少,力量薄弱,仅依靠自身力量,很难与经营时间长久、客户基础扎实、资金实力雄厚的外商银行相抗衡。1950 年初,面对严峻的海外金融市场形势,交通银行、中国银行和中国保险公司三大金融机构的管理层共同商洽,希望实现海外金融机构的联手合作。

三大金融机构得以建立合作关系,与其历史渊源和现实基础有关。民国时期,交通银行与中国银行、中国保险公司基于当时的发展需要,曾建立过业务合作关系。新中国成立后,这三大金融机构虽分别承担不同的工作任务,但仍存在密切的联系。按照中央政府对各家银行的业务划分,交通银行的主要任务是协助国内的工矿、交通事

业,中国银行则专营外汇业务。不过,两行的国外分支机构都以推进国内外贸事业及吸收侨汇、扶助侨胞为共同的业务方针。业务重心的相似性,为交、中两行海外分支机构的合作奠定基础。

相对而言,交、中两行与中保公司在业务上的差异稍大,但也具有合作的基础。新中国成立后,作为金融体系重要组成部分的保险事业,其主要任务和发展方向也发生了根本转变。在国家财经政策的统筹下,新时期的保险事业成为经济建设中的一个重要环节,并与国家每一种生产、每一个企业及广大人民形成密切的经济联系,其主要任务是组织足够的力量防止、挽救因意外造成的一切损失,集中资金扶持、发展主要生产事业,增加国家财政收入,促进整个社会经济发展。中保公司发展海外保险的主要目的是,保障国家在海外的一切物产的安全及侨胞的人身财产安全,协助国外贸易,扶持侨胞事业。由此可见,中保公司海外公司的目标任务与交、中两行也存在千丝万缕的联系。而且,保险公司累积资金与银行运用资金具有互补的关系,三者合作可使三方各受其益。

1950 年 7 月,上述三大金融机构的总管理处、总公司向各自的海外分支机构发出指示,要求各海外机构相互协作,在中保公司未能全面铺设分支机构之前,由交行和中行全面代理保险业务。同时,两行也应对中保公司的工作予以协助。9 月,总处、中行总处和中保公司总公司在北京召开第一次国外机构业务联席会议,正式开始三方的联手合作。

联席会议上,三大金融机构达成一致意见,认为贯彻三方合作精神的最好方法是定期召开协商会议,以便在互助与合作的原则下,共同商讨如何及时解决问题,交流经验,互换资料等。为此,三大金融机构一致决定:"凡在国外当地有中、交两行及中保公司者,或有其中任何两机构者,应举行同样的联席会议(如仅有一行或一公司者,应设法以其他方式与临近地区的其他机构取得联系与合作)。"会议的目的在于共同设法推广彼此的业务,因此,"各单位可报道本身的业务情况与经验,并提供资料(如客户征信、押品市价等等)给其他单位作参考。在人事、资金及研究工作方面,亦可提出困难的情形与问题,俾可集思广益,及时解决"。[1]

---

[1]　中国银行总管理处、交通银行总管理处、中国保险公司总管理处:《为建立中交保国外机构业务联席会议案》(1950 年),交通银行博物馆藏港行资料。

根据三大金融机构管理层首次联席会议的精神,1950 年 11 月 25 日,交行港行、中行港行、中保公司香港分公司在香港建立同样性质的业务联席会议制度,暂定每月召开一次,与会者除了经理及有关的副经理、襄理、主任,还有相关的工作人员。① 至此,三大金融机构在港分支机构的沟通桥梁搭建起来,为日后彼此间的合作提供方便。

为了进一步加强合作关系,1951 年 8 月,总处向港行下发《与海外中行中保二机构加强联系办法》,要求港行与同处一地的中行,彼此视同一家,在业务经营上,应事先洽商,谋取统一部署。对于港行与中保公司的合作,总处要求,将中保公司视为同一机构的不同业务部门,应积极代理中保公司业务,若遇当地法令不许可的情况,则应介绍当地其他保险代理,或与中保公司已觅代理人加强联系。同时,为便于资金集中使用,中保公司应将在香港地区的全部资金集中存入交行港行和中行港行。由两行代中保公司申请汇出款项,负责收取汇费。② 港行遵照总处的指示,始终推进与中行和中保公司的业务合作,努力扩大在金融市场上的影响力。

二、利用合作机制,代理保险业务

1950 年,交通银行、中国银行、中国保险公司的海外机构联手合作后,形成良好的运行机制。在此基础上,港行逐步与中保公司就代理保险业务事宜进行协商。

中保公司的保险业务在香港地区的市场上力量十分薄弱。早在香港的第一次业务联席会议上,港行便提出代理保险业务的意向,但双方未签订合约。到 1951 年 1 月,通过多次磋商,港行与中保公司就代理保险业务达成一致意见,正式签署协约。此后,港行代替中保公司争揽保险业务,开设独立的往来户。同时,港行还将所有放款、押汇户计押品交中保公司作保,中保公司予以优惠,并对港行揽得的保险生意,从实收的保费(兵险保费除外)中抽出 10% 作为港行的福利基金。③ 以往,港行曾代理过太平洋保险公司的业务,积累了一些经验,但当时仅办理火险一项,此时代理中保公司的业务,范围大大扩大,除了火险,还有水险、兵险、航空险及一切汽车险等。

1951 年第一季度,由于港行放款、押汇业务不断推进,保险业务的发展形势也较

---

① 香港中国银行:《中交保港机构第一次业务联席会议记录》(1950 年),交通银行博物馆藏港行资料。
② 总处:《函告与海外中行中保二机构加强联系办法》(1951 年),交通银行博物馆藏港行资料。
③ 《港分行行务会议第五次会议记录》(1951 年),交通银行博物馆藏港行资料。

好。第二季度，港行加大了力度。首先，要求外汇股和放款股坚持"凡押放有关货品皆以具中保保单缴存"为原则，合力向在港行有押放业务的客户推介保险业务。其次，由储信股根据公司规模大小及往来关系密切程度，酌情订定退还佣金率，返还相当一部分佣金，以减轻客户保费负担，赢得客户信赖。港行许诺退还顾客佣金，虽使该季度实际佣金收益很少，仅 5722.53 港元，[①]但这一举措博得客户的好感，增进了客户的信任，从而带动保险业务的开展。例如，有一些客户将不是在港行押款的保货品交由港行购买保险，还有一些并非押放关保的客户也前来购买货物火险。港行将这些现象都视为良好的开端，由此增强了推进代理保险业务的信心。

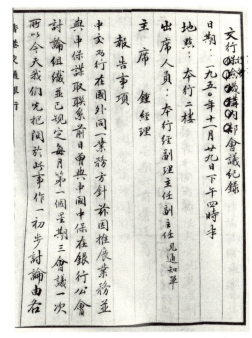

交通银行关于保险业务的内部会议记录

为了提高代理保险业务的工作效率，1954 年 2 月，港行外汇股、放款股、存款股等部门举行联席会议，通过共同商讨，拟定《代理保险业务办理程序》，提出办理保险业务的三大原则，即集中办理、完整记录和明确该项业务的积极意义。港行代理保险业务应办的各项手续，由主管代理保险业务的存款股统一办理，若从办理方便起见，需要其他部门协助时，可由存款股委托办理，但不能违背存款股集中办理的原则。每一笔保险业务的办理过程，从开始投保到收清保费、收到佣金，每一步骤都必须有系统的正式记录，以便查考。此外，工作人员要明确代理保险业务的意义，即该项业务有利于本行押品的安全，以保障资金；便利顾客，有利于押汇质放等业务的发展；协助国家保险公司发展业务，有助于挽回利权。[②] 上述三大原则是港行代理保险业务的指导思想，也构成港行代理保险业务的特色。在这些原则的指导下，《代理保险业务

---

①　港行：《1951 年四五六月工作总结》（1951 年），交通银行博物馆藏港行资料。
②　港行：《代理保险业务办理程序草案》（1954 年），交通银行博物馆藏港行资料。

办理程序》还分别对投保及投保单的处理、保险费的收取、保单的修改、内部的记录等作了详细的规定。

制度建设的同时,港行大力争揽保险业务,取得良好效果。1955 年,港行代理保险每月平均总数为 22.5 万港元,承做笔数达到近年来的最高数字。[①] 然而,这一良好的势头并未长期持续,60 年代,港行的保险业务开始下滑。主要原因是,1959 年以后,港行为了扩大经营规模,开始设立办事处,原本并不宽裕的人手此时更显紧缺,无形中削弱了保险业务的力量。行内员工思想上也存在一些偏见,认为代理保险业务属于副业,往往将范围局限在与银行放款和进出口押汇有关的保险上,较少主动争揽其他保险。港行管理层发现这些问题后,进行思想引导,扭转员工银险分离的错误认识,要求员工高度重视保险业务,以增加资金积累,服务祖国建设事业。此外,港行从 1964 年开始培养、训练保险业务的专业人才,提高本行保险业务的水平。经过思想教育和人员充实,港行代理保险业务再次取得显著的业绩。1966 年,港行新做产险 2488 笔,比 1965 年增长 110%,保额为 15188 万港元,比 1965 增长 186.7%,保费收入高达 23 万港元,比 1965 年增长 112.18%;新做寿险 752 笔,比 1965 年增长 175%,保额为 785 万港元,比 1965 年增长 457.9%,保费收入 24 万港元,比 1965 年增长 114.22%。两险保费全年共收入 47 万港元,比 1965 年增长 113.2%,超过了翻一番的要求。[②]

但到 1967 年又出现波折。当年,香港地区经济状况低迷,港币贬值严重,政治斗争此起彼伏,人们对当时的形势颇感疑虑。因此,港行的水险业务大部分时间已停做,火险业务大为减少,寿险业务更是无人问津。1968 年,保险业务稍有恢复,但寿险仍有退无进。

进入 70 年代以后,港行的保险业务逐步恢复,1973 年全年保费收入达 178 万港元,[③]1974 年全年保费收入增至 190 万港元。[④] 这一状况虽与政治、经济形势密切相关,但港行自身的努力也起了重要作用。

---

① 港行:《1955 年第二季业务总结报告》(1955 年),交通银行博物馆藏港行资料。
② 港行:《1966 年度工作总结》(1966 年),交通银行博物馆藏港行资料。
③ 港行:《1953 年工作回顾和 1974 年努力方向》(1973 年),交通银行博物馆藏港行资料。
④ 港行:《1974 年工作回顾及 1975 年工作计划》(1974 年),交通银行博物馆藏港行资料。

三、面向客户需求，发展商人银行

存贷利差是商业银行利润的主要来源。每遇市面贷款需求呆滞，大量资金闲置，银行便无法实现经济效益。港行在其发展历程中多次遭遇这种状况，所以更加重视资金的出路问题。

经过深入的市场调研，港行及时发现香港金融业的新变化，即资本市场利用较新的市场工具筹集中长期资金，已成为一种新的趋势，所以存款证、票据及其他证券买卖活动日趋活跃。据此，港行认定投资资本市场是拓宽资金出路的有效途径，可能不久即会成为金融业的主流。1985年8月，港行积极参与香港及海外资本市场的投资活动。

参与资本市场投资是一项崭新的业务，港行及早规划和部署，指定资金运用组负责统筹及厘定投资策略，汇兑部掌握买卖手续，业务发展部分担市场调研及对外联络工作，为日后的工作奠定良好的协作基础。由于初涉资本市场投资，港行总投资金额仅为2亿港元，投资范围暂时确定为香港工商机构、金融机构发行的商业票据和香港、海外机构发行的定息及浮息存款证以及其他类型的票据。4个月中，港行共进行20宗各类证券及票据的投资，总投资额约为1.5亿港元。

表4-8-6　港行1985年8月至12月每月的投资简况　　　　单位：百万港元

月　份	投资金额	笔　数
8 月	5	1
9 月	32.8	4
10 月	76.8	8
11 月	20	3
12 月	20	4
合　计	154.6	20

资料来源：《交通银行史料》第二卷，第1645页。

在20宗投资中，商业票据13宗，期限1个月至3个月不等，投资金额为8000万港元；存款证投资5宗，期限1年半至10年以上，多数长期投资，投资金额为6500万港元；其他类型票据2宗，投资金额为1000万港元。[①]　按照当时的发展趋势，原先拟

① 《交通银行史料》第二卷，第1646页。

定的 2 亿港元投资将不敷应用,为此,港行拟增加投资额至 3 亿港元。

通过资本市场投资的初步尝试,效果良好。1986 年港行管理层觉得时机已经成熟,决定全面推行商人银行业务。

港行开拓商人银行业务时,并未与零售业务对立,而是采取以零售业务为基础,适当发展商人银行业务的策略,希望以零售业务与商人银行业务相结合,两者相辅相成,彼此促进,以适应当时的形势。港行采取这种发展策略既有基础,也有可操作性。长期以来,港行是以零售业务为主的商业银行,建立了较广的分行网络和较完善的策划、执行部门。这既是零售业务的基础,也符合商人银行业务的需要。为了验证这一策略正确与否,港行曾运用利息调换等金融工具支持首五年定息楼宇按揭业务的开展,又利用零售业务网开展基金管理等,都取得一定成效。因此,港行坚定了实施上述策略,不断开发商人银行业务品种的决心。

1986 年 1 月 20 日,港行推出 ECU(EUROPEAN CURRENCY UNIT,欧洲货币单位)存款业务,作出这项决策的基础是对市场形势的详细评估和预测,以及对自身优势的客观认识。1985 年上半年,港行的港元存款为 1000 万元,至年底已达 6000 万元。究其原因,主要是港元利率低,存户为取得更大收益,纷纷转存外币。由于联系汇率的关系,港元利息在一段时间内将跟随美元利息走势保持低息率,外汇存款将仍具吸引力。此外,港元等热门外汇的汇率波幅很大,利息收入往往不足以弥补汇率损失,而 ECU 是由欧洲各国货币组成的货币记账单位,汇价变动产生相互牵制作用,汇率波幅与单一货币比较相对减小,利息则较高[1],如果此时推出 ECU,必然可以吸引客户。港行开办 ECU 存款业务确有自身的优势。此时,一些外资银行已在开展该项业务,但其客户层面较高,对存款额要求也高,而港行建立了支行网,有利于争取不同阶层的客户。而且,推行该项业务不仅能够获取经济收益,而且对扩大中资银行的影响力也有促进作用。自开办该项业务后,发展迅速,吸引了众多客户,存款余额最高时达到 6200 万单位。[2]由此也证明,港行开办 ECU 存款业务的决策颇有远见。

与开办 ECU 存款业务几乎同时,港行还推出货币期权业务。当时,香港只有个别外资银行办理此类业务,也因顾客层面较高,没有实现大众化。而港行较广阔的支行网,有利于面向各阶层客户。而且,港行办理该项业务还实行一些优惠政策。如客

---

[1][2] 《交通银行史料》第二卷,第 1632 页。

户在做货币期权时,可以选择任何货币及汇价,只需缴付保险费。尽管该项业务在市场上推行得不多,一时的发展比较困难,但港行认为日后的发展潜力很大,仍坚持推进。原因是一些大型公司做投标生意需要报价,进出口商需要稳定币值计算成本,货币期权业务符合他们的需要。

1986年2月,港行开始发行港元存款证并推出货币、利率掉期交易业务,市场反响较大。香港各大报章连日报道和评述,称"市场反应良好,显示中资银行有力逐步打进在港的资金市场";"此类业务很受市场欢迎",等等。①

继发行港元存款证之后,1986年6月23日,港行宣布委托美华亚洲有限公司安排发行2000万美元存款证。这次存款证票息为年率8.25厘,每半年付息一次,为期五年。消息发布后,社会反映良好,《大公报》以"交通银行发存款证总值为2000万美元,成本港今年第二宗美元存款证"为题报道此事。报道称"在交通银行宣布发行美元存款证后,本地的银行金融市场对此颇为关注"。《文汇报》同日也在报道中称:"此为交通银行在国际资本市场首次发行美元存款证,也是该行扩大长期资金来源计划的一部分。"②

拓展新业务时,港行意识到香港地区的企业公积金制度势必逐步推行,公积金业务将蜂拥而至。经初步预估,仅驻港中资机构就能提供千万港元以上的款额,开办该项业务并无大的风险。于是,该项业务也成为港行预定的目标。

港行开展商人银行业务,在摸索中稳步前行,每一步都作了充分的市场预估。在各大银行对这些新型业务犹豫观望时,港行能高瞻远瞩,以敏锐的洞察力抢占市场先机,从而为发展业务开拓了更大的空间。

四、加入国际信用卡组织

信用卡业务是一种新的金融业务,具有强大的市场发展潜力。港行坚持与市场需求同步,适时开展信用卡业务。

起源于20世纪50年代末的万事达卡国际组织是一个包罗世界各地财经机构的非牟利协会组织。当时,一些商业银行及金融机构已开始发行信用卡,最初是向自己

---

① 《交通银行史料》第二卷,第1631页。
② 同上,第1634页。

的顾客发行本地使用的结账卡,并与本地的商号商洽,要求接纳顾客使用此类结账卡,以代替现金付款购买货物或服务。但此类信用卡存在很大局限性,即只能在发卡银行所在的营业地区内使用,当持卡人到外地出差或度假,便无法使用该卡结账。于是,一个能够解决这一难题的万事达卡国际组织便应运而生,旋即风行世界。①

为谋求更为广阔的发展道路,1986 年 8 月,港行业务发展部向总经理请示,希望申请加入万事达卡国际组织,成为其会员。该组织的会员共有三种类型。第一,主要会员。其身份是一家金融机构,直接参与内部交易系统。主要会员由组织发给一个 ICA 电脑编号以作区别清算之用。第二,联合会员。由一组金融机构组成,而非单独一家机构。第三,联系会员。身份也是一家金融机构,但须通过一家主要会员机构的 ICA 编号,参与内部清算交易。港行通过南洋信用卡有限公司②,申请成为万事达卡国际组织的联系会员。1986 年 10 月 9 日,港行委派业务发展部主任曾淑英、杨仕名为代表参加万事达卡签约仪式。

港行成为万事达卡国际组织的一员,仅是一个开端,发行万事达卡依然任重而道远。对于该项业务,港澳管理处曾提议由一个部门专门办理。港行总经理室从本行实际出发,经过慎重研究,决定由几个部门分工合作,共同负责。主要从事策划、调研、联系、推广的业务发展部门负责研究港行自身的特长和有利条件,以及如何将这些优势运用于发展该项业务。信托部全权负责该项业务在本行的具体推行,以及本行与信用卡公司的手续来往、会计账等事宜。营业部负责办理客户的申请手续等工作。

港行在中银集团的领导下,通过南洋信用卡有限公司成功加入万事达卡国际组织,大力推广信用卡的使用,向现代国际业务迈进了具有深远意义的一步。

---

① 张福德主编:《中国金融电子化全书》(下),企业管理出版社,1995 年,第 1553 页。
② 南洋信用卡有限公司是 1981 年南洋商业银行成立的一家全资附属公司。

附　录
交通银行大事记（1907—1958）

　　1897年（清光绪二十三年）四月廿六日（5.27），清督办铁路大臣盛宣怀在上海创办中国通商银行，为中国人创办的第一家银行。1898年（清光绪二十四年）五月初八日（6.26），盛宣怀与比利时银行团代表在上海签订《芦汉铁路比国借款续订详细合同》，另签订《芦汉铁路行车合同》，就芦汉铁路（即后来的京汉铁路）的投资、修筑和经营权等达成一致。十年后，芦汉铁路的赎回问题直接促成交通银行的设立。1906年（清光绪三十二年）九月廿日（11.6），在张之洞、袁世凯的建议下，清廷设立邮传部，主管轮、铁、电、邮四政。

1907年（清光绪三十三年）

十一月

　　初四日（12.8），由五路提调梁士诒建议、邮传部尚书陈璧拟折奏请设立交通银行，获清廷批准。邮传部奏称该银行绾合轮、路、电、邮四政，以收回利权为宗旨，官商合办，并奏派李经楚为总理，周克昌为协理。

　　初八日（12.12），邮传部奏派梁士诒为帮理，蔡乃煌为总稽查，筹设总管理处。

十二月

　　初二日（1908.1.5），总管理处在北京正阳门外西河沿，租赁行屋。之后，选定正阳门内西交民巷一地块为行屋建筑基地。

1908 年（清光绪三十四年）

正月

十二日（2.13），正式启用交通银行图记。

十六日（2.17），经度支部奏准，户部银行改称"大清银行"，同时公布《大清银行则例》《银行通行则例》《储蓄银行则例》《殖业银行则例》。

二月

初二日（3.4），北京总行开业，标志着交行正式成立。总管理处特设于总行，总理和协理专管总分行之事。

初四日（3.6），总管理处铸颁天津、上海、汉口、广州等 4 家分行图记。

十二日（3.14），总管理处以倪思九为沪行经理。

三月

初八日（4.8），邮传部奏派那晋为交行稽查，又派帮理梁士诒兼任稽查。

初九日（4.9），邮传部批准曾国藻任天津分行经理。

十二日（4.12），天津分行在北马路开业，成为交行的首家分行，刘坦出任总办。

四月

初三日（5.2），上海分行暂于后马路乾记街先行交易。

廿八日（5.27），汉口分行在小关帝庙前街正式开业，萧宏昭出任经理。

廿九日（5.28），邮传部奏派广东候补知府陈炳煌为总办，负责筹建粤行；又特委协理周克昌赴粤联络官商，主持粤行筹备大局。

五月

邮传部委托交行收回电报商股，将其改为官办。至 8 月，共收回商股 2.2 万股，占全部商股的 97%。由此，电报事业遂归国营。

六月

大清银行于北京成立银行学堂，教授有关银行学科，培养行员。交行开办后，主动与大清银行学堂合作，以四分之一的毕业生效力交行为条件，每月提供学堂津贴 200 两。

初二日（6.30），广东分行在广州濠畔街开业。

初八日（7.6），邮传部奏准交行股本总额由库平足银 500 万两扩充至 1000 万两，仍为官股四成,商股六成。

八月

石家庄分所设立。

九月

十五日(10.9),交行股本开始收款,第一、二两期股银并收,共6万股商股,合计银300万两。

十一月

廿日(12.13),香港分号设立。同时,委托西贡万顺安号设代办处。

十二月

初十日(1909.1.1),交行为邮传部经付比利时公司京汉铁路筑路借款。

十五日(1.6),始发商股股票,每股库平足银100两,先收50两,年息六厘。

1909年(清宣统元年)

正月

廿一日(2.11),受邮传部委托,经募赎路(京汉铁路)公债银元1000万元,并管理还本、付息事宜。

二月

增订用人章程,续订试办分行章程。

三月

漯河周家口分号设立。

初五日(4.24),邮传部指派曹汝霖为交行稽查。

初九日(4.28),鉴于京津两地相近,邮传部决定将津行改归总行兼理。

四月

初二日(5.20),邮传部筹划于东三省设立交行分行,调遣协理周克昌前往沈阳筹备。

五月

稽查那晋去职,邮传部奏派陆宗舆继任,又奏派章邦直为交行协理。

八月

十三日(9.26),试办张家口分行。

九月

十二日(10.25),试办营口分行。

十月

初三日(11.15),试办开封分行。

十一月

初八日(12.30),试设长春分号。

十二月

初八日(1910.1.18),新加坡分号开业。

是月,邮传部奏派陆宗舆为交行协理。沪行向上海商务印书馆订印兑换券(第一版):银两券分一两、五两、十两、五十两4种;银元券分一元、五元、十元3种,并分别加印北京、南京、天津、上海、汉口、营口、张家口、济南、开封、广东等地名;小银元券分五角、十角、五十角、一百角4种。至此,交行兑换券开始发行。

1910年(清宣统二年)

二月

汕头试办分号设立。

三月

十三日(4.22),济南试办分行设立。

是月,奉天试办分号设立。

四月

廿五日(6.2),股本总额库平足银1000万两,认购足额。

廿八日(6.5),南京试办分行设立。

清廷颁布币制则例,定国币单位为圆,暂以银为本位,以一圆为主币,重库平七钱二分,别造五角、二角五分、一角三种银币及五分镍币,又造二分、一分、五厘、一厘四种铜币为辅助币,圆、角、分、厘各以十进,永为定价。

五月

初一日(6.7),第一次股东大会在北京虎坊桥湖广会馆召开,选举陈炳镛、张志潜为董事,审查各项账目。

是月,厦门分号设立(1913年2月结束,1934年7月复设分行)。

六月

廿六日(8.1),与英国敦菲色尔公司订立合同,售卖赎回5万张京汉铁路公债票。

是月,仰光试办分行设立。

七月

十一日(8.15),与日本正金银行签订合同,售公债票2.5万张。

九月

铁岭试办分号设立(1921年1月裁撤)。

十二月

资政院同意度支部决议统一国库,制定统一国库章程,以官办邮电铁路等项另订特别出纳事务细则,由交行经管铁路邮电等项特别出纳事务。

1911年(清宣统三年)

二月

义善源银号破产,负债1400万两,欠交行287万余两,其中积欠沪行100万两。

无锡设立坐庄;烟台设立分庄。

三月

十二日(4.10),交行总理李经楚去职,邮传部派周克昌继任。

是月,邮传部奏派巢凤冈为交行帮理。

四月

初十日(5.8),第二届股东总会在北京举行,增选于守仁、张拔二人为董事。

五月

签订苏路借款合同。

八月

十九日(10.10),武昌起义爆发,次日建立中华民国湖北军政府,各省纷纷响应。

九月

廿六日(11.16),袁世凯就任总理大臣。邮传部照准周克昌辞去总理职务,帮理巢凤冈一并辞职,总管理处无人执掌。

廿八日(11.18),董事陈炳镛、于守仁暨京津股东向港行致电,提出应对时局的三点办法,要求保持中立。

是月,广州分行迁入香港分号,后暂时停业。

十月

邮传部派董事于守仁代理总管理处事务。

十一月

初五日(12.24),京津股东在北京石桥别业成立股东联合会,推举张拔、陈炳镛、于守仁、张志潜、陆宗舆、王秉钧、于宝轩、阮惟和、张鑫、尤桐为代表,推举陆宗舆为会长,并致电在沪股东张志潜,要求召集股东开会。

廿三日(1912.1.11),邮传部任命陆宗舆为交行总理。

1912 年(民国元年)

1 月

1 日,孙中山宣誓就任中华民国临时大总统,中华民国南京临时政府成立。

8 日,南方股东由张志潜主持在沪召集临时股东联合会,推举张志潜、蒋邦彦为正副会长,呈邮传部立案。

18 日,南北股东在上海召集临时股东联合会,公举陆宗舆为股东联合会会长,暂时代理交行总理,呈邮传部立案。邮传部根据股东联合会意见,重新发布任命陆宗舆的札件。

北京政局动荡,总管理处为预防不测,暂时迁移天津办公。

2 月

5 日,由原大清银行改组而成的中国银行,经南京临时政府批准,在上海汉口路大清银行旧址开始营业。

8 日,广东军政府都督陈炯明派员接收粤行,并令各欠户将应归还粤行的款项直接交给军政府,粤行由此宣告停业。

12 日,清帝溥仪退位。袁世凯组织北京临时政府,与南京临时政府协商南北统一事宜。

17 日,董事会议决,以鼎革之际影响营业,只支付辛亥上半年及民国元年下半年股息六厘,官股股息则呈准交通部全部免除。

3 月

10 日,袁世凯在北京宣誓就任中华民国临时大总统,中华民国北京政府正式成立。

12 日，鉴于北京政局趋于平稳，总管理处由天津迁回北京。

13 日，袁世凯任命唐绍仪为第一任国务总理，25 日唐受命南下组织新内阁，接收南京临时政府。北京政府交通部将原邮传部改组归并，成为交行的主管机构。

北京邮传部委派叶恭绰为交行帮理、任凤苞为协理，任命汉行总办卢鸿昶兼任南京、上海两行管理，另派张庆桂为津行管理；南京交通部任命严义彬为交行协理，但严未就任。

北京政府陆军部将应发各处饷银交由交行拨兑汇划，每月均有百万之巨。同时内务部、财政部也与交行时有往来，海军部也饬令海军款项交由交行承汇。

4 月

17 日，总管理处致函京行，提出分别新旧账办法，拟以阳历 2 月底为旧账总结之日，与新账相分别，开始清理辛亥旧账。

是月，度支部（财政部）为恢复国家信用，维持市面，委托交行与中行发行一元、五元、十元 3 种纸币。股东联合会呈准交通部，交行总理由会选举，呈部委任，获交通部批准。

5 月

股东联合会公举梁士诒为交通银行总理，呈准交通部委任。

6 月

帮理叶恭绰辞职。

7 月

漯河汇兑所设立。

8 月

总管理处电令宁行裁撤。

9 月

枣庄汇兑所设立。

经收陇秦豫海铁路比国借款，总计 25000 万法郎，其中第一笔借款 2500 万法郎，财政部指定交行与中行各半经收。

10 月

1 日，北京政府设立币制委员会，拟制订金本位汇兑方案。

11 月

长春分号改为长春分行。

分设汇兑所于大同、保定、唐山、徐州、北通州、宣化、阳高、兖州、郑州、彰德、信阳、洛阳及其他等地,均设管事主管。

交通部拨齐官股 4 万股,未收股款由交通部拨足,先前由邮传部分八次拨转股款,截至辛亥年年底,共拨到股银 158 万两,至此呈准交通部续拨银 42 万两,始拨足 200 万两。

致函大总统和交通部,提出新旧账划分、缓提官存办法,冻结邮传部及四政机构在交行的各项存款。

12 月

呈交通部批准,各行总办、管理出缺不再由部派人接任。分行号总办、管理先前由总管理处依据章程遴选,呈报邮传部派任,自股东会呈准交行总、协理由股东会选举呈部委任,于此再呈准分行号总办、管理出缺也不派人接任,日后分行号经理皆由总管理处选派。

因广州分行停业,广东地名券停发。

德州、海淀、小站、马厂、铁岭、信阳设汇兑所。

是年,先后向北京京华印书局订印各种兑换券(第二版),银两券分一、二、三、四、五、十、二十、三十、四十、五十、一百两 11 种,由济南、开封两行发行,银元券分一、五、十元 3 种,由北京、天津、济南等行发行。向天津德华印字馆分四次续订兑换券(第三版),银元券分一、五、十元 3 种。

1913 年(民国二年)

1 月

10 日,大总统令公布交行兑换券按照中行兑换券章程一律办理,各省各地均可通用。15 日交通部致函各局通用交行兑换券。

15 日,北京政府颁布商业银行纸币发行条例,规定发行总额不得超过该行资本总额的 60%。

是月,政府将交通四政收入列为特别会计金,由交行经管。济宁汇兑所设立,扬州、浦口分行设立。

3 月

董事会议订分设铁路车站兑换所实施细则。

列分行为三等,设经理、副理各一人,三等分行可不设副理。奉天分行定为三等分行,无锡分号改为三等分行。

15 日,吉林、辽阳设汇兑所。

4 月

长春分行列为三等分行。

向美国钞票公司订印发行兑换券(第四版),银元券分一、五、十、五十、一百元五种,分别加印北京、天津、上海、江苏、无锡、浦口、扬州、芜湖、安徽、浙江、河南、汉口、湖南、岳州、山东、济南、烟台、张家口、奉天、长春、重庆等地名。

5 月

16 日,财政总长周学熙请假去职,交行总理、署财政部次长梁士诒代理财政部事务。

31 日,财政部发布布告第三号,以代理金库委托交行。

委托山西晋胜银行代发太原地名券。

6 月

8 日,财政部公布《财政部委托交行代理金库暂行章程》,交行正式获得金库代理权。

镇江汇兑所、孙家台汇兑所设立。

7 月

长沙二等分行设立,顺德汇兑所设立。

8 月

哈尔滨汇兑所设立。

9 月

总管理处设置总稽核,九江汇兑所设立。

10 月

徐州汇兑所改为三等分行。

1914 年 (民国三年)

1 月

宜昌设三等分行。

2 月

8 日,政府公布国币条例及国币条例实施细则。

3 月

政府开始整理各省发行的纸币。财政部同意交通部制定的交通银行新则例,允许交行分理国家金库。由此,交行获得了与中行一样的国家银行资格。

遵照国币条例呈准财政部印发国币兑换券。

财政部令交行会同中行拨款筹设新华储蓄银行,储蓄事业由此发轫。

杭州汇兑所、宁波汇兑所设立。

4 月

7 日,北京政府公布《交通银行则例》,共 23 条。

是月,沙市汇兑所设立。中行委托交行代理其在香港的外汇等业务。

5 月

24 日,第三届股东总会在北京召开,选举梁士诒为交行总理,任凤苞为协理;选举张勋、鲍宗汉、施肇基、陈锦涛、蒋邦彦、孟锡珏、王耕尧等 7 人为董事,成立第一届董事会,报交通部转咨财政部备案。股东联合会发表《交通银行股东联合会报告书》,宣告解散。

6 月

董事会成立之初没有专定章则,当时则例已公布,章程尚未订定,公推董事张勋为第一届董事会主席,不再以总协理为议长。

清江浦汇兑所设立。

7 月

向美国钞票公司订印兑换券(第五版),券面按照财政部规定分一、五、十、五十、一百元 5 种,分别加印北京、天津、南京、上海、无锡、浦口、扬州、浙江、九江、河南、山东、多伦、石家庄等地名。

8 月

1 日,内国公债局成立,并颁布章程,规定"本局发行钞票时,得酌量情形,委托中国、交通总分各行,联合交易所代买债票。"

10 日,梁士诒当选为内国公债局总理。

交通部派叶恭绰接任交行帮理。

国币条例颁布后,中、交两行受造币厂委托,收回旧币,改铸新币。

9 月

15 日,芜湖设分行。

是月,政府发行民国三年六厘公债 1600 万元,由于募集顺畅,后又扩充 800 万元,合计募集 25434480 元,其中交通银行募集 6338375 元,占总额的 24.92%,贡献最大。热河汇兑所改支行。

10 月

15 日,在交行和中行的支持下,新华储蓄银行成立,总行设在北京,后于 1931 年改名为"新华信托储蓄银行"。

11 月

10 日,北京瑞金大楼三楼失火,延及楼下交行库房,毁损券料 3646713 元。

是月,蚌埠汇兑所、胜芳汇兑所、哈尔滨道里办事处、烟台三等分行设立。

12 月

增设分行、汇兑所,扩充汇兑,代政府募集公债于商场,酌做货物抵押。

是年,出口生丝锐减,上海丝厂停工,交行协助复业,劳工一万余人得以安定。

1915 年(民国四年)

1 月

政府推行新币。交行提倡押汇,酌做公债抵押贴现,同时辅助政府推行新币,使南北银元价格大致趋平。

开始发行第五版国币兑换券,逐渐收回以前发行的银两券,不再发行。

交通部派吴应科暂充交行帮理。

3 月

在大连初设汇通钱庄,专营东三省汇兑。

4 月

政府原计划发行民国四年六厘公债 2400 万元,结果募集 26159790 元,其中交行募集 3137685 元,约占总额的 11.99%,贡献最大。

5 月

16 日,第四届股东总会在北京召开。

6 月

财政讨论会提出统一金库的主张,由中行办理,未设中行分支机构省份由交行代理。

7 月

安庆设汇兑所。

中、交两行沪行与钱业公会协议,自 8 月 1 日起,钱业公会得以旧币向两行换新币,其中成色较低者,由财政部承认。此为钱业公会向交行领券之始。

8 月

1 日,中、交两行沪行与钱业公会协商,决定取消前清龙洋行市,只开新币行市。

是月,黑龙江办事处设立。

10 月

31 日,袁世凯以大总统名义申令:"中国、交通两银行具有国家银行性质,信用夙著,历年经理国库、流通钞票,成效昭彰,著责成该银行按照前此办法,切实推行,以为币制公债进行之辅助。"申令正式将交通银行定性为国家银行,与中国银行相提并论,并赋予交行整理金融、统一币制、经理公债等权力。

滦县、宣城汇兑所设立。

11 月

赤峰、锦县、新集、龙口汇兑所设立。

12 月

1 日,重庆三等分行设立。

辽源汇兑所设立。

1916 年(民国五年)

3 月

粤、浙两省独立,反对帝制,山东继之。广东、浙江的交、中两行出现挤兑现银现象。

政府发行民国五年六厘公债 2000 万元。

4 月

23 日,梁士诒、周自齐等人主张中、交两行合并,并拟发行不兑现纸币,以集中现金。消息传出,市面震动,京、津两行持票兑现者明显增多。

5 月

12 日,国务院令中、交两行纸币及应付款项停止兑现付现。

28 日,交行第五届股东大会在北京召开。

6 月

6 日,袁世凯去世。

7 日,副总统黎元洪继任大总统,筹议挽救中、交两行办法。梁士诒提议中、交两行合并。

9 日,中国银行股东联合会致电国务院及中国银行总管理处,表示不经国会决议及股东同意,不得实行中、交合并。

13 日,财政总长周自齐发表《整顿金融条陈十大点》,主张将交通银行并入中国银行。

15 日,中国银行商股联合会召开会议,推举张謇为会长,通过章程,要求政府不再提出中、交两行合并问题。

7 月

8 日,成立天津商股股东联合会(1917 年 2 月解散),反对中、交两行合并,议订津行开兑及近畿各处汇兑着手办法。

14 日,大总统黎元洪下令通缉梁士诒,董事会公推交行协理任凤苞兼代交行总理。

董事会议决,主席改称会长,公推第一届董事会主席张勋为会长。

8 月

20 日,众议院议员提出整顿中、交两行开兑议案,主张中行先行开兑,交行速筹兑现办法。

10 月

交通部派王黻炜为交行帮理。

11 月

11 日,京钞恢复兑现不数日,因现银不足,每日限兑 4 万元。众议院对此提出质问,并组织特别委员会到中行调查。一些议员对中行、交行是否同时兑现持有异议,甚至要求处置交行,造成中、交两行之间的裂痕更大。

是年,交行开始买入有价证券充发行准备之用,是为交行直接投资的开端。

1917 年(民国六年)

1 月

5 日,交行董事会同意任凤苞辞去兼代总理,并公推曹汝霖执行交行总理职务。

财政部订定交行分理金库办法。聘谢霖为会计课主任,改订全行会计制度,采用新式簿记。呈准国务院向日本兴业银行、朝鲜银行和台湾银行借入日金 500 万元,为其整理业务之需,利息按年七厘五分,为期三年。

2 月

15 日,交行总、协理召集京外各分行经理及代表在总管理处会议厅举行第一届行务会议,讨论营业方针。

董事会议订《交通银行组织大纲》,是为首次订立组织规程。厘订《总管理处办事暂行章程》、《交通银行分支行汇兑所暂行章程》。

交行首次议订营业会计规程及发行会计规程,同时还订定行员薪给章程、行员储金规则。

杭州改称支行,后又改汇兑所,再于 1933 年 7 月改为三等分行。

南京下关办事处设立。

3 月

1 日,董事会议订《董事会暂行章程》、《总管理处赴外稽核章程》及议事规则,是为董事会定职权之始。

北京、天津、上海、汉口、香港、新加坡分行皆定为一等分行。

厘订发行会计规程,发行账目与营业账目划分记载,1918 年、1921 年、1925 年次第进行修正。

石家庄改设汇兑所,张家口定为三等分行,开封定为二等分行。

4 月

30 日,上海及苏、浙两省分支行汇兑所发行的兑换券,一律照常开兑并照常营业。其后,遍及全国各分支行汇兑所一律兑现。

是月,投资上海电话公司。

5 月

18 日,金城银行开业,总行设在天津。

28 日,第六届股东总会在北京举行,选举曹汝霖为交行总理。交通部派权量为交行帮理。

30 日,张嘉璈创办《银行周报》,报社设在上海中行,1918 年银行公会成立时,报社迁入公会。该周刊连续发行 32 年,直到 1950 年才停刊。

6 月

12 日,奉天省限制中行和交行纸币发行,并发布兑换办法。

7 月

交通部函知交行帮理一职由叶恭绰复任。

交行聘请日本人藤原正文为顾问,此为交行设置顾问之始。

8 月

浙江兴业银行与交行议订领用兑换券 500 万元合同,因时局关系而未能履行,此为各银行向交行领券之始。

9 月

1 日,第一届董事张勋解职。

向朝鲜、台湾、日本兴业三家银行借入日金 2000 万元,为期三年,年利七厘五毫,十足交款。

10 月

订立行员膳宿规则、试用员规则。

规定各分支行所需样本券由总管理处寄发,各行所不得销发。又规定各分支行发行兑换券一概由总管理处签印,上方由总协理签字,下方由钞券课主任签字。

陶湘(兰泉)继赵庆华任沪行经理。

11 月

总管理处增设国库课。

投资中华汇业银行日金 26.5 万元。

12 月

规定各分支行发行兑换券一概由总管理处印发，不得就地自制。

1918 年（民国七年）

2 月

沪行在常熟、武进、南通设办事处，不久分别改办事处为支行。

3 月

宁古塔、黑河设汇兑所。

中、交两行呈请发行七年短期公债 4800 万元，以庚子展期五年赔付款项为担保，用以抵消两行政府垫款，收回京钞。中、交两行各得半数。

4 月

政府续发七年长期公债 4500 万元，仍指定用以整理京钞。

5 月

26 日，第七届股东总会在北京召开，选举梁士诒、朱启钤、周自齐、陆宗舆、汪有龄、蒋邦彦、孟锡珏七人为董事。成立第二届董事会，公推梁士诒为会长。董事会遵照币制条例议决新股票及息票式样，并订立更换新股票办法。

30 日，董事会修订董事会议事规则，每月举行常会两次。

是月，改用银元为交行记账本位，股本科目亦折合银元记载。四平街汇兑所设立，后改为支行。

6 月

议定行员恤养章程。

7 月

1 日，多伦办事处设立。

8 日，上海成立银行公会，是为我国银行业有公会之始。除 1915 年 7 月参加聚餐会的中、交、浙兴、上海、新华和盐业等 7 家银行之外，增加了中孚、聚兴诚、中华商业储蓄、四明、广东和金城等 6 家。

交行董事会议订《办事处暂行章程》，初定办事处为分支行汇兑所的附属机构。

8 月

京行在通州设驻通办事处。

9 月

18 日,财政部函告中、交两行:"自 1918 年 10 月 12 日起,不再令两行垫付京钞。两行除付京钞存款外,亦不得以京钞作为营业资金。"

是月,包头镇、张家湾、农安、伊通、双城、扶余等地办事处设立。

10 月

政府继续发售剩余长短期公债收换京钞,但京钞问题仍未解决。

交行在日本东京设驻日经理处(1923 年 12 月裁撤),并自建行屋。

交通部派曾毓隽为交行帮理。

设辛亥前旧账总清理处。

12 月

改印小银元券,发行于哈尔滨、长春等地。

维持东北航权,借垫交通部保证戊通航业公司巨额资金。

1919 年(民国八年)

1 月

董事会议订《交通银行股份有限公司股票规则》。股票分五种:一百股、五十股、十股、五股、一股。发给 1918 年股息时,将旧股票收回,一律换新股票,股票记名式,由总理暨董事署名盖章,经总管理处发行。

修订行员储蓄金章程。

津行受交通部委托在奉天(沈阳)、南满、皇姑屯三站设立京钞兑换购票凭单处。

哈尔滨戊通航业公司向长行押借交通小洋券 300 万元,又与哈行订立透支契约,羌贴以 700 万元为限,小洋以 50 万元为限。

5 月

25 日,第八届股东总会在北京召开,选举任凤苞连任交行协理。

是月,换发附带息票的新股票,票面仍载每股库平银 100 两,先收的 50 两折合大银元 75 元,此为第二次改印换发股票。前邮传部股票过户为交通部记名。

9 月

董事会议订总管理处调查课章程,调查国内外经济实况,供总管理处与各行参考研究,以利于业务的发展;并议决于北京创办通才商业专门学校。

10 月

总管理处增设调查课,附属于文书课。

12 月

交通部派姚国桢为交行帮理。

沪行承购上海汉口路德华银行房屋为行址。

1920 年 (民国九年)

2 月

奉行在奉天小南门内大街路购地自建行屋。

4 月

内国公债局恢复,交行董事会会长梁士诒再任总理。

5 月

30 日,交行第九届股东总会在北京召开。

7 月

14 日,奉军在哈尔滨、吉林、长春、奉天四城中,强行搜查、封锁中、交两行,检查库存账目,勒令停业三天。

16 日,张作霖自京返奉后,为防止中、交两行向皖系提供军饷,令各地军警对当地两行严加监视。

8 月

交通部派徐世章为交行帮理。

9 月

修订《董事会暂行章程》、《董事会议事规则》。

10 月

政府发行整理金融短期公债 6000 万元,国务会议决定以其中 3600 万元交内国公债局出售,按照额面收回京钞,尽数销毁。

11 月

董事会议订交行组织大纲,是为第二次修订组织规程;修订《总管理处暂行章程》《分行暂行章程》《支行暂行章程》《汇兑所暂行章程》《行员薪给章程》。

12 月

5 日,第一届全国银行公会联合会在上海举行。

是月,向美国钞票公司订印发行第七版国币券,分一、五、十、五十、一百元五种,并分印中、英、俄文哈尔滨地名,专供哈行发行。

1921 年（民国十年）

1 月

修订行员储蓄金章程,订定行员特别储蓄金章程,系退休赡养之用。

3 月

5 日,交行和中行组织借款银团,筹资建造上海造币厂。

5 月

22 日,第十届股东总会在北京召开。

沪行增设国外业务股。

6 月

交行投资北京电车公司。

总管理处裁撤国库课,原办事务分归文书、稽核、会计等课办理。

京行增设国外业务股。

10 月

交行天津、张家口地名券又告挤兑。

11 月

15 日,北京中、交两行发生挤兑。

16 日,北京中、交两行再起挤兑风潮,交行京、津、张三行首当其冲,沪、汉两行亦感缺现,不得已暂行限制兑现。港行、星行因挤兑风潮相继停业。

总管理处改组。

12 月

24 日,梁士诒出任北京政府总理,颇不得意,旋于 1922 年初辞职。

是月,董事会公推孟锡珏暂代交行协理。

财政部核准增收股本。

1922 年（民国十一年）

1 月

6 日,《京津两行发行股暂行办法》予以实行。发行准备为现金七成,有价证券三成,证券按时值计算。

7 日,交行以奉系所借 400 万元为资本,对外宣布恢复兑现,较中行开兑晚一个多月。

16 日,总管理处会同沪行订立《沪行发行暂行办法》。

是月,恢复无限制兑现,同时筹备发行独立。

京、津两行增设发行股,专司兑换券与准备金之收发保管暨发行账务。

停发江苏、南京、浙江及其他小地名券。

交通部派刘景山为交通银行帮理,未到任,后派谢霖代理帮理。

董事会议决总管理处改设事务、业务、发行三课,设正、副主任各一人,暂行试办,裁撤秘书及调查课。

2 月

5 日,临时股东总会在北京召开,选举蒋邦彦为总理,陈福颐为协理,以候补董事方仁元递补董事。临时股东总会议决,交行股本总额为银元 2000 万元,先招二分之一,每股收足 100 元,旧股已缴 75 元,应补缴 25 元,需以交行北京钞券分年定期存单代现金入股。交通部退还官股一万股及旧账抵欠股份改招商股补足。

3 月

改订股本事呈准政府备案。

4 月

26 日,奉、直两军开战,奉军入关,6 月 17 日两军议和。奉省当局向北京行强行提取第五版未印地名及签字的空白兑换券,共 500 万元,加印"某年月日在京、津交通银行兑现"等字样,用于京、津等地。

是月,董事会议订增收股款及补招股款详细办法。

5 月

16 日,上海商股股东成立股东联合会,旨在维持和整顿交行,公推张謇为会长。

6 月

18 日，第十一届股东总会在北京召开，改选张謇为交行总理，钱新之为协理，交通部派劳之常为帮理；改选施肇曾、陈福颐、谢霖、汪有龄、周作民、谈荔孙、李铭、徐国安、李贤树、陈泽、丁志兰等 11 人为董事，成立第三届董事会。

8 月

第三届董事会公推施肇曾为会长。董事会议决修订总管理处章程，共 9 条。

筹设发行总分库。

换发银元本位新股票，依照股东总会决议改印银元股票，每股收足银元 100 元附带息票，此为第三次改印换发股票。

9 月

着手清理政府欠款，董事会议决增设清理政府欠款处及《清理政府欠款办法》。

11 月

16 日，《交通银行分区发行试办办法章程》、《交通银行第一区发行库管理准备规则》、《交通银行第一区发行总分库办事规则》等开始实行，限定发行准备公开，现金六成，有价证券四成，再交现金二成作为额外准备，四六准备遂成定制。

20 日，第一届行务会议在上海开会，议决北京地名券按现发行额连同实有准备金划为第一区发行库接办，从此只发津券，不再发京券，京钞乃告结束。

是月，董事会议决总管理处增设国库股，掌管代理金库事务，清理政府欠款处归国库股办理。

改组津行发行股为第一区发行总库，设于天津；改组京行发行股为第一区发行北京第一分库。

12 月

11 日，总管理处公布《交通银行分行管理办法》，强化总管理处对分行的领导，取消汇兑所这一设置。

21 日，津行驻京办事处正式成立，办理天津地名券及汇兑事务，京行暂停营业。

是月，董事会议决修订《交通银行组织章程》、订定《任用行员规则》。

天津总库及北京分库成立，实行准备金公开。

1923 年（民国十二年）

1 月

《交通银行月刊》创刊。

在济南设立第一区发行第二分库。

修订《行员薪俸规则》。

2 月

2 日,订定《同业兑换券领用办法》,分长期领用和短期领用两种,由天津第一区发行总库先行试办长期领用办法。

投资奉天纺纱厂。

原设各地汇兑所一律改组为支行,汇兑所至此取消。

交通部派孙多钰为交行帮理。

3 月

香港分行暂停营业(5 月改为清理处,至 1927 年 12 月裁撤)。

4 月

在张家口设立第一区发行第三分库。

6 月

第十二届股东总会在北京召开,议决由会选举股东 6 人,董事会选举董事 3 人,组织修改行章委员会审查各种章程规则及另订章则。

26 日,总管理处在北京召开第二届行务会议,注重联行间资金调剂,收效颇佳。

7 月

修改行章委员会成立。

设第二区发行总库筹备处于上海外滩 14 号上海分行内。

总管理处核准哈行接收哈尔滨成发合油坊,改设通记油坊。

青岛二等支行设立,至 1925 年 7 月改为三等分行。

9 月

在青岛设立第一区发行第四分库。

11 月

26 日,京行恢复营业。

12 月

北京一等分行改为三等分行。

向美国钞票公司订印第八版国币券,计分一、五、十元三种,共 1000 万元,于钞面印就奉天地名。

1924 年（民国十三年）

2 月

石家庄汇兑所改为五等支行。

11 日,总管理处在上海召开第三届行务会议,并在豫园集宴留影。

4 月

24 日,修订《交通银行组织章程》。董事会决议,将总管理处公债股并入国库股。

5 月

第十三届股东总会在北京召开。

6 月

与东三省官银号商妥收回前奉省当局提用空白兑换券 500 万元,至 8 月实收回 4999453 元,在奉天切角销毁,尚未收回的由东三省官银号负责清结。

7 月

向伦敦华德路公司订印第九版国币券。计一、五、十元 3 种,共印 1640.4 万元,加印上海、江苏、安徽、烟台、汉口、九江、天津等地名。

新浦办事处、潍县五等支行设立。

制订交行统计规则及图表式样。

8 月

陕州办事处设立。

订立《交行第二区发行总分库筹备办事处暂行细则》。

上海发行总库筹备处接办上海分行发行事宜。

在吴县、常熟、无锡、杭县设立第二区发行分库发行筹备处。

11 月

24 日,段祺瑞就任中华民国临时执政。交通部派陆梦熊为交行帮理。

12 月

交通部派刘景山为交行帮理。

宁行租用福宁公司南京下关大马路之地修建行屋。

1925 年（民国十四年）

1 月

在烟台设立第一区发行第五分库。

4 月

在南京、镇江设立第二区发行分库筹备处。

哈行发生俄国人假造汇票串骗巨款案。

5 月

24 日，第十四届股东总会在北京召开会议，批准张謇、钱新之辞职，改选梁士诒为总理，卢学溥为协理。

6 月

总管理处在北京召开第四届行务会议，议决发展汇兑业务。

7 月

1 日，增设总稽核为 2 人。

27 日，总管理处在北京召开第五届行务会议，议决促进国外汇兑、推广发行、改善及推广押汇等案，修订同业兑换券领用办法。

8 月

订定《交通银行章程》，分总则、股本、营业、职员、董事会、监事、行务会议、股东总会、决算、附则等十章。

戊通航业公司因营业不振而告结束，交行作为最大债权人，没收该公司全部财产，转卖给东三省政府。

鲁行租用津浦铁路管理局之地，在济南商埠大马路自建行屋，共 63 间，至 1927年 3 月落成。

10 月

董监事联合会议订《交通银行监事章程》及《办事细则》，规定监事各行其权，各负其责。

12 月

1 日，中、交两行沪行正式发行辅币券。

1926 年（民国十五年）

2 月

总管理处增设会计股。

5 月

28 日，第十五届股东总会在北京召开。改选汪有龄、陈福颐、方仁元、杨德森、陈辉德、李铭、叶崇勋、周作民、邓文藻、谈荔孙、孟锡珏等 11 人为董事，成立第四届董事会。董事会公推汪有龄为会长，陈福颐、方仁元为常务董事。

第一届监事会当选监事孟锡珏辞职，由候补监事徐宝森递补。又监事何毓章因病出缺，由候补监事刘宗浚补缺。

6 月

5 日，总管理处在天津召开第六届行务会议，议决筹汇兑头寸，推广汇兑业务案、各联行应联合揽做汇款案，修改《分区发行试办章程》案等。

9 月

总管理处移设天津办公。董事会议决：总管理处文书、会计、稽核、发行四股，随总、协理由北京调津办事；国库股及文书股的一部分留京办事；董事、监事仍在北京举行会议；暂不修改章程。

11 月

修订《交通银行股票规程》。

12 月

武汉国民政府财政部长宋子文电邀梁士诒到汉口共商财政金融大计，梁士诒派赵庆华前往，商议交行提供军需借款、与中央银行合作等问题。

是年，发行第九版国币券。

1927 年（民国十六年）

2 月

董事会议决行旗式样，并通函各分支行处，凡遇交行纪念日及股东总会开会日，与国旗交叉悬挂。

3 月

3 日,总、分支行同时庆祝交行成立二十年纪念日,特发行纪念存单一种。

向美国钞票公司订印第十版国币券,计分一、五、十元 3 种,加印上海、天津、山东、汉口、奉天 5 处地名。

22 日,国民革命军占领上海。上海银行公会、钱业公会、闸北商会等 19 个上海重要商业团体,组织上海商业联合会,支持国民革命军北伐。

24 日,国民革命军攻克南京。

4 月

17 日,武汉国民政府颁发布《集中现金条例》,查封各银行所存现洋,禁止使用及出口纳税和流通。凡缴纳国税及流通市面,均以中央银行及中、交两行发行的汉口通用纸币为限。

18 日,蒋介石宣布国民政府定都南京,与武汉政府成对峙之势。汉钞自本日停兑,汉行在沪行有欠无存,托解款项一律暂行停止,汉属地名券一律停止收兑。汉行因告停业,河南地名券旋即停兑。

28 日,国民革命军总司令电令,凡印有汉口字样的中、交两行钞票,不得向他省两行任意迫令兑现。

5 月

1 日,第十六届股东总会在天津召开。改选刘展超、于宝轩、赵庆华、林鸿集、区冠南等 5 人为监事,是为第二届监事。

是月,投资满洲银行。

6 月

改订《同业领用兑换券办法》。

8 月

汉口中央、中国、交通三行钞价跌至二折,物价飞涨,商业停滞。

9 月

11 日,宁、汉双方召开会议,决议武汉国民政府与南京国民政府合并,定都南京。

12 月

哈尔滨行于道外北四道街路西购地,至 1928 年间建成四层行屋,计大小 72 间。

是年,哈大洋票(即东三省官银号、吉林永衡官钱局、黑龙江广信公司、中国边业银行及交通银行等所发行的哈尔滨地名券)市价毛荒,交行受损严重,至 1932 年结束时计损失 160 余万元。

1928 年(民国十七年)

1 月

董事邓文藻辞职,由候补董事关曼钧递补;监事刘展超辞职,由候补监事朱沛递补。

4 月

4 日,南京国民政府颁令通缉梁士诒。

13 日,北京军政府向交通、中国、边业三银行索借军费 200 万元。

是月,改订《领用兑换券短期办法》。董事杨德森辞职,由候补董事张肇达递补。

5 月

5 日,梁士诒辞去交行总理职务。董事会议决由卢学溥暂代总理。

设青岛行第一仓库,为交行创办仓库之始。

6 月

1 日,南京政府令交行与中行同时改组。

8 日,国民革命军进占北京。

20 日,南京国民政府在上海召开全国经济会议,拟议《国家银行制度大纲》,讨论了整理旧债等问题。

7 月

1 日,国民政府在南京召开财政会议,拟订《整理财政大纲》,组织国家银行。

四平街支行购地自建楼屋 13 间。

8 月

16 日,奉天省长翟文选为维持奉票,召集各银行团开金融维持会,命交通、中国、官银号三金融机关共同出资,购入银元送造币厂铸造现洋 500 万元,以维持奉票兑现之用。

10 月

国民政府发行民国十七年金融长期公债,整理上年在汉提借的交行及中央、中国两行兑换券,收回停兑汉钞,汉行由此复兴。

11 月

16日,国民政府公布《交通银行条例》。同日,总管理处由北平、天津迁至上海外滩14号。

24日,第十七届股东总会在上海召开,停选总、协理,交通部也停派帮理。总管理处由总协理制改为董事制,始设董事长和总经理。董事会职权加重,董事长代表全行。监事改称监察人,成立监察人会,互选监察人会主席及常驻监察人,常驻监察人代表监察人会。股东会议按照国民政府颁布的新条例修订《交通银行章程》,此为第二次修订交行章程。

财政部指派顾立仁、唐寿民、徐陈冕为官股董事。

临时股东总会选举卢学溥、胡祖同、钱新之、李承翼、王承祖、陈辉德、李铭、周作民、谈荔孙、杨德森、陈福颐、张嘉璈等12人为商股董事。

12月

第五届董事会成立,选举卢学溥、胡祖同、顾立仁、钱新之、李承翼等5人为常务董事。

财政部指派卢学溥为交行董事长。常务董事选举胡祖同为总经理,呈准财政部备案。财政部指派许修直为官股监察人。

临时股东总会选举于宝轩、梁定蓟、叶崇勋、贾士毅四人为商股监察人。

第一届监察人会选举于宝轩为主席,许修直为常驻监察人。

行务总会议决重订《董事会规程》《监察人会规程》。

董事会议决修订《交通银行组织规程》,是为第五次修订组织规程。

投资大中实业公司。

1929年(民国十八年)

1月

12日,国民政府财政部公布《银行注册章程》。

2月

设汉钞调换债券处于汉口,代国民政府发行民国十七年金融长期公债,收还汉钞。

3月

北平、汉口行均改为一等支行。

订立《行员任用规则》，分甲、乙、丙、丁四等及高级、中级、初级之别。修订《行员薪俸规则》、《旅费规则》。

4 月

修订《行员服务规则》、《行员请假规则》、《行员奖惩规则》。

5 月

14 日，奉票行情暴跌，奉天(今沈阳)东三省官银号联合交通银行、中国银行、边业银行组成"辽宁省城四行号联合发行准备库"，发行银元票，其他银行、钱庄可向其领用。

17 日，张学良为统一东北地区的币制，在奉省组成由东三省官银号、边业银行和中、交两行参加的"四行号联合发行准备库"。

修订《行员保证规则》、《行员恤养规则》、《行员领用物品规则》。

6 月

7 日，交行沈属庚申两号受东北中俄边境纠纷影响，亏损严重。

22 日，第十八届股东总会在上海举行。

董事会议决修订《交通银行股票规则》。股本总额为国币 1000 万元，分作 10 万股，每股 100 元。股票由董事长及总经理署名盖章。第一区发行总库改称津区发行总库，其所属分库改称津区发行某地分库;第二区发行总库筹备处改称沪区发行总库筹备处，其所属分库筹备处改称沪区发行某地分库筹备处。

7 月

投资大生纱厂第三厂。

修订《汉口领用兑换券合同》。

沪区改收十足准备，给息办法与津区同。

哈尔滨道里办事处开办储蓄存款，是为交行举办储蓄业务之肇端。

8 月

14 日，董事会修订《分区发行规程》，规定十足准备，现金准备至少六成，保证准备至少四成。未设分库的支行办事处所在地酌设发行专员或发行员。

9 月

投资民生国货工厂。

11 月

13 日,与中央银行、中国银行一起保管关税收入,之前汇丰银行长期经理此项业务。

订立发行专员及发行员办事细则。

12 月

21 日,国民政府取消对梁士诒的通缉。

1930 年(民国十九年)

2 月

8 日,董事会议决依照新颁公司法之规定,交行股票改由常务董事 5 人签名盖章,并议决办理储蓄及信托业务,先就本行所在繁盛地方筹设专部。此外,增订办理储蓄规程。

3 月

10 日,钱新之等人发起创立太平保险公司,地址在上海江西路 212 号,董事长为钱新之,总经理为周作民。

4 月

董事会议决《增订办理储蓄规程》,呈财政部核准备案。订立《储蓄记账办法》,《增订储蓄部暂行办法》与《信托部暂行办法》合订。

先后在上海静安寺路(嗣迁南京路)、民国路、提篮桥及苏州观前街开设办事处。

5 月

19 日,第十九届股东总会在上海银行公会召开。

是月,交行沪行成立储蓄部,所属各支行办事处亦陆续筹设。

6 月

绍兴支行设立。

投资汉口暨济水电公司、上海电力公司。

大连支行在大连大山通十二番地改建新屋。

7 月

沪行储蓄部改为沪区储蓄分部,同时设哈行储蓄分部。其他分支办事处亦先后设立储蓄支部。

8 月

1 日,储蓄会计与营业会计划分独立,账目公开。增订检查储蓄账目委员会暂行规则,设检查储蓄账目委员会,以委员七人会同会计师每月检查一次,每三月公告一次。

10 月

津行在天津法租界四号路再购地建屋,前楼二层,后楼三层,共 80 余间。

11 月

与中国、大陆、金城、盐业等银行筹组内债债权团。

12 月

5 日,全国内债债权团成立,卢学溥、张公权、孙衡甫、周作民、谈荔孙等 5 人为代表,先在上海银行公会设立事务所,聘请专家制订整理方案。

南京新街口办事处设立。

董事会议决订立《检查发行准备委员会规则》;增设储蓄分部、信托分部和设计部。

是年,开办承兑汇票,颁行《办理押汇凭信及承兑贴现业务规则》,是为中国贴现市场发展史上第一个关于票据承兑与贴现的专门规章。

1931 年(民国二十年)

1 月

1 日,成立沪区发行总库,取消筹备处名义,同时成立沪区检查发行准备委员会,按月检查发行准备并发出公告。

新华商业储蓄银行(1925 年以前称"新华储蓄银行")改组,迁总行于上海,改名为"新华信托储蓄银行"。此行由交行与中行奉财政部令拨款建立,先后于 1927、1929 两年分别加增资本。此次改组将原有资本折减为十分之一,另由交、中两行增加资本至 200 万元,全数收足。董事长为冯耿光、总经理为王志莘。胡祖同担任该行的常务董事。

2 月

浙行在杭县开元路购中式楼屋 30 间,拟改建为行楼。

3 月

国民政府公布《银行法》。

沪行投资中国钢车公司。

5 月

9 日,第二十届股东总会在上海召开。

7 月

董事会议决修订《交通银行组织规程》,是为第 6 次修订组织规程。

于沪北界路及泰县设立办事处。

8 月

投资新华信托储蓄银行新股,共 9277 股,每股 100 元。

津区储蓄分部设立。

9 月

18 日,"九一八事变"爆发,日本关东军侵占沈阳,封闭沈阳的交、中两行。

26 日,沈行复业。

10 月

9 日,为巩固哈大洋券的信用,经东三省特区长官公署批准,成立哈尔滨金融保管委员会,将包括中、交两行在内的 6 家发行行、号的相当于发行额的财产、证券等,交由中行哈尔滨分行保管库代为保存。该委员会于 1932 年撤销。

辽区储蓄分部及辽属支部设立。

11 月

庚通、义源通两号歇业。

12 月

董事会议定行徽式样,以交通实业的图案为之。

1932 年(民国二十一年)

1 月

28 日,日军夜袭闸北,淞沪之战爆发,银根骤紧,上海市银行业同业公会组织联合准备委员会,以便利金融调剂,交行力赞其成。

增订《储蓄存款抵借款项规则》。

2 月

1 日,奉天省财政厅通令,禁止收受交、中两行发行的"天津"字样大洋券。沪上实业界和银行界发起成立上海地方维持会,以维护商业秩序、调剂金融等。

4 日,与诸家银行一起复业,并组织财产保管委员会。沪战爆发后,为示同仇敌忾,全市停业。

27 日,上海银行业同业公会联合准备委员会成立。公会会员银行 26 家,以资产缴准备金 7000 万两。发行公单 4 成,可代现金收付;公库证 2 成,可作为发行银行和领券银行的保证准备;抵押证 4 成,可作为同业间互相拆借的抵押品。其对解除同业支付困难、安定金融颇具作用。

是月,北平行在前门外西河沿购地建屋,共 5 层,宿舍 170 间,平房 12 间。

4 月

23 日,第二十一届股东总会在上海召开,选举于宝轩、贾士毅、梁定蓟、叶崇勋为商股监察人。财政部指派许修直为官股监察人。第二届监察人会成立,选举于宝轩为主席,许修直为常驻监察人。

5 月

青岛储蓄支部设立。

6 月

27 日,伪满财政部公布《旧货币清理办法》,自 7 月 1 日实行。交行和中行所发行的大洋券须换成伪满币,5 年内回收完毕。

7 月

余姚办事处、兰谷办事处、定海办事处设立。

沪区储蓄分部及上海第一、二、三、四支部添办特种活期储蓄。

8 月

15 日,财政部令发行银行按四成保证准备金缴纳 2.5% 的发行税。

23 日,财政部催缴发行税,各发行银行公推张嘉璈、卢学溥、胡笔江为代表,向财政部面陈从缓实行发行税,并减轻税率。

龙口办事处添办储蓄业务,简称"龙储支部"。

订立《同人互助生命保险简章》。

富行改为办事处,简称"富处"。

黑河清理处撤销。

9 月

1日,余姚办事处、余姚储支部、大连储蓄支部开业。

15日,青岛三等分行(岛行)第二办事处及第二储蓄支部开业。

10月

修订《交通银行行员任免规则》《交通银行行员服务规则》《交通银行行员薪给规则》《交通银行行员请假规则》《交通银行行员奖惩规则》。

11月

2日,潍处开办储蓄,简称"潍储支部"。

19日,上海银行业同业公会联合准备委员会第六次代表大会决议,由该委员会兼办票据交换事宜,并设立票据交换所委员会。

24日,沪行在上海市闸北光复路购置基地九亩二分二厘八毫,为建筑仓库之用。

是月,修订《交通银行行员保证规则》《交通银行行员恤养规则》《交通银行行员领用物品规则》《交通银行行员膳宿暂行规则》《交通银行试用员规则》《交通银行行员值班规则》《交通银行行员旅费规则》,定于次年1月1日起实行。

12月

9日,上海银行公会成立银行学会。

投资沪西俱乐部地产公司。

是年,东北伪财政部发布货币法及旧货币整理条例,规定新旧货币之换算率,收回奉天地名券;开始收回哈尔滨地名券,以哈券一元二角五分折合新券一元;中、交两行发行的哈券在五年内分期全数收回。

1933年(民国二十二年)

1月

10日,上海票据交换所成立(我国银行之有票据交换自此始),系上海银行业同业公会组设。所址设在香港路4号银行公会内。中国、交通、浙江兴业、浙江实业、上海、四明、金城等32家银行均加入。

沪区储蓄分部迁至南京路,嗣改为南京路支行(南行),同时沪行增设储蓄支部。

2月

投资青岛农工银行、青岛物品证券交易所。

3月

10日,废两改元从上海实施。财政部委托中、中、交三行组成银两、银元兑换委员会,办理兑换事宜。从4月10日起,全国推行废两改元,各地汇兑、交易和债权债务均以银元为单位,不再使用银两。

财政部指派张寿镛、李承翼、秦祖泽三人为交行官股董事。

4月

6日,财政部通令本日起废两改元,上海钱业同业公会、银行业同业公会分别召开联席会议,议定实行办法。同日,财政部令中央、中国、交通三行合组的银两银元兑换管理委员会即日起撤销,停止兑换。

第二十二届股东总会在上海召开,由股东投票改选胡笔江、唐寿民、胡祖同、钱新之、陈行、王承祖、周作民、李铭、陈辉德、叶薰、杨德森、张嘉璈12人为商股董事。第六届董事会互选胡笔江、唐寿民、胡祖同、钱新之、陈行5人为常务董事。财政部指派胡笔江为董事长,常务董事互选唐寿民为总经理,均于4月8日就职。

9日,前交行总理梁士诒在沪寓逝世。

15日,定海办事处营业,定储支部同时成立。

16日,南京白下路五等支行(宁行)在城内中正街分设办事处,兼营储蓄业务。

总行通告同人崇尚节俭,修订《行员庆吊送礼简则》。

5月

投资杭州电厂。

6月

董事会议决修订《交通银行组织规程》,是为第七次修订组织规程。

与太平保险公司订立代理契约,由储蓄信托部代理保险事务。

济南一等支行与中行在济南合资购置地基约五十七亩,作为建筑仓库之用。

7月

21日,常务董事会议订定总行各部、处分课职掌暂行办法:业务部分设七课(文书、会计、营业、出纳、国库、外汇、保管);发行部分设五课(文书、会计、保管、收支、印销);储蓄信托部分设四课(文书、会计、储蓄、信托);事务处分设五课;稽核处分设五课。改组各地发行库及储蓄部:津区总库改组为分库,沪区分库筹各处及津区所属分库均改组支库,各分支行处的原设分支部均改称储蓄信托分部或支部。

撤销上海分行沪区总库及沪区储蓄分部,改设业务部、发行部及储蓄信托部。

董事会修订《行员薪给规则》。

杭州、汉口两支行改为三等分行。

青岛东镇支行在东镇威海路自建行屋。

投资太平保险公司。

8月

1日,黑龙江五等支行(黑行)复业。

15日,总行通告同人严禁匿名攻讦,通告各行库部经理,因公外出,必须事前陈准,以重职守。同日,沙市五等支行开业,简称"沙行"。

董事会重加修订《行员任免规则》。

废止行员分等及办事员分级制。

承借铁道部大潼、潼西铁路工程垫款。

9月

2日,新浦五等支行开业,简称"新行"。

投资中国国货产销联合公司。

董事会议订《交通银行寄庄暂行规则》,分支行均得增设寄庄,由主任一人主管。

东台、盐城设寄庄,丹阳设支行。

董事会议决,将《行员储蓄金章程》仍修订为《交通银行行员储金规则》。

10月

6日,丹阳六等支行开业。

投资江南铁路公司。

丹阳、宜昌添设六等支库,简称"丹库"、"宜库"。设立东台寄庄、盐城寄庄、黄县寄庄。

添设沙市储蓄信托支部,简称"沙部",归总行管辖;丹阳储蓄信托支部,简称"丹部",归镇部管辖;兰溪储蓄信托支部,简称"兰部",归浙部管辖;长春储蓄信托支部,简称"长部",归哈分部管辖;吉林储蓄信托支部,简称"吉部",归哈分部管辖;哈尔滨道里储蓄信托支部,简称"里部",归哈分部管辖。所有各该支部经理,均由各该地方支行经理兼任。

11月

1日,宜昌六等支行开业,简称"宜行",归汉口三等分行管辖。兰溪六等支行开业,简称"兰行"。张家口四等支行筹储蓄信托支部开业,简称"张部"。

6 日,板铺寄庄开业,归新浦五等支行管辖。

11 日,为救济农村流通鄂省金融,汉口一等直隶支库在汉口恢复发行本行汉钞,至民国十六年以前发行的本行汉钞亦一律十足兑现。

筹设北平储信支部,简称"燕部",归津部管辖;筹设枣庄六等支行,简称"枣行",归济南一等支行管辖,同时在该地筹设发行支库、储信支部,简称"枣库"、"枣部",归鲁库部管辖。

添设清江浦六等支行。

12 月

20 日,换发新股票,股本总额由银元 2000 万改为国币 1000 万元,计 10 万股,每股银元 100 元,官股项下,财政部加入 2 万股,交通部官股 7800 股,股票附带息票,此为第四次改印换发股票。

添设天津北马路储信支部,简称"北部",归津部管辖。

沪行认购泰山保险公司股票。

1934 年(民国二十三年)

1 月

1 日,中央银行国库局成立。该行汇兑局归并业务局,以席德懋任经理。同日,汉口储信分部正式成立,简称"汉部",湘、宜、沙三支部改隶汉部管辖。

4 日,上海仓库落成,总行信托部开始办理上海仓库业务。

10 日,清江浦六等直隶支行、发行支库、储蓄信托支部同时开业,简称"清行"、"清库"、"清部"。

27 日,财政部以意国政府退回庚子赔款全部,向上海各银行借款 4400 万元,利率按月八厘,以海关税收余额拨付利息,经中行、交行等 16 家合组银团承借,以 1 万元为股,共为 4400 股,交行分摊 440 股。

厘定仓库管辖系统。增办经租房地产事务。

常务董事会议决修订行员服务、奖惩、保证、旅费、请假、膳宿、领用物品、恤养及试用员各规则,先试行 6 个月。

2 月

在归绥设立储蓄信托支部,简称"化部",归津部管辖。

3 月

因以寄庄名称对外营业不便,经议决各寄庄均改称办事处。

在如皋设立六等支行,简称"如行",同时成立六等发行支库、六等储蓄信托支部,简称"如库"、"如部",均直隶总行。

订定《派驻厂栈押品管理员暂行办法》。

4 月

在江苏泰县溱潼镇设立办事处,简称"溱处",归泰县六等支行管辖。

5 月

3 日,因寄庄改称办事处,改订《办事处暂行办法》,颁行各行。

12 日,第二十三届股东总会在上海召开。

指定青岛、汉口、杭县、宁波、南京、镇江、徐州、郑州等发行库为集中库。

总行创设业务研究室。

在浙江绍兴县的临浦添设办事处,简称"临处",归绍兴六等支行管辖。

在江苏金坛添设办事处,简称"金处",归丹阳六等支行管辖。

31 日,由宋子文、孔祥熙等发起组织的中国建设银公司在上海召开创立大会,资本定额 1000 万元,由宋子文、孔祥熙、张静江、宋子良、陈光甫等政府官员和金融界巨子,以及中央、中国、交通、金城等银行共同认股。

6 月

董事会议订《交通银行业务研究室暂行组织规程》,并设置业务研究专员,专员之设始此。业务研究室分设经济调查组、交通建设组、盐业组三组,指定副理金国宝、秘书赵梓庆为经济调查组专员,秘书张恩锃为交通建设组专员,副理李錯为盐业组专员。

添设衢州办事处,简称"衢处",归兰溪支行管辖;添设金华办事处,简称"华处",归杭县三等分行管辖;添设溧阳办事处,简称"溧处",归无锡三等支行管辖。

在温州设立六等支行、部,简称"瓯行"、"瓯部",归杭县三等分行、浙部管辖。成立六等直隶支库,简称"瓯库"。

富锦办事处裁撤,改设清理处,驻哈尔滨支行(哈行)清理。

7 月

4 日，国民政府公布《储蓄银行法》。

11 日，承受财政、铁道两部发行的民国二十三年六厘英金庚款公债。

设立香港二等分行，简称"港行"，设立厦门三等分行，简称"厦行"。

设立广州支行、福州支行，简称"粤行"、"闽行"，分别归港行、厦行管辖；设立南昌支行，简称"赣行"，归总行管辖；设立北平东城、西城六等支行，简称"燕东行"、"燕西行"，统归燕行管辖。

设立泰兴办事处（兴处），归镇江二等支行管辖。

设立北平东城、西城储蓄信托支部，简称"燕东部"、"燕西部"，归燕部管辖；设立石家庄四等储蓄信托支部，简称"石部"，归津部管辖。

8 月

1 日，天津小白楼兑换所改组为六等支行，简称"白行"，成立六等储信支部，简称"白部"，即日起正式开业。

石家庄储信支部开业。石行购石家庄大桥街楼屋 64 间为行址。

设立武昌六等支行、部，简称"鄂行"、"鄂部"，归汉口三等分行汉部管辖，同时成立六等直隶支库，简称"鄂库"。

9 月

3 日，黄桥办事处正式成立，简称"桥处"，归镇江二等支行管辖。

设立陕州五等支行，简称"陕行"，归郑县二等支行管辖，同时成立六等支库，简称"陕库"，直隶总行；设立渭南五等支行，简称"渭行"，归西安三等支行管辖，同时成立五等支库，简称"渭库"，直隶总行。

设立灵宝办事处，简称"灵处"，归陕州五等支行管辖；设立西安三等直隶支行、库，简称"秦行"、"秦库"；设立咸阳办事处，简称"咸处"，归西安三等支行管辖；筹设青口办事处，简称"青处"，归新浦五等支行管辖。

设立厦门一等直隶发行支库、三等储蓄信托分部，简称"厦库"、"厦部"；设立福州发行支库、储蓄信托支部，简称"闽库"、"闽部"，归厦库、厦部管辖；设立开封储蓄信托支部，简称"汴部"，直隶总行。

郑县二等支行（郑行）库为西北各行调拨中心，列列二等支行库，添设副理。

10 月

8 日，规定《特种试用员见习办法》。

15日，厦门复设分行并设储蓄分部。

16日，国民政府设立国外汇兑平市委员会，由中、中、交三行各指派一人组成，决定每日应征白银平衡税的标准。财政部令交行会同中央、中国两行集资1亿元，派员参加组外汇平准委员会，以平衡白银出口税率，稳定外汇行市。

交行陈准财部商向中行暂垫港纸200万元，交行筹垫港纸100万元，拨交中交两港行照市收购现银运沪，市面赖以周转。

增发福州、厦门、西安地名券，厦行复业时曾以奉天之五元、十元券改印厦门券，并以一部分奉券改印西安券。交行辅币券已流通市面，前发小银元券经陆续收回不再发行。

设立西安支行。

设立南昌直隶支行库部，简称"赣行"、"赣库"、"赣部"。浔行改组为办事处，简称"浔处"，归南昌二等支行管辖，撤销浔库（九江四等直隶支库）。

洮南支行改组为办事处，简称"洮处"，归沈阳一等支行管辖，洮部撤销。

总行发行部驻天津印销课撤销，所有该课经管的事物，除空白津券之保管及津券加印事项移归天津一等分库（津库）代办外，其余各项券科券角及卷宗账册等，分别由发行部文书、会计、保管三课接管。

11月

1日，由于江苏省政府由南京移设镇江，省金库也随之由宁移镇，交行代理省金库事宜，原由南京支行办理，至此亦于同日起移归镇江支行办理。

27日，香港复设二等分行，并设储蓄分部，经理李道南，地址为香港雪厂街5号。

添设保定储蓄信托支部，简称"保部"，归津部管辖。

投资无锡豫康纺织公司、济南自来水公司，认销建设银公司按股额摊销财政部卷烟印花税票。

交行暨上海商业、金城、浙江兴业、鄂豫皖赣四省农民银行（嗣改称中国农民银行）五行组织成立中华农业合作贷款银团，开始办理农贷，此为开发西北农产之先声。

自办咸阳、朝邑、大荔、兴平、武功等县农业合作贷款，改进陕西棉业。总行业务研究室添设棉业组。

设立太仓临时办事处，归常熟三等支行管辖；设立新安临时办事处，归新浦五等支行管辖；设立大中集临时办事处，归东台六等支行管辖；设立上冈临时办事处，归镇江二等支行管辖;设立涟水临时办事处,归清江浦六等支行管辖。

12 月

1 日,吉林储信支部开业。

17 日,武昌支行开业。

28 日,会同中央银行和中国银行合做拆款,稳定金融,施行合做拆款办法。

30 日,与中央银行签订收回整理交通银行发行哈尔滨大洋借款契约书。

济南、烟台二库改隶岛属。

四平街支行部原为二等,现改为四等支行部。

添设大同、宣化办事处,简称"同处"、"化处",均归张家口四等支行管辖。原称化行之归绥支行自 1935 年 1 月起改称"绥行",以资区别。

添设西安直隶储信支部,简称"秦库"。为便利发钞及调拨准备起见,将原直隶总行的渭南支库,改归秦库管辖。

是年,粤汉路英金庚款之承收,钱塘江桥之兴筑,陇海路老窑海港之建设,湘省宁横公路之开辟,豫省黄河之浚治,陕省引渭灌溉之工程,交行均有兴助。华业轮船公司、九江映庐电灯公司、镇江自来水公司、张家口华北电灯公司、闸北水电公司、烈山煤矿公司、南通大生第一纺织公司、扬州面粉厂等,均与民生实业有关,交行各予巨额放款。其他如承做汉口沙市棉押,合作淮南盐场盐放,包做温州木炭押款、苏省农储栈单押款。

1935 年(民国二十四年)

1 月

1 日,海州青口办事处、保定支部正式开业。

4 日,秦部正式开业。

8 日,北平东城六等支行部、南昌二等支行库部开业。

9 日,历城办事处正式开业。

25 日,姜堰临时营业处改组为办事处,简称"姜处",归泰县六等支行(泰行)管辖。

定行改组为办事处(定海办事处),简称"定处",定库(定海六等直隶支库)定部同时撤销。定处一并划归宁波三等支行(甬行)管辖。

兰(兰溪)行改组为办事处(兰溪办事处),简称"兰处",归金华六等支行(华行)管辖,兰库(兰溪六等直隶支库)兰部撤销。

太仓临时营业处改组为办事处,简称"太处",归常熟三等支行(常行)管辖,派常行会计员张仲和为太处主任。

添设太原办事处,简称"晋处",归石家庄四等支行(石行)管辖;添设临清办事处,简称"临处",归济南一等支行(鲁行)管辖。

伪满洲政府财政部新订银行法,取缔当地的国外银行储蓄业务,交行沈、哈等行均被视同国外银行。

增发西安地名券。

2 月

2 日,上海各业因年关结账,银根紧张,荣康、益康、德昶、顺记及宝大裕等钱庄相继停业,其他各业也停闭甚多。中央、中国、交通三银行召开紧急会议,决定拆放1500 万元,以资救济。

9 日,沪交通、金城、浙江兴业、上海商业、四省农民五银行为避免互争农贷,特合组中华农业贷款银团,推李钟楚、邹秉文为常务理事。本年计划以棉麦贷款为主,总额 500 万元。

22 日,杜月笙等 6 人晋见财政部长孔祥熙,请拨巨款稳定市面。孔应允由中央、中国、交通三行承办货物抵押放款,至于地产押款,尚待研究。

28 日,上海金融界决定由中央、中国、交通三银行筹款 225 万元,向汇丰交涉赎回申新七厂。

交行会同中行筹垫英金债券,向沙逊银行商借英金 50 万镑,购运现银调剂市面。

总行业务研究室改组,取消业务研究室名义,设立盐业、棉业、交通事业、经济调查四组,均各直隶总经理,每组设主任专员 1 人。

长春支行改组为分行,简称"长行"。哈尔滨分行改组为支行,简称"哈行",同时将哈行、吉行、黑行(黑龙江五等支行)划归长行管辖。里行(哈尔滨道里)改组为办事处,简称"里处",仍隶哈行。

筹设漳州六等支行,简称"漳行",归厦门三等分行(厦行)管辖。

上海外汇平市委员会委托中国、交通两行自港购银运沪,先后已到 7 批共 293.65万元。原计划购银 2000 万元,现因港市银价提高,故改向英国伦敦购买,首批 300 万元已装轮驶沪，另外的 1000 万元正在洽购。

3 月

1 日，扬州五等支行部所属高邮办事处（高处），泰县六等支行所属姜堰办事处（姜处）、溱潼办事处（溱处），清江浦六等支行（清行）所属淮安办事处（淮处）、宝应办事处（宝处）、盐城六等支行（盐行）、东台六等支行（台行），均划归镇江二等支行（镇行）管辖。福州城内办事处正式成立，简称"福处"，归福州支行（闽行）管辖。

20 日，国民党中政会根据孔祥熙提议，通过发行金融公债 1 亿元。28 日，国民政府公布《民国二十四年金融公债条例》。4 月 1 日，金融公债开始发行，该项公债用于：（一）收回上年抵付中央银行之国库券 3000 万元；（二）拨还中央银行垫款 4000 万元；（三）增加中国银行官股 2500 万元，交通银行官股 1000 万元。该项公债发行后，中央银行实力增强。政府控制中、交两行，三行形成一体，受制于中央，便于财政调度。

22 日，沪中国、交通等 10 家银行合组的中华农业合作贷款团由邹秉文率领抵津转平，旋赴冀南农村调查，准备发放棉麦贷款。

28 日，国民政府特任孔祥熙为中央银行总裁，张嘉璈、陈行为副总裁，指定孔祥熙、宋子文、张嘉璈、陈行、叶琢堂、唐寿民、徐堪为常务理事。

南京行在新街口购地建屋，共 50 余间，系四层楼，建有营业大厅一所。

撤销哈尔滨分部暨所属各部。沈阳二等分行改组为一等支行，简称"沈行"，直隶总行，原隶沈分行的各支行处仍归沈支行管辖。

4 月

1 日，财政部发行民国二十四年金融公债 1 亿元，增加中、中、交三行资本。

12 日，财政部公布修正《交通银行条例》，资本增至 2000 万元。

15 日，广州支行复业，同时成立储蓄信托支部，简称"粤部"，归港部管辖。孔祥熙在沪谈，决定以 2000 万元救济上海工商业，由中央、中国、交通三行会同银行业公会办理。

17 日，颁发各行仓库暂行办法。财政部拟定救济工商业放款原则 10 项，规定抵押放款 1500 万元，信用放款 500 万元，月息 8 厘，期限不得超过一年，还规定"银行应随时监督稽查其用途"，"对于工厂的技术改良及商号之营业方针，银行得随时派专家指导或矫正"，令中央、中国、交通三行及上海银行业公会遵办。

20 日,第二十四届股东总会在上海召开,通过增加官股修订章程。国民政府改定交行股本,总额国币 2000 万元,计 20 万股,财政部增加官股 10 万股,加之先前的官股共为 12 万股。第六届董事会成立,选举胡笔江、唐寿民、胡祖同、钱新之、陈行、宋子良、杨厚生 7 人为常务董事。财政部仍指派胡笔江为董事长。聘任唐寿民为总经理。第三届监察人会成立,选举赵棣华为主席,许修直为常驻监察人。

21 日起,改订官股正息年息五厘、商股正息年息七厘。官股项下的股本由财政部拨到金融公债 1000 万元,其 1928 年所认百股两万股因尚未缴足 1 万股,计 100 万元,亦并以金融公债如数拨足,至此易为官股六成商股四成。

22 日,同泰钱庄宣告清理。中国、中央、交通三行召开紧急会议,决定拆放 1000 万元以资救济钱业,由中央银行主持;借款户以公债库券、地契等作抵押。

增订《沈属各储蓄分部结束账目办法》。

订定《交通银行仓库暂行办法》。

承借浙财厅工赈借款、平汉铁路管理局透支借款、江南路公司筑路借款。

5 月

1 日,总行举行行务会议。

23 日,政府公布《中央银行法》,1928 年公布施行的《中央银行条例》即行废止。董事杨厚生病故,由财政部指派席德懋补充。

30 日,中国通商、中国实业、四明三银行先后发生挤兑,国民政府指令中央、中国、交通三行拨款支持。是日,财政部接管实业银行,又分别于 6 月 1 日、7 日接管四明银行和通商银行,均改为官商合办。总经理易人,实业银行总经理由胡祖同代理,四明银行总经理为叶琢堂,通商银行总经理为顾诒谷。

上海南京路三等支行(南行)自 5 月起另设储蓄信托支部,简称"南部",直隶总行。

编订筹备交行信托业务大纲,提交行务会议讨论,积极筹办信托业务。

承借闽财厅省券押款 20 万元、铁道部陇海铁路西段工程垫款、铁道部苏嘉铁路借款。

6 月

1 日,修订《交通银行章程》,呈奉财政部核准备案,此为交行章程第三次修订。同日,添设蚌埠三等储蓄信托支部,简称"蚌部",直隶总行;开封六等直隶储蓄信托支部开业。

4 日,北平西城六等支行(燕西行)部开业。

10 日,鼓浪屿办事处开业,简称"鼓处",归厦门三等分行(厦行)管辖。

13 日,燕西行在北平西单牌楼北大街购地建屋,计两层,22 间。

15 日,漳州六等支行、六等发行支库及储蓄信托支部同时开业,简称"漳行"、"漳库"、"漳部",漳库、漳部分别归厦库、厦部管辖。

是月,美商美丰银行停业,市面震动,财政部拨发民国二十四年金融公债票面500 万元,分存三行作为保证,由三行酌量调剂市面。交行会同中央、中国二银行拆借现款,又维持上海绸业银行及中国实业银行。

青岛一等支行库部改组为三等分行库部,简称"岛行"、"岛库"、"岛部"。鲁区各库划归岛库管辖;除潍、东两部原归岛行部管辖,济南城内办事处(历处)仍隶济南一等支行(鲁行)管辖外,所有鲁、烟归直隶支行;原归鲁行管辖的枣庄六等支行(枣行)、原归烟台二等支行(烟行)管辖的威海卫五等支行(威行)、龙口五等支行(龙行)两行,均移归岛行管辖,自 7 月 1 日起实行。鲁、烟、枣、龙四部改隶岛部管辖。

添设包头五等储蓄信托支部,简称"包部",归津部管辖。

7 月

1 日,与青岛中国、大陆、金城、上海、国华、浙江兴业、东莱等银行订立八行放款公约。

董事会议增拨储蓄部营业基金,国币 200 万元,加之 1920 年 2 月的 50 万元,共为 250 万元,还拨国币 250 万元为信托部营业基金。

修订《储蓄部章程》,增订《信托部章程》。

常务董事会议制订交通银行核给行员退职金及特别退职金暂行办法。

24 日,储信部除原设的文书、会计、储蓄、信托四课外,增设保管、仓库二课,由储信部保管课办理所有保管事务。业务部保管课裁撤。

裁撤总行盐业、棉业、交通事业、经济调查等四组。

8 月

25 日,奉财政部核准备案,交行正式办理信托业务。

28 日,添设宁波江东办事处,简称"甬东处",归宁波三等支行(甬行)管辖;添设周巷镇临时办事处,归余姚五等支行(姚行)管辖。

是月,总管理处订立《交通银行检查储蓄账目委员会暂行规则》。

9 月

董事会议决实施《农业合作贷款处理规则》。

10 月

6 日,中国赴日经济考察团一行 34 人,由盐业银行总经理吴鼎昌率领,自上海启程赴日。该团由各地金融界和工商界人士组成,有宋汉章、陈光甫、唐寿民、周作民、钱新之、徐新六、刘鸿生、俞佐廷、黄文植等人。

9 日,济南交行与中国、上海、大陆、浙兴、中实等五行共订关于各项放款合约。

18 日,承借鲁省政府赈灾垫款。

承借江南铁路公司透支借款。

11 月

1 日,宁波江东办事处开业。

3 日,财政部布告实施法币政策。规定以中央银行、中国银行、交通银行发行的钞票为法币,所有完粮纳税及一切公私款项的收付,概以法币为限,不得行使现金,其他银行发行的钞票照常行使,不得增发,持有白银、银元者向指定银行兑换法币;为使法币对外汇价按照目前价格稳定起见,由中央银行、中国银行、交通银行无限制买卖外汇;设立发行准备管理委员会,厘订发行准备委员会章程。以交行代表二人为委员;指定交行库房为法币准备之一:(一)接收停止发行各行的兑换券及准备金;(二)兑换现银;(三)买卖外汇;(四)收换旧券;(五)收换旧辅币;(六)检查准备。自此不再使用现银。

4 日,国民政府明令公布实施法币,自此,交行取消各地分库,集中发行,以推行法币。

5 日,财政部分函央行、中行及交行负责稳定外汇价格。财政部组织发行准备管理委员会,负责法币准备金保管及发行收换事宜。孔祥熙任主席,宋子文等 18 人为委员。同日,该委员会举行第一次会议,推宋子文、胡笔江、陈光甫、钱新之、李觉(李穉莲)为常委。

6 日,中、中、交三行取消法币汇款的汇水,改收手续费。

15 日,财政部公布《银制品用银管理规则》,规定用银应向中、中、交及其代理行、号购买。下旬,财政部规定运送银币、银类,由中、中、交三行负责,须持财政部准运护照。

16 日,财政部指定中央、中国、交通三银行接收各发行银行的发行准备。中央银行接收中国农工、中南、农商三银行;中行接收四明、中国农民(因该行反对,致未接收)、中国实业三银行;交行接收中国垦业、中国通商、浙江兴业三银行。发行准备的六成现金即就各该行的保管库暂时封存,四成保证准备则分别移送中、中、交三行保管。

17 日,财政部函知中央银行,准各银钱业行庄按照原有领券办法,以现金六成,搭配政府债券四成,向中央、中国、交通三银行换取法币,或照章领用法币。

29 日,吉行改组为办事处,简称"吉处",仍隶长春分行(长行)管辖。

30 日,财政部指令中、中、交三行办理同业透支,以调剂产业金融,三行以四、四、二比例分担透支额,共同保管押品。

是月,受财政部及发行准备委员会委托,接收浙江兴业、中国垦业、中国实业三银行发行。

呈准财政部将中国实业银行尚未发行的新版一元券 500 万元归交行改印交行行名发行,以应急需。

因实施新货币政策,中央、中国、交通三行设立中、中、交三行联合办事处。

12 月

7 日,财政部准许外商银行以六成现银、四成保证,向中央、中国、交通三行兑换法币。

9 日,财政部规定,杂币、杂银由中、中、交三行及其代理机关办理收兑。

常务董事会以法币行使不分区域,发行集中总行,并规定各支行、处领发法币办法。

23 日,公布《发行准备管理委员会检查规则》。自本月起,交行发行准备除本行检查委员会按月检查仍继续办理外,并按月开列账表具报管理委员会,另由管理委员会委员按月来行依据报会详细检查,登报公告。

29 日,截至是日,全国法币发行总额共 6.72983 亿元。其中,央行发行 1.76065亿元,中行发行 2.86245 亿元,交行发行 1.80826 亿元,中国农行发行 2984.7 万元。

31 日,财政部密令由中、中、交三银行无限制买卖外汇,所有现存银币、银类应陆续酌量运出购入外汇存储,以充准备。运出现银易成外币后,在国内外各开特别户专户存储,由中央银行业务局负责办理。同日,交行由胡佛轮运出第一批现银 800 万元。

是月,重订《仓库规则》《仓库管理规则》《仓库及押品堆栈检查规则》《押品管理员服务规则》。

稽核处增设第六、第七两课,并设立旧欠整理室,除行委派副处长一人兼领旧欠整理室专员外,又增派课长一人。

是年,美国收买白银,海外银价上涨,在本年 4 月间涨势尤烈,国内白银流出海外极巨。天津、北平、青岛、济南、烟台、威海卫、徐州等地均引起挤兑高潮,多系日方主使。交行协同各银行防止运现出口,应付日韩人挤兑,成为该年一项艰巨的工作。

对于陇海路西宝段之延长、浙赣路南萍段之兴筑、西南各公路之敷设、苏省导淮工程、交通部扩充电报电话之电政公债,交行均赞襄其事。

参与皖豫鄂河岸运盐放款,辅助江浙改造蚕种,承做郑县、陕县等地棉贷及汉、湘、芜、绥、泰等地纱厂、纺织厂、面粉厂等的各项放款。

1936 年(民国二十五年)

1 月

1 日,开始检查发行准备,由沪区推及全体。规定各分、支行、办事处处理当地同业领用法币办法,划一处理手续。

2 日,镇江行在江边日新路购地建屋,共 33 间。

改汉口、杭县、厦门支库为分库。

总行储蓄信托部开收信托存款,上海四支部亦同时开收,其他分支部也陆续开办。

订定信托部方面的规则:《交通银行信托部营业通则》《交通银行信托存款规则》《交通银行公司债信托规则》《交通银行保证业务规则》《交通银行代理运销商品规则》《交通银行代理买卖有价证券规则》《交通银行保管有价证券规则》《交通银行垫款购买有价证券规则》《交通银行经理管理房地产规则》《交通银行代理买卖经营房地产规则》《交通银行土地执业信托规则》《交通银行执行遗嘱管理遗产规则》《交通银行代客投保各种保险规则》、《交通银行寿险信托规则》《交通银行公司委托事务规则》《交通银行代理学校收费规则》。

2 月

1 日,董事会议订《交通银行行库部分股办法》。各分行及设股支行改营业股为存款、放款、汇款三股,各股设主任,酌设副主任。分支行以发行分支库及储蓄信托分支部名义撤销,变更分股办事办法。

18 日,总行设立旧欠整理室,指派专员,负责督饬办理旧欠款项。

25 日,设立泉州六等支行,简称泉行,归厦行管辖;设立涵江办事处,简称"涵处",归福州支行(闽行)管辖。福州支行(闽行)库部自 3 月 1 日起由原归厦门三等分行(厦行)库部管辖改为直隶总行。

董事会议决撤销各地储蓄信托分支部名义,储蓄业务归原在地分支行办理,撤销先前颁发的分支部印章,嗣后对外单据盖印分支行办事处图章。

3 月

15 日,潼关办事处开业。添设赣县六等支行,简称"虔行",归南昌二等支行(赣行)管辖,派卢惟周为筹备员。周巷临时办事处取消临时字样,正式成立,简称"周处",归余姚五等支行(姚行)管辖。

16 日,上海票据承兑所正式成立。

交行与中国银行商定接收中南、大陆、盐业、金城四行准备库津区发行。

湘行在长沙黄道街购地建屋,共 30 余间。

财政部以复兴公债额面 1715 万元为押品,向交行借款 1200 万元。

各发行分、支库与储信分、支部同时一律撤销,所有发行事务,由当地行接管办理。

与中央、中国银行商定,除法币外,现尚流通市面的其他银行兑换券,均需以六成为现金准备,四成为保证准备。

为谋资金集中运用的便利与普通信托存款收益率的平均,凡各分支行的普通信托存款一律转归总行信托部运用,办理统账。

4 月

1 日,西安筹设的仓库开业。

18 日,第二十五届股东总会在上海召开。

20 日,上海仓库第一分仓成立。

24 日,汕头支行设立。

接收湖北省银行全部发行完竣,并报财政部及发行准备管理委员会备案。北平、天津外商银行的存银,由中、交两行兑给法币。

5月

1日,渭南五等支行(渭行)添设的第一、第二两仓库正式成立。溧阳办事处开业。

28日,洛阳临时办事处改组为常设办事处,简称"洛处",归郑行管辖。

徐州行在大同街购地建屋,共39间。

增订运输规则,经办货物押汇,代收贷价的货物,并代办运输。

承借浙公安局借款,承购国民政府完成沪杭甬铁路民国二十五年六厘英金借款债券。

继续与平汉路局签订燕行透支借款合同。

6月

1日,订定《信托存款调拨办法》。

8日,为改善代理保险手续,特制定代理保险月报,编定保险须知。

20日,董事会议决修订《交通银行办事处暂行办法》,规定由总行派充办事处会计员,会计事务需独立办理。

29日,准铁道部函商,代理铁道部清还浙路公债。

董事会议决订立《行史编纂处规则》。

将全部信托会计办理统账,自此信托业务损益之计算完全集中于总行。

订定《交通银行仓库办理转运货物规则》、《运输须知(铁路部分)》。

添设彰德办事处,简称"彰处",归郑县二等支行(郑行)管辖;添设宿迁办事处,简称"宿处",归清江浦六等支行(清行)管辖。

总行业务部营业课改组为放款、存款、内汇三课。

7月

1日,张店临时办事处正式改组为常设办事处,简称"店处",归青岛三等分行(岛行)管辖。同日,赣县六等支行(虔行)正式开业。

21日,设行史编纂处,编纂交行三十年史。

修订《交通银行储蓄存款规则》。

添办整存便期整付、零存便期整付两种储蓄存款。

9 月

10 日,彰德临时办事处开业。

15 日,庵东临时办事处开业。

16 日,太原办事处(晋处)开业。

25 日,大中集临时办事处开业。设立盐城上冈临时办事处,归盐城六等支行管辖;设立石码临时办事处,归漳州六等支行(漳行)管辖;设立泰安临时办事处,归青岛三等分行(岛行)管辖;设立观海卫临时办事处,归宁波三等支行管辖。吉、洮两办事处裁撤。改组站、孙两行为南满站办事处、孙家台办事处,简称"站处"、"孙处",归沈阳一等支行(沈行)管辖。

陕州五等支行改为六等支行(陕行),归郑县二等支行(郑行)管辖,将原归陕行管辖的灵宝办事处,移归郑行管辖。

临清临时办事处划归青岛三等分行(岛行)直辖。

董事会议决《填补商股缺额办法》,由在行职员分认足股。

汕行在汕头市居平路租地建屋,三楼三底为行址。

10 月

14 日,发行部印销课重新设置。

15 日,汕头六等支行(汕行)、涵江办事处(涵处)与上岗、临清两临时办事处开业。

20 日,石码、泰安、泾阳三个临时办事处开业。

29 日,设立商丘临时办事处,归徐州五等支行(徐行)管辖;设立泾阳临时办事处,归泰县六等支行(泰行)管辖;设立北平木厂胡同临时办事处,归北平一等支行(燕行)管辖。

上海市银钱业业余联谊会成立,简称"银联",是中共抗日民族统一战线的产物,交行职工和上层人士均有参加。

改订各分、支行、办事处代收代付各种储款办法,由代收行直接登折。

11 月

10 日,商丘临时办事处开业。

26 日,在上海静安寺路海格路设立直隶支行,简称"静行"。在河北顺德设立临时办事处,归石家庄四等支行(石行)管辖。北镇临时办事处撤销。青岛三等分行

（岛行）添设信托股。

投资广东银行。

收足自 1935 年股本改订以来未募足的股本。

中国实业退出六行放款合约，至此成为四行合作。

陈准财政部按照中行办法，以收换旧辅币项下的铜元充发行准备。

12 月

9 日，朝邑临时办事处正式开业。

10 日，中央、中国、交通三总行与邮政储金汇业总局订立收换三行破损兑换券办法。

11 日，立法院通过《民国二十六年京赣铁路建设公债条例》，总额 1400 万元，用于展筑自宣城至贵溪段铁路，由交行承销 400 万元。

16 日，总行制订各行处切销钞券办法。

31 日，设立建瓯办事处，简称"建处"，归福州支行（闽行）管辖；设立马尾办事处，简称"马处"，归福州支行（闽行）管辖。

是月，太平保险公司增办人寿保险，与交行增订代理人寿保险合同，编订寿险须知。

交行兑换券已奉政府指定为法币，呈准财政部将扩五年度发行税免缴。发行区域推至粤南，流通券额逾 30000 万元。

是年，粤汉铁路通车，南浔铁路中正桥之建筑，京赣铁路宣贵段、川湘川陕公路之兴筑，西北及闽豫两省各线公路之开辟，鄂省堤工之修理，津浦平汉铁路局、黄河水利会及青岛汽车公司等，交行或与助力，或予贷借，均承其事。对扬子江四大岸常平盐、加运存盐放款以及南京、上海等地的实业、电气、煤矿等事业，交行均予以赞助。

是年底止，计分行 7 个、支行 70 个、办事处 35 个、临时办事处 10 个、仓库 44 个、合办仓库 5 个。

是年，中央、中国、交通、中国农民四大银行吸收存款 26.7 亿元，在全国 164 家中国银行中，实收资本占 42%，资本总额占 59%，发行兑换券占 78%，纯益占 44%。

1937 年（民国二十六年）

1 月

添设株洲办事处,简称"株处",归湘行管辖;添设吉安临时办事处,简称"赣安处",归赣行管辖。

2月

10日,总行寄发交通银行成立卅周纪念办法。

投资中国米业股份有限公司。

3月

1日,张店办事处改为四等支行,简称"店行",归青岛三等分行管辖。石码办事处、邢台临时办事处开业。

10日,芜湖仓库正式开业。

14日,总、分、支行举行成立三十周年纪念活动,行内举行纪念仪式,对行外赠送纪念册4万本。

30日,添设嘉兴办事处,简称"嘉处",归浙行管辖;张集临时办事处(平地泉临时办事处)改组为正式办事处,简称"集处",仍归张家口四等支行管辖;吉安临时办事处改为正式办事处,简称"安处",仍归南昌二等支行管辖。黑龙江支行改称齐齐哈尔支行,简称"齐行"。

太平保险公司商由交行让给泰山保险公司股份5万元,该公司拨还交行国币20万元。

4月

1日,在上海香港路59号银行业同业公会召开第二十六届股东总会,修改条例章程。

2日,各董事于下午3时在总行四楼开会,成立董事会,并用记名连记法投票互选常务董事,胡笔江、唐寿民、陈行等7人当选。财政部指派胡笔江为交行董事长;聘任常务董事唐寿民为交行总经理;订定常务董事代表董事会常川到行执行职务每日集议办法。推定常务董事5人(胡、唐、孔、陈、宋),签盖本行股票。

修订《押品管理员服务规则》和《仓库、押品堆栈检查规则》。

5月

董事会议决取消本行检查发行准备委员会。

与安徽地方银行订立业务大纲。

中国建设银公司将交通部息借的国币300万全部转让给交行、中行等分别承借,另订转让合同,交行摊 80 万元。

投资中国棉业股份有限公司股份 300 万元。

浙赣铁路联合公司为修筑南昌至萍乡段铁路,向交行、中行、中农行等商借 1000 万元,交行摊借给 200 万元。该公司又向德国订购材料,再向各行加借 200 万元,交行摊借 40 万元。

西安三等支行(秦行)升列二等支行,直隶总行,渭南五等支行(渭行)及咸阳办事处、朝邑办事处、泾阳临时办事处,划归西安支行管辖;陕州六等支行(陕行)、开封六等支行(汴行)及潼关办事处、灵宝办事处、洛阳办事处、彰德办事处,划归郑县二等支行(郑行)管辖。

6 月

参加中华农贷银团。

7 月

6 日,交行等 11 家银行召集银行代表、国货厂商代表在上海银行公会举行联席会议,决定组织国货贷款银团,以资金 300 万元办理押汇、承兑汇票及国货工厂贷款。

7 日,"卢沟桥事变"爆发,引起金融恐慌,上海市面挤提存款、抢购外汇等现象频发。交行总行立即采取应变措施,初拟撤往南昌、长沙,内撤南昌之前,以杭州和绍兴为第一退步,长沙为第二退步。

是月,总行业务部增设调查课。

8 月

5 日,国民政府财政部授权中央、中国、交通三家银行在上海合组放款委员会,调剂金融。

9 日,鉴于上海严峻的金融形势,为集中中、中、交、农四行力量,财政部令其成立上海四行联合贴放委员会,制定公布《贴放委员会办理同业贴放办法》及《贴放委员会办事细则》,共同办理贴现业务,并令上述四家银行组成联合办事总处。

13 日,驻沪日军侵袭淞沪。财政部令上海各银行、钱庄停业两天。

14 日,战事激烈,总行因面临浦江,接近战区,暂迁至霞飞路 889、891 号房屋内临时办公。

15 日,财政部公布《非常时期安定金融办法》,限制提存,自 8 月 16 日起实行。上海银钱业公会于此办法公布后,为便利货物流通,特拟定补充办法呈准财政部同时实行。财政部令全国重要都市设四行联合办事处及贴放委员会。

17日,四行联合办事处及上海银钱业复业。

18日,国民政府决定发行"救国公债"5亿元。

19日,交行的南京路、民国路、界路、提篮桥四个支行临时迁入静行办公。

23日,因总行屋少人多,储信部另觅得迈尔西爱路311号办公。

26日,财政部核准中、中、交、农四行总行就各分支行设立联合贴放委员会,办理贴现、放款等事宜。

28日,财政部公布中、中、交、农四行内地联合贴放委员会贴放办法,并规定汉口、重庆、南京、南昌、广州、济南、郑州、长沙、杭州、宁波、无锡、芜湖为贴放地点。

30日,总行稽核处迁入迈尔西爱路305号办公。

9月

21日,总行改组为总管理处,仍分业务、发行、储蓄信托三部和事务、稽核两处,并拟移至首都,以适应非常时期需要。同时,上海成立一等分行,简称"沪行",行址设在霞飞路上。

25日,财政部密令中、中、交、农四行总行移至南京。

30日,部分董事提议,总处迁移后各董事不能按时出席会议,所有董事会职权拟暂授权常董代行。经董事会议决,由常董会议议决暂授权董事长代为执行,董事会暂停召开。

11月

18日,中、中、交、农四行总管理处移设南京。沪上交行各行照常营业,并一如既往地办理国内外汇兑。

总处厘订"非常时期交行为减免损失,保存行基,确立方针办法",按已陷敌区各行处、接近战区各行处、后方各行处三种不同情况,提出七点方针办法部署给各行处。总处奉财政部命令迁至汉口。总处发行部一部分迁至香港办公。孔祥熙在汉口组建四联办事总处,原在上海成立的四联办事处改为办事分处。

12月

8日,四联总处第十二次会议议决,总管理处名义应在重庆,并规定由总处指派人员驻港、汉、沪办事。

各撤退行处在上海成立临时办事处集中办公。筹设重庆支行,简称"渝行"。总处规定非常时期划分区域办法,将各分支行划分为沪区、浙区、长江区、苏北区、陇西区、陇东区、青区、津区、粤闽区九个区域,并指定沪行、浙行、汉行、镇行、郑行、蚌行、青行、津行、港行为各该区域内的集中行。规定集中行对区域内事前布置及临时办法应注意各点,各项办法由集中行负责指挥,并逐日通报总处,如遇道路梗阻应绕道邮递陈报。至年底,交行因战事停业、撤退、迁移的行处共有 28 个。

1938 年(民国二十七年)

1 月

10 日,交行重庆支行开业。

2 月

5 日,孔祥熙赴香港,召集中、中、交、农四行洽商应付伪华北联合准备银行的对策;议定中、交、农三行准备外汇可按转存名义转存入中央银行,嗣后,央行向交行商调外汇,自 3 月 25 日起至 4 月 22 日,交行分三批拨交央行业务局美金共 950 万元。

11 日,北平伪"临时政府"所设中国联合准备银行在北平成立,汪时璟任总裁,3 月 10 日正式开业,资金 1 亿日元,由日本银行团供给,发行纸币与日币同价,并宣布一年后废止法币。

28 日,总处在香港成立办事处。常务董事在港举行第一次会议,出席常董有胡笔江、唐寿民、陈健庵、宋子良、席建侯、孔令侃、盛苹臣。

是月,青、烟、鲁三行沦陷后被迫复业,总处通函各集中行对鲁区各行代托解款项,概不得照付。总处清查整理战区内各行处委托沪、港两行解款及维持同业情况。财政部制定《金融分区处理办法》:因战时各地金融处境不同,分为陷敌区域、附近陷敌区域、距敌较远区域、复兴根据区域四类,按类分别规定处理办法。交行遵照四联总处的决议,将总处办事机构分驻汉、港,随时联络策应。财政部电嘱四行于西南各地设行,经四联总处议决:交行应在重庆、衡阳、昆明、贵阳等地分设行处。财政部委托中、中、交、农四行经募救国公债共 33600 万元,交行垫款 6700 余万元。

3 月

10 日,"中国联合准备银行"在北平发行伪联银券。伪政府还发布了《旧通货整理办法》,限期禁止法币流通。平、津地区的交行和中行为应付环境,对存欠各款及同业往来,将法币与伪币分户记账。

12 日，财政部为巩固法币信用，指定中央银行总行办理外汇请核事宜，颁布《购买外汇请核办法》及《购买外汇请核规则》，开始实行进口外汇管理。

22 日，财政部颁布《商人运货出口及售结外汇办法》、《出口货物应结外汇种类及其办法》，规定由中、交两银行承办出口外汇的承购及结算工作。

4 月

设立成都支行及衡阳、常德、沅陵三个办事处。

总处通函调查战区行处迁移状况及业务报告。各行处报告战时撤退状况及仓库损失情况，15 个撤退的直隶支行中有 7 个撤至上海，6 个撤至汉口，10 个撤至苏北的泰县、兴化、盐城等地。

5 月

日伪强制接收绥行和包行。

6 月

国民政府在汉口举行全国财政金融会议，交行董事长和总经理出席会议，各分行经理列席会议。

7 月

20 日，发行十二版钞券 30000 万元。

总处由汉移港。发付 1937 年官商股半数股息。1937 年结盈 60 余万元，不敷支行全年股息，经董事会议决，先发半数。

8 月

8 日，伪华北临时政府行政部公布中、交两行纸币贬值一成。

24 日，董事长胡笔江由香港飞往重庆途中，所乘飞机遭日本军用飞机截击，不幸遇难，同机遇难者还有交行董事、浙江兴业银行总经理徐新六。胡笔江遇难后，财政部派钱新之递补常务董事，并指派为董事长；派杨介眉为官股董事，补徐新六遗缺。胡董事长出缺，照章以商股当选次多数第一人徐堪递补商股董事。

是月，日军大举进攻武汉，总处奉令撤往重庆。财政部拟订《筹设西南西北及邻近战区金融网二年计划》，要求中、中、交、农四行按期完成金融网建设。经济部制定《农村放款办法》，进一步要求中、交、农三行及其他金融机构扩大农贷。

9 月

9 日，交行在香港雪厂街总处举行常务董事会议，议决前董事长胡笔江、前董事徐新六遇难抚恤案,致送胡笔江家属国币 10 万元,徐新六家属 5 万元,胡、徐丧葬费用均由行开支处理。补选钱新之为常务董事,并补报钱董事长签盖交行股票。

19 日,钱新之到行就职任事。

10 月

13 日,在香港召开第十五次常务董事会会议,钱新之、唐寿民、孔令侃、盛蘋臣、席建侯等出席,议决添设设计处,主管调查研究,并通过组织规程。设计处暂在昆明办公。

22 日,第二十次常务董事会会议在香港召开,通过《撤退行处整理办法》。

25 日,总处决定,战争发生后,各行所在地及业务情况随时变易,原定分行等级办法与现状不符,决定予以废除,无论原设或以后增设的一概称分行,不分等级。

是月,重庆支行改为分行。

12 月

10 日,中美桐油借款合约在华盛顿签订,金额为 2500 万美元,期限 5 年,年息五厘,用途限于购买军火以外的美国产品,以 22 万吨桐油作抵,由中行出面担保,央行和交行共同负责,核定按四、四、二比例分担。

永安办事处开业,简称"永处",归闽行管辖。

23 日,汉中支行开业,简称"元行",原归总行管辖,次年 7 月改隶秦行。

29 日,国民政府颁布《节约建国储金条例》,规定中、中、交、农四行及邮汇局为节约建国储金的经收机关。

1939 年(民国二十八年)

1 月

3 日,唐行切销库存上海地名券 56500 元,又切销五版天津地名券 6000 元。

4 日,贵阳支行开业,简称"黔行",归总处管辖。

是月,总处为使各行处同人明了全行业务状况,为长远发展起见,决定继续编印《交通银行月刊》,每月出刊一期。改订交行电报中文挂号,一律用"轵"字,取其从车从舟之意,合乎交通意义。投资桂林中国国货公司股份。日本宪兵占领通行行屋。

2 月

1日,桂林支行开业,简称"桂行",归总行管辖。

20日,日伪强制在华北流通的中、交两行法币再贬值三成,即每元法币仅兑伪联银券6角。

22日,昆明分行开业,简称"滇行",归总行直辖。京行全部负债及一部分资产移并滇行。

是月,黔行投资贵阳中国国货公司股份。

3月

1日,柳州支行开业,简称"柳行",归桂行管辖。

10日,中英货币平衡汇兑基金合同签字,成立中英外汇平衡基金委员会。基金总额1000万英镑,中英双方各分担500万英镑。按六五及三五比例,中行承担325万英镑,交行承担175万英镑。基金会在上海及香港买卖外汇,用以平抑汇价。

是月,筹设西贡、海防两直隶支行,简称"贡行"、"越行"。青行发行库库存被日宪兵查封。

4月

6日,敌机狂炸衡阳,衡处行屋全毁。

青、鲁、烟、咸四行库存被日宪兵查封。总处销毁存沪超过保存年限旧账768册。

6月

9日,投资贵州企业股份有限公司。

13日,常德办事处被炸,行屋尽毁。

15日,李子坝办事处开业,简称"李处",归渝行管辖。

17日,投资中国兴业公司。

财政部致函沪四行,因天津奸人造谣,致使上海出现提取存款竞购外汇以图资金逃避、投机牟利等现象,应予防止,又指出"安定金融办法"已明确存款移存内地不受限制,上海以外各埠仍照旧办理。

7月

1日,为解决出口商走私、逃汇问题,国民政府另订一种商汇牌价,由中、交两行挂牌。同时,财政部公布《出口货物结汇领取汇价差额办法》。

9日,包、绥两行被伪金融委员会接收,停止营业。

11日,派发1938年商股股息半数,官股股息以盈余不敷而缓派。

17 日,海防支行开业,简称"越行",归总处直辖。

29 日,常董会报告行处变动备案情况:自 1937 年 7 月 7 日至 1939 年 7 月 20 日,交行增设行处共 35 个,撤退行处共 38 个,裁撤行处共 48 个。

钱新之董事长自香港秘密赴沪,与上海金融领袖商讨维持沪市金融办法。总处购置上海霞飞路 1661 号房地,基地计九亩八分三厘七毫,房地总价 267500 元,过户费 140 元。

设立兰州直隶支行,简称"陇行"。

西贡支行(贡行)开业。

8 月

桂林、柳州先后两次遭日机轰炸,桂行行屋震毁。

9 月

4 日,菲律宾交通银行开业。

8 日,国民政府公布《战时健全中央金融机构办法》,改组四联总处,负责办理政府战时金融政策有关各特种业务,集一切金融大权于四联总处。按照四联总处组织章程的规定,四联总处设理事会,由央行总裁、副总裁,中行董事长、总经理,交行董事长、总经理,中国农行理事长、总经理和财政部、经济部的代表组成。理事会设主席 1 人,总揽一切事务;常务理事 3 人,襄助主席执行一切事务,均由"国民政府"特派。经国防最高委员会通过,特派中国农行理事长蒋中正为理事会主席,央行总裁孔祥熙、中行董事长宋子文、交行董事长钱新之为常务理事。

是月,总行在沪设立行员补习班。

10 月

1 日,财政部授权四联总处理事会主席在非常时期内对四行"可为便宜之措施,并代行其职权"。

央行委托交行的瓯、绍、兰、姚、华、漳、涵、永、咸、渭、邵、海、鄂、秦、泾等行处代理国库,并委托渝行为第二公库。

19 日,财政部通令金融业、典当业不得以金类为贷款的抵押品。

21 日,财政部电令各海关,所有金银饰物非经部特许领有执照及非持有中央、中国、交通、农民四银行收兑金银办事处所发运送金银证明书者,一概不准报运;应结外汇货物,如不照章结汇者即作私货论。

27 日,中、中、交、农四行办理外币定期储蓄存款。

日本宪兵占用上海外滩交行总处三、四楼房屋。

投资兴业化学二厂。

11 月

投资中国药材公司股份。

总处稽核处调整组织及职掌,改设六课(原设七课)。

设仰光直隶支行,简称"仰行"。

12 月

订定交行同人团体寿险规则,自 1940 年起实行。

投资华西垦殖公司、大华实业公司、中国毛纺织厂、中国植物油料的柳州榨油厂。

中国兴业公司扩充股本,孔祥熙函商四行加认,交行遵从。

1940 年(民国二十九年)

2 月

中国国货公司增股,交行加资。投资昆明水泥公司。

3 月

投资新民纺织公司。

5 月

筹设农贷设计委员会,订定组织规程。

重庆中国国货公司、贵阳国货公司扩充股本,交行加资;投资重庆中国药材提炼公司、重庆中央制药公司、云南蚕业公司。

6 月

21 日,国民政府就天津英租界白银事件发表声明:该项白银系交行所有,且为法币准备金的一部分。

投资云南云丰造纸厂、四川丝业公司。贵州企业公司增加股份,交行加资。

7 月

交行与中国银行、中央信托局联合发行节约建国储蓄券。

开始办理外币定期储蓄及法币折合外币定期储蓄。

8 月

7 日,财政部公布《非常时期管理银行暂行办法》。交行总处通函各地分支机构,"停做与抗战无直接关系之贴现并催收各商业银行欠款。"

总处事务处添设第六课,掌管交行专用电台事务。

9 月

国民政府向美国第二次借款美金 2000 万元,由中、中、交三行按四、四、二比例分别担保。

改订交行旅费规则。

投资成都中国国货公司。

10 月

17 日,仰行开业。

11 月

29 日,财政部令中央、中国、交通、农民四银行接管中南、中国农工、农业、中国通商、中国实业、浙江兴业、中国垦殖等银行。

经销中央储蓄会增办特种有奖储蓄券,每两个月为一期。

12 月

总处发行部添设运输课。

1941 年(民国三十年)

1 月

4 日,成立沪区撤退行集中办事处,镇、扬、泰、清、如、通、蚌、徐、新、芜、锡、常、苏、武等 14 行账目,自本日起归并集中办事处办理,各行收付统转沪行账。

6 日,汪伪中央储备银行在南京成立,发行"中储券",规定"中储券"和法币等值流通。财政部通过四联总处电令上海四行拒收伪钞,不与伪行往来。

20 日,设立上海霞飞路支行,简称"霞行",归沪行管辖。

总处决定废除支行等级规定。

订定《普设简易储蓄办法》,并核定分区负责筹设简易储蓄处。

委托商务印书馆和大东书局印制钞券 10 亿元。

2 月

委托美钞公司印制钞券 4 亿元。

3 月

22 日,上海各行抵制"中储券"的流通。

委托美钞公司印制钞券 5 亿元。

4 月

1 日,中美英平准基金委员会成立,维持上海汇率,美国拨款 5000 万美元、中国拨款 2000 万美元,英国除将 1939 年中英平衡基金归并外,另增拨 500 万英镑,构成总额 13000 万美元的平衡基金,中国政府银行间的分配,央行认 700 万美元,中行认 600 万美元,交行认 400 万美元,中国农行认 300 万美元。

17 日,重庆国民政府宣布所属上海地区的中、中、交、农四行停止营业,至 4 月 28 日恢复营业。周佛海就此发表谈话,称无意强迫四行撤退,四行人员是否安全,责任在重庆政府。

是月,官股监察人张啸林出缺,部派何竞武补充。

因邮递阻滞,《交通银行月刊》自本月起暂缓付印。

存天津的发行准备现银元被日、法两领事会同提取。

6 月

1 日,伪满政府为加强金融统制,伪满境内只准保留中行一家,其余华商银行如交通、金城等一律关闭。

28 日,增订行员旅费补充办法。

是月,援照上年成规,发付 1930 年度官商股息,官息二厘五,商股七厘。

8 月

1 日,财政部与英国政府商定,中、中、交、农四行和邮政储金汇业局、粤桂闽三省银行,按港币 1 元合法币 4.65 元收兑港币。

21 日,据《大公报》讯:中、中、交、农四行向广西、云南、甘肃、陕西、广东等省贷款 1000 万元,用于各该省发展农田水利。

订定同人寿险及员工保健规则,本月起实行;订定员工消费合作章程,创设员工消费合作社;订立营业开支规则。

设立印度加尔各答支行,简称"印行",归港行管辖。

仰行改归港行管辖。

9 月

4日,上海的中、中、交、农四行办事处致函财政部,要求运用英美平准基金开放港沪商汇。

修订《行员储金规则》,并增订由行提拔行员储金奖励金办法。

10月

1日,财政部公告取消中央、交通两银行的商汇牌价,规定今后悉依外汇管理委员会规定办理。

11月

订定管辖行审核所属行处账务办法。

12月

8日,太平洋战争爆发,日军占领上海租界,租界内中、中、交、农四行被日军勒令关闭,接管清理,交行当时账面存款9800余万元。钱新之董事长在重庆将四联总处集议的六点紧急应付办法急电港总处唐寿民,并嘱转沪行。

印行开业。

9日,财政部公布《修正非常时期管理银行暂行办法》。

钱新之致电唐寿民,指出总处在港机构将不能行使职权,嘱即安排港总处事务,即晚去渝。

10日,上海中、外银行和钱庄按照工部局通告恢复营业,但限制提存。总处业务部、发行部、储信部均分别致电港行各部,详述账目紧急处理等办法,并提出关于处置存港券料、票样等办法。

12日,钱新之致电唐寿民,告以四联总处议决应变措施:中、中、交行与英美行共同进退;法币应赶运,必要时销毁;在港订印的券钞和券版寄内地或销毁;重要文件和人员尽量内迁。

22日,上海中、交两行在日军命令下停止一切收付。

23日,钱新之致电唐寿民钱询问情况,因渝港电讯已中断,不能再通消息。

1942年(民国三十一年)

1月

会同财政部等重订投资贴放方针,凡以后投资放款,均应以协助与国防有关及民生必需品的生产事业为主。总处通函各行处,为配合战时措施,紧缩组织,以节省人力物力,多余人员陈候调用。

2月

4日,四联总处重订四行投资贴放方针。

23日,订定加强推行储蓄业务办法。

是月,调整同人优息存款限额,规定不分定期活期,较原定限额提高三倍;规定会计人员不得兼代营业事务和直接掌管登载营业账目。

3月

22日,蒋介石令对中、中、交、农四行应加强统制,特别注重限制发行钞券,改由中央统一发行。

4月

1日,中、中、交、农四行、中央信托局和邮政储金汇业局联合公布《发行美金节约建国储蓄券办法》《美金节约建国储蓄券说明》,规定每100元法币可折合5元美金,储户以法币折购。

29日,订定《节储实践团体储金章程》。

5月

8日,因总处事务殷繁,添设副总经理一职,聘赵棣华为交行副总经理,并代总经理职务,旋任总经理。

28日,四联总处临时理事会会议通过了《统一发行办法》和《中、中、交、农四行业务划分及考核办法》,将四行业务划分,实行专业化。根据规定,交行主要业务有五项:(一)办理工矿、交通及生产事业的贷款与投资;(二)办理国内工商业汇款;(三)公司债及公司股款的经募或承受;(四)办理仓库及运输业务;(五)办理储蓄、信托业务。

31日,汪伪政府公布《整理旧币条例》,限期禁止法币流通,中、中、交三行所发钞券需按2:1的比率换给中储券。

是月,总处业务部归并稽核处。总处设总稽核1人,直隶董事长和总经理。

7月

1日,国民政府实行统一发行,发行集中央行,交行停止发行。总处取消统账,恢复内部往来计息办法。

8日,在日本军方和汪伪政府的策划下,组成"处理中、交两行中日联合委员会",

商讨两行改组及"复业"事宜。

8 月

31 日,交行农贷业务移交中国农行办理。

四联总处规定四行放款、投资业务划分实施办法。

总处拟订港属沦陷行处和沪行华侨国币定期存款押款暂行办法。

9 月

1 日,中、中、交、农四行联合办事处进行改组,原在理事会下的战时金融、战时经济两委员会并为战时金融经济委员会,下设贴放、农贷、储蓄、汇兑四个小组。

在日伪胁迫下,上海交行于本日正式复业,设总行于上海,下设业务部,直接对外开展业务,不再另设上海分行。

交行总处与中行总处发表联合公告,指出:"假借名义在沪及沦陷区开业之中国、交通两伪行一切行为及其债权债务在法律上一律无效。"

10 月

举办工厂添购机器基金存款,分国币和美金两种。

修订汇款规则;订定交行行员年金规则,自 1943 年起实行;订定推进专业加强内部管理原则。

11 月

四联总处订定核办投资贴放方针。

添办特约存款,以激发国人投资实业兴趣,该项存款将投放国防及民生实业,无论盈亏,均由该行保本保息 8 厘,每年结算投资所得纯益,扣除保息,其余按 60% 分配给存户。至年底,创办工厂添购机器基金存款和特约实业存款两种。

12 月

发行准备转移央行,截至 1942 年 6 月 30 日,交行流通券总额 42 亿余元,移交现金准备 252218 余万元,保证准备 168145 余万元。

1943 年(民国三十二年)

1 月

内部往来改由管辖行集中转账。

修订《交通银行仓库营业规则》。

3 月

对办理存、汇的简易储蓄处及有永久性的临时办事处一律改为办事处。

4 月

1 日,成立人事室,将事务处主管人事的第二课及其他办事处的人事处划归人事室办理,专责办理全行人事,以加强人事管理。

15 日,按照四联总处规定,交行与中行共同办理战时工矿生产贷款。

财政部颁布《各地银钱业组织放款委员会通则》和《非常时期票据承兑贴现办法》。修订交行查询暗码书。修订交行各种内部管理规章制度:行员任免规则、行员服务奖惩及考绩规则、行员保证规则、行员膳宿规则、行员请假规则、行员旅费规则、行员储金规则、行员年金规则、员工保证规则、行员恤养规则、行员寿险规则、雇员服务待遇规则、专用电台规则。

5 月

呈请财政部发行实业债券。

规定雇员录用资格。

7 月

实行保举制度,订定行员训练班、行员业余进修班、育才奖学金办法共三种。

10 月

财政部增加交行官股 4000 万元,其中现款 2000 万元,军需公债票 2000 万元。

11 月

总处发行部裁撤;总处储蓄部划分为储蓄、信托两部,各自独立,对外营业。

增加储蓄部和信托部资本,总额各为 1000 万元。

订定驻外稽核和巡回稽核办事规则。

四联总处修订《分支处组织通则》。

财政部成立外汇管理委员会,接管外汇平准基金委员会所办理的私人或商业上外汇申请的审核及外汇买卖业务。

12 月

3 日,中英美平准基金委员会结束,所有民用、商用外汇审核由中央银行办理。

7 日,财政部令,交行官股董事沈叔玉、李承翼,商股董事唐寿民、周作民、叶熏,官股监察人许修直,商股监察人叶崇勋等人因居处在沦陷区,应立即解除董、监等职务。商股董事监察暂由部一并派充,俟股东会开会时再行照章补选,兹派杜镛、俞鸿钧、郭锦绅、钟锷、赵棣华为董事,张度、吕咸为监察人。又商股监察人邹敏初病故,遗缺派邓汉祥补充。财政部又令,交行常务董事散居中外各地,召开常董会,常有不足法定人数的情况发生,为此,由部指派董事王正廷、徐堪、陈辉德、赵棣华代理缺席常务董事。

8日,太平洋保险公司成立,系交行集资创办。交行与其签订代理保险业务合约。

总处信托部对外营业。

年底,全行有机构146个,其中分行4个,支行25个,办事处78个,临时办事处19个,通讯处1个,简易储蓄处19个。

1944年(民国三十三年)

1月

恢复董事会议。

总处信托部回沪,为赓续和联系业务起见,在重庆54号路原址设立总处信托部重庆分部,继续对外营业。

2月

3日,中央、中国、交通、农民四行联合办事处制定本年度《推行储蓄计划纲要》,决定继续实行节约竞赛,并发起乡、镇公益储蓄运动,预定本年度储蓄总额增至130亿元。

15日,交通银行举行通常股东总会,由董事长钱新之主持,总经理赵棣华报告自1937年至1943年各年业务状况。通过1943年财政增加官股国币4000万元议案,并改选商股董事及监察人。钱新之等12人当选为商股董事,徐柏园等4人当选为商股监察人。修正《交通银行章程》。

总处在渝召开第五次行务会议,主要讨论了抗战胜利后行内复员及准备工作。抗战胜利在望,总处成立复员会,拟订《战后本行业务复员实施计划大纲草案》。依照政府主计处组织规定,总处设立会计处,并订定组织规程。

3月

9日,第一次董事会正式聘任赵棣华为交行总经理,汤钜兼任副总经理。

核销呆滞放款及战时损失,抗战以来已转呆账损失和转付战时损失共有 178.6 万元,历年各行处转总处账内的呆滞放款和后方账内的催收款项共约 340 余万元。

独资创设蜀余盐号,拨资本法币 400 万元,归信托部管理。投资通济贸易公司。

5 月

订印乡镇公益储蓄券 12 亿元。

自渝行成立固有会计后,黔、滇、桂、湘、韶、闽、秦、陇、浙、瓯、蓉等行相继成立。

6 月

总处订定集中行员年金准备及统筹核发办法。

为适应东南交通阻碍的情况,组设浙、赣、闽、韶四行属行务临时管理委员会,负责办理及指挥各该行属一切事宜。

信托部与桂林分行合办桂信盐号。

7 月

创办定额支票储蓄。

8 月

财政部委托交行代售印花税票。

四联总处订定各行局派驻各借款机关稽核人员办事规则。

总处订定统一各行处放款对象分类标准。

9 月

办理黄金存款,指定渝、蓉、滇、黔、秦、陇六行办理,嗣又增加浙、闽、赣、粤四行。此项存款以黄金市两为单位,以法币折合缴存,其比价由中央银行规定,存期分半年、一年、二年、三年四种,到期本金以黄金支付,利率以法币支付。

投资贵州煤矿公司。

11 月

1 日,信托部附设蜀余盐号改组为蜀余盐业股份有限公司,增加资本为法币 2000 万元。重庆为总公司,同时设立自流井、涪陵、江津三处分公司。

交行农贷业务移交中农行后,本息已完全收回。

为疏通汇款,订定《联行往来约定收解办法》。

增加中国纸厂投资。

投资创立中国人事保险公司。

12 月

7 日,中国、中央、交通、农民四行联合总处理事会决定:拨专款 100 亿元,交战时生产局支配,辅助战时工业。

订定各行处主管暨经办人员平时及交接时应行注意事项;订立《交通银行代理购买机器简则》。

是年底,交行机构总数 152 个。

1945 年(民国三十四年)

1 月

修订《交通银行储蓄存款规则》。

3 月

1 日,中国人事保险公司在重庆正式成立。

16 日,与中行、中信局、邮汇局合放战时生产局贷款 100 亿元,其中交行为 40 亿元。

投资中本纺织公司。

4 月

经办节约建国储金、节约建国储券及美金节约建国储券 3 种,均以各个独立会计处理。为简化手续,将三者并为节约建国储蓄独立会计办理,并规定并账办法。

6 月

23 日,黄金存款业务奉令停办,共计收存 515854 两,折合法币 142 亿元。

通常股东总会召开。交行监察人会修订规程,改订交行董监事、总经理、副总经理公费待遇。

桂行与信托部合组桂信盐号,经营湘盐运输业务。

7 月

27 日,菲律宾交通银行复业。

8 月

15 日,日本宣布无条件投降,八年抗战取得最后胜利。渝总处开始复业,成立上海总处办事处,办理接收汪伪交通银行总行、本埠五支行仓库及部署行屋等一切复业工作。

16 日,敌伪改组的上海交通银行董事会自动宣告结束。

19 日,重庆国民政府代表蒋伯诚通知上海交行暂时维持现状。

30 日,由总处派李道南等人从重庆莅沪正式接收上海交行,被敌伪改组复业的交行遂告结束。

是月,按照财政部关于《金融复员紧急措施方案》的规定,交行接收日本住友银行、劝业银行、伪华北工业银行、汉口银行及伪交行的所有机构。

会计人员训练班在重庆开办。

香港分行复业。

9 月

12 日,中央银行接收汪伪中央储备银行。

21 日,总处发布《交通银行放款规则》、《交通银行汇款规则》。

27 日,财政部公布《首辅区敌伪钞票及金融机关处理办法》和《伪中央储蓄银行钞票收换办法》,规定伪中央储备银行钞票准以 200 元换取法币 1 元,其他伪钞收换将陆续规定办法。

是月,总处重新厘订各分支行管辖范围,共划分 20 个行属,以渝行、滇行、黔行、桂行、粤行、汉行、湘行、赣行、秦行、沪行、京行、浙行、闽行、长行、津行、青行等为管辖行。

11 月

代理收换伪中央储备银行钞券,并订定内部处理办法。

12 月

设置汇兑基金。

遵照财政部关于中、中、交、农四行总处应设首都的命令,成立南京总管理处,简称"京总处"。

是年底,迁回营业的行处有 15 处,重新筹备复业的行处有 19 处,筹备已就绪的行处有 14 处,拟逐步筹备复业的行处有 24 处,此外接收清理者除伪交行外,有敌住友银行等 19 个单位,至年底接收完竣者计有 15 个单位。

全行机构设置情况:除总处外,实存 153 个,其中分行 13 个,支行 55 个,办事处 63 个,临时办事处 19 个,简易储蓄处 3 个。

1946 年（民国三十五年）

1 月

4 日,设立重庆信托分部,简称"渝信部"。

总处订定各行处主管人员交接办法。

2 月

7 日,行政院长宋子文在上海主持中、中、交、农四行会议,通过第二期紧急救济农业贷款 10 亿元等四项议案。

16 日,中、中、交、农四行及中央信托局员工要求调整待遇,怠工两小时,迫使营业停顿。

18 日,上海地区成立"四行、两局(中、中、交、农四行,中央信托局、邮政储金汇业局)员工福利会筹备会",开始征求会员。"四行、两局员工福利会"后改称"四行、两局员工联谊会",简称"六联"。

3 月

2 日,中央银行公布 27 家银行为"外汇指定银行",交行为其中之一。

4 日,外汇市场在沪正式开放。中央银行挂牌,对美汇率 1 美元合法币 2020 元。

6 日,27 家外汇指定银行组织成立"指定银行公会",中行为公会主席,花旗银行为副主席,中国、交通等 11 家银行为常务委员。

9 日,财政部致各银行:"成立清理敌、伪金融机构督导委员会,督导收复区敌、伪金融机构的清理工作。"

17 日,国民政府行政院通过财政部制定的《管理银行办法》,废止原订非常时期管理银行办法。

25 日,"六联"创办《联讯》刊物,由中共上海中行支部(地下党)负责主编。

太平洋保险公司由重庆迁往上海。

6 月

董事会重新推定钱新之、赵棣华、陈行、周佩箴、钟锷五人签盖交行股票。

总处在上海祁齐路(今岳阳路)自有地皮上建造员工住宅,计二层楼房 55 幢,可容纳 110 家员工居住,建筑工料费开支 12 亿元。

7 月

3 日,总处信托部由渝迁沪九江路 69 号营业。

总处修订各行处承做放款报核办法,订定中心工作计划草案。

四联总处订定各行局业务计划纲领,修订加强行局专业及考核办法。

8 月

20 日,中央银行挂牌,对美汇率 1 美元合法币由 2020 元调整为 3350 元。

总处修订助员薪级规定,试用员生及雇员待遇办法。

9 月

16 日,上海证券交易所开业,资本 10 亿元,中国银行、交通银行、中国农民银行和中央信托局、邮政储金汇业局认购 40%。交行信托部被经济部核定为第 31 号经纪人,定名"交通银行信托部上海证券交易所 31 号经纪人",总处提拨 1 亿元作为运用资金。

四联总处修订核办投资贴放方针及申请贷款须知,重订和增订放款巡回稽核规则、放款常驻稽核规则、放款押品监管员规则。

总处通函各行处:加强各管辖行审核所属行处的业务、账务和人事。

10 月

8 日,张嘉璈在北平约中央、中国、交通三银行经理商谈稳定东北流通券价值办法。

总处订定各行处办理运销放款实施办法;中央银行订定委托三行二局及各地省银行代兑小额券就地销毁办法;四联总处电示:行政院一部分主管行将赴京办公,四联总处及各行局总处亦须派员赴京办公,交行决定派出 20 人赴京办公。

11 月

8 日,第十一次董事会召开,赵棣华总经理报告业务财政情况。

12 月

14 日,股东大会召开。因物价上涨,生活高昂,本年发放股息对非公股股东除发放正息外,另拨 800 万元按股摊付并报部备案。

投资建国机械农垦公司、侨联实业公司、中国麻业公司、自由论坛报;对湖南第三纺织公司、经纬纺织机公司、中国茶叶公司增加投资。

1947 年（民国三十六年）

2 月

17 日，国民政府公布《经济紧急措施方案》和《加强金融业务管制办法》，规定冻结商品价格和工资；禁止黄金、外币的公开买卖；私人藏有的外汇须向有关机关申报。

26 日，财政部快邮代电交行："自即日起，所有资源委员会、中国、交通、中国农民三行、中信、邮汇两局所有外汇，应即悉数移存中央银行。"

国民政府立法院通过交通银行条例立法原则，规定交行"以办理工矿、公用之金融事业为主要业务，其运用款项对于主要业务之部分不得少于70%"。

国民政府为严密管制资金逃港，规定全国各地银钱行庄停做汇往香港的法币汇款。

3 月

16 日，钱新之在交行四十年纪念会上致辞，强调必须冶新旧于一炉，互相切磋，通力合作。

4 月

25 日，总处在上海召开各行经理座谈会，中心议题是汇报各行业务计划，加强联行间联系，灵活头寸调拨和人事部署等。

5 月

中央银行召集三行、两局会议，商定外汇移存央行的处理办法：（一）先将美元、英镑、港币三种外汇资金一律移存央行，其他各种外埠汇暂缓移存；（二）央行将上项外汇资金，分别原币，分存纽约、伦敦、香港等地中、交、农三行；（三）在上列各地中、交、农三行分别开立各行、局外汇资金透支户，其透支款项以不超过各行、局移存央行各该项原币总额的七成为限。

7 月

为适应金融、经济环境特殊情况，信托部规定，各行处吸收的各种信托资金由总处统筹运用为原则，或就行方短期、利厚、可靠的放款酌量搭放，以期适应。

8 月

按财政部部署，交行由上海、南京、汉口、沈阳、青岛、常熟、汕头七个行处填报日寇侵华时期所劫掠财务清单。

四联总处决定:各行局含有商业性的放款,一律不予核准,除出口物资放款及日用必需品的运销贷款仍按原规定办理外,其他工矿、交通、公用等贷款,每户超过 2 亿元者,必须先报四联总处核准。

11 月

太平洋保险公司由原资本 6000 万元增资为 1 亿元,交行按照比例摊认 1800 万元,总计交行投资该公司共为 4500 万元。

投资在美注册孚中公司美金 20 万元、国内孚中公司国币 600 万元。国内孚中公司将资本 1800 万元增资至 3 亿元,交行增认 9400 万元,加之以前共投资国币 1 亿元。

12 月

总处颁订《交行行员恤养规则》和《行员子女教育辅助金规则》。

1948 年(民国三十七年)

2 月

21 日,四联总处理事会议决:工业贷款以收购成品为原则,主要出口物资由政府收购。

股本改按金元券列账。

3 月

8 日,中央银行、中国银行、交通银行、农民银行、中央信托局、邮政储金汇业局等六个金融机构的全体工人静坐罢工,要求增加工资。

修订《交通银行旅行支票储蓄存款简则》。

4 月

24 日,太平洋保险公司按财政部规定并经股东会决议,增资为 100 亿元,分两期缴纳,交行按比例共应增缴 44.5 亿元,11 月底前后全部缴清后,共投资该公司 45 亿元。

5 月

6 日,总处在上海召开各行经理座谈会,主要指出当前业务竞争激烈,情况远非昔比,全行开支庞大,有亏耗之虞。

6 月

奉命移交央行外汇 2500 万元美元。

7 月

18 日,央行总裁俞鸿钧宣布,即日起增加发行关金券 1 万、2.5 万、5 万及 25 万元等四种新的大面额钞票,每元合法币 4 元。

8 月

11 日,施行《资送行员出国留学办法》。

23 日,金圆券正式开始发行,以金圆券 1 元兑换法币 300 万元,外汇牌价为金圆券 4 元换美金 1 元。

28 日,蒋介石接见交行董事长钱新之,了解币制改革后的上海金融状况。

9 月

8 日,上海各商业银行将外汇 3000 万美元移存于央行。

16 日,正式成立行史修纂室,主办修订辑补交行三十年来行史草稿,搜集和续编近十年有关史料。

10 月

6 日,行政院决定撤销中央、中国、交通、中国农民四银行联合总办事处。

修订《交通银行存款规则》。

11 月

1 日,国内各经办结汇行英美金的收付,一律经由沪行国外代理行户转账与沪行直接开户往来。

11 日,国民政府行政院公布《修正金圆券发行办法》《修正人民所存金、银、外币处理办法》,取消金圆券发行限额,准许民众持有金银、外币,允许银元流通,金圆券对美元的比价由 4∶1 降为 20∶1,中、中、交等银行开办金圆券存兑黄金业务。

交行办理存款兑换黄金、外币业务。

12 月

1 日,中国人民银行在解放区河北省石家庄市成立,开始发行人民币。南汉宸为中国人民银行总经理。

总管理处颁订《交行资送行员出国留学办法》和《非常时期交行分区处理业务临时办法》。

1949 年（民国三十八年）

1 月

1 日，信托部账目内划出一部分营业账目，成立信托部上海分部，简称"信托沪部"，地址为九江路 69 号。

15 日，中国人民解放军进驻天津。中共中央发布《关于接收官僚资本企业的指示》，明确要求接收官僚资本企业，"必须严格地注意到不要打乱企业组织的原来的机构"，对企业原有的人员、各种组织及制度"亦应照旧保持，不应任意改革及宣布废除"。

16 日，中国人民解放军天津市军事管制委员会接管南京国民政府"四行二局一库"设置在天津的机构。信托部承办存款、兑换黄金、银币业务。

30 日，中国人民解放军和平进驻北平。华北人民政府全面展开对金融机构的接管工作。

2 月

奉财政部徐堪部长函告行政院密令：国民政府于 2 月 5 日在广州办公。四行二局一库依法应与政府同在广州办公。

第十三次常董会决议：交行移广州办公一事，与各行局库会洽一致办理。

3 月

15 日，华北人民政府及天津市军事管制委员会批准天津交通银行作为中国人民银行天津分行领导下的专业银行，对外挂牌营业。中国人民银行行长南汉宸在天津阐述接管中行、交行的方针：两行在全国解放后要建成国家专业银行，保留两行原名义、原机构，原有员工原则上都留任。

华东财政经济委员会举行第一次扩大会议，通过《关于货币银行工作的几项决议》，指出：上海解放后接管中行和交行，通过中国人民银行华东区行对两行总管理处实行领导，开展金融业务。

国民政府财政部指令：交行原则上可将菲律宾交通银行对当地侨胞开放股权，并征求国内民营机构与南洋业务有关者参加投资，以扩充实力，增强联系。

4 月

23 日，中国人民解放军占领南京。南京市军事管制委员会派军代表接管交通银行南京分行。

30 日,于广州组织设立总管理处,简称"穗总处"。

5 月

2 日,沪成立交通银行总管理处上海办事处,处理未了事务。

15 日,中国人民银行对天津和北平分行发出《关于专业银行业务划分以及领导关系的指示》。

16 日,经华北人民政府财经委员会批准,中国人民银行向所属行处发出"试行薪金制"的指示,规定天津中、交两行为专业一等分行,北京交行为专业二等分行。

25 日,中国人民银行对北平、天津金融接管工作进行总结,指出交行并没有真正成为扶植工矿事业发展的银行,接收后同人民银行的营业机构设置重复。为避免内部力量抵消,在人民银行分行或交行设一专管实业的机构,津、沪、穗、汉等大城市原有的交行仍可保留原有名义继续营业,但就内部关系说,应是当地人民银行的一个部,不设下级机构。

26 日,总处电示:所有营、储、信报单,概投寄穗总,查询和对账在穗核办。

27 日,中国人民解放军占领上海。上海市军事管制委员会派储伟修、杨修范为正、副军代表接管交行。

6 月

12 日,上海交行军代表召开参加接管工作动员大会,会上成立协助接管委员会。会后各部门普遍成立协助接管小组,并聘请大批干事合力进行接管,直接参加审查清点的工作人员达 420 余人。

15 日,武汉交行开业。

7 月

24 日,台风、水灾袭沪,上海交行各单位均有重大损失。

8 月

13 日,上海交行奉令成立债权债务清理委员会和清理处,公布组织规程。

15 日,上海交行债权债务清理委员会订定《上海交通银行清理蒋管时期债权债务实施细则》报军管会金融处备案。

9 月

10 日,上海交行成立整编节约委员会,吸收职工代表 18 人为委员,根据整编方案发动各部门职工讨论和评议,开展整编工作。

10 月

30 日,上海交行整编工作宣告结束,历时 40 天。

11 月

1 日,交行总管理处奉令在上海复业,胡景沄任董事长,张平之任总经理。总管理处内部组织由原四处、二部、一室改设业务、计划、会计、人事、秘书五个室。

交行华东分行成立。

12 月

13 日,总管理处奉令由上海迁往北京,当即成立总管理处迁京委员会,仿照中行迁京的办法和步骤,从中旬开始运送工作,前后分四期成行。

27 日,总管理处抵京人员已达 90% 以上,迁京职工共 226 人,其中职员 196 人,工友 30 人。

1950 年

1 月

5 日,总管理处迁京后,在北京东交民巷 20 号正式办公。

7 日,总管理处向海外机构发出通电,号召员工安心工作,保护行产。

总管理处致电交通银行香港分行,委派钟锷为港行经理。

9 日,中央人民政府政务院总理周恩来对驻香港的原属国民党政府的机构和员工发布命令,要求他们务须各守岗位,保护国家财产、档案,听候接收,并指出:原有员工均可量才录用,其保护国家财产有功者将予以奖励,有偷窃、破坏、转移、隐匿等情者,必予追究。

18 日,港行致电中央人民政府政务院及有关主管部门,表示遵照政务院周恩来总理命令听候接收。加尔各答、仰光及港行主动与总管理处联系,表示愿接受总管理处的领导。

27 日,总管理处制定《交通银行报告制度》,规定各地交行应按时向总管理处填送各种报表和资料。

2 月

21 日,中国人民银行召开第一届全国金融会议,会议决定交行为中国人民银行领导下的经营工矿、交通事业的长期信用银行,采用总、分、支行三级制,其下属行处受总管理处及当地人民银行的双重领导。

3月

19日,总管理处委请冀朝鼎前去香港,主要负责接收事宜。

4月

5日,总管理处决定各分支行的内部编制:分行设秘书、人事、业务、稽核、计划、会计六科,支行设秘书、业务、稽核、会计四股,但各分支行暂不设稽核。

30日,上海、天津、汉口、青岛、重庆、西安等分行,苏州、无锡、南京等支行完成人事机构的调整工作。21个行处的873个干部被调整,移交当地的中国人民银行。

5月

17日,中央人民政府政务院任命南汉宸、胡景沄、曹菊如、何长工、章伯钧、王绍鳌、杨卫玉、武竞天、钱之光、钱昌照、陈穆、张平之、李钟楚等13人为交通银行公股董事。朱学范、陈郁、孙越琦、何松亭、王磊等5人为公股监事。

19日,中国人民银行总行发出《关于中、交两行清理工作及处理银行接管之伪金融机关投资企业的指示》。

6月

5日,第一届董事会第一次会议召开,公推南汉宸为临时主席,选举南汉宸、胡景沄、钱新之、钟锷、章伯钧、张平之、杨卫玉为常务董事。聘任张平之为总经理,洒海秋为副总经理。会议还通过《交通银行条例》,建议政府修订公布。

中行、交行议订《两行国外业务联系方案》。

7月

5日,中财委指示:公私合营企业因单位较多,性质复杂,财政部难以顾及管理,责成交行统一经管,并定期检查各企业经营状况。

中央人民政府政务院任命胡景沄为交行董事长,张平之为总经理,洒海秋为副总经理,对第一次董事会选出的常务董事7人准予备案。

26日,总管理处发布《关于旧账联行往来项下外币账目清理结束办法》,指导港行外币账目清理工作。

8月

1日,全国金融业联席会议召开。

15日,第一次常董会召开,会上报告了6、7月的工作,讨论第四季度工作计划和总管理处暂行编制,拟增聘韩雷兼任副总经理。

18日,中央人民政府华侨事务委员会和中国人民银行联行召开由华侨、侨眷和侨汇业代表参加的全国侨汇会议,将新中国的侨汇政策明确地概括为“便利侨汇,服务侨胞”。

9月

1日,北京成立公私合营兴业投资公司,连同上海接收下来的投资公司已共有4家,构成交通银行组织长期资金市场经营性企业。

13日,交行总管理处、中行总管理处及中国人民保险公司总公司在北京召开了第一次国外机构业务联席会议,正式拉开了合作帷幕。

10月

11日,总管理处向港行通报中国人民银行总行下发的《关于银行业务及金融物价统计数字的保密规定》和《汇总解答有关保密规定的各问题》。前者明确中国人民银行、中行、交行及中国人民保险公司在向中央或地方各机关团体提供业务统计数字及金融物价时应注意的事项,规定以上银行、保险公司在出版刊物时对业务统计数字及金融物价应避免出现的情况。后者是对前者的补充和阐释。

13日,中财委为统一清理和管理公股股权,端正公私政策,发布《关于统一整理公私合营企业公股的决定》。

11月

1日,总管理处成立检查室,同时制定《交通银行检查工作暂行实施纲要》和《交通银行检查工作人员暂行检查守则》。为适应专业需要,内部机构调整为6室22科。

3日,总管理处召开第一次全国分支行经理会议。

18日,胡景沄董事长在第一次全国分支行经理会议上作总结报告:(一)八个月来工作基本总结;(二)1951年上半年主要工作。

25日,交行港行与中行港行、中国人民保险公司香港分公司在香港召开第一次业务联席会议,暂定每月召开一次,出席会员除了经理及有关副襄理、主任,还有一些普通工作人员。

12月

22日,中财委发布《私营企业重估财产调整资本办法》。

总管理处制定《交通银行会计规程》。

总管理处制定《交通银行办理合营企业中公股清理事项实施办法》,分发各分支行处。

26日,为了密切与各海外行的联系,加强海外机构工作,总管理处派专员闵一民兼任赴外稽核,代表总管理处开展对港、印、仰等行的联系工作,推动海外行业务发展。

1951 年

1 月

5 日,中央人民政府政务院第 66 次政务会议通过《企业中公股公产清理办法》,指定交行为投资主管机关,负责办理公股股票的保存、股息红利的收解、财务计划的执行和检查等。

15 日,总管理处制定《交通银行房地产收益及费用处理暂行办法》和《费用预计算暂行办法》。

2 月

2 日,总管理处向人民银行总行、中财部、中财委报送《交通银行一年来对公私合营企业投资清理工作综合报告》。

19 日,中财委颁发《基本建设工作程序暂行办法》。

总管理处在北京召开第一次全国基本建设投资拨款会议,胡景沄董事长在会议上着重讲了投资拨款的重要性和工作掌握、机构干部等问题,洒海秋副总经理作总结报告。

27 日,总管理处制定《交通银行总管理处机密公文处理暂行办法》。

3 月

1 日,港行根据总管理处的指示将储蓄部账目并入行方处理。

15 日,总管理处制定《交通银行印签制度》,通知各分支行处文到之日起施行。

4 月

14 日,总管理处制定《关于拨款密电办法》,分发分支行处。

华东分行会同上海市财政局拟订《上海市地方级基本建设拨款办法》,开始办理上海市地方级基本建设拨款。这是第一个全国性的基建拨款办法,为交行办理基建拨款迈出的第一步。

5 月

9 日,总管理处指示各分行:为协助一部分公私合营企业恢复和发展生产,试办长期贷款。

11 日,中国人民银行总行召开第一届国外业务会议,总结交流外汇工作的成绩与经验。会议明确了中行、交行、中国物产保险公司是一家的观点,并于 7 月 25 日总行在报告中向中财委阐明,还明确了"两行同地一家,异地联行"的制度。

31 日,财政部颁布《交通银行办理基本建设投资拨款并监督其使用的临时试行办法》,决定交行从 6 月 7 日起开始拨款工作。

中国人民银行总行指示各区行和华北分行:交行拨款任务加重,机构的扩充赶不上需要,各地人民银行应根据人民银行代理交行业务的决定,接受交行的委托,指定专人负责,按交行规定的章则、制度、办法、手续办理拨款。

6 月

1 日,全行开始办理国家基本建设投资拨款与监督工作,拨款范围为工矿、交通、运输、公用（包括市政建设）、财政贸易建仓、地质勘察、农林水利等事业。

5 日,中国人民银行总行指示东北区行:因交行目前在东北尚无机构,东北区的基本建设拨款由交行总管理处委托区行代办。

7 日,张平之总经理在总管理处干部会议上号召全行学习拨款工作,做好拨款工作。

11 日,总管理处制定《关于对各行机密公文处理办法》。

13 日,总管理处向各分支行转示中财委的《关于解放前中、交两行与公营企业及军政机关间债权债务处理的决定》。

15 日,总管理处制定《交通银行检查规程》和《检查工作人员检查守则》,废止原订《检查工作暂行实施纲要》和《检查工作人员暂行检查守则》。

总管理处召开工作汇报会议,汇报清理公股公产工作情况和纠正工作中的缺点,部署下半年工作,参加汇报会议的有华北、华东、中南、西南、西北等 5 个分行和苏南、山东、广东 3 个支行。

21 日,为贯彻中财委《关于国营企业清理资产核定资金的决定》和《全国国营企业资产估价及资金核定暂行办法草案》,总管理处在中国人民银行总行核定资金委员会领导下,成立交行核定资金委员会总分会,各地分行成立区分会。总分会由总管理处副总经理洒海秋任主任委员。

8 月

1 日,港行开始第一届增存运动,至 11 月底结束。

24 日,总管理处指示各分行遵照中国人民银行总行所订《资产清理估价及资金核定实施办法》,并结合本行具体情况,提出要点部署贯彻。

召开第一届第一次董监联席会议,出席公私股董事、监事共 24 人。总管理处张平之总经理在会上作行务报告,会议对本行资本额、1950 年总决算、股权整理、发放股息以及建造办公大楼等提案进行讨论后作出决定。

港行经理钟锷因病辞职,由中行港行副经理程慕灏继任。

总管理处指示各分支行关于建设单位外埠用款手续及账务处理办法。

10 月

27 日,华东分行试办长期贷款,拟定《试办长期贷款暂行办法》和《内部处理手续》。

11 月

1 日,总管理处设立营业部。营业部在总管理处是一个内部组织,设拨款、企业管理、会计三科,对外为独立的业务机构,业务会计独立。

15 日,总管理处制定《关于铁道部基本建设拨款工作指示》,分发各分行。

12 月

1 日,港行开展第二届增存运动,至 1952 年 4 月底结束。

总管理处制定《费用预计算暂行办法》分发各分支行。

1952 年

1 月

总管理处通知各地分支行,自 2 月 11 日起办理发付本行 1950 年份股息。

2 月

5 日,华东军政委员会财经委员会转发交行华东区行《关于基本建设财务管理的检查报告》。

3 月

1 日,财政部通知:交行总管理处及所属机构,经政务院决定划归财政部领导,至于财政部与交行领导关系及业务分工明确规定交行为财政部直属机构,受部长领导,对部长直接行文。交行对部内发生的日常事务,由财政部办公厅联系办理。交行收支计划、基本建设投资拨款及其他业务由经建财务司主管。人事、待遇、编制等事项由财政部人事处主管。

16日，恢复办理股票过户，并规定过户办法。

4月

24日，根据基本建设投资的性质和基本建设投资管理的要求，经国家编制会议决定，财政部、中国人民银行共同研究，交行自本年度5月1日起划归财政部领导。

5月

1日，交行正式划归财政部领导。其领导的投资公司日常业务移交给中国人民银行继续办理。

交行划归财政部领导后，研究如何以有限的资金满足基本建设工程集中支付的需求，以减少资金在途停留和积压，并保证重点项目资金的供应。总管理处为此组织了四个工作组，分赴上海、天津、西安、武汉等地进行调查研究。

6月

5日，总管理处召开全国分支行经理会议，检查和总结1951年的工作，布置和讨论1952年下半年工作。

7日，中央人民政府政务院批准东北人民政府的报告，同意成立东北区基本建设投资银行，以加强基本建设投资拨款工作与进行监督。该行除受东北人民政府财政部直接领导外，同时接受交行总管理处领导。

7月

1日，东北区基本建设投资银行在沈阳市和平区中华路28号设立。

7日，晚间，港行遭匪徒侵袭，部分账册传票毁损。

8月

1日，中财委颁发《基本建设拨款暂行办法》，即日起实行。财政部1951年通知试行的《交通银行办理基本建设投资拨款并监督使用的临时试行办法》即行废止。

15日，中财委颁发《关于加强清理公私合营企业中公股公产的指示》，指示各地财委须负责推动公股公产清理委员会的工作，布置清理任务，定期检查，并随时指导、帮助解决发生的问题。公股产权按三级财政划分，分别归三级财政所有，但须统一交由交行代管，企业的业务则由其主管部门负责指导。

27日，总管理处制定《拨款会计内部记账办法》，分发各分支行。

28 日,经西南财政部批准,川东、川南、川西、川北四个支行合并为四川省分行。

9 月

1 日,中国人民银行总行、交行总管理处联合颁发《中国人民银行代理交通银行基本建设拨款业务记账办法》,自 10 月 1 日起实行。

2 日,总管理处电示各区、分、支行:经中财委批准,总管理处以下各级机构自即日起改称区、分、支行和办事处。

3 日,西安支行改称西安分行。

开始进行评薪调级工作,总管理处成立评薪委员会分会领导掌握评级工作,评级按才德标准调整薪级。

18 日,财政部通知:交行总管理处由财政部领导,区行受总管理处和该管大行政区财政部双重领导,分行、支行受上级行和当地省(市)级财政部双重领导,分行以下的机构受上级行和当地人民政府双重领导。财政部对双重领导的分工和干部调动、财务管理也作了具体规定。

10 月

5 日,财政部为交行分支行的领导关系修正通知。

7 日,总管理处制定《交通银行短期贷款临时试行办法》。

港行根据国家政策,结合所在地区的实际情况,拟定了职工考绩加薪办法。

11 月

总管理处、西南区行、四川分行等参加中央联合视察组,视察成渝铁路基本建设工作和天成铁路成绵段基本建设工作。

12 月

根据中央《关于改变大行政区人民政府(军政委员会)机构与任务的决定》,交行自 1953 年起,各区行将改组为代表总管理处的督导机构。

是年底,交行分支机构共有 123 个,委托中国人民银行代理的机构有 704 个,全行干部总数达 7782 人。

1953 年

1 月

12 日,北京分行成立。

中央人民政府政务院第 166 次政务会议批准《解放前银钱业未清偿存款结付办法》及《银钱业解放前存款登记办法》。

18 日，财政部向各级财政部门发出《关于对交通银行工作加强领导的指示》。

总管理处召开全国区、分行经理会议，总结 1952 年工作和部署 1953 年的工作方针与任务。

区、分行经理会议结束后，财政部向中共中央报送《交通银行区分行经理会议的综合报告》。1 月 24 日中共中央转发了报告并作指示：报告中规定的交通银行基本任务和完成这一任务所定酌四项办法都是正确的，要求各级党委督促有关部门协助其实现。批示还指出：公私合营企业是国家的一大笔财产，过去管理较差，各级党委要帮助交通银行妥善管理。

2 月

1 日，华东区行所属营业部改组成立上海分行。

3 月

30 日，财政部颁发《基本建设拨款暂行办法（修订草案）》。

总管理处制定《交通银行总管理处组织编制暂行方案》，机构改为九处一室，处室以下分科办事。

4 月

1 日，财政部为加强交行总管理处领导，派马南风任交行总管理处总经理，原总经理张平之任副总经理，原副总经理洒海秋另有任用，免去其职务。

7 日，财政部任命陈国栋为交行董事会董事长，免去戎子和的交行董事会董事长职务。

总管理处依据《基本建设拨款暂行办法》的精神，对出包建筑安装工程拨款、机械设备及其他基本建设拨款、零星用款及外埠用款、拨付交通银行基本建设资金程序、短期贷款、检查和奖惩等作了具体规定。

5 月

16 日，总管理处向区、分行发出《关于加强资金调拨、消灭事故，以保证资金及时供应的指示》，要求加强资金灵活调拨，进行事故检查，坚决消灭事故。

7 月

1 日，财政部颁发《交通银行办理短期贷款实施细则》。

总管理处召开会计专业会议,讨论总管理处新制定的《拨款会计内部记账办法》、《综合会计记账办法》、《一般结算方式会计处理手续》。会议决定自9月1日起,全行先实行《拨款会计内部记账办法》。

8月

1日,国营及地方国营包工企业由中国人民银行正式移转交行监督管理。

4日,总管理处在《交通银行办理短期贷款实施细则》中增加两种短期贷款,以适应在基本建设程序尚未正常的情况下,解决建设单位及包工企业临时性资金的需要。

15日,总管理处与中央交通部联合通知《关于康藏公路基本建设拨款手续及监督使用办法》。

20日,人民银行总行、交行总管理处联合指示各行处:交行自9月1日起,试办支票结算、托收无承付结算、托收承付结算、特种账户结算等四种结算方式。

9月

1日,青海分行、内蒙古分行成立。

总管理处制定《中央级基本建设资金调拨办法》及与之相适应的《会计核算办法》。

10月

1日,建立全国交行中的中央级基本建设资金调拨体系和与之相适应的《基本建设拨款限额管理办法》。至此,交行系统的纵向联行往来开始形成。

10日,宁夏分行成立。

11月

11日,为了解铁道工程基本情况和研究如何按工程进度拨款,由总管理处、四川分行、西安支行联合组成工作组,赴天成铁路南段进行调查后,写成《对天成铁路工程研究按工程进度拨款的报告》。

12月

31日,财政部根据《基本建设拨款暂行办法》及历次有关补充通知对交行办理1954年基本建设拨款作了规定。

1954 年

1月

1日,根据中财委《关于调整人民银行利率的决定》,相应修订了各种存放款的利率。

12 日,总管理处召开全国区、分行经理会议,会议总结 1953 年全行工作,部署 1954 年的工作方针和任务,补充订正《办理基本建设拨款实施细则》。

总管理处制定《关于编制工作计划、工作报告与请示批复事项的几项规定》。

2 月

总管理处和地质部共同制定《中央地质部所属单位地质勘探拨款规定》。

总管理处对 1954 年治淮拨款工作发出指示。

3 月

23 日,财政部发出《关于交通银行 1954 年工作方针任务的指示》。

26 日,总管理处向各区、分行发出《关于贯彻按工程进度结算付款的指示》、《关于审查工程预算和包工造价的指示》。

30 日,财政部根据《基本建设拨款暂行办法(修正草案)》和《关于修正补充基本建设拨款暂行办法的意见》,制定《基本建设拨款实施细则》。

31 日,中共中央批准华侨事务委员会、中国人民银行党组《关于国外与香港中国、交通两银行工作方针的若干意见的报告》,规定国外和香港中、交两行的基本方针是争取长期存在,为祖国建设和华侨服务。

总管理处召开各分行会计科长会议,讨论通过《关于变更会计工作处理手续事项》和修正《资金调拨处理程序》,并决定自本年 7 月 1 日起实行。

5 月

10 日,财政部党组向中财委报送《关于在交通银行原有机构和干部的基础上,正式成立办理基本建设投资拨款监督工作的专业银行的报告》。

11 日,内蒙古分行改称为呼伦贝尔分行。

总管理处向各分行发出《关于积极推动审核修订器材供应计划和调剂处理积压器材的指示》。

24 日,中国人民银行总行、交行总管理处联合发出《关于基建单位包工企业申请采用特种账户结算及信用证结算的处理原则的指示》。

6 月

1 日,包头分行成立。

总管理处向各分行发出《关于加强掌握预付款的指示》和《关于审查工程预算和

包工造价的指示》。

9日,中财委同意5月10日财政部党组建议设立基本建设专业银行的报告,名称定为"中国人民建设银行",由财政部领导,成立步骤同意就交行原有机构干部基础上,先一个机构、两块牌子,条件成熟再完全分开。

18日,中共中央批复中财委6月9日的报告,同意设立基本建设专业银行。

20日,总管理处召开区、分行经理会议,讨论撤销区行和调整若干省市机构的有关问题,以及解决《拨款实施细则》存在的问题等事项。

7月

11日,兰州分行成立。

8月

20日,按撤销大区一级行政机构的决定,东北区基本建设投资银行本日起停止行文。

9月

2日,中央人民政府政务院第223次政务会议通过《公私合营工业企业暂行条例》,规定交行负责监督公私合营企业的财务。

6日,总管理处通知各分行《本行办理基本建设拨款结算业务收费的具体规定》。

9日,中央人民政府政务院224次政务会议通过《关于设立中国人民建设银行的决定》。

10月

1日,中国人民建设银行正式成立,马南风为首任行长。

开始将基本建设拨款监督工作移交给中国人民建设银行接办,自身专责办理对公私合营企业进行财务监督的专业银行。

12月

9日,召开第一届第二次董事、监察人联席会议,讨论召开第一次股东会议有关问题。

10日,召开解放后第一次股东会议。在这次会议上,私股股东选出第二届私股董事12人,即李铭、沈日新、吴晋航、周作民、俞明岳、边洁清、王志莘、资耀华、王子崧、李孝植、梁定蓟、王德兴。私股监察人4人,即王琴希、毛啸岑、陈朵如、张翔初。

13日,财政部核准《交通银行章程》。

14 日,第二届第一次董监联席会议召开。

1955 年

1 月

6 日,总管理处与建行总行办理经费会计账务交接手续。

总管理处召开全国分行经理会议,部署 1955 年对合营企业财务监督工作的方针和任务,讨论《公私合营工业企业财务监督暂行办法》和 1955 年本行机构建设方案。

4 月

1 日,财政部决定:从 4 月 1 日起,各级交行与建行分开,单独成立机构。交行总管理处受财政部直接领导。分行受省(市)财政厅(局)和总管理处双重领导。办事处受当地政府和分行双重领导。

16 日,中国人民银行总行发出《关于各项投资款项移交交通银行统一管理的指示》。

25 日,财政部发出《关于各级交通银行与建设银行划分机构的通知》,对干部、机构、财产、房屋、经费管理、公文档案、福利费等具体问题作了规定。

30 日,财政部颁发"交通银行总管理处"铜质新印章,自本年 5 月 1 日启用,原用印章停用缴销。

5 月

6 日,总管理处与建行联合通知:《执行经费划分和固定资产处理办法》。

6 月

13 日,交行 1955 年工作方针和任务的报告,经中央财政部同意后即转送国务院批示,国务院五办、八办 6 月 6 日作了批示。

23 日,交行总管理处与建行总行分开后,为便利两行对档案的保管和使用,制定了《交通银行总管理处、建设银行总行档案划分方案》。

7 月

15 日,总管理处召开分行工作汇报会议。

12 月

8 日,总管理处制定《关于交通银行财务收支计划的编审规定》和《关于交通银行经费管理的有关规定》。

12 日,发付 1954 年度股息。

1956 年

1 月

28 日,总管理处召开全国分支行经理会议,会议总结 1955 年本行主要工作执行情况,提出 1956 年主要工作任务。

总管理处与公私合营银行总管理处联合通知,公私合营银行的对外投资股权移作公股。

2 月

6 日,商业部、总管理处联合通知:原由交行进行财务管理的合营商业企业移交给国营商业部门统一管理。

3 月

3 日,国务院五办、八办批准财政部制定的《合营企业财务管理的若干规定》。

总管理处召开分行会计专业会议,讨论本行会计制度修正草案,定于 5 月 1 日起试行。

23 日,总管理处转发《合营企业财务管理的若干规定》给各分支行处,并指示迅速与有关部门联系开展工作。

26 日,财政部发出致各省(市)财政厅(局)及中国人民银行总行、交通银行总管理处的通知:合营企业财务监督工作由交行专职办理。

4 月

11 日,人民银行总行与总管理处联合发布"关于执行对《合营企业财务管理的若干规定》中有关贷款问题的补充指示。

5 月

25 日,中国人民银行总行与总管理处联合通知各分支行:在交行机构尚未普遍设置的情况下,为贯彻执行对合营企业的财务监督工作,经两行协商决定委托代理业务的几项原则。

9 月

22 日,总管理处统一解答各分支行提出的对合营企业财务监督中的有关问题,分发各分支行。

10 月

27 日，港行出台了通行于全行的《保密暂行规则》，规定了十个方面的内容，表明香港分行的保密制度建设日渐走向成熟。

11 月

30 日，经财政部推荐、董事长同意，张平之任交行总经理，王逸农为副总经理。

12 月

30 日，财政部通知冶金工业部、建筑材料工业部、煤炭工业部、第一机械工业部、电机工业部、电力工业部、建筑工程部等 7 个部所属合营企业财务收支自 1957 年起，按国营企业办法，由主管部管理，收支不再通过交行。

1957 年

1 月

2 日，总管理处召开全国分行经理会议，于 19 日结束，全国 27 个分行经理到会。会议讨论 1956 年工作总结、1957 年工作方案、机构编制和《关于公私合营企业财务管理的暂行规定（草案）》等问题。

24 日，财政部通知中央交通部，凡交通部所属合营企业的财务收支自 1957 年起由财政部和交通部直接办理，不再由交行进行监督。

总管理处、中国人民保险公司联合通知：关于对公私合营中国、太平两个专业保险公司的财务自 1957 年起由人保公司直接管理，其利润亦通过人保公司上缴财政部，交行对二公司不再进行财务监督。

3 月

23 日，总管理处、化工部联合通知：化工部所属合营企业财务自 1957 年起由财政部管理，不再通过交行办理缴拨款。

7 月

18 日，第二届第二次董事、监察人联席会议召开。

第二次股东会议召开，听取总经理的行务报告和监察人关于 1954—1956 年各年度决算及盈余分配的报告，补选私股董事。

19 日，第二届第三次董事监察人联席会议召开，由戎子和董事长主持。

10 月

18 日,财政部为交行今后的工作致国务院报告,以交通银行现有的机构统一办理地方国营企业和地方公私合营企业的财务监督工作;拟将财政部农林水利地方企业财务司的地方企业财务处并入并行总管理处,同时加挂财政部地方企业财务司的牌子,各省、市、自治区财政厅局的企业财务管理部门和交行分行合并在一起,对外是交通银行分行,同时也是财政厅局企业财务处(科)。

总管理处向各分行颁发《交通银行会议制度修正草案》。

1958 年

1 月

29 日,财政部向国务院呈报《关于建设银行、交通银行的机构性质和管理分工问题的报告》。

3 月

18 日,国务院批转财政部《关于建设银行、交通银行的机构性质和管理分工问题的报告》,令各地研究执行。报告指出,根据这两个单位的情况,虽都有一定的业务收入,但就其任务和性质来说,实际上是行政机关,应明确规定交通银行、建设银行均为行政性质的专业机构。自 1958 年起,各地交通银行系统的人员编制统一纳入地方行政人员总编制之内,并由地方统一管理。经费来源改由各级财政负责供应。

4 月

23 日,总管理处为加强港行领导,就地解决问题,便利工作进行,成立交通银行总管理处驻香港办事处(简称"总驻港处")。总驻港处对港行属领导关系,派项克方任主任,章文中、程慕灏、沈健民、王首民任副主任,赴外稽核闵一民协助总驻港处正、副主任工作。

7 月

22 日,国务院批准:交通银行总管理处划归中国人民银行领导。

12 月

15 日,国务院批准财政部《关于建设银行、交通银行的机构性质和管理分工问题的报告》。交通银行的国内业务基本终止,但香港分行继续营业。

后　记

　　交通银行是中国迄今为止历史最悠久的现存银行,也是唯一一家总部设在上海的大型商业银行,始终以振兴中国民族经济为己任。百年来,交通银行几度俯仰,数次转型,有过沉沦,更有辉煌,既映照着中国社会从近代到现代的世纪沧桑,也反映着中国金融业的百年嬗变,某种程度上说,交通银行是中国百多年来金融业的一个缩影。因此,交通银行有义务,也有责任通过对历史的研究,厘清中国民族金融史的发展脉络。

　　鉴往知来,温故知新,这是交行人的传统,也是交行文化重要的组成部分。胡笔江先生在《交通银行三十年史序》中说:"吾国银行虽不始于我,而银行有史,实始于我。"唐寿民也说:"史之不可不作,作之不可复缓也。"建国后,尤其是重组以来,交通银行历任领导都非常重视行史资料的整理研究,注重历史资源的开发利用。正是交行上下知晓"以史为鉴,可以知兴替"这个道理,善于从前辈那里汲取成功经验,接受失败教训,才使得百年交行逢顺境能稳健发展,处逆势而坚韧求存。这不仅是对交通银行既往历史的固有尊重,更可为交通银行新一轮的改革发展提供有价值的借鉴。

　　交通银行对行史的研究始于1936年。当年,在胡笔江、唐寿民的倡导下,交通银行大张旗鼓地编修开业以来的历史,给后人留下了一部史稿——《交通银行三十年史》,简称《行史清稿》。1947年底,总管理处专门成立行史修纂室,对《行史清稿》进行整理补正,并续修后十年的历史。但因史料缺漏太多,难以如愿。重组后,交通银行本着"保存史实,继往开来,推陈出新"的宗旨,组织力量,历时三载,收集编纂了《交通银行史料》(1908—1949),于1995年正式出版。又经过三年多的努力,《交通

425

银行史料》（1949—1986）编纂完成，2000年刊梓问世。

2009年9月，在时任董事长胡怀邦的直接关心和支持下，总行决定由办公室牵头，由"交通银行博物馆"为落实机构，加强对交通银行的历史研究，并组织专家撰写《交通银行史》。由此，交通银行与华东师范大学达成合作意向，联合成立了《交通银行史》编写课题组（以下简称：课题组），起草了编撰大纲，拟在五年的时间内完成四卷本《交通银行史》的撰写工作。2009年10月，《交通银行史》的编纂工作正式启动。经编委会反复研究，为快出成果，又考虑到史书编修的特殊规则，因此，决定先完成交通银行前五十年历史的编修，俟条件成熟再续修后五十年。

课题的开展必须解决两大难题：首先是史料严重不足。1936年在胡笔江、唐寿民的倡导下编纂完成的《行史清稿》，框架颇为周密，但因史料欠缺，不少内容开了天窗。在战火纷飞的1939年，唐寿民虽再次组织人力进行补纂，但缺憾未能填补，仍无法出版问世。重组后交通银行编纂的《交通银行史料》（1908—1949）、《交通银行史料》（1949—1986）资料篇幅很大，近三百万字，史料的搜集范围很广，从组织架构、重要章制，到业务经营、重大事件，等等，都尽可能予以辑录。然而，在深入研读和排列编纂之时，仍有资料缺漏等诸多问题。第二个困难是，对一些敏感问题的把握颇费周章，即如何客观地认识和反映当时各政治派别与交通银行的关系是十分关键的重要问题。在民国历史上，前有交通系，后有CC系，这些政治派系与交通银行的关系可谓错综复杂。再如，建国之初交通银行的处境和作为。从1948年中国人民银行成立之后，中国共产党和中央人民政府努力建立以中国人民银行为主导的金融体制，交通银行经过接管改造，较为顺利地进入这个体制，为国民经济的恢复和发展起到了应有的作用。从1953年起，随着大一统银行体制的渐次形成，交通银行的性质发生变化，其作用发挥自然受到影响。如何看待建国初期的银行体制以及在这个体制之下的各大银行作为，学术界的研究尚在进行之中。

这两大困难始终伴随到书稿完成之日，我们也不敢说完全解决了上述问题。我们的态度是坚持科学，追求客观，"上穷碧落下黄泉，动手动脚找东西"，努力接近真实的交通银行。五载寒暑，数易其稿，夜以继日，备极辛劳，终于在2015年新春到来之际，四卷本《交通银行史》杀青付梓。

值此之际，编委会要鸣谢课题组的全体工作人员，特别要感谢的是华东师范大学章义和、陈江两位教授，他们以科学严谨、认真负责的态度，不辞辛劳、一丝不苟，使

《交通银行史》得以如期完稿。章义和、陈江两位教授是所在单位的科研骨干,在科研考核日益严苛的当下,两位教授既能兼顾各自领域学术科研工作,又能集中精力从事《交通银行史》的研究和编撰工作,离不开华东师范大学历史系党政领导的关心和支持。

本书的编写得到中国第一历史档案馆、中国第二历史档案馆、北京档案馆、上海档案馆、国家图书馆、上海图书馆、复旦大学图书馆、华东师范大学图书馆、上海社会科学院图书馆、上海金融联合会、上海金融学会等单位的支持和帮助,在此,编委会对上述单位的支持表示衷心的感谢!

编委会感谢学术前贤的支持和指导。洪葭管教授是著名金融史专家,作为本课题的顾问,自始至终关心和支持交行史研究。每一卷稿成,洪老都会从头至尾阅读一遍,提出修改意见。得知全稿将出版问世,洪老冒着酷暑,在二十天的时间里,撰写了万余字的长篇序言。张继凤先生是《交通银行史料》的作者之一,同是银行货币史专家,也是我们的顾问。我们经常登府求教,请教钞券知识,他不厌其烦地释疑解惑。痛惜老人于 2011 年的年尾驾鹤西去了,我们非常怀念他。

十多年来,复旦大学中国金融史研究中心在吴景平教授的带领下,从历史发展的角度对中国金融演变的状况、特色以及在经济发展中所处的地位、作用进行了研究,成果颇丰。尤其是张启祥博士的《交通银行研究(1907—1928)》,对交行前期的历史作了颇为全面的梳理和探究。这些论著对我们的研究具有重要的借鉴、启发意义,在此谨致感谢!

感谢民革上海市委董波副主委、华东师范大学金融统计学院汪荣明院长、华东师范大学党委统战部金勤明部长和华东师范大学历史系,正是在他们的大力帮助和支持下,编撰工作得以更顺利地推进。

感谢交通银行总务部原副总经理张鉴先生的支持和帮助。感谢交通银行各分支行对行史编修工作的支持。

从课题启动以来,华东师范大学历史系的二十余位研究生先后参与了这项研究。在课题组的分工协调、前人成果的梳理借鉴、各类资料的搜集整理以及大纲拟定等方面,张捷博士出力甚多;黄童超、杨历业、王庭伟、刘艳等同学提供了第一卷的部分章节初稿;管夕茂、杨懿、王洪军、孙志超等提供了第二卷部分章节草稿;赵京、韩书晓、陈俏巧、乔娜妹等同学提供了第三、四卷部分章节的初稿。杨会、王科、吴昊、何淼、严叶军、迮小方、郑修铭、王舒彦、金雪婷、李蒸、李诗海等同学对《申报》、《银行周报》所见交通银行的史料收集、《行史清稿》和交通银行博物馆所藏资料的分类整理等工作颇多用心。在书稿后期修改中,陈俏巧、杨懿、韩书晓、曹东旭等同学都孜孜不倦,尽力投入;汪奎博士在繁忙工作之余,帮我们修改了第三卷初稿。在此一并致以感谢!

最后还要感谢商务印书馆的领导和编辑,他们严谨细致、不厌其烦的工作作风和所付出的大量劳动,最大限度地减少了书稿中的错讹和失误。

正是由于全行上下的重视、诸位朋友的关心和支持,《交通银行史》才得以顺利问世。限于我们的水平,书中尚有不足或错误存在,如本书某些部分的史料仍需充实,部分章节的分析研究有待进一步加强,等等。恳切希望读者批评指正。

2015 年 3 月 4 日,交通银行将迎来她 108 岁的生日,我们愿以此书作为贺礼献给这家具有深厚历史底蕴、持续创造共同价值的卓越银行!

《交通银行史》编委会

2014 年 12 月 30 日